大学军事课基础教程

（第二版）

主　编　翟兆魁

副主编　艾跃进　杨平芳

南开大学出版社
天　津

图书在版编目(CIP)数据

大学军事课基础教程 / 翟兆魁主编. —2 版. —天津：南开大学出版社，（2018.7重印）

ISBN 978-7-310-03564-9

Ⅰ.①大… Ⅱ.①翟… Ⅲ.①军事科学－高等学校－教材 Ⅳ.①E0

中国版本图书馆 CIP 数据核字(2010)第 171700 号

南开大学出版社出版发行

出版人：刘运峰

地址：天津市南开区卫津路 94 号 邮政编码：300071

营销部电话：(022)23508339 23500755

营销部传真：(022)23508542 邮购部电话：(022)23502200

*

天津泰宇印务有限公司印刷

全国各地新华书店经销

*

2010 年 9 月第 2 版 2018 年 7 月第 18 次印刷

210×148 毫米 32 开本 16.75 印张 476 千字

定价：36.00元

如遇图书印装质量问题，请与本社营销部联系调换，电话：(022)23507125

前　言

《大学军事课基础教程》（以下简称《教程》），是 2005 年 5 月第一版基础上的再版。本《教程》使用五年来，得到诸多专家学者的关注和指正，很多适用高校和广大读者提出中肯意见，我们获益匪浅。此次再版，动因有二：一是教育部、总参谋部、总政治部 2006 年最新印发并于 2007 年 9 月实施的《普通高等学校军事课教学大纲》（以下简称《大纲》）所规定的课程目标、课程要求与原教材有所出入，内容也显陈旧；二是充分吸纳各位专家学者、读者的“逆耳忠言”进行补充和完善。

本《教程》是由南开大学军事教研室和天津警备区学生军训教研室多年从事一线军事课教学工作的部分教师、教官编写的一本融知识性、可读性、适用性和可操作性较强的面对本、专科学生的大学军事课教材。我们在教材编写中，以“内容新颖、知识系统、编排科学、便于掌握”为基点，结合教学实践和大学生特点，力求做到：观点正确，概念准确，事例确切，数据精确。该《教程》的再版编写过程，既是补拙校正之需，也是我们对军事理论知识再学习、再认识、再提高的习作过程。

本《教程》的正文内容共十章，45 节，约 48 万字：内容基本涵盖《大纲》要求的所有知识点，并在实践内容上有所延伸。第一章至第五章（共 25 节）为军事课理论教学部分，第六章至第十章（共 20 节）为军事课技能训练部分。在此基础上，我们还在《军事地形学》章节中增加了国外广泛普及的“定向越野运动”；收集编辑了“附录”部分：简要介绍新中国学生军训的起步与发展，外国学生军事训练概况，我国学生军训法律法规和国家有关文件摘录以及部队依托普通高等学校选拔培养军队干部（国防生）的相关情况介绍等，以便教学人员、受训学生和军事爱好者随时查阅参考，体现了教材的适用性特点。

本《教程》由翟兆魁担任主编，艾跃进、杨平芳担任副主编。其中，第一、八章及“附录”由翟兆魁编写，第二、三章由艾跃进编写，第四章由安勇编写，第五章由刘雅楠编写，第六、九章由张友东编写，第七章由杨建国编写，第十章由杨平芳编写。全书由翟兆魁、艾跃进、安勇组织协调并统稿。

本《教程》在编写、修订中，海军工程大学天津分院学生军训教研室肖先基主任、总后勤部驻南开大学后备军官选拔培训办公室杨平芳主任、南开大学教务处周才思老师给予多方指导和帮助，南开大学出版社对教材的出版给予了鼎力支持，在此深表谢意。特别提出的是，该书在编写、修订中参阅和引用了军内外诸多专家、学者的最新研究成果和资料，在此谨表衷心的感谢。

由于编者水平有限，疏漏及不当之处在所难免，敬请各位专家、广大师生和读者批评指正。

编　者

2010 年 7 月

目　录

第一章　中国国防

【教学目标】

了解我国国防历史和国防建设的现状及其发展趋势，熟悉国防法规和国防政策的基本内容，明确我军的性质、任务和军队建设指导思想，掌握国防建设和国防动员的主要内容，增强依法建设国防的观念。

自古以来，有国就有防。一个国家、一个民族，最重要的是生存与发展、安全与稳定问题。国防，是人类社会发展安全需要的产物，它是关系国家和民族生死存亡、荣辱兴衰的根本大计。胡锦涛总书记在党的十七大报告中指出：“国防和军队建设，在中国特色社会主义事业总体布局中占有重要地位。必须站在国家安全和发展战略全局的高度，统筹经济建设和国防建设，在全面建设小康社会进程中实现富国和强军的统一。”作为中华人民共和国公民，尤其是当代大学生，心系国防、建设国防是义不容辞的使命和责任。

第一节　国防概述

国防是国家为防备和抵抗侵略，制止颠覆，保卫国家主权、领土完整和安全，而进行的军事活动以及与军事有关的政治、经济、外交、科技、教育等方面的活动。国防是国家的重要职能之一。任何一个国家如果没有一个强大的国防，就不可能是一个强大的国家；没有一个巩固的国防，国家的安全和社会的发展就没有保障。国防强大与否，是关系到国家安危的大事，关系到经济发展的大事，关系到外交政策的大事。

一、国防基本要素

（一）国防的主体

国防的主体，是国防活动的实行者，通常为国家。任何国家，从诞生之日起，都要防备和抵御各种外来侵略，以保障国家安全，维系国家生存。国防必然随着国家的产生而产生，随着国家的发展而发展，最终随着国家的消亡而消亡。国家的本质是阶级专政的工具，是统治阶级利益与意志的体现。实现这种利益与意志，必须通过国家权力。国防是维护国家的这种权力，同时也只有依靠国家的这种权力才能使国防得以运转，只有国家才能领导和组织国防事业。国防又是国家的防务，是全民族的防务，与国家的各个部门、各种组织以及全体公民息息相关。加强国防建设，进行国防斗争，必须依靠国家各个方面的综合力量。

（二）国防的目的

国防的目的主要是捍卫国家的主权、统一、领土完整和安全。

国家和主权不可分割，主权是国家存在的根本标志。如果一个国家的主权被剥夺，其他的一切，包括国家的独立、领土完整、传统的生活方式、基本的政治制度、社会准则、国家荣誉和尊严等，都将不复存在。因此，捍卫国家主权，始终是国防中首位的、根本的目的和任务。

国家的统一是指国家由一个中央政府对领土内一切居民和事务行使完整的管辖权，不允许另立政府或分割国家的管辖权。从国际法的角度来说，保卫国家统一、反对分裂，历来是一个国家的内部事务，绝不允许外国干涉。这是原则性问题，不能有丝毫的含糊。因此，保卫国家的统一历来是国防的重要任务。当外国敌对势力插手国家的民族事务，破坏国家的民族团结，危及国家的统一和完整时，国防力量必须予以坚决打击，发挥其维护国家统一和完整的职能作用。

领土是国家存在和发展的自然物质前提，是构成国家的基本要素之一。国家领土包括领陆、领水（内水和领海）、领空以及领陆和领水的底土。国家主权与国家领土具有密切联系，领土既是国家行使其主权的空间，也是国家主权行使的对象。没有领土，主权就失去了存在空间和行使对象。没有主权，领土必然被侵犯、分割和瓜分。任何国家不得破坏别国的领土完整，任何集团或个人不得进行旨在分裂本国或别国领土完整的活动。国家的领土被侵占，主权必然要遭到侵犯。国防捍卫国家主权的独立，必然要保卫国家领土的完整。

国家要正常地生存和发展，必须有一个安全的内外环境。一个国家如果没有和平、稳定的状态，不仅难以建设和发展，而且生存也会受到威胁。因此，维护国家的安全，也是国防的主要目的之一。国家安全面临的威胁来自两个方面，一是外部，一是内部。一旦国家遭到外来侵略和颠覆，安全受到威胁，国防就必须履行自己的职能，抵御和挫败外来的侵略和颠覆，确保国家的和平、稳定状态；当国内敌对分子勾结外国敌对势力进行武装暴乱，危及国家安全时，国防力量就要采取措施，防止和平息这种内外勾结的暴乱，保卫国家安全。

（三）国防的手段

国防的手段是指为达到国防目的而采取的方法和措施。根据《中华人民共和国国防法》的规定，我国国防的手段包括军事活动以及与军事有关的政治、经济、外交、科技、教育等方面的活动。

1．军事

国防的主要手段是军事手段。国防的根本职能是捍卫国家利益，防备和抵御外来的各种形式和不同程度的侵犯；防备和平息内部和外部的敌对势力相互勾结所发动的武装暴乱。在对国家利益的各种形式的侵犯中，其威胁和危害最大的是武装侵犯，包括军事威胁、恫吓、军事干预、占据部分领土、武装掠夺经济资源、发动侵略战争等。上述活动以及内外敌对势力相互勾结发动的武装暴乱，不仅使国家主权和人民生命财产遭受损失，而且直接危及国家与民族的生存和发展。应对武装入侵和武装暴乱最根本和最有效的手段莫过于采取军事手段。这是因为：一是军事手段是最具威慑作用的手段，可以对各种可能的外来侵犯进行有效的阻止或遏制；二是军事手段是唯一能够有效应对武装侵略的手段，可以通过其所拥有的巨大的即时打击能力使侵略者从物质和精神等方面付出代价，从而迫使其终止侵略行动，以至放弃侵略企图；三是军事手段是解决国家之间矛盾冲突的最后手段，当国家之间主权、利益的矛盾积累达到极限时，就只有通过最高的斗争形式，即武装冲突或战争予以彻底解决。同时，军事手段还能够作为各种非军事手段的强有力后盾，可以强化各种非军事手段的国防功能。因此，军事手段理所当然地成为国防活动中的主要手段。

2．政治

政治手段作为国防手段之一，指的是“与军事有关的”政治活动，而不是政治本身的全部含义。政治与国防关系密切。一方面，国防直接保卫的国家主权，是政治的第一需要；国防直接保卫的国家领土，是政治的物质前提；国防直接保卫的国家安全利益与发展利益，是政治的根本追求。国家政权、政治制度也要靠国防力量来捍卫。另一方面，政治对国防起着决定性的支配作用，这是因为：国家的政治需要，决定国防的根本性质和基本类型；国家的政治指导思想和路线，决定国防的方向、方针和原则；国家的政治制度，决定国防的根本体制；国家的政治素质，制约国防的客观效应。其中，构成国防手段的政治活动主要是政治制度、政治思想工作和政治宣传等。

3．经济

经济是国防的基础，社会经济制度决定国防活动的性质，社会经济状况决定国防建设的水平。现代条件下，无论是国防建设还是国防斗争，都要广泛采用经济手段，包括国防经济活动、经济动员、经济战、经济制裁等。国防经济活动是为国防而进行的生产、分配、交换、消费及其管理的实践活动，其目的是保持一定的军事实力与潜力，从而有效地保障国家安全。

国民经济动员是指国家将经济部门及其相应的体制有组织、有计划地从平时状态转入战时状态所采取的措施，目的是充分调动国家经济能力、提高生产水平、扩大军品生产、保障战争需要。经济战是敌对双方为夺取战略优势和战争胜利而进行的经济斗争，主要指战争期间各种形式的经济斗争以及和平时期的经济封锁和经济扰乱。其根本目的是给敌国造成经济恐慌，动摇其进行战争的物质基础，使敌方经济陷于崩溃，以利“不战而屈人之兵”或战而胜之。经济制裁是指国家为一定的政治、军事目的，对另一方强行实施的惩罚行为。在国防斗争中使用这一手段，可削弱被制裁国的政治、经济、军事实力，促使其国内不满情绪的发生和增长。

4．外交

国防外交活动主要是指国家与国家之间为了国防目的而开展的外交活动。由于这种外交主要涉及军事领域，所以又称军事外交活动。它既有通常意义上外交的一般特征，又具有区别于其他外交工作的特殊规律，是集外交与军事于一体的活动。它的范围很广，领域很多，活动的内容也十分丰富。从总体上讲，国防外交主要涉及国家与国家之间、军事集团与军事集团之间的军事政治关系、军队关系、军事战略关系、军事科技关系和军事经济关系等。具体可以划分为：军事双边往来，多边军事交往，非官方军事交往，军事科技交流和军工合作，军事结盟，军事援助，军事经济合作，边防管理等。国防外交涉及的各个方面的活动都不是孤立的，而是有机联系的。从事国防外交活动的主体也不单纯是武装力量，还包括国家机关与民间的一些部门。

除上述因素外，与军事有关的科技、文化、教育等，也是国防的重要手段。

（四）国防的对象

国防的对象是指国防所要防备、抵抗和制止的行为。这是一个涉及国家在什么情况下可以使用国防力量的重大问题。根据《中华人民共和国国防法》的界定，国防的对象，一是“侵略”，二是“武装颠覆”。

1．国防要防备和抵抗的是“侵略”

《中华人民共和国国防法》对国防对象的这一法律界定，既有国际法理依据，又符合国防的实际需要，与国家安全所面临的威胁相一致，不仅表述方法合理恰当，而且意义深远重大。一是与国际约章相衔接。联合国 1974 年专门通过了《关于侵略定义的决议》，对“侵略”做了非常详尽的定义。凡属于决议所指的侵略，均属于运用国防力量防备和抵抗的对象。二是与国家的根本大法——宪法的提法相一致。我国宪法第二十九条规定的武装力量的任务，第五十五条规定的公民的国防义务，都采用了“抵抗侵略”的提法。三是与国防活动的客观实际相适应。如果以法律的形式规定国防只是防备和抵抗“武装侵略”，在今后的国防建设和斗争中，就会束缚自己的手脚。当今世界的现实是，的确存在着武装侵略和非武装侵略并存的事实。因此，国防所要防备和抵抗的，是“侵略”，而不仅仅是“武装侵略”。

2．国防应把“武装颠覆”作为制止的对象

所谓颠覆是指推翻现政府的一种叛逆行为，包括武装暴力颠覆与非武装暴力颠覆两种形式。一般情况下，对于非武装暴力颠覆的形式，由国家公安、安全部门调查和处理，不需要动用国防力量。只有属于武装性质的颠覆活动，如武装叛乱、武装暴乱，才必须动用国防力量。《中华人民共和国国防法》规定“武装颠覆”是国防的对象，把“制止武装颠覆”作为国防的一项重要职能，具有特殊的重要意义。首先，各种武装颠覆活动，包括分裂国家的“独立”、武装叛乱以及企图推翻社会主义制度的武装暴乱，已构成对我国安全的主要威胁之一。其次，从我国当前面临的国际国内环境看，武装颠覆并非纯粹来自内部，或主要不是来自内部，各种形式的“独立”、武装叛乱和暴乱，一般都有外国势力插手，具有内外勾结的特点。对付这一类“武装颠覆”，应该是国防的职能，也就是说，在特殊情况下，国防还具有对内的职能。第三，从苏联分裂成多个国家及南斯拉夫分裂后民族间战争不断、人民生灵涂炭、国民经济严重倒退的情况看，它的灾难甚至大于国家间的战争，理应将防止和制止这种现象作为国防的职能。

（五）国防的基本类型

国防的性质是由国家的性质决定的，不同社会制度的国家其国防性质也不同。世界各国从各自不同的利益和需要出发，其国防也有着不同的内涵。基本类型有以下几种：

1．侵略扩张型

奉行侵略扩张的霸权主义政策，其最大的特点是把本国的所谓安全建立在别国的屈服与痛苦之上，经常在高叫本国的国防安全受到“威胁”的同时，侵犯他国主权和领土，干涉他国内政，赤裸裸地对他国进行侵略、颠覆和渗透。

2．防御自卫型

其国防政策的最大特点是，主要依靠本国的国防力量防御别国的侵略，维护国家的安全和尊严。其宗旨是绝不要别国的一寸土地，不向别国派一兵一卒，但也绝不容许别国侵犯其一寸土地。在国际上，实行和平共处，广泛争取各国的同情和支持，从而达到维护本国安全，以及周边地区和世界的和平与稳定。

3．互助联盟型

以联盟的形式借助他国的力量进行防卫，以弥补自身力量的不足。联盟型国防又可分为一元体系联盟和多元体系联盟。前者是以一个大国为主导地位，其余国家处于从属地位；后者是各国处于平等地位的伙伴关系，共同协商国家防卫大计。

4．自主中立型

基本奉行和平、中立和自主的国防政策。其中，有的是采取完全不设防的方式，在世界事务中实行中立态度；有的采取全民防卫的武装中立，使侵略者感到得不偿失，从而放弃对该国的侵略。

我国是社会主义国家，我国的国防是为了保卫国家主权、领土完整和安全，维护世界和平。因而属于防御自卫型的国防。

二、中国国防简史

中国国防的历史源远流长。在不同历史发展阶段，既有荣耀与屈辱，也有昌盛与衰败；既有成功的经验，也有沉痛的教训。国防作为一种历史现象，萌芽于部落斗争，随着国家的建立而建立，随着国家的发展而发展。我国国防史是我国文明史的重要组成部分，是我国传统文化的一份珍贵遗产。中华民族五千年的文明史，培育和锤炼了中华民族维护国家和民族统一，勇于抵御外来侵略的优良尚武精神，形成了习文尚武、文治武功的优良传统。是我们进行国防教育、爱国主义教育的生动教材。

（一）先秦时期的国防

我国古代国防意识和国防教育与战争紧密相连，主要是围绕着维护帝王“社稷安危”展开的。“溥天之下，莫非王土，率土之滨，莫非王臣”，帝王即社稷，社稷即国防，在我国古代这种思想占居主导地位。国防教育就是在这种思想支配下，根据不同时期的不同特点发展起来的。

据史料载，中国最早的战争可追溯到大汶口文化时期。最早的国防始于夏朝。从夏禹开始（约公元前 2033 年），国家机构、战争、军队都具有相当规模。这一时期国防的主要特征就是从深挖壕沟转到了“筑高墙”。这种“深沟”与“高墙”的区别具有划时代的意义，正如恩格斯所说：“他们的深沟陷为氏族制度的墓穴，而他们的城楼已经耸入文明时代了。”禹的儿子启继承父业，大战于甘，并发表了《甘誓》。《甘誓》既是动员令，也是迄今所知最早的国防法。夏代已有了兵役制度，主要是民军制度，这是后世常备军的雏形。

商汤灭夏桀（约公元前 1562 年）后不忘武备，有了最早的征兵制度即“登人”。商代中期有了常备军，并形成以土为本的国防观。

约公元前 1066 年至公元前 771 年，我国进入了封建土地私有制的西周时代。周取得政权后，为缓和殷族和周族的矛盾，提出“执干戈以卫社稷”的号召，对百姓实施裕民政策和国防教育，使阶级矛盾日趋缓和，国防疆土安定，社会繁荣兴旺，形成了我国最早的国防意识和国防教育思想的雏形。

公元前 770 年至公元前 221 年，是我国历史上的春秋战国时期，社会开始由奴隶制向封建制变革。这一时期，生产力的发展和社会制度的变革使军事制度和战争形式出现了一些变化。主要表现为：用于战争的兵器数量、品种增多，质量提高，尤其是弩机的发明及广泛应用；兵种增加，步兵作用显著；实行了征兵制度，士兵成分改变；车战已不再是主要作战方式等。为适应这一新的情况，各国设立了统帅军队的专职将帅，涌现了一批代表新兴地主阶级利益的军事家和兵书著作，如《孙子兵法》、《吴子兵法》、《司马法》、《孙膑兵法》、《太公兵法》、《黄石公三略》、《尉缭子》、《六韬》等。这些兵书著作对军事思想、战争与政治、战争与经济的关系均作了比较深刻的阐述。国不富，不能养兵、强兵；兵不强，不可以摧敌、立国。在这种国防思想指导下，各国奋力图强，纷纷进行政治、经济、军事的改革。在这一时期，新兴的地主阶级同宗族贵族阶级之间的矛盾日益激化，战争蜂起。周朝初期有1000个左右大小国家，经过800多年的兼并战争，到秦王嬴政统一中国时已全部被吞灭。这种情况，使人们对涉及国家安全问题的认识和所采取的防御措施的完善程度都达到了空前的高度，主要表现在：

1．军事理论日臻成熟

我国古代兵书之多，堪称世界之最。西汉初年，张良、韩信整理兵书，共得182家，其中战国兵家占绝大多数，今存的有《孙子兵法》、《司马法》、《孙膑兵法》《尉缭子》、《六韬》、《吴子兵法》、《黄石公三略》等。这些著作均被后世称为兵学教科书，至今仍享誉中外。其中《孙子兵法》被誉为世界兵书之鼻祖，在世界上产生了巨大影响，唐代传入日本，清代传入法国、德国、俄国和英国，至今仍被许多国家列为军事院校的必修课程。这些兵书所反映的军事理论的主要内容有：

一是理智地对待战争。这些军事家面对周初一千多个国家至战国并为七雄的历史事实，不能不以极为理智、理性的态度对待战争和国家安全。

二是论证了战争与政治的关系。《尉缭子》一书指出："兵者，以武为植，以文为种，武为表，文为里。能审此二者，知胜败矣。"

三是非常重视"戒备"的国防观念。春秋时吴王夫差征服越王勾践后，迷恋酒色，疏于武备。而勾践则卧薪尝胆，以亡国之耻教育人民，终于打败了吴国。"居安思危，思则有备，有备无患"历来是我国国防观念的重要内容。

四是强调富国强兵。春秋时期大政治家管仲提出“用兵之本，必先于田宅”，即军队和国防的根本在于发展经济。孙武指出“兵者，带甲十万，日费千金”，说明物质基础是军队和国防建设的保证。商鞅提出“故治国者，其博力也，以富国强兵也”。可见发展经济在国防建设中的重要作用。

五是认识到战争胜负在于民心所向。春秋时，楚国大夫斗廉说“师克在和不在众”。陈国大夫逢滑说“臣闻国之兴也，祖民如伤，是其福也；其亡也，以民为上芥，是其祸也”。由此孟子总结出“民为贵，社稷次之，君为轻”的著名论断。

六是总结出一系列军事谋略与军事战术。春秋战国时期的兵书所反映的主旋律是谋攻，这在《孙子兵法》中反映尤为突出。书中，孙子提出“兵者，诡道也”，“攻其不备，出其不意，此兵家之胜，不可先传也”，“不战而屈人之兵，善之善者也”。最后，孙子总结出“知彼知己、百战不殆”这个对战争规律高度概括的至理名言。这些军事谋略和战术，今天仍不失其正确性，仍是军事指挥员必须严格遵循的客观规律。

2．军队建设奠定了基础并得到发展

一是常备军的建立。夏王少康时期出现“旅”的军事编制。商朝后期武丁时开创军队以“师”为最高建制单位，出现了左、中、右三个师的战斗编组，这也是建立常备军的开始。周朝的常备军起初为 6 个师，后发展到 22 个师（3000 人/师）。

二是步兵的分离。由于武器质量的提高和战区的变化，步兵逐渐从车兵中单独分离出来，出现了单独的步兵作战及编制。公元前 632 年晋文公重耳建立三支独立的步兵部队以制胜北戎（或称“山戎”，匈奴的一支）是最早的步兵分离。公元前 541 年，步兵成为作战的主力。

三是骑兵、舟师的出现。商代有了单骑，春秋时骑兵增多。到战国时，有了专门的骑兵部队。最早建立骑兵部队的是赵国武灵王，他依靠骑兵，消灭了中山国。舟师的出现是在春秋后期，公元前 559 年至公元前 549 年，我国古代舟师已经形成。公元前 486 年吴王夫差攻齐国，即由吴将徐承率水师自海上航行数千里，大败齐军于泰安。吴齐之战是我国历史上大规模水战的最早记录。

3．征兵制度的建立

周朝的征兵制度仍然是民军制，即有受田权利的成年男子，都有服兵役的义务，平时耕牧为民，战时出征为兵。规定每家出一人，为"正卒"，随时准备出征。其余为"羡卒"，服预备役。秦始皇统一中国后，建立了全国规模的征兵制，规定17～60岁的男子都必须服兵役两年。一年守卫京师，称"正卒"，一年守卫边防，称"戍卒"。而到了汉朝，则不论贵贱，男子20～56岁都要登记服兵役。

4．修筑庞大的国防工程——万里长城

万里长城是中华民族经过漫长的岁月而筑建起来的庞大的国防工程。早在春秋战国时，各国为了相互防御，各在地势险要处修筑长城。从公元前647年楚国修筑长城开始，到战国时，齐、楚、魏、燕、赵、秦和中山等国，都相继修筑了长城。秦王嬴政统一中国后，又把秦、赵、燕三国的北边长城连为一体。后来西汉、北魏、北齐、北周、隋朝各代又相继修筑，直到明朝末年长城最终定形。长城的修筑先后经历27个世纪，有"上下两千年，纵横十万里"之说，是中华民族聪明智慧的结晶和不屈不挠的象征，也是中国几千年来以土为本的内陆型国防观的标志。

（二）秦、汉至清的国防

秦始皇统一中国后，为进一步巩固国防，抵御外族侵略，采取徙民实边，实施军屯，使军队边戍边，边农耕，巩固了国防，发展了生产。同时，又把原燕、赵、秦三国的长城重新统一规划，增补改造连成一线，形成了西起临洮、东至辽东的万里长城。这一切使秦国形成了较为巩固的国防，集中体现了"富国强兵"的国防思想，同时也体现了"农"和"战"的统一。

到了汉朝，"富国强兵"的国防思想有了进一步的巩固和发展。汉武帝时期，虽然"国已殷富，国力充沛"，但经常受到匈奴的袭扰。当时的匈奴国极为强大，国土广阔，国民系游牧民族，全民皆兵，全军皆骑，能征善战。他们驰骋于北方疆场，经常侵入汉朝境内掠夺牛羊财产，严重扰乱了边疆人民的正常生活和生产，危及汉朝国家安全。汉武帝决心制服匈奴。在敌强我强，“以强击强”的形势下，汉武帝采取了“先为不可胜，以待敌之可胜”的方略，对内充实国力，举贤纳士，精选将才，奖励耕战、畜马和训练军队，待机而动。之后，在“国富兵强”的基础上，乘匈奴出现战乱之机，任用大将军卫青和骠骑将军霍去病，率军分东西两路攻击匈奴，取得了斩首虏万人的巨大胜利，恢复了秦始皇时代的疆域，建起了巩固的国防。

隋朝初期，提出了“兵民合一、兵农合一”的国防思想。文帝励精图治，将府兵制同均田制结合起来。南北统一后，隋文帝发诏书规定，军人除有军籍外，还与自己的家属列入州县户籍，并与民户一样，依照均田制而享有土地。军人平时耕种，战时出征，每年有一定时间轮番戍卫。军队免去租调役，从征时间备资粮。这种做法，扩大了兵源，减少了国家财政负担，加强了国家的控制，对巩固国防有重要作用。

唐朝曾盛极一时，疆域辽阔。唐朝的这种盛世是在唐太宗李世民极为重视国防建设的大背景下得以实现的。为抵御外患，李世民提出“中国虽安，忘战必倾，教国之法，信不可忽”的“居安思危”的国防思想。但是，到了唐玄宗后期，朝政开始腐败，统治阶级陶醉于表面的太平局面，军队素质每况愈下，亡国之兆显露。以至到后来，连安史之乱也无法平定，使中国再次陷入内乱。安史之乱后，唐中央政府已无力控制各地藩镇割据作乱的局面，最终导致唐朝倾覆。

经过五代十国的军阀混战，后周禁军首领赵匡胤陈桥驿兵变，统一中国，建立北宋王朝。由于宋太宗赵匡胤自身是靠兵变而攫取的皇位，因此非常担心武人篡权。他采取“偃武修文”的政策，废弃征兵制度，弱化国防建设，使武人遭受社会上的歧视，京城禁军士气大衰，国防力量脆弱不堪，造成外族袭扰、战事频繁、国破家亡、民不聊生，致使宋朝徽、钦二帝被金兵所俘。宋高宗继位之初，志在收复失地，重整国防，使用能人，任李纲为相、宗泽为将。正当李纲、宗泽募兵买马扩充实力，积极备战，战力增强，士气开始振奋之时，宋高宗却昏庸无道，听信馋言，罢了任期才 75 天的李纲的职务，致使重振国防成为一句空话。1276 年，忽必烈率军南下，宋朝灭亡。

忽必烈灭宋后，改宋为元，结束了中国自宋以来三百多年的民族纷争和混战，建立了中国历史上第一个由少数民族统治的、高度集中的封建政权。元朝采用“鼎新革故，去污清政”的治国之策，提出“思大有为于天下”的国防思想。忽必烈的一系列革新得到人民的积极响应和拥护，兵力强盛，边防稳固，出现了人民安居乐业的繁荣景象。但元自灭亡南宋以后，元军和朝廷一起腐败糜烂，最终于 1368 年灭亡，存世 97 年。

明太祖朱元璋统一中国后，建明朝。为巩固政权，稳固边疆，在改革政治和发展经济的基础上，对军事制度进行了一系列改革。一是削弱将帅的权力，建立卫所制（管兵与指挥作战分离）。二是实行军屯，“寓兵于农”，建立“且耕且战”的常备军。三是整修长城，并以此为屏障，分兵驻守全国各军事战略要地，组成重点纵深的防御体系。四是改革元代兵役制度，建立“军户制度”。嘉靖年间，倭寇多次袭扰沿海，由于国防意识深入民心，各地的民兵、民壮、义勇和民众自发组织起来的乡勇、民团，常常给倭寇以出其不意的打击，有力地保卫了海防。

清朝初期，康熙年间，励精图治，极为重视国防建设。在国内，统一的多民族的国家得以巩固，各民族团结进一步加强，基本奠定了今天的版图；对外，积极进行反对早期殖民主义者侵略的斗争。但“康乾盛世”之后，清政府不仅政治日趋腐败，而且国防日益虚弱，使我国遭受了前所未有的奇耻大辱，将中国人民带进了苦难的深渊。

从公元前 221 年～公元 1840 年的 21 个世纪，我国历经沧桑，经历了十几个朝代和国内分裂的变迁、纷争，经过了败与胜、衰与昌、贫与富、弱与强的交替。在先进思想和强盛国防思想的指导下，我们这个多民族的国家得以巩固，边疆得以稳定，主要表现在：

1．征服匈奴通西域

匈奴自秦汉以来，一直是汉族安全的严重威胁。秦末汉初，匈奴东灭东胡，西驱大月氏，南占河南地（今河套地区）。西汉前期，汉高祖刘邦准备出击匈奴，收复失地，由于双方军事实力悬殊，不得不采取和亲政策。但是，匈奴却愈益骄横，不时侵扰边郡，抢掠财产、人口和畜产品。后来，汉在文、景两帝统治下的前后39年里，鼓励生产、减轻赋税、廉政图治，经济繁荣，到汉武帝时国势强盛。公元前133年起，汉朝开始有计划有组织地讨伐匈奴。公元前52年，呼韩邪单于率众降汉。公元前105年，伊犁河流域的乌逊国降汉。公元前102年大宛降汉。从此西域一带归汉，汉在西域设都护府统管西域诸国，并驻兵屯田，有兵力60万之众。后东汉收服大月氏。随着疆域扩展和西域开通，西汉的物质文明精神文明从汉武帝起向西方传播，开通了"丝绸之路"到达意大利罗马，将凿井技术、铁制工具传到了西方。西北疆域在唐朝时有了进一步扩展和巩固。西域自唐以来一直属于中国。元朝时，其西域疆域西到咸海，南到浩罕，东达斋桑湖和巴尔喀什湖一带。到了明朝，对西域诸部酋长采取照谕赐印诰，并任命瓦剌族（今哈萨克斯坦境内居住）诸王属下的各级头人为都指挥使、都指挥佥事、指挥使、千户、百户和镇抚等官职。清朝在建立全国政权和平定西域各地叛乱之后，更加强了对西域的治理。一是改西域为新疆，设直属中央政府的省级行政区，并在葱岭（帕米尔高原）上立"乾隆纪功碑"。二是大规模地进行地理调查，绘制地图，编入《西域图志》和《大清统一舆图》，颁布于世。三是建立巡边制度，对越过边界者加以驱逐。四是向境内居民收赋税和派遣差役。五是设置界碑。六是驻兵屯田。七是发展民族工业，建铝厂和开采盐湖。

2. 吐蕃受封及对西藏的治理

吐蕃人是藏族的祖先，出自我国青海羌族，以游牧为主，殷商时即与中原王朝交往。到东汉时，为反抗统治者压迫逐渐迁徙到西藏高原，但仍保留母系氏族制度的遗风。隋末唐初松赞干布统一西藏各部落，在拉萨建立吐蕃政权，派人到克什米尔学文字，依据于阗（和田）文，创造了吐蕃文字，即今天的藏文。公元641年唐太宗以宗女文成公主嫁松赞干布，并封其为西海郡王。此后，吐蕃历任赞普去世，都要向唐告哀，而新任赞普也一定要待唐"册命"才算合法。公元13世纪，在蒙古人创建中国领土内各民族空前大一统的元王朝过程中，西藏正式纳入中国版图。元世祖忽必烈赋予萨迦政权在元朝的管辖下统治西藏地方的权力，并开始建立了对西藏地方的许多施政制度。明朝时，洪武初期，明政府陆续在西藏地区设置乌斯藏、朵甘卫都指挥使司，以及宣慰使司元帅府、招讨司、万户府、千户所等行政机构，并授予上层僧侣封号和官职，修建庙宇，所赐甚丰。清朝建立后，更加强了对西藏的管辖：一是对达赖和班禅正式授予封号；二是设置了驻藏大臣，与达赖、班禅共同治理西藏；三是创立金奔巴（金瓶掣签）制度，以确定达赖、班禅转世"灵童"的合法性；四是继承前朝做法实行怀柔政策，在内地普建庙宇，以供达赖和班禅等高僧讲经宿用。

3. 开发西南，建"海上丝绸之路"

公元前 110 年，汉出兵平息了南越之乱，随即设置南海、苍梧、郁林、合浦、交趾、九真、日南、儋耳、珠崖等九郡，版图扩展到今南沙群岛一线。公元前 111 年贵州夜郎国入朝称臣，于是云、贵、川等地小国纷纷降汉。公元前 106 年，汉武帝开辟了"海上丝绸之路"，组织了第一支商船队到达波斯湾。明朝前期，郑和率领船队从海上丝绸之路七下西洋，把中国的丝绸、瓷器、纸张等远销到东南亚及非洲。

4. 巩固东北边陲

唐朝时，东北疆域北到外兴安岭，东至鄂霍次克海，包括库页岛。早在公元前 11 世纪，黑龙江、乌苏里江流域的少数民族就臣属西周，从秦汉到北魏及隋一直向中央政府朝贡称臣。公元 8 世纪前期，唐朝正式在黑龙江、乌苏里江流域建立行政管辖机构。在黑龙江口勃利设黑水都督府，在乌苏里江以东设有定理府、安边府、安远府、率宾府等。713 年，唐玄宗设渤海都督府，管辖乌苏里江和松花江流域一带地区。元朝设岭北行省，管辖今蒙古人民共和国和俄罗斯西伯利亚一带，直到贝加尔湖；设辽阳行省，管辖黑龙江、乌苏里江及西伯利亚东部地区。1409 年，明朝在奴儿干城（今俄罗斯境内黑龙江下游东岸特林处）设置了由当地各族头人担任主要官职的奴儿干都司，管辖西起鄂嫩河（又称"斡难河"），东至库页岛，南濒日本海，北抵外兴安岭的辽阔地区。1696 年，康熙帝彻底平定噶尔丹叛乱后，清朝控制了漠北蒙古。1733 年，设置乌里雅苏台将军，统辖蒙古各部和科布多（又称“和卜多”）、唐努乌梁海（俄罗斯称为“唐努图瓦”）二区。至此，东北边疆得到了巩固。

5．军事理论进一步发展

先秦以前，兵书就十分众多，尤其在春秋战国时期更为突出，军事理论也日臻成熟，但直到西汉初期，张良、韩信才得以整理为 182 家，并选 35 家，后来散失了一部分。中国古代兵书对世界影响巨大。美国约翰·柯林斯在《大战略》一书中说：“孙子十三篇可与历代名著包括二千二百年后克劳塞维茨的著作媲美。今天没有一个人对战略的相互关系，应该考虑的问题和所受的限制比他有更深刻的认识。他的大部分观点在我们当前环境中仍然具有和当时同样重大的意义。”先秦以后各朝代继承和发展了先秦以前的军事理论，特别是《孙子兵法》有了更新的充实和发展。

从公元前 221 年到公元 1368 年，中国经历了秦、汉、晋、隋、唐、宋、元等几个大的王朝统治和更迭，时间长达 1500 多年。在这漫长的历史时期，由于社会经济、政治、文化和战争的发展，军事思想也得到进一步的丰富和提高。通过战争实践，造就了一大批著名的军事家和将领，出现了众多总结军事理论和斗争经验的兵书，如《孙子兵法》、《吴子兵法》、《司马法》、《六韬》、《尉缭子》、《三略》、《李卫公问对》（宋《武经七书》之一）等。

1368 年到 1840 年鸦片战争前，中国封建社会不但有连绵不断的大规模农民战争、民族起义和统治者的平叛战争，而且外国势力也开始入侵中国。明朝末年，统治者多次与后金在关外发生激烈战斗，而李自成、张献忠分别领导的农民军亦顽强发展，最终推翻了明王朝的统治。清初，满洲贵族先后以八旗军和绿营兵击灭了三个南明政权，发动了平定“三藩”的战争，统一了台湾，并在西北、西南等边疆地区进行了一系列为维护国家统一的平叛活动。康熙帝统治时期，还在东北地区击败了沙俄军队，取得了反侵略战争的胜利。

秦汉到前清的实战经验与兵书内容，进一步丰富发展了我国古代的军事思想和军事理论。

（三）元末至前清时期的反侵略史

1．元末明初的反倭寇斗争

14～16世纪，是日本南北朝分裂和战国时期。日本诸侯为掠夺财富，支持西部奴隶主、武士、浪人和走私商人，结成海盗集团到我国沿海进行抢掠烧杀，先后达二百年之久，史称“倭寇之乱”。其范围南到广东，北到辽宁、朝鲜半岛，受害最深的是江苏、浙江、福建沿海地区。倭寇每到一地就焚烧房屋、奸淫妇女、抢掠人口财物，甚至用开水浇婴儿取乐，无恶不作，激起我沿海军民奋力抗击。明初中国正式设立海防，前后共七镇，派员守备，但自永乐年以后，政府日趋腐败，军费长期不足，海防松弛，致使倭寇抢掠更烈。民族英雄戚继光在“保障生民、捍御地方”、“保国安民”的思想指导下，依靠各地民众，招募农民、矿夫组成戚家军，严格操练，训练出一支武艺精、阵法强、守纪律、听指挥、上下和、兵民合的军队，于1564年终于平定寇乱。1592年，东征提督李如松率兵赴朝鲜，打败小西行长率领的侵略军，赶走了倭寇，光复了平壤。这两次行动不但保卫了东南海疆的安全，同时在北方也建立起了巩固的北部边防，有力地捍卫了民族主权和国土的完整。

2．郑成功收复台湾

15世纪初，明朝的海上力量非常强大。从1405年到1433年，郑和先后7次下西洋，率领强大船队到达苏门答腊、锡兰、印度、波斯等30多个国家，对于中国与南洋各地的文化沟通以及以后我国华侨在海外事业的发展，都起了很大的作用。明朝后期，统治阶级日益腐败，国防实力大减。17世纪初，荷兰势力崛起，海上称霸。1604年袭击我澎湖，1622年强占澎湖列岛并不断掠夺福建，1623年侵占台湾，实行残酷的殖民统治。台湾人民不断起义反抗。1652年，屯垦领袖郭怀一领导1.6万多人举行了一次规模最大的起义，因计划泄露失败，郭怀一壮烈牺牲，荷兰殖民者杀害起义者和妇女幼儿8000余人。1646年，郑成功以厦门为根据地，在进行抗清活动的同时与荷兰殖民主义者作斗争。1661年，郑成功决定收复台湾，并把台湾作为抗清根据地。1661

年 2 月，郑成功率领大小战舰数百艘、将士 2.5 万人，从金门出发，渡海作战。在台湾人民的帮助下，登陆成功，经激烈战斗，打败了荷兰侵略者，1662 年 2 月，荷兰侵略者被迫投降，从此沦陷了 38 年的宝岛——台湾被收复了。1885 年，清政府把台湾升为行省，成为全国 23 个行省之一，并加强了防务建设。

3．抗俄斗争

沙俄是欧洲国家，原与中国并不接壤。伊凡三世时（1440～1505 年），俄罗斯疆域仅 280 万平方千米。16 世纪时向东侵占，1581 年越过乌拉尔山向西伯利亚扩张。17 世纪中期才同中国发生边界问题。1643 年，沙俄在侵略军头子波雅科夫率领下乘清军主力进关夺取明政权之际越过外兴安岭武装入侵我雅克萨和尼布楚等地区。沙俄侵略行径，极端残忍，不但在冬天把大批中国人赶下河里活活冻死，甚至残暴地用被杀害的达斡尔人作为食物。沙俄侵略者的暴行遭到了世界舆论的谴责。虽然清政府多次抗议，但侵略者都不予理会，并进一步扩大侵略范围。面对沙俄的侵略及其暴行，清政府感到事态严重，康熙帝主张抗击，并做了一系列准备。1685 年，康熙命都统彭春、副都统朗担及黑龙江将领萨布素统率清军 3000 人，水陆两路进取雅克萨，并将其包围。沙俄侵略者负隅顽抗，清军大炮攻城，断其水源，俄军遭受重创。至 1687 年春，826 名侵略者几乎全部被歼，侵略军头目托尔布津被击毙，沙俄不得不遣使求和。1689 年 9 月，中俄双方订立《中俄尼布楚条约》。该条约肯定了外兴安岭以南整个黑龙江、乌苏里江流域是中国的领土，制止了俄几十年来对黑龙江流域的武装侵略，沙俄撤回全部入侵部队。当时，由于清政府面临亟待解决的准噶尔叛乱问题，谈判中做了重大让步，把原属中国的贝加尔湖以东的尼布楚一带的大片领土让予俄国。尽管如此，此次抗击沙俄殖民侵略的斗争，保卫了祖国领土完整和国家尊严，沉重打击了沙俄东侵气焰，也使黑龙江流域各族人民免受侵略者的蹂躏。它向全世界表明了中国人民反抗外来侵略的坚强意志和强烈的民族自尊心。

（四）晚清时期国防的衰落和近代国防意识

明朝为加强治理，在奴尔干城设置“奴尔干都指挥司”，都司下设卫、所、站、地面、寨等。1412 年设置了以猛哥帖木尔为指挥史的建州左卫（今辽宁新宾县），后传到六世孙努尔哈赤。努尔哈赤统一东北各部族，并创八旗制度。1635 年，努尔哈赤、皇太极改女真族为满洲。1636 年皇太极称帝，国号大清。1644 年推翻明朝统治，建立了清朝。清朝初期和康熙年间清政府十分重视国防建设，政治修明，使中国的封建经济和文化得到新的发展，各民族团结进一步加强，为“乾隆盛世”创造了条件，使乾隆年间出现了国泰民安的繁荣景象。但是，由于其长期崇尚“骑射为满洲之根本”的祖训，特别是实行对内民族歧视，对外闭关锁国政策，致使到了鸦片战争前夕，清朝国势日衰，政治腐败，军备废弛，兵器落后，赖以维护其封建统治的两支兵力——八旗兵和绿营兵，均变得腐败不堪。八旗兵是世袭兵制，兵员 22 万，待遇优厚。随着时间推移，骄奢淫逸的八旗子弟已失去昔日剽悍粗矿的尚武精神，原有的俸禄限额与人口增长的矛盾也日益尖锐，八旗后代生计日窘。所以八旗兵员额一有空缺，便不顾身体、年龄条件，优先将生活困难者充塞其中，致使八旗军素质每况愈下。绿营兵是在明朝卫所制的基础上建立的，兵员为 60 万，装备、粮饷等待遇均大大低于八旗兵。由于军饷不足，绿营兵只好自谋生计，或替人打冤家搞械斗；或勾结盗匪为业，兵匪一家；或开赌场、烟馆。到太平天国起义时，这两支兵力已非常虚弱。在专制腐朽的清政府统治下，晚清国力衰竭，国防空虚，难以同西方列强相抗衡，以致到了任人宰割的地步。曾称雄于世的泱泱大国，几乎走到了亡国的绝境。

1840 年 6 月爆发的第一次鸦片战争中，英帝国“东方远征军”倚仗其船坚炮利，仅以舰船 48 艘和 4000 名侵略军就打开了中国的大门。在 1911 年辛亥革命之前，除刘永福领导的黑旗军和冯子材率领的军民在越南打败过法国侵略军以外，清政府与帝国主义列强之间的战争均以失败而告终，战败的清政府被迫与外国签订了 1100 多个丧权辱国的不平等条约。通过这些不平等条约，帝国主义列强分割我国大片领土，获得大量赔款，并取得在我国领土上开设通商口岸、设租界、办工厂、筑铁路、开矿山、办银行、驻军队和控制关税等许多特权，中国主权丧失殆尽。中国18000多千米的海岸线上，已没有一个主权属于中国的港口，中国人民备受外敌凌辱。此时的中国陷入了半封建半殖民地的深渊之中。

1．第一次鸦片战争（1840～1842年）

1840年，英国为扩大原料产地和商品市场，向中国倾销鸦片，对中国发动侵略战争。林则徐率军民抵抗，英军败阵。道光皇帝却责备林则徐“措置失当”而将其革职。1842年，英军再攻广东，连续攻陷虎门、厦门、定海，直扑扬子江，封锁运河口。腐败的清政府只得屈膝求和，在1842年8月29日与英国签订丧权辱国的《南京条约》，赔款2100万银元（占清政府当年财政收入的36%），割让香港，开放广州、福州、厦门、宁波、上海五口岸通商，并给予英国关税、司法特权。《南京条约》是中国近代史上与外国签订的第一个不平等条约，开了外国侵略者以条约掠夺奴役中国的“合法化”的先例。从此，各国侵略者接踵而来，中国逐步沦为半封建半殖民地社会。

2．第二次鸦片战争（1856～1860年）

这是英法在美俄支持下共同发动的侵华战争。1857年12月英法联军攻陷广州，接着进攻白河口、天津，一直侵犯到北京，火烧圆明园，迫使清政府签订了一系列不平等条约。如1858年同俄国签订《中俄瑷珲条约》，俄国侵占我黑龙江以北60多万平方千米土地。1860年同俄国签订《中俄北京条约》，俄国又占去我乌苏里江以东40万平方千米土地。1864年又签订《中俄勘分西北界约记》，俄国占去我新疆巴尔喀什湖以东以南和斋桑泊南北44万平方千米土地。1881年，沙俄先占领我新疆伊犁地区，后迫使清政府签订《中俄伊犁条约》、《中俄改订条约》，占去我7万平方千米土地，并要求清政府赔款280万两白银，后增至504万两白银。法国获赔白银820万两。英国占我九龙，并获赔款白银850万两，还取得了领事裁判权和最惠国等许多特权。

3．中法战争（1883～1885年）

1883年，法军攻占河内，后加紧北犯。刘永福率黑旗军大败法军，法军退出河内。1884 年 4 月，法军舰进犯中国东南沿海；8 月袭击马尾军港，中方损失惨重；10 月法军攻占台湾基隆，进犯台北，同时加紧进攻越南北方。1885 年，法军进攻驻防谅山清军。清军老将冯子材率军诱敌深入，大败法军，收复谅山，并取得镇南关大捷。中国军队节节胜利，法国内阁因战败而倒台。可清政府投降派在英国操纵下与法国谈判时，竟使法国在战争失利的情况下达到了发动战争之目的，取得在越南的殖民统治权，并且打开了广西、云南两省的门户，使之成为法国对华扩张的重要地区，中国的民族危机进一步加深。

4．中日甲午战争（1894～1895 年）

中法战争后，帝国主义加强了对中国边疆、邻国的侵略。日本为夺占朝鲜和发动侵略中国的战争，已做了长期的准备。1894 年（光绪二十年，甲午年），日本趁朝鲜东学党起义之机，出兵侵占朝鲜，并于 7 月 25 日对中国海陆军发动突然袭击，挑起战争。8 月 1 日，中日双方正式宣战。9 月，中国海陆军在平壤战役和黄海海战中受挫。10 月，日军分陆海两路进攻中国东北，侵占九连城、安东（今丹东）。11 月，日军侵占大连、旅顺等地。1895 年 2 月，日军攻占威海卫军港，北洋水师全军覆没。3 月，日军侵占牛庄、营口、田庄台。尽管中国人民和爱国官兵曾英勇抗击，但由于清政府的腐败，中国方面遭到了失败。最后清政府派李鸿章和日本订立了丧权辱国的《马关条约》。中国承认朝鲜完全“自主”，并割让台湾全岛及所有附属各岛屿、澎湖列岛、辽东半岛给日本，向日本赔款 2 亿 3 千万两白银，相当于当时日本政府三年的财政总收入。此外，日本还获得了在中国的其他多种特权。

5．八国联军侵华（1900 年 6 月～1901 年 9 月）

1900 年英、美、德、法、俄、日、意、奥八个国家的军队攻占北京，镇压义和团运动，并进行疯狂的烧杀抢掠。1901 年，清政府被迫签订丧权辱国的《辛丑条约》（亦称《辛丑各国和约》、《北京议定书》），清政府赔款 4 亿 5 千万两白银，分 39 年还清，加利息共 9 亿 8 千多万两白银。清政府以海关税、常关税和盐税作抵押。同时划京城东交民巷作为使馆界，由各国派兵驻扎。外国军队还在北京到山海关一线 12 个据点驻扎。清政府拆除大沽口及有碍京师至沿海各通道之炮台，永远禁止中国人民反对外国侵略之各种组织，等等。这一切表明清政府已完全成为帝国主义统治中国的工具。只是由于以义和团为主要代表的中国人民自发起来进行前仆后继的不屈不挠的英勇斗争，中华民族才没有被亡国灭种。

19 世纪 40 年代开始的中国近代史，是资本主义、帝国主义国家武装侵略中国，中国被迫进行反侵略的卫国战争的历史。在资本主义及帝国主义列强的践踏下，中华民族传统的国防意识和国防教育受到冲击，同时也出现了一些新的转机。鸦片战争以后，英国等帝国主义列强用大炮打开了中华帝国的大门，丧权辱国的《南京条约》加速了“天朝大国”的衰落。这使一些志士仁人开始考虑新的防御之道，其中林则徐、魏源等就是这方面的代表人物。他们通过失败的教训和观察西方的科技进步，萌发了近代国防意识。一是提出了“师夷之长技以制夷”的战略思想。二是提出了建立军民结合、正规军与民防相结合的武装力量的思想。三是提出了海防与塞防并重的御敌思想。林、魏的上述思想在当时的历史条件下为衰败的中国社会注入了一股振奋民族之魂的活力。但从鸦片战争到八国联军武力进京的 60 年间，由于列强的入侵和清王朝的腐败，中国实际上进入了有国无防的时代。

1911 年孙中山领导的辛亥革命推翻了清朝腐败统治，苦难的中华民族有了希望。但是，袁世凯在短时间里窃取了胜利果实，中国的希望又成了失望。1919 年五四运动，使中国出现了新的曙光。

1921 年中国共产党成立，开始领导中国革命，从此中国革命的面貌焕然一新。1927 年 8 月 1 日，由我党领导的南昌起义打响了武装反抗国民党反动派的第一枪，标志着中国共产党独立领导武装斗争的开始。中国共产党团结全国各族人民，经过几十年的浴血奋战，前仆后继，打败了内外反动派和侵略者，推翻了三座大山，建立了人民当家作主的社会主义国家。从此，中国人民站起来了！中国的国防也得以迅速建设和巩固，一支强大的现代化国防力量屹立在世界东方。1949 年以后的国防，在中国共产党的坚强领导下，不断巩固和发展。我党依靠全国各族人民的团结和共同努力，打败了帝国主义、霸权主义、外国敌对势力和国内阶级敌人各种形式的多方面的进攻、袭扰破坏和颠覆，国防巩固，人民安居乐业。

三、中国国防历史的主要启示

历史是一面镜子。中华民族数千年的国防历史蕴藏着丰富而宝贵的经验教训，给予我们许多有益的思考和启示：

（一）经济发展是国防强大的基础

经济是国防的物质基础，国防的强大有赖于经济的发展。早在春秋时期齐国的政治家管仲就提出“富国强兵”的思想，孙子则更直接地指出：兵不强则不可以摧敌，国不富不可以养兵，富国是强兵之本，强兵之急。这一观点抓住了国防强大的根本所在。我国古代凡是有作为的政治家、军事家及王朝，无不强调富国强兵。秦以后的汉、唐、明、清各代前期国防的强盛，都是与民休养生息、发展经济的结果；与此相反，以上各朝代的衰败，也都由于经济的衰落导致国防的孱弱。无数史实证明经济发展是国防强大的基础。

（二）政治开明是国防巩固的根本

国防服从于政治，服务于政治。政治与国防紧密相关，国家的政治是否开明，制度是否进步，直接关系到国防能否巩固，只有良好的政治才是固国强兵的根本。

纵观我国数千年的国防历史，我们不难发现，凡是兴盛的时期和朝代，都十分注意修明政治，实行较为开明的治国之策。秦朝原为西陲小国，从商鞅变法开始，修政治，明法度，发展生产，繁荣经济，国防日渐强大，为并吞六国奠定了坚实的政治和经济基础；唐建立之初，满目疮痍，百废待兴，正是由于制定并实施了一系列开明的政治制度，使国家很快从隋末的战争废墟中恢复过来，并很快成为国力昌盛、空前统一的大唐帝国，有了“贞观之治”。相反，凡是衰落的时期和朝代，无不因为政治腐败导致国防虚弱。唐朝中期以后，两宋乃至于晚清都是如此。

（三）国家的统一和民族的团结是国防强大的关键

翻开几千年的国防史，人们都会发现这样一个规律：凡是国家统一、民族团结的时期，国防就巩固、就强大；凡是国家分裂、民族矛盾尖锐的时期，国防就虚弱、就颓败。

晚清时期，在西方列强的进攻面前，不仅不敢发动反侵略战争，不依靠、不支持人民群众进行战争，反而认为“患不在外而在内”、“防民甚于防火”。对人民群众自发组织的反侵略斗争实行残酷的镇压，最终造成对外作战中屡战屡败，割地赔款，逐步沦为半殖民地半封建社会。

抗日战争时期，在中国共产党的倡导和组织下，建立了广泛的抗日民族统一战线。在敌强我弱的条件下，中国共产党坚持人民战争的战略战术，动员和组织人民，团结一切抗日力量，共同抗击侵略，最终取得了抗日战争的全面胜利。

历史的教训极为深刻，经验弥足珍贵，值得我们永远记取。

第二节　国防法规

国防法规随着国家和国防的出现而产生。国防活动的主要形式是军事建设和军事斗争，因此，国防法规也称作军事法规。古籍中有“刑始于兵”、“师出于律”的记载，表明军事法规源于战争和军事斗争实践。

国防法规是由国家立法机关制定并以国家强制力保证其实施的，用于调整国防体制、武装力量建设、国防科技建设、战争动员体制、国防生产、全民防御和国防教育等方面社会关系的法律规范的总称。它是国家国防政策的法律体现，是指导国防活动的行为准则，也是国家法律体系的重要组成部分。世界各国都普遍重视国防法规的建设，都把有无健全的国防法规作为衡量一个国家的国防是否现代化的重要标志之一。

一、国防法规的性质与作用

（一）国防法规的性质

国防法规是一个国家统治阶级的意志在国防建设领域中的法律体现。国防法规与国家宪法和其他法律一样，都具有鲜明的阶级性。尤其是国防法规调整的对象主要是国家国防建设领域内的军事关系，其所维护的客体是国家的军事利益，而军事斗争的胜败、国防力量的强弱，直接关系到一国统治阶级政治统治的存亡，所以国防法规的阶级性表现得更为突出。

我国的国防法规，除了具有阶级属性外，还具有以下特点：

第一，国防法规具有很高的权威性。权威性本是所有法律的共性。但是，由于国防活动和军事斗争的特殊性，国防法规的权威性就显得尤为明显。一方面，国防是一个复杂的系统工程，涉及国家的经济建设、武装力量建设、科技生产和国防教育体制等各个方面的问题。调整这些复杂关系的国防法规对各级政府、各种社会组织，以及公民个体都有不同程度的制约作用。如果国防法规缺乏高度的权威性，国家的国防政策就难以贯彻实施。另一方面，在世界上日益强调综合国力竞争、国家整体国防实力竞争的今天，必须有严密、系统、具有高度权威性的国防法规来统一国防诸方面的力量，调节纷繁复杂的军事关系，从而保障未来军事斗争的胜利和国防安全。

第二，国防法规具有较强的从属性。国防法规的从属性主要是指国防法规的制定，必须依据国家宪法和其他法律的规定进行；国防法规的内容不能同国家宪法和其他法律相抵触；国防法规的实施，必须体现党的政治领导的原则，以保证党对国防建设的正确领导。

第三，国防法规具有一定程度的保密性。公开性原则是法的基本特征之一，国防法规无疑也应公开。但是，由于国防法规中的部分有关内容不适宜向社会公开，例如国家作战的指挥体制、国防专利发明的申请等，在内容上或多或少地涉及国家的某些军事机密。为了保守国家军事机密，这部分国防法规的公开性就受到了限制。但这绝不是说，国防法规就是“秘密法”，立法机关在立法过程中应尽量避开涉及国家军事机密的内容，辅以军事命令的形式来加以弥补，从而保证国防法规在全国范围内的有效实施。

（二）国防法规的作用

我国的国防法规是社会主义经济和政治制度的产物，是社会主义国家无产阶级本质的反映。我国国防法规的这一根本性质，决定了其在国家建设中的重要社会作用。

1．巩固社会主义制度

社会主义制度的确立、巩固和发展，必须依靠强大的国防力量做后盾。当今世界，社会主义制度和资本主义制度之间的矛盾和斗争仍然存在并日趋激烈。国际资产阶级在采用以武力为后盾颠覆了以前苏联为首的东欧社会主义制度的国家政权后，正以种种手段企图颠覆我国社会主义制度；以美国为首的西方国家直接施用武力干涉南斯拉夫联盟内政、侵略伊拉克等，打破了国际法准则，为“新型帝国主义”的扩张开创了先河；我国周边环境的关系虽有所改善，但不稳定因素还大量存在。在这种情况下，我们要加强国防建设，坚持走社会主义道路，抵御国外反动势力的颠覆和可能发动的侵略战争，捍卫社会主义国家的主权和领土完整，就必须有完善的国防法规作保障。国家通过制定和实施国防法规，可以系统而严密地规定国家的军事制度、武装力量的组织和斗争形式，并从宏观上调整国家经济建设与国防建设的关系，确立国家平时体制转入战时体制的规范，以具体地落实国防发展的各项战略目标，从法律上保证国防职能的实现，进而达到巩固人民民主专政和社会主义制度的根本目的。

2．保障社会主义经济改革和建设的顺利进行

社会主义制度建立后，摆在全党、全国人民面前的任务是发展生产力。只有发展生产力，才能促进物质文明、精神文明和政治文明建设，提高科学技术水平和国家防卫能力，才能增强综合国力、改善人民群众的物质文化生活，推进国家和民族的全面发展。而要进行大规

模的经济建设，就必须要有一个和平的国际环境和稳定的国内政治局面。尽管国防法规不直接作用于国家的经济建设，但它通过保障国家的军事利益，促进国家的国防建设，能够为经济建设创造一个和平的国际环境和稳定的国内政治局面，为社会主义的经济建设及其改革开放扫清各种障碍提供有力的军事支持和可靠的保障。

3．保证国防现代化顺利实施

实现国防现代化，不仅要建设一支强大的人民军队，还要建设一支强大的民兵和后备部队，从而使我国武装力量体制适应信息化战争的需要。历史经验证明，要实现上述要求，靠行政手段和长官意志都难以从根本上解决问题，只有依靠完备的国防法规加以调节，才能达到目的。国防法规对实施国防现代化的调节作用主要体现在：

一是保障国防决策的权威性和高效率的重要途径。目前，高科技的广泛应用和国际上错综复杂的政治、经济、军事关系，以及改革开放以来在打破原有的经济体制中出现的新情况尚未妥善解决等一系列问题的情况下，无疑给国家的国防决策增添了许多复杂因素，但现实却要求对危及国家安全或国家根本利益的局势能迅速做出反应，以使在军事斗争中争取主动。为解决这一矛盾，唯有通过制定和实施国防法规的途径，建立具有最高权威和最高效率的国防决策机构，使国防决策的运行机制适应未来战争及应付任何突发事件的需要。

二是加强国防实力建设的重要保障。国防实力是指能直接作用于国防的现实力量。它是由多种力量要素组成的，包括常备力量、后备力量、武器装备、国防基础工程设施等。综合国防力量的大小，不仅取决于各种力量要素的大小，而且取决于这些力量要素的比例关系和组合形式，只有借助于国防法规的手段，才能求得国防力量内部各力量要素的最佳结构和比例关系，获得最大的整体效益。因此，国防法规的制定与执行，是加强国防实力建设的重要保障。

三是指导国防潜力积蓄的重要手段。国防潜力是指与国防有关的尚未作用于国防的潜在力量。由于国防在国家生活中的重要地位，要求在国民经济建设中，无论是经济区的划分、工业的布局、基本建设投资、工业产品的生产、能源的开发、交通运输与通信联络的建设，还是国民教育的普及、科学技术的发展、先进技术的引进、卫生体育的发展等，都应充分考虑国防的需要。如美国民航国际航线全部货机和90%的客机都承担在紧急情况下战略空运的任务，欧洲地区的许多铁路、公路和输油管道几乎都是军民两用。从这些国家的经验中可以看出，他们在进行经济建设的同时，不忘国防建设和战时的需要，十分注重国防潜力的培育和发展，并用国防法规来约束和保证这种国家与国防、社会与国防、经济与国防的关系，做到平战结合，军民结合。

四是促进国防潜力向国防实力的转化的重要机制。现代条件下的国防建设，不仅要加强兵力、武器装备等国防实力的建设，还要特别重视兵源、资源等国防潜力的建设，并努力促进国防潜力向国防实力转化。国家依靠国防立法来确定兵役制度和建立强大的国防后备力量；可以规定国家的动员体制，确保战时兵源的充足供给；可以发布各种规定和条例，宣扬为国防献身的英模事迹，并要求全社会做好优抚工作，不断巩固钢铁长城。

国防是国家行为。国防法规的适应范围既包括军队，又包括地方，既适合军人，又适合全体国民。因此，国防法规在制定过程中，既考虑到国防实力与国防潜力同步建设的要求，又考虑到国防潜力向国防实力转化的规范。

二、制定国防法规的等级权限与实施

（一）国防法规的制定

国防法规的制定，是统治阶级把自己有关国防建设的意志以及它统治下的国家的意志，通过具体的规范性法律文件体现出来的立法活动。这种立法活动，依据国防法规的不同层次，分属不同的国家立法机关、行政机关、军事机关制定和颁布。2003年3月全国人大通过的《中华人民共和国立法法》，首次以国家基本法律的形式，对中央军委以及各总部、军兵种、军区的立法权限作出明确规定，确立了军事立法在国家立法体系中的重要地位。

国防法规以国家宪法为基础，由各类法律规范所组成，其范围十分广泛，内容也非常丰富。具体说来，主要包括以下各类法律制度：国防行政法、军事刑法、军事诉讼法、军事经济法、军事组织编制法、战争动员法、军事权益保障法、军人优抚安置法等。从我国目前情况看，国防法规还不够完善，还有许多法规有待制定。从已经颁布的国防法规来看，基本可分为以下四个等级：

1．全国人民代表大会及其常务委员会颁布的法规

2004 年修正的《中华人民共和国宪法》第五十八条规定："全国人民代表大会和全国人民代表大会常务委员会行使国家立法权。"这一规定明确了全国人大及其常委会，是唯一拥有国家立法权的机关。根据我国国防立法的实践，凡属基本军事法律和军事法规，均需经过全国人大或其常务委员会讨论制定。如，《中华人民共和国兵役法》、《中华人民共和国国防法》、《中华人民共和国国防教育法》等。其主要特点：立法程序严格，通常要经过提案、审议、通过、公布等过程；法律调整的社会关系主体广泛，法律规范效力适用于国家管辖的整个疆界，或国家的整个武装力量；具有较强的稳定性，是制定其他有关国防和军事规范性文件的基本依据。

2．国务院和中央军委制定的法规

国务院是我国最高行政机关，中央军委是我国最高军事机关，都是国家权力的执行机关。它们制定的有关国防和军事方面的法规，通常是在全国人民代表大会及其常务委员会制定通过有关法规之前，就该项事务发布国防和军事法规；在有关法规通过之后，就该法律发布实施条例或有关问题的管理规定。如《军用标准化管理办法》、《国防科学技术情报工作条例》等。国务院和中央军委制定的国防军事法规，在我国国防法规体系中占有重要地位。其主要特点是：以宪法和法律的有关规定为依据，如果没有相应的现行法律，则直接依据宪法的有关军事条款制定；通常以条令、条例、决定、规定的形式发布；依据法规的性质或内容，以国务院和中央军委的名义合署或单独发布。

3．国务院各部、委和军委各总部制定的法规

它们制定有关国防与军事法规有以下三种情况：

一是国务院各部、委和军委各总部在各自的管理范围内，根据法律和国防法规，发布管理性规章；

二是由国务院各部、委和军委各总部起草，报国务院和军委批准，由各部、委和军委各总部发布的管理性规章；

三是根据法律规定制定国防法规和军事法律的实施细则或管理规则。

4．各军兵种、各大军区制定的法规

中国人民解放军是一个诸军兵种合成的军队。各大军区（战区）、各军事部门都有其特殊情况，军事管理事务非常复杂。国防法规和军事法律往往只能制定一些基本原则，而贯彻执行这些原则性规定则需要有比较具体的实施细则和管理办法。由于这些管理细则和实施办法的业务性、技术性和时间性都很强，就必须由各军兵种、各大军区分别制定。例如，陆军各兵种颁发的战斗条令，海军颁发的舰艇条令，空军颁发的飞行条令，总装备部颁发的国防计量工作管理条例，武警总部颁发的关于开除军籍的有关规定等。

此外，我国国防法规的体系，通常还包括由各省、自治区、直辖市人代会及其常委会制定的贯彻执行国家国防法规的实施办法、实施细则、补充规定等。

（二）国防法规的实施

国防法规的实施，是指国防法律规范在社会生活中的贯彻和实现。法律规范只有当它在实际生活中真正得到贯彻和实现时，它的作用才能显示出来，它的存在才有意义。

我国国防法规的实施大体可以分为两种基本方式。一是由国家机关和国家工作人员运用来解决具体问题，即国防法规的适用；二是由全体公民用国防法规来规范自己的活动和行为，即国防法规的遵守。

国防法规的适用，就是国家机关及公职人员依其职权实现法律对国防建设领域内各种社会关系的调整。这种法律的适用，不能单纯理解为地方司法机关和军事司法机关的活动，其他国家机关也存在根据法定职权运用法律的问题。如地方人民政府可以依照《中华人民共和国兵役法》，对拒不履行兵役义务的公民进行行政或经济制裁等。国防法规的适用，还必须遵照公民在法律面前人人平等的原则。它要求，任何公民都应平等地履行国防法规所规定的义务，任何公民都不允许有超越国防法规的特权，任何公民的违法犯罪行为应平等予以追究和制裁，必须做到"有法必依、违法必究、执法必严"。只有这样，才能使国防法规的实施落到实处，才能有效地保障国家的军事利益不受侵害，才能使国家的国防现代化建设不断取得新的成就。

国防法规的遵守，就是要使一切国家机关、企事业组织、社会团体和全体公民都必须遵守法律的规定，严格依法办事。国防法规的许多规定，主要依靠国家机关来贯彻执行。因此，一切国家机关，包括权力机关、行政机关、军事机关、审判和检察机关，都必须严格遵守国防法规的各项规定，按照各自的职责，同各种违法犯罪行为作斗争。一切国家机关工作人员，特别是负责国防建设领导工作的各级干部，更应认真学习国防法规，熟悉与自己职责有关的国防法规的具体内容，牢固地树立起"依法建设国防"、"依法治军"的观念，加强对全体公民的国防法制教育，并使教育经常化、制度化和系统化，提高全体公民的国防意识和国防观念，自觉遵守国防法规，使国防法规得到全面的贯彻和实施。

国防法规的正确实施，还需要按照我国宪法的有关规定，由全国人大及其常委会对国家的基本国防法律的实施进行监督，由国务院和中央军委对国家的一些国防法规及军事规章的实施进行监督。监督的内容和范围主要是审查处理国防法律或国防法规是否与宪法及国家的其他基本法律相抵触，审查处理国家各机关制定和发布的决议、决定等内容是否与国防法律或国防法规相抵触，并依据宪法和国家其他法律的精神，对违法行为作出纠正或处罚。

三、主要国防法规简介

《中华人民共和国宪法》是中国除该法外一切现行法律法规的根据。因此，《宪法》又被称作国家的"大法"、"母法"。

《中华人民共和国宪法》第二章第三十三条规定：“任何公民享有宪法和法律规定的权利，同时必须履行宪法和法律规定的义务。”第五十四条规定：“中华人民共和国公民有维护祖国的安全、荣誉和利益的义务，不得有危害祖国的安全、荣誉和利益的行为。”

我国的国防法规是依据《宪法》制定的我国有关国防和军事方面的法津规定，是我国社会主义法制的重要组成部分，是公民履行国防义务的行为规范。我党历来重视国防法规的建设，早在民主革命时期就制定了《中华苏维埃共和国中央执行委员会关于战争动员与后方工作的训练》、《红军优待条例》、《红军抚恤条例》、《边区战时勤务人员暂行办法》等多种法规。新中国成立之初，国家就着手制定国防法规，很快颁布了《兵役法》、《民兵组织条例》以及军队的一些条令条例。改革开放以来，国家加大国防立法力度，至 2008 年 6 月，全国人大及其常委会制定的直接调整国防和武装力量建设的法律及其有关法律问题的决定 15 件，国务院和中央军委联合制定的军事行政法规 92 件，中央军委制定的军事法规 207 件，各总部、军兵种、军区和武警部队制定的军事规章（含规范性文件）3200 多件。2009、2010 年国家又相继公布施行《人民武装警察法》和《国防动员法》。这些军事法律、法规和规章的颁布和实施，标志着我国国防建设步入制度化、法制化、规范化的轨道。2007 年 8 月 1 日，军委胡锦涛主席在庆祝中国人民解放军建军 80 周年暨全军英模代表大会上的讲话中指出，我们已经“形成了反映军事发展规律、体现人民军队性质和优良传统的军事法规体系。”

（一）我国国防法规的基本法——《中华人民共和国国防法》

1997 年 3 月 14 日，我国颁布了第一部《中华人民共和国国防法》（以下简称《国防法》）。该法共 12 章，70 条，主要规定了国防活动的基本原则，国家机构的国防职权，武装力量的构成、任务和建设，国际动员和战争状态，公民、组织的国际义务和权力，对外军事关系等。《国防法》的制定和颁布，是我国国防史和法制史上的一件大事，对于加强国防建设和完善我国军事法制具有十分重要的现实意义和深远的历史意义。

《国防法》以毛泽东军事思想、邓小平新时期军队建设思想以及江泽民国防和军队建设思想为指针，以宪法为依据，贯彻党中央、国务院、中央军委关于新时期国防和军队建设的一系列指示精神，总结我国国防和军队建设的经验，研究社会主义市场经济条件下国防和军队建设的经验，立足现实，着眼发展，是一部具有中国特色的国防和武装力量建设的基本法律。其基本特点主要体现在以下几个方面：

1．体现了党和国家领导国防的一致性

中华人民共和国是中国共产党领导全国各族人民，经过长期艰苦卓绝的斗争建立起来的人民民主专政的国家。党和国家与广大人民群众在根本利益上是一致的。作为体现取得国家政权的中国人民意志的法律，必然要以一定的形式确认中国共产党在国家生活中的领导地位。《国防法》所体现的党的领导，就是把党的政治领导、思想领导和组织领导制度化、法律化。首先，《国防法》把党关于国防建设的方针、政策，诸如国防现代化、武装力量“三化”建设、正确处理国防建设与国家经济建设的关系、实行人民战争、贯彻积极防御的战略方针等，用法律的形式加以确认并上升为国家意志，旨在依靠法律手段来保证其长期稳定的付诸实施。其次，《国防法》进一步确立和完善了党领导下的国防领导体制。第三，《国防法》明确了中国共产党对武装力量的领导。《国防法》第三章第十九条规定：“中华人民共和国的武装力量受中国共产党领导。”

2．体现了我国国防的正义性

霸权主义是现代战争的根源。只要世界上存在帝国主义和霸权主义，战争的危险就会存在，社会主义及第三世界国家遭到侵略、颠覆和被分裂的可能性就会存在。因此，我们必须强化防备和抵抗侵略与颠覆，维护国家统一，保卫国家主权领土完整和安全这一根本职能。

我国武装力量的对外职能属于防御自卫型性质。新中国成立以来，我国同个别邻国曾经有过武装冲突，这完全是在受到侵略、战争、威胁或军事挑衅的情况下被迫采取的自卫行动，是任何一个主权国家的正当权利。我国的一切国防举措，都是为了保证本国不受侵略和颠覆，保卫本国人民的和平生活与劳动。我国的国防不以牺牲他国利益为代价。同时，中国人民反对任何侵略他国主权、掠夺他国利益的非正义战争，主张以正义战争反对非正义战争。对此，《国防法》对上述我国一贯的国防立场和国防政策给予了确认与肯定。

3．体现了我国国防的人民性

人民战争思想是毛泽东军事思想的精髓，过去、现在和将来都是我们克敌制胜的法宝。毛泽东曾经指出："战争的伟力之最深厚的根源，存在于民众之中。"同过去一样，在未来的反侵略战争中，只有依靠、动员和组织广大人民群众，才能造成陷敌于灭顶之灾的汪洋大海，这是克服一切战争困难的必要前提。

在国防建设中坚持人民战争思想，就必须显示出我国国防的人民性。我们的国家是社会主义国家，人民当家作主。我们的国防是社会主义国防，为了人民，依靠人民，人民是自觉的权利主体和义务主体。广大人民的积极参与，是我国国防的基本特点之一。对此，《国防法》第四条明确规定："坚持全民自卫的原则。"人民群众是武装力量的坚强后盾和雄厚基础，在我国的国防事业中有着举足轻重的作用。《国防法》重申了宪法的规定："保卫祖国，抵抗侵略是中华人民共和国每一个公民的神圣职责。"同时还规定："中华人民共和国公民应当依法履行国防义务。"这些规定清楚地表明，捍卫国家主权和安全，防备和抵抗侵略，不仅是武装力量的职能，而且是全体公民的义务。

从我国目前的情况看，国防的人民性还意味着我们必须坚持军民兼容、军民结合的国防发展道路，这是一条花钱少、办事多、效益高的路子，也是毛泽东人民战争思想在国防建设上的体现。既然国防是全社会的义务，那么，不仅那些平时"军转民"的军工企业要确保战时"民转军"，而且许多民用技术的开发和民用企业的发展以及国防军事人才的培养等方面都应考虑到国防的需要。如：普通高校培养国防生，尤其在南开大学设置全国普通高校第一个军事学硕士授权点，既体现了"军民兼容"，也是国防军事人才多元培养的有益尝试。

4．体现了国防建设和经济建设发展的协调性

历史经验告诉我们：国不富不足以养兵，兵不强不足以卫国。经济建设是国家发展的需要，国防建设是国家安全的需要，两者都反映

了国家的根本利益，都是关系国家前途和命运的根本问题，绝不可有所偏废。我国是一个发展中国家，与发达国家相比，工业、农业、科技等还比较落后，要加强国防建设，实现国防现代化，处理好国防建设与国家经济建设的关系尤为重要。军队装备现代化，只有国民经济有了比较好的基础才有可能实现。因此，国防建设、军队建设要服从经济建设这个大局，在这个大局下行动。同时，也必须在国民经济不断发展的基础上，逐步改善武器装备，加速实现国防现代化。在国防建设和经济建设这一对矛盾中，和平时期经济建设是矛盾的主要方面，抓住了这个主要方面，把经济搞上去，国防建设才能得到相应的发展。一旦战争爆发，矛盾的主要方面就会转化。对此，《国防法》明确规定：国防经费的增长应当与国防需求和国民经济发展水平相适应；国家根据国防建设和经济建设的需要，确定国防资产的规模、结构和布局。

5．体现了基本军事法律的综合性

世界许多国家都有国防方面的基本法律，但在规定的内容范围内有所侧重。我国的《国防法》从本国的实际出发，借鉴外国的有益经验，是一部具有中国特色的综合性国防法典。

第一，从军事法的范围上看，我国的军事法包括国防活动的组织、经济、法律保障、国防人员配备、国防设施和军事装备、国防教育和武装力量管理与训练、国家防务和卫戍、战争等诸方面的法律规范。这种军事法的综合性，决定了作为军事法体系“母法”的《国防法》必须具有综合性，这样才能覆盖军事法涉及的方方面面。

第二，从国防的主体范围上看，我国的国防主体不仅包括国家机关、军队和军人，而且还包括社会组织和普通公民。这种国防主体的普遍性，决定了以调整基本国防法律关系主体为对象的《国防法》必须具有综合性。

第三，从国防的职能范围上看，我国的国防职能不仅包括防备和抵抗侵略这一首要的国防职能，而且还包括制止分裂、维护统一等其他国防职能。这种国防职能的多重性，决定了以确定国防职能为首要立法目的的《国防法》必须具有综合性。

第四，从国防的手段范围上看，我国的国防手段不仅包括军事手段，而且还包括与军事有关的政治、经济、文化、科技、外交等其他手段。这种国防手段的广泛性，决定了《国防法》的综合性。

第五，从国防的时间范围上看，任何国家的国防活动都毫无例外地包括平时国防建设与战时军事斗争两个方面。这种国防时间范围的二元性，同样决定了《国防法》的综合性。

（二）我国第一部全面调整和规范国防教育的法律——《中华人民共和国国防教育法》

《中华人民共和国国防教育法》（以下简称《国防教育法》）是以毛泽东、邓小平、江泽民三代领导人关于加强国防教育的重要论述为指导，适应我国的国情和我国所面临的国际安全形势，以《国防法》和《教育法》为依据，科学总结了我国国防教育的理论成果和实践经验，经中华人民共和国第九届全国人民代表大会常务委员会第二十一次会议于 2001 年 4 月 28 日通过，并于同日经中华人民共和国第五十二号主席令公布实施。《国防教育法》的公布施行，标志着我国国防教育事业迈入了法制化轨道。这对于保证全民国防教育的开展，推动新时期的国防建设，增强全民国防观念和民族凝聚力，提高全民素质，乃至促进社会主义精神文明建设，必将产生重大而深远的影响。

1. 适应了我国的国情和我国所面临的国际安全形势

虽然和平与发展仍是当今世界主流，但国际形势依然严峻，天下还很不太平，我国安全环境也存在各种不稳定因素。中华人民共和国全国人民代表大会常务委员会洞察形势并通过《国防教育法》，表明了中国人民加强国防意识、普及国防教育、捍卫领土主权、维护国家尊严的坚强意志和民族精神。

《国防教育法》制定的目的：是“为了普及和加强国防教育，发扬爱国主义精神，促进国防建设和社会主义精神文明建设”（《国防教育法》第一条）。通过教育，使所有公民都要充分认识到树立强烈的国防意识、增强国防观念、学习基本的国防知识、掌握必要的军事技能以及自觉履行国防义务是法律对每一个公民的基本要求。

2．规范了学校国防教育的形式

《国防教育法》第二章第十三条至第十七条专门制定了各级各类学校进行国防教育的形式，强调了学校国防教育在全民国防教育中的地位，表明国家对学校国防教育重视的程度。《国防教育法》第十三条指出，“学校的国防教育是全民国防教育的基础，是实施素质教育的重要内容”。作为全民国防教育的基础，学校国防教育在普及和加强全民国防教育中有着极其重要的意义。国家把国防教育作为学校素质教育的重要内容，既说明了国家对人才的素质观，而且用法律的形式规定了国防素质是人才素质中不可缺少的内容。

《国防教育法》第二章还对学校国防教育的开展作了制度上的规定。对教育行政部门提出“应当将国防教育列入工作计划，加强对学校国防教育的组织、指导和监督，并对学校国防教育工作定期进行考核”的要求；对各级各类学校提出“应当将国防教育列入学校的工作计划和教学计划，采取有效措施，保证国防教育的质量和效果。”

《国防教育法》除了对学校开展国防教育做出具体的要求外，还对负责培训国家工作人员的各类教育机构也提出“应当将国防教育纳入培训计划，设置适当的国防教育课程”的要求，说明国家把是否具备国防意识作为干部任用考察的条件之一。

3．明确了加强国防教育是全社会的共同职责

根据立法的指导思想，《国防教育法》明确了“国防教育是巩固和建设国防的基础，是增强民族凝聚力、提高全民素质的重要途径”；明确了“国防教育贯彻全民参与、长期坚持、讲求实效的方针，实行经常教育与集中教育相结合、普及教育与重点教育相结合、理论教育与行为教育相结合的原则”；要求“针对不同对象确定相应的教育内容，分类组织实施”；明确了国防教育的领导体制和各级国防教育工作机构的职责；确定国家设立全民国防教育日。同时，《国防教育法》还对学校国防教育、社会国防教育、国防教育的保障以及法律责任等都做了明确规定。这一法律的制定，集中反映了各方面的意见和建议，充分体现了广大人民群众的意愿，为全民国防教育持久深入地开展提供了可靠的法律保障。

4．强调了落实《国防教育法》的保障以及违反《国防教育法》的制裁措施

《国防教育法》对开展国防教育的人力、物力、财力的落实做了法律上的规定，在第二十四、二十五条中规定“各级人民政府应当将国防教育纳入国民经济和社会发展计划”，开展国防教育所需的经费“在财政预算中保障”。各企事业单位和各级各类学校开展国防教育的经费在法律中也有明确的规定，“任何单位和个人不得挪用和克扣”。《国防教育法》还对用于国防教育的爱国主义教育基地的建设、国防教育大纲的制定、加强国防教育师资队伍的建设等内容都有明确的要求，对全社会国防教育的有效开展提供了法律保障。

《国防教育法》针对不执行开展国防教育的单位和个人，规定“由各级人民政府有关部门或上级机关给予批评教育，并责令限期改正；拒不改正，造成恶劣影响的，对负有直接责任的主管人员依法给予行政处分”。对违反法律条款，破坏、扰乱国防教育的给予相应的司法处理，直至追究刑事责任。

（三）我国兵役法律制度

1955 年我国颁布了第一部《中华人民共和国兵役法》（以下简称《兵役法》），1984 年 5 月全国人大六届二次会议通过了新的《中华人民共和国兵役法》（即第二部《兵役法》），并在 1998 年 12 月 29 日全国人大常委会九届六次会议进行了修改。新的《兵役法》对我国的兵役法律制度的基本内容做了详细的规定。

1．我国兵役制度的特点

世界上的兵役制有两种：一是国家利用法律形式规定公民必须服兵役，带有强制性，称为义务兵役制、征兵制等。二是本人自愿从军，以军旅为职业，称为志愿兵役制、募兵制、雇佣兵制等。我国新《兵役法》第二条规定：“中华人民共和国实行义务兵与志愿兵相结合、民兵与预备役相结合的兵役制度。”上述规定，指明了我国的兵役制度“两个结合”的特点。

首先，我国兵役制度是由我国社会主义性质决定的。在我国，人

民是国家的主人，保卫祖国是每个公民的义务，也是神圣的权利。

其次，义务兵与志愿兵相结合是为了保持部队战斗力的需要。随着我军武器装备现代化程度的不断提高，部队需要有一批技术骨干能较长时间地在部队服役，以便熟练掌握各种技术装备。同时，技术骨干的学习和培训也需要较长时间才可能完成。

第三，民兵与预备役相结合是为了进一步加强我国的后备兵源的建设。民兵是由不脱产的人民群众组成的武装组织，作为一般兵员建设可以满足需要。但是，信息化战争需要的是高质量高技术的兵源。因此，只是一般的兵源难以满足信息化战争的要求。而与预备役相结合，就能把平时的编组训练结合起来，做到数量相对集中，质量可靠，军事过硬，协同作战能力强，随时满足部队扩编的需要。

2．我国公民履行兵役义务的形式

（1）服现役

服现役是公民履行兵役义务的主要形式。服现役又分为义务兵服现役、志愿兵服现役、军官服现役、文职干部服现役四类。义务兵服役期限为2年。义务兵服役期满，根据部队需要和本人自愿，经团以上单位批准，可以改为志愿兵（志愿兵统称为“士官”。根据中央军委关于《深化士官制度改革方案》规定，全军于2009年12月1日起，将士官军衔由原6个衔级调整为7个衔级，取消士官服役分为6期的做法）。志愿兵服役期限，从批准之日起，初级最高6年，中级最高8年，高级可服役14年以上，一般不超过30年，年龄不超过55岁。现役军官年限根据部队建设需要而定，军官来源是军事院校毕业生、优秀士兵经军校培训合格者、地方院校毕业生（含国防生）、部队需要的其他专业技术人员。在战时，现役军官还可以直接在士兵中任命、征召预备役军官和适合服现役的非军事部门的干部。

（2）服预备役

《兵役法》第五条规定：“兵役分为现役和预备役。……编入民兵组织或者经过登记服预备役的称预备役人员。”服预备役是公民履行兵役义务的又一种重要形式。预备役分为军官和士兵两种预备役。其条件在《兵役法》第三章、第四章有详尽的规定。《兵役法》第七章规定，预备役人员都必须按规定参加军事训练，预备役军官在服预备役期间应当参加三至六个月的军事训练，预备役士兵在18～22岁期间应参加30～40天的军事训练，其中专业技术兵的训练时间按实际需要适当延长。

（3）学生军训

《兵役法》第八章对高等院校和高级中学学生的军事训练做了专门的规定。指出："高等院校的学生在就学期间，必须接受基本军事训练。根据国防建设的需要，对适合担任军官职务的学生，再进行短期集中训练，考核合格的，经军事机关批准，服军官预备役。"高级中学和相当于高级中学的学生也必须参加军事训练。学生参加军训是服兵役尽义务的另一种形式。

（4）为服兵役的公民承担一定的优抚义务

按照《兵役法》的规定，"义务兵服现役期间，其家属由当地人民政府给予优待，优待的标准不低于当地平均生活水平"；"预备役人员参加军事训练，由当地人民政府给予误工补贴"；"现役军人牺牲，病故，由国家发给其家属一次性抚恤金。其家属无劳动能力或无固定收入不能维持生活的，再由国家定期发给抚恤金"。所有这些费用均要由人民政府采取平衡负担的方式加以解决，这对未服现役和预备役的公民也是一种尽义务的方式。

3．兵员动员及有关规定

《兵役法》规定："为了对付敌人的突然袭击，抵抗侵略，各级人民政府、各级军事机关，在平时必须做好战时兵员动员的准备工作。"为此《兵役法》第四十八条规定："在国家发布动员令以后，各级人民政府、各级军事机关，必须迅速实施动员：（1）现役军人停止退出现役，休假、探亲的军人必须立即归队；（2）预备役人员随时准备应召服现役，在接到通知后，必须准时到指定的地点报到；（3）机关、团体、企事业单位和乡、民族乡、镇的人民政府负责人，必须组织本单位被征召的预备役人员，按照规定的时间、地点报到；（4）交通运输部门要优先运送应召的预备役人员和返回部队的现役军人。"

关于我国平时的兵员征召，《兵役法》在第二章共有六条条款做了具体的规定。

（四）我国的军事权益保护制度

国防法规中的军事权益保护制度，涉及的内容十分广泛，这里只对有关保护制度作简略说明。

1．军事设施保护制度

为了保护军事设施的安全，保障军事设施的使用效能和军事活动的正常进行，加强国防现代化建设，巩固国防，抵抗侵略，1990 年 2 月 23 日七届人大常委会第十二次会议通过了《中华人民共和国军事设施保护法》（以下简称《军事设施保护法》），并于同年 8 月 1 日起施行。保护军事设施的指导思想是："各级人民政府和军事机关应当从国家安全利益出发，共同保护军事设施、维护国防利益。"《军事设施保护法》对我国军事设施的限定及类型进行了划分和规定。军事设施分为军事禁区、军事管理区和没有划入军事禁区、军事管理区的军事设施。在军事设施中的行动受到条例规定的约束，不可任意行动。同时明确了军事设施保护的管理职责和法律责任。对于违反《军事设施保护法》的，要分清情况，分别追究其责任，直至刑事责任。为了更好地保护军事设施，2001 年 1 月 12 日国务院、中央军委以国务院第 298 号令公布了《中华人民共和国军事设施保护法实施办法》，对贯彻《军事设施保护法》中的条款做了补充说明。

2．军人婚姻保护制度

军婚保护制度，是我国国防法规中的一项重要制度。军人的婚姻关系，在平时是沟通军队与地方的坚实桥梁，在战时则是连接前方与后方的重要纽带。《中华人民共和国婚姻法》也对保护军婚做出了实质性规定。总政治部为保证新婚姻法在军队的顺利实施，亦做出了暂行规定。任何人都有保护军婚关系的义务。对于破坏军婚者，视其情节及其破坏程度与后果，追究其行政或刑事责任，并依法从重从快处置。

3．国防专利保护制度

国防专利是指涉及国家安全及其军事利益方面需要保密的发明专利。《中华人民共和国专利法》第四条规定："申请专利的发明创造涉及国家安全或者重大利益需要保密的，按照国家有关规定办理。”第八条规定：“国防系统各单位申请专利的发明创造，涉及国家安全需要保密的，其专利申请由国防科技主管部门设立的专利机构受理，专利局应当根据该机构的审查意见作出决定。”这些规定明确了对国防专利实行特殊保护的制度。

第三节 国防建设

国防的基本内容是国防建设和国防斗争。国防建设是指为国家安全利益需要，提高国防能力而进行的各方面的建设。国防建设包括精神建设和物质建设两个方面。国防建设随着社会的发展而不断演进，特别是经过两次世界大战以后，世界各国的国防建设有了飞速发展。随着社会生产力的发展，科学技术的进步，国家的职能进一步完善，国防建设的范围和内容也进一步扩大。同时，国防建设又受到国家政治制度、经济实力、国防战略、科技水平、地理环境和国际战略环境等因素的影响和制约。当前，国防建设的内容主要有：武装力量建设，战场建设，边防、海防、空防和人防建设，战略物资准备，国防动员，国防工业建设，国防科技研究，对国民进行国防教育，开展国防体育，国防法规建设，后备力量建设，军事科学和军事理论研究，国家战略战术研究以及与国防相关的其他行业等方面的建设。中华人民共和国成立后，党中央把国防建设摆在非常重要的位置，不断健全和完善国防体制，在武装力量建设、国防工业、国防科技、军事科学研究和国防立法等方面，都取得了重大成就。尤其是改革开放以来，国防建设进入新的历史时期，把国防现代化建设列入了国家发展战略。

国防斗争是指为了国家的安全和经济利益，反抗外来侵略，支持正义事业斗争而采取的以军事为主，包括政治、经济、外交等方面的行动。一个国家以高技术为基础的综合国力的强弱，将直接关系到国防斗争的效果。

一、国防体制

国防体制是国家防卫机构的设置、管理权限划分以及领导体系的制度，是国家体制的重要组成部分，与国家的政治、经济、文化教育等体制既互相联系又相对独立。

中华人民共和国的国防体制，坚持中国共产党的领导，贯彻民主集中制原则。2004 年修正的《中华人民共和国宪法》规定：

全国人民代表大会决定战争和和平的问题，并行使宪法规定的国防方面的其他职权。

全国人民代表大会常务委员会在全国人民代表大会闭会期间，如果遇到国家遭受侵犯或者必须履行国际间共同防止侵略的条约的情况，决定战争状态的宣布，决定全国总动员或者局部动员，并行使宪法规定的国防方面的其他职权。

中华人民共和国主席根据全国人民代表大会的决定和全国人民代表大会常务委员会的决定，宣布战争状态，发布动员令，并行使宪法规定的国防方面的其他职权。

中华人民共和国国务院领导和管理国防建设事业。

中华人民共和国中央军事委员会领导全国武装力量。

中国共产党中央军事委员会和中华人民共和国中央军事委员会，是中国共产党和中华人民共和国领导全国武装力量的最高军事统帅机构。中央军委是在中国共产党领导中国人民进行革命斗争的过程中建立起来的。1925 年 10 月，党中央决定建立中央军事运动委员会，同年 12 月改称中央军事部。1926 年底，改称中央军事委员会。1949 年初，改称中国人民革命军事委员会。新中国成立后，中央军委逐步过渡为中国共产党和中华人民共和国共同的军事统帅机构。1949 年 10 月 19 日，成立了中央人民政府人民革命军事委员会，统一管辖和指挥人民解放军及其他武装力量。1982 年起，中国共产党和中华人民共和国均设立中央军事委员会。中国共产党中央军事委员会和中华人民共和国中央军事委员会设一个机构，组成人员和对军队的领导职能完全一致，但在中国共产党内和在国家机构内同时具有双重地位。这样更有利于运用国家机器，加强国防现代化建设。

中国人民解放军的总部机关、军兵种领导机关、军区领导机关，是根据战略方针、作战任务、军队的现代化程度和国家的行政区划等因素设置的。中国人民解放军的总部机关，设有总参谋部、总政治部、总后勤部、总装备部。它们既是中央军委的参谋部和战略意图执行机构，又是掌管全军军事、政治、后勤和技术工作的最高领导机关。其基本任务是：保障中央军委关于作战和建军的战略决策和各项方针、政策的实现。

总参谋部是中央军事委员会的军事工作机关，是全国武装力量军事工作的领导机关，是中国人民解放军的总司令部。在中央军委领导下负责组织领导全国武装力量军事建设和组织指挥全国武装力量的军事行动。总参谋部是在人民军队创建发展过程中，逐步建立和发展、完善起来的。

总政治部是中央军事委员会的政治工作机关，是中国人民解放军的政治工作领导机关。在党中央、中央军委的领导下，负责管理全军党的工作、组织和政治工作。

总后勤部是中央军事委员会的后勤机关，中央军委通过总后勤部领导全军的后勤工作。

总装备部组建于 1984 年 4 月，是中央军事委员会的科技开发研究和部队现代化装备的综合部。其基本任务是：负责我军武器装备现代化的研制、开发和列装，以及采购保障等。总装备部的组建，为加速实现我军武器装备现代化创造了条件。

中国人民解放军的军兵种领导机关和军区领导机关包括海军领导机关、空军领导机关、第二炮兵领导机关、各大军区领导机关。

1997 年 3 月 14 日，经第八届全国人民代表大会第五次会议通过的《中华人民共和国国防法》第二十二条规定：“中华人民共和国的武装力量，由中国人民解放军现役部队和预备役部队、中国人民武装警察部队、民兵组成。”

二、国防建设成就

新中国成立后，结束了半封建半殖民地的落后的国防，开始了建设无产阶级领导的属于人民的国防建设的新纪元。半个多世纪以来，在党中央、国务院、中央军委的正确领导下，我国国防建设由小到大，由弱到强，逐步完善。强大的国防保卫了我国的社会主义建设和人民的安定生活，目前正向现代化国防迈进。

（一）建立和进一步完善了军事理论

军事理论是国家国防建设的指导思想和理论依据。以毛泽东为首的老一辈无产阶级革命家，在领导中国人民进行新民主主义革命时期，继承和发展了马列主义军事理论，创立了毛泽东军事思想。在社会主义建设时期，毛泽东军事思想得到了进一步的发展和完善。特别是党的十一届三中全会以来，在毛泽东军事思想的指导下，在邓小平新时期军队建设思想、江泽民国防和军队建设思想以及胡锦涛关于国防和军队建设重要论述的推动下，我国国防建设理论得到进一步发展。

1. 制定了积极防御的军事战略

军事战略是筹划和指导战争全局的方略。即根据对国际形势和敌对双方政治、军事、经济、科学技术、地理等诸因素的分析判断，科学预测战争的发生与发展，制定战略方针、战略原则和战略计划，筹划战争准备，指导战争实施所遵循的原则和方法。确定先进的军事战略，对于加强国防建设，正确处理国防建设与经济建设的关系，国防建设与国家利益的关系，国防现代化与工业、农业、科技现代化的关系，引进技术与自力更生的关系，决定国防建设中各阶段的目标，武装力量建设的诸要素等方面都具有重大的意义。

新中国的成立，标志着我国急风暴雨式的长期武装对抗的战争状态已经结束，摆在党、政府和人民面前的艰巨任务是进行大规模的经济建设和医治战争创伤。作为指导国家国防建设的军事战略，其主要任务也由原来对战争实战的指导转变为对战争可能的预测和准备，其使命由夺取政权转变为捍卫和巩固政权。20 世纪 50 年代，西方资本主义国家和亚洲某些反动势力对我国实行包围封锁，美国悍然发动侵略朝鲜的战争，把战火烧到鸭绿江。为此，党中央和中央军委制定了积极防御的战略方针。其主要内容是：加强军事建设，开展广泛的外交活动，扩大国际统一战线，尽力制止和推迟战争爆发。一旦美国向我国发动侵略战争，我们即以陆军为主体，在海、空军的协同下，在沿海地区实行有重点的大纵深的防御，以守备部队的阵地防御战和机动部队的运动战相结合，在民兵游击战的配合下，将进攻的敌人歼灭在我国沿海地区。

20 世纪 50 年代末，国际上出现一股"反华大合唱"。苏联领导人赫鲁晓夫推行霸权主义政策，导致中苏友好关系破裂。20 世纪 60 年代，赫鲁晓夫的继任者勃列日涅夫仍然推行敌视我国的政策，并在中苏边境陈兵百万，继而开枪开炮打死打伤我边境军民，挑起边境战火。印度也在中印边境地区挑起冲突，企图使非法的"麦克马洪线"事实化。龟缩在台湾岛上的蒋介石集团，在美国的支持下派遣了百余股匪特"反攻大陆"。根据这种形势，党中央和中央军委从国家的利益需要出发，及时调整了战略部署：国防和军队建设指导思想从和平时期转入临战状态。一方面做好抗击敌人从沿海入侵的准备，另一方面防备敌人从东北、华北、西北方向对我国发起的侵略，同时加强我国重点设防工程和大中城市的人防工程建设。

20 世纪 70 年代，国际形势开始走向缓和。中国与日、美及许多西欧国家相继建立了外交关系。但是，苏联仍在中苏、中蒙边界陈兵百万，对我国安全构成了直接的严重威胁。为此，党中央和中央军委提出了"积极防御，诱敌深入"的战略方针。即当敌人向我发起大规模进攻时，我充分利用重点设防、重点守备和运动战相结合，采取边打边撤有目的地放敌进来，关门打狗，陷敌于人民战争的汪洋大海之中。具体方法是：在以坚守防御的阵地战为主的基础上，采取多种作战形式紧密配合，以抵御敌人的战略突袭，制止敌人长驱直入，保存我有生力量和战争潜力，掩护我军战略展开和国家转入战时体制，初步稳定战局，尔后集中优势兵力，大量歼灭敌人的有生力量，逐步改变战略形势，适时转入战略反攻和战略追击，夺取反侵略战争的彻底胜利。

20 世纪 80 年代后，和平力量逐渐增长，对抗转向对话，世界紧张局势转向缓和，解决争端也由战争转向多种手段。邓小平同志高瞻远瞩，他指出："只要我们的工作做好了，世界大战是可以避免的。"在这种情况下，党中央及时做出以经济建设为中心的重大决策。同时，党中央和中央军委对积极防御的军事战略作了重大调整。在积极防御战略思想的自卫性、防御性和后发制人原则的前提下，从被动应付战争转变到积极遏制战争和打赢高技术条件下的局部战争上来；把单纯加强军事实力转变到增强以高技术为基础的综合国力上来；实行灵活正确的战略指导，综合运用包括军事在内的，政治的、经济的、外交的、文化的等手段，确保自卫防御作战的胜利。

人类进入 21 世纪，国际形势继续发生深刻而复杂的变化。和平、发展和合作是当今时代的主题，国际形势发展的基本态势保持总体稳定，但不确定、不稳定、不安全因素有所增加，世界多极化、经济全球化趋势在曲折中发展。国际力量对比正在发生新的变化，主要力量重新分化组合和利益重新分配的进程加快。大国关系出现新的深刻调整，既相互借重、合作又相互制约、竞争的局面不断深化。霸权主义和单边主义倾向有新的发展，围绕战略要地、战略资源和战略主导权的斗争此起彼伏，伊拉克战争对国际和地区安全形势产生深远影响。军事因素对国际格局和国家安全的影响上升。世界新军事变革加速发展，战争形态正由机械化向信息化转变，信息化成为提高军队战斗力的关键因素。世界主要国家调整安全战略和军事战略，发展高新技术武器装备，创新军事理论，加快军队转型。人民解放军按照建设信息化军队、打赢信息化战争的目标，深化改革，锐意创新，加强质量建设，积极推进以信息化为核心的中国特色军事变革。

2．军事科学理论研究不断加强

军事科学包括理论科学和技术科学两大部分，是研究战争与战争指导规律的科学。它源于人类的战争实践，以战争为研究对象，并为战争实践服务，指导战争实践。军事科学对于赢得战争和遏制战争具有重要的指导作用。军事科学的研究对象范围很广。诸如武装力量组织、训练和作战行动，武器装备的研制、生产和使用，战略、战役、战术的研究和应用，军队的思想政治工作，后勤保障和供给，军事设施的规划和建造，后备力量建设，以及裁军、军备控制、维护国家稳定的各种军事活动等，都属于军事科学的研究范畴。军事科学研究的基本任务是：探索与把握战争的本质和规律，为战争的准备与实施、军队和国防的建设，提供正确的指导。

马克思、恩格斯运用辩证唯物主义和历史唯物主义研究战争，探讨战争的本质和规律，特别是关于无产阶级武装夺取政权的问题，创立了马克思主义的军事理论。在马克思主义军事理论的指导下，开辟了无产阶级革命进而夺取政权的新纪元。列宁继承和发展了马克思主义，取得了俄国革命和保卫苏维埃政权的胜利。斯大林继承和发展了马列主义的军事理论，取得了反法西斯战争的胜利。毛泽东等老一辈无产阶级革命家，在领导中国革命战争中，进一步丰富和发展了马列主义军事理论，创立了毛泽东军事思想，建立了社会主义新中国。

党的十一届三中全会以后，我国社会主义建设进入了一个新的历史时期。以邓小平为核心的新的领导集体，坚持毛泽东军事思想的指导地位，根据党的实事求是的思想路线和客观实际需要，创造性地运用毛泽东军事思想，制定了新时期国防建设和军队建设的一系列重大方针原则，丰富和发展了毛泽东军事思想科学体系的内容。以江泽民为核心的党的第三代领导集体，根据20世纪末的世界形势，继承、发展了毛泽东军事思想和邓小平新时期军队建设思想，提出了一系列加强国防和军队建设的方针，进一步丰富了无产阶级军事理论。胡锦涛总书记继承三代领导人的军事思想和理论，针对日益变化的21世纪的国际形势，提出了新世纪国防和军队建设的基本原则和方针，要求全军加强新军事变革的研究，探讨具有中国特色的军事变革，提出了新世纪新阶段国防和军队建设朝什么方向发展、如何科学发展，未来战争需要什么样的军事力量、如何科学运用军事力量的时代课题。坚持把科学发展观作为加强国防和军队建设的重要指导方针，努力提高军队应对危机、维护和平，遏制战争、打赢信息化条件下的高技术战争的能力。胡锦涛总书记特别指出：要适应建设创新型国家的要求，围绕建设信息化军队、打赢信息化战争的目标，进一步实施科技强军战略。

在毛泽东军事思想、邓小平新时期军队建设思想、江泽民国防和军队建设思想以及胡锦涛关于国防和军队建设重要论述指导下，我国军事理论研究广泛开展，取得了一批又一批丰硕成果。

3．军队院校建设有了一定的规模

军队院校是培养、选拔、推荐军事人才和开展军事科学研究的主要场所，是直接为军队建设和未来战争服务的，对国防建设，特别是军队的建设与发展具有重要的作用。军队院校教育是国家教育事业的重要组成部分，是军队建设的战略重点。军队院校是随着军队的建立和发展而逐步发展起来的。

在中国，自夏朝始，学校教育就与军事教育紧密结合。世界各国早期的军事教育亦同学校教育结合在一起。后来，随着正规军队的建立，逐渐建立了培养军队指挥人员和其他专业人才的军队院校。中国人民解放军院校建设始于1927年土地革命时期，当时在井冈山创立了“中国工农红军教导队”。以后陆续创办了中国工农红军学校、红军大学、红军特科学校，以及炮兵、工兵、重机枪学校，彭杨步兵学校，公略步兵学校，通信学校，军医学校和供给学校等。几经变迁和改建，至1937年1月称为中国人民抗日军事政治大学。1946年3月成立了第一所航空学校——东北民主联军航空学校。1949年5月创建了第一所海军学校——安东海军学校。

新中国成立后，随着军队革命化、现代化、正规化建设的发展，军队院校建设得到了全面的发展，相继建立了解放军军事学院、高等军事学院、政治学院、后勤学院、海军学院、空军学院、军事工程学院等。海军组建了水面舰艇、潜艇、航空兵、岸防兵、通信、后勤院校等。空军组建了指挥、飞行、气象、通信、领航、地空导弹和航空工程院校等。20世纪60年代初期，军事院校建设已达到一定规模，且门类齐全、军兵种结合、初高级衔接。1980年以后，根据军队体制编制的调整，特别是根据世界其他发达国家军队院校建设的经验，为了合理配置资源，把地方院校教育与军队院校教育中共同科目紧密结合起来，对军队院校的数量和规模做了适当的调整，使之进一步适应军队革命化、现代化、正规化建设和未来反侵略战争的需要。1986年1月5日，中国人民解放军国防大学的成立，标志着我军军事院校建设进入了一个新的时期。2000年我军进一步调整了院校体制编制，健全军地并举培养军事人才的体制和制度，加快建立和完善以任职教育为主体、军事高等学历教育和任职教育相对分离的新型院校体系。按照规模化、集约化办学的要求，优化院校体系结构，精简部分军地通用或同类数量偏多的院校，合并同驻一地或任务相近的院校，使军事院校与部队的需要同步发展。

（二）建设了一支强大的武装力量

武装力量建设是关于建立和加强国家武装力量所采取的一系列举措。中国共产党在领导中国长期革命战争中建立起来的人民武装力量，进行了长达22年的革命战争，边打仗边建设。新中国成立后，这支军队从新的历史条件出发，在继承优良传统的基础上，已由单一的军种发展成为具有一定核打击能力的诸军兵种的合成军队，成为新中国人民民主专政的坚强柱石。经过半个多世纪的不断发展和改革，已经形成了具有中国特色的武装力量。这支武装力量在保卫国家主权和经济建设中立下了赫赫战功。随着社会生产力的不断提高和科学技术的飞速发展，这支军队将从本国的需要和可能出发，积极利用各种先进科学技术成果，不断改革指挥、控制、通信、计算机和情报系统；改进现有武器装备和发展新的武器系统；改革部队教育训练内容，提高官兵科学文化和专业技术水平；提高诸军兵种联合作战的能力，使之能在“五维”时空中作战，以适应未来信息化战争的需要。

（三）建立了较完善的国防工业体系

我国国防工业是在物质、技术力量十分落后的基础上，坚持自力更生、艰苦创业而发展起来的。新中国成立后，对国民党政府留下来的军工厂和解放区的兵工厂进行了调整和改造。20世纪50年代，我国在苏联的帮助下，引进了常规武器的生产技术，并开始了导弹核武器的研究。1959年，苏联撕毁合同、撤走专家，给我国国防工业造成了很大困难。20世纪60年代初，我国实行“调整、巩固、充实、提高”的方针，使国防工业走出了困境。1964年10月第一颗原子弹爆炸成功，1966年10月进行了导弹核武器试验，1967年6月第一颗氢弹爆炸成功，1970年4月成功发射了第一颗人造地球卫星，1975年掌握了卫星回收技术，1980年我国向南太平洋发射远程运载火箭成功，1981年用单枚火箭发射三颗卫星成功，1982年成功地进行了潜艇水下发射火箭的试验。2003年10月15日，我国第一艘载人飞船“神舟”五号成功进行了首次载人航天飞行，实现了中华民族千年飞天梦想；2008年9月25日，“神舟”七号实现中国航天员首次空间出舱活动。“两弹一星”和“神舟”飞船的研制发射成功，使我国成为了世界上掌握核技术和空间技术的少数几个国家之一，具有了一定的核反击能力和威慑能力，国防力量极大增强。

建国初期，我国国防工业比较落后，而且大多集中在沿海，不能适应未来战争的需要。20世纪60年代初期，党中央对国防工业建设和国防科技研究做出了重大决策，进行调整和加大投资力度。经过10年的努力，初步形成了科研、生产、实验的体系，改善了国防工业和国防科技的布局与结构。党的十一届三中全会后，随着经济、科技体制的改革，进一步贯彻“军民结合、平战结合”的方针，迎来了新的发展时期。科研机构日益健全，科技队伍日益壮大，科技投入日益增长，在核、航空、电子、兵器、舰船、航天及与之配套的化工、特种冶金、非金属材料等领域取得了丰硕的成果，为部队提供了比较先进的武器装备。为了适应社会主义市场经济发展需要，建立精干高效的国防科技工业新体系，我国对国防科技工业进行了重大改革。1999年7月，核、航天、航空、船舶、兵器工业总公司等五个军工总公司改组为中国核工业集团、中国核工业建设集团、中国航天科技集团、中国航天机电集团、中国航空工业第一集团、中国航空工业第二集团、中国船舶工业集团、中国船舶重工集团、中国兵器工业集团和中国兵器装备集团等十大集团公司。目前，全国已建立了200多个国防工业科研机构和900多个国防工业工厂，形成了门类齐全、配套科学的国防科技工业体系，国防科技工业也成为了国民经济建设的重要力量。

（四）建立了符合我国国情的国防动员体制

国防动员是国家为了防备和应付外来突然袭击和侵略，在和平时期所进行的战争准备（包括人力、物力和财力的准备）。为了战时有效而迅速地展开动员，我国建立了比较完善的国防动员体制。

首先，建立了强有力的国防动员机构。根据党中央、国务院、中央军委的决定，1994 年 11 月成立了“国家国防动员委员会”。国家国防动员委员会主任由国务院总理兼任，副主任由国务院和中央军委领导兼任，其他成员包括国家发改委、国家经贸委、公安部、财政部、住房和城乡建设部、交通运输部、铁道部、国家邮政局、工业和信息化部、国家国内贸易局、卫生部等国家机关和中国人民解放军总参谋部、总政治部、总后勤部和总装备部有关负责人。国家国防动员委员会下设国家人民武装动员办公室、国家经济动员办公室、国家人民防空办公室和国家交通战备办公室。各军区和各省、直辖市、自治区人民政府，各地、市人民政府，各县、市、区人民政府均设立相应的国防动员委员会，负责主管本区域的动员工作。

其次，储备了一定的国防后备力量和物资。《兵役法》规定，我国国防后备力量建设，实行民兵和预备役相结合的制度。明确规定了和平时期民兵和预备役的工作方针与任务，设立了各级人民武装的领导机构。经多年探索建设，民兵和预备役组织已由单一兵种发展到了诸军兵种，已经成为名副其实的社会主义的建设者和保卫者，是解放军的得力助手和强大的后备力量。各级国防动员委员会根据国家动员计划和方案，一方面制定了本地区的动员计划和方案；另一方面本着平战结合的原则，积极做好人力、物力、财力、资源的开发和储备。当我国受到外来侵略时，将采取有效措施，能很快由平时状态转为战时状态，使各种资源的潜力迅速转化为战斗力。

第三，不断完善国防工程和民防工程建设。新中国成立后，党中央、国务院和中央军委根据国际形势和我国的战略需要，建设了大量的国防工程。这些工程将在未来反侵略战争中起到重要作用。与此同时，经过数十年的努力，一大批适应现代战争需要的民防工程也相继建成。这些工程数量多、范围广，具有在核战争条件下保护相当比例城市人口的潜力。同时，对战时紧急疏散人口、防空袭、“三防”（防核、生、化武器）、保护重要设施和目标，以及指挥、供给等都将起着重大作用。1996年10月29日八届全国人大常委会第二十一次会议审议通过，颁布施行《中华人民共和国人民防空法》，为人防工程、民防工程的管理和利用提供了法律保障。

（五）进一步完善了国防法规

依法建军、依法建设国防，是国家实现国防现代化的重要保证，也是世界各发达国家国防现代化建设的重要经验。为调整军队内部的各种关系，早在革命战争时期，我军就制定了许多军事规范性文件。这些文件对保证党对军队的绝对领导，巩固军队的组织纪律，完成长期艰苦复杂的武装斗争任务起到了重要作用。新中国成立后，国家立法机关、国家军事机关、国家行政机关，先后制定了一系列国防法规和军事法规等规范性文件数千件。这些法规对国防建设和武装力量建设起到重要的保证作用。

纵观我国历代王朝兴盛衰落的历史，可以说，凡是注重国防建设和国防教育，崇尚武备，居安思危，民族就能团结和统一，人民安居乐业，国家安宁富强，经济蓬勃发展，反之，则民族分裂，外族侵扰，民不聊生以致国破家亡。

三、国防建设目标

我国国防建设的目标是，到建国100周年时，达到或接近世界先进水平，与国家的国际地位相适应。国防建设的重点是：抓好常备军建设，提高军队的战斗力；加强国防科技的研究，发展高技术和信息技术武器装备；完善国防潜力转化为国防实力的机制。国防现代化是我国国防建设的总目标。

（一）国防现代化的基本含义

国防现代化是指国防建设达到现代先进水平的目标。国防现代化是一个与世界各国相联系、相比较的相对概念。它与一定的社会历史条件相联系而存在，是对于特定的时间而言的历史发展过程，是一个发展的概念，具有鲜明的时代性。

国防现代化建设是国家以高技术和信息技术为基础的综合国力的体现，国家经济能力的强弱将直接影响着国防现代化的建设。因此，国防现代化建设必须以国家经济建设为基础，与国家经济建设协调发展。国防现代化建设依赖于经济建设，同时对经济建设具有促进与保证作用。建设现代化的国防，是中华人民共和国国家建设的宏伟目标之一。保卫国家安全、维护国家权益、反对霸权主义、维护世界和平是我国国防建设的根本目的。

建设巩固的现代化国防，是我国现代化建设的战略任务，是维护国家安全统一和全面建设和谐小康社会的重要保障。

（二）国防现代化建设的基本原则

1．贯彻积极防御的军事战略方针，全面提高我军信息化条件下的防卫作战能力。适应国家根本利益的需要，坚持人民战争思想，提高综合国防力量。

2．坚持国防建设与经济建设协调发展的方针，在经济发展的基础上推进国防和军队现代化。

3．坚持以现代化建设为中心，实现国防科技、武器装备、国防人才、国防体制现代化。

4．突出重点，以武装力量建设为主，全面提高国防建设的综合效益。

5．遵循独立自主、自力更生的方针，把国防建设放在自己力量的基点上，发挥自身的优势，学习、引进和借鉴其他国家的先进技术。

6．全国军民共同努力，在党中央、国务院和中央军委的统一领导下，党、政、军、民通力合作，齐心协力地进行现代化的国防建设。

（三）国防现代化建设的主要内容

1．军事思想的现代化。先进的军事思想，对国防现代化建设具有强大的指导作用。马列主义、毛泽东军事思想、邓小平新时期军队建设思想、江泽民国防和军队建设思想、胡锦涛关于国防和军队建设重要论述是先进的军事思想，努力学习和实践创新先进的军事思想，是实现国防现代化的重要保证。

2．军队的现代化。军队的现代化是国防现代化的核心，包括武器装备现代化、人才现代化和军队体制编制现代化。武器装备现代化是军队现代化的基础；人才现代化是实现军队现代化的核心；体制编制现代化是使先进的武器装备与高素质的人才紧密结合，发挥最佳效能的重要保证。

3．国防科研和国防工业体系的现代化。这是保证实现国防现代化不可缺少的物质技术基础。它包括：国防科研的基础研究和应用研究要达到世界先进水平，具有现代化的科研体制、研究手段和科学管理，国防工业要达到高效率集约型现代化生产体系。

4．国防法规体系和国防动员体系的现代化。建立完善的国防法规体系和国防动员体系，保证国防实力的建设、积累和发展，以确保在战时使国防潜力迅速转化为战斗力。

5．国防基础设施和战场建设的现代化。它是使具有先进的武器装备和高素质的军队紧密结合，充分发挥效能的必要条件。它包括国防基础工程、战场实施、预警系统、战场监视系统、自动化指挥系统、电子干扰和反电子干扰系统等。

四、国防政策

中国奉行防御性的国防政策。中国的国防，是把捍卫国家主权、安全、领土完整，保障国家发展利益和保护人民利益放在高于一切的位置，努力建设与国家安全和发展利益相适应的巩固国防和强大军队，在全面建设小康社会进程中实现富国和强军的统一。建立强大巩固的国防是中国现代化建设的战略任务，到21世纪中叶基本实现建设信息化军队、打赢信息化战争的战略目标。

新世纪新阶段中国的国防政策，主要包括以下基本内容：

（一）维护国家安全统一，保障国家发展利益

防备和抵抗侵略，确保国家领海、领空和边境不受侵犯。反对和遏制"台独"分裂势力及其活动，防范和打击一切形式的恐怖主义、分裂主义和极端主义。人民解放军坚决履行新世纪新阶段的历史使命，不断提高应对多种安全威胁、完成多样化军事任务的能力，确保能够在各种复杂形势下即时有效应对危机、维护和平，遏制战争、打赢战争。

（二）实现国防和军队建设全面协调可持续发展

坚持国防建设与经济建设协调发展的方针，把国防和军队现代化建设融入经济社会发展体系之中，使国防和军队发展战略与国家发展战略相适应。全面加强军队的革命化、现代化、正规化建设，深化体制编制和政策制度调整改革，注重解决体制机制上制约军队发展的深层次矛盾和问题，着力推进军事组织体制创新和军事管理创新，提高军队现代化建设的效益。

（三）加强以信息化为主要标志的军队质量建设

坚持以机械化为基础，以信息化为主导，推进信息化机械化复合发展，实现军队火力、突击力、机动能力、防护能力和信息能力整体提高。实施科技强军战略，依靠科技进步加快战斗力生成模式的转变。实施人才战略工程，培养大批适应军队信息化建设、胜任信息化条件下作战任务的高素质新型军事人才。提高训练的科技含量，创新训练内容、方式和手段。

（四）贯彻积极防御的军事战略方针

立足于打赢信息化条件下的局部战争，着眼维护国家主权、安全和发展利益的需要，做好军事斗争准备。创新发展人民战争的战略思

想，坚持军事斗争与政治、经济、外交、文化、法律等各领域的斗争密切配合，综合运用各种手段和策略，主动预防、化解危机，遏制冲突和战争的爆发。逐步建立集中统一、结构合理、反应迅速、权威高效的现代国防动员体系。以联合作战为基本作战形式，发挥诸军兵种作战优长，加快建立适应打赢信息化条件下局部战争的作战力量体系。

（五）坚持自卫防御的核战略

中国的核战略贯彻国家的核政策和军事战略，根本目标是遏制他国对中国使用或威胁使用核武器。中国始终奉行在任何时候、任何情况下都不首先使用核武器的政策，无条件地承诺不对无核武器国家和无核武器区使用或威胁使用核武器，主张全面禁止和彻底销毁核武器。中国坚持自卫反击和有限发展的原则，着眼于建设一支满足国家安全需要的精干有效的核力量。中国的核力量由中央军事委员会直接指挥。中国发展核力量是极为克制的，过去没有、将来也不会与任何国家进行核军备竞赛。

（六）营造有利于国家和平发展的安全环境

按照和平共处五项原则开展对外军事交往，发展不结盟、不对抗、不针对第三方的军事合作关系。参与国际安全合作，加强与主要大国和周边国家的战略协作和磋商，开展双边或多边联合军事演习，推动建立公平、有效的集体安全机制和军事互信机制，共同防止冲突和战争。支持按照公正、合理、全面、均衡的原则，实现有效裁军和军备控制，反对核扩散，推进国际核裁军进程。遵守联合国宪章的宗旨和原则，履行国际义务，参加联合国维和行动、国际反恐合作和救灾行动，为维护世界和地区和平稳定发挥积极作用。

五、武装力量建设

武装力量是国家或政治集团所拥有的各种武装组织的总称，是国家或政治集团执行对内对外政策的暴力工具。一般以军队为主体，由军队和其他正规的、非正规的武装组织结合构成。武装力量是国防建设的重要组成部分，通常由国家或政治集团的最高领导人统帅。

中国共产党在领导中国人民革命战争的过程中，逐步地认识到了武装力量的重要性，特别是在1927年南昌起义和秋收起义失败后，开始积极探索建立共产党领导的人民武装力量的道路。毛泽东等老一辈无产阶级革命家把马列主义原理与中国革命的具体实践相结合，在创建井冈山革命根据地的过程中，逐步形成了创建新型人民军队的理论和实践，并把这支以农民为主体的军队改造成为一支全心全意为人民服务的军队，最终取得了中国革命的伟大胜利。

中国共产党在领导中国人民革命战争的过程中，坚持毛泽东关于人民军队、人民战争的思想，逐步建立和发展了具有中国特色的人民武装力量体制。土地革命时期建立了主力红军、地方红军和赤卫军、少年先锋队相结合的人民武装力量。抗日战争时期建立了主力军、地方军和民兵、自卫队相结合的人民武装力量。解放战争时期建立了野战军、地方军和民兵相结合的人民武装力量。1985年后，形成了中国人民解放军现役部队和预备役部队、中国人民武装警察部队和民兵相结合的武装力量。

（一）中国人民解放军

中国人民解放军是中国共产党缔造和领导的，用马列主义、毛泽东思想武装起来的，全心全意为人民服务的军队，是我国人民民主专政的坚强柱石，它诞生于1927年8月1日。在中国共产党领导中国各族人民为新民主主义而斗争的过程中，人民解放军对战胜强大的国内外敌人、夺取中国革命的胜利，作出了巨大的历史性贡献。建国后，人民解放军由单一的陆军发展成为包括海军、空军、战略导弹部队和其他技术兵种在内的合成军队，为保卫和参加社会主义建设立了新功。当前解放军的现代化建设进入了一个崭新阶段。部队编制体制正朝着更加科学合理，更能适应现代战争要求的方向发展，军政素质、武器装备和现代化训练的水平日益提高，火力、突击力、机动力、防护力、快速反应能力和指挥自动化能力显著加强，已经具备了核反击能力，并初步形成门类齐全、技术复杂的合成军队后勤联勤。

1．陆军

陆军是担负陆地作战任务的军种，既能独立作战，又能与海军、空军协同作战。陆军主要由步兵、装甲兵、炮兵、防空兵、陆军航空兵、工程兵、防化兵、通信兵等兵种及电子对抗兵、侦察兵、测绘兵等专业兵种组成。

（1）步兵。是陆军中徒步或搭乘装甲输送车、步兵战车作战的兵种。步兵分为徒步步兵、摩托化步兵和机械化步兵（装甲步兵）。主要装备有步枪、机枪、火箭筒、轻型火炮、反坦克导弹、防空火器、汽车、装甲输送车、步兵战车和直升机。

步兵的特点：其作战行动受地形、气象的影响较小，既能独立地遂行作战任务，又能在其他兵种的协同下作战。

步兵的任务：进攻时，歼灭敌人的有生力量，夺取被敌人占领的地区；防御时，大量杀伤和消耗敌人，顽强扼守阵地；必要时，还可进行特殊条件下的作战。

（2）炮兵。是以火炮、火箭炮、反坦克导弹和战役战术导弹为基本装备，遂行地面火力突击任务的兵种。主要装备有压制火炮、反坦克火炮、反坦克导弹和地地战役战术导弹等。

炮兵的特点：具有强大的火力、较远的射程、良好的射击精度和较高的机动力。

炮兵分为地面炮兵（含加农炮兵、榴弹炮兵、加榴炮兵、迫击炮兵、火箭炮兵、无坐力炮兵以及反坦克导弹分队）、高射炮兵（含高射炮兵、高射机枪分队、地空导弹分队）以及各种保障分队（如侦察分队、通信分队、电子对抗分队、后勤分队）等。

炮兵的任务：地面炮兵主要歼灭、压制敌有生力量；破坏敌各种设施和通信、指挥所；摧毁、封锁敌后勤设施和交通要道；与敌空中目标和空降兵作斗争等，保护我军空中安全。

（3）装甲兵。是以坦克和其他装甲战斗车辆为基本装备的陆军兵种，是陆军中的一支重要突击力量，被誉为“战场之王”。

装甲兵的特点：是陆军的重要突击力量，具有快速的机动力、强大的火力和较好的防护力，可以减轻常规武器和核武器袭击的损害，有效地利用常规火力突击和核突击的效果，实施快速机动，猛烈突击，在短时间内歼灭敌人。坦克自1916年问世以来，一直被军事家所重视。目前，坦克正向动力更大、火力更猛、生存力更强、机动性更好、准确性更高的方向发展。

装甲兵由坦克部队（坦克兵、装甲步兵）和保障分队（炮兵分队、侦察分队、通信分队、修理分队）等组成。

装甲兵的任务：突破防御，打开通路；配合步兵作战；扼守要点抗敌反冲击；封锁敌突破口，以及打击空降和担任伏击任务。

（4）工程兵。是以技术能力和战斗能力紧密结合，并与其他军兵种密切协同，保障部队隐蔽安全、稳定指挥，实施机动，破坏和限制敌人的机动的技术兵种。

工程兵由工兵分队、舟桥分队、建筑分队、伪装分队和给水分队组成。

工程兵的任务：构筑工事、伪装工程、保障我军机动和给水、破坏与限制敌军机动等。

（5）通信兵。是担负军事通信任务的兵种。

通信兵由通信、通信工程、通信技术保障、无线电通信对抗、军邮、航空兵导航和观通（预警探测）等部、分队组成。

通信兵的任务：保障我军通信畅通，干扰敌方通信，组织导航和观通。通信兵是我军的“千里眼”和“顺风耳”。

（6）防化兵。是军队中担负防化保障与喷火、发烟任务的兵种。

在抗日战争时期，针对侵华日军多次使用化学武器袭击我抗日军民，于1938年12月在中国人民抗日军政大学设立化学部，由此诞生我军防化兵的雏形。新中国成立后，面对美军在侵朝战争中使用化学、生物武器的现实，中央军委决定建立防化兵。我军防化兵建立后，逐步形成以群众性防护为基础、专业兵保障为骨干的防护体系，为军队的建设做出了积极的贡献。

防化兵由防化、喷火和发烟分队组成。

防化兵的任务：实施核、生、化侦察和观测；实施喷火和纵火；发烟掩护部队行动，以及实施化学反击等。

2．海军

海军是以舰艇部队为主体在海上作战的军种，具有水面、水下、空中单独作战的能力，又可与陆军、空军联合作战；具有常规作战能力和战略核打击能力。主要装备有作战舰艇、辅助舰船和飞机，配备有战略导弹、战术导弹、火炮、水中武器和战斗车辆等。

中国人民解放军海军的前身是1949年4月23日组建的中国人民解放军华东军区海军。新中国成立后，1950年4月14日，在北京成立海军领导机关。1955年，成立东海舰队、南海舰队。1960年组建北海舰队。中国人民解放军海军由潜艇部队、水面舰艇部队、海军航空兵部队、海军岸防兵部队、海军陆战队及其他专业保障分队组成。我国海军自建立后，在解放沿海岛屿、打破敌人海上封锁、反抗外来侵略的战斗中，曾独立作战或与陆军、空军协同作战1200余次，击沉、击伤和俘获敌舰船400余艘，击毁、击伤敌机500余架，毙俘敌7000余名，保卫了海防，维护了国家的领土主权和海洋权益，同时为支援国家经济建设做出了重大贡献。

海军的任务：保卫海上安全和沿海重要目标；抗击敌登陆，对海面进行封锁等。

（1）潜艇部队。是海军中遂行水下战斗任务的兵种，既能独立作战，也可与海军航空兵或水面舰艇部队协同作战。目前，我潜艇部队已具备了各种突防和打击能力，成为海军的一个重要兵种。

潜艇部队具有隐蔽性好、突击威力大、续航自给能力强的优点，同时也存在水下观察距离近和联络不方便等缺陷。

潜艇部队由鱼雷潜艇部队、导弹潜艇部队、潜艇基地及其他专业保障分队组成。

潜艇部队的任务：消灭敌舰船；破坏敌海军岸上重要目标；进行侦察、反潜、布雷和巡逻等。

（2）水面舰艇部队。是海军中在水面遂行作战任务的兵种。水面舰艇部队由导弹艇部队、鱼雷艇部队、驱逐舰部队、护卫舰部队、扫雷舰部队、登陆舰部队及其他保障分队组成。具有在广阔海域进行反舰、反潜、防空、水雷战和对岸攻击等作战能力。战时，能单独或在其他兵种、军种部队协同下，完成海上战斗、战役以及战略性作战任务。

水面舰艇部队的任务：战时，攻击敌方海上兵力和岸上目标；支援登陆和抗登陆作战；保护或破坏海上交通；进行海上封锁和反封锁作战；运送作战兵力与物资；参加夺取制海权和海洋制空权的斗争等。平时，保卫海疆安全；根据国家政治、经济和外交政策，保护大陆架、专属经济区；保卫和参加海上科学试验与调查作业、开发海洋资源，维护国家海洋权益。

（3）海军航空兵。是海军进行空中突击的一个基本兵种。具有远程作战、高速机动和猛烈突击的能力，其战略轰炸机部队是国家战略袭击力量的一个组成部分。

海军航空兵由轰炸机部队、强击机部队、歼击机部队、反潜机部队、侦察机部队和各种保障分队组成。

海军航空兵的任务：夺取海洋战区和滨海战区制空权；歼灭敌空中、海上力量；攻击敌海上目标及海军重要目标；保护我海洋安全和海军各项任务的完成；执行核打击任务。

（4）海军岸防兵。是海军中部署在沿海重要地段、岛屿，以火力遂行沿岸防御作战的兵种。

海军岸防兵由海岸炮兵部队和海岸导弹部队组成。

海军岸防兵的主要任务：保卫沿海主要地段安全，消灭敌舰船；封锁近海交通；支援海岸、岛屿部队作战。

（5）海军陆战队。是海军中担负渡海登陆作战任务的兵种。

海军陆战队具有机动性强、反应快和独立作战的特点。

海军陆战队由陆战步兵、炮兵、装甲兵、工程兵、通信兵、侦察兵等部、分队组成。

海军陆战队的任务：实施登陆，夺取和巩固登陆点和登陆场，海岸防御，以及营救等特殊任务。

3．空军

空军是空、防部队合一的以航空兵为主体的军种，是进行空中、空地、地空斗争，保卫祖国领空的基本力量。它既能协同陆军、海军作战，又能单独遂行空中战斗任务。

1949年11月11日，中国人民解放军空军正式成立。空军建立后，为保卫祖国的安全、支援国际和平事业、参加国内经济建设、抢险救灾等做出了巨大的贡献，立下了赫赫战功。在朝鲜战场上，年轻的志愿军空军击落敌机330架，击伤敌机95架。在国土防空作战中，共击落美国和国民党空军入侵我大陆领空的各型飞机112架。同时，空军还遂行了科研试验、航空测量、空运空投、飞播造林等任务。目前，我空军体制编制不断改进，武器装备现代化水平逐步提高，已经具备了执行国土防空、空中打击、空中支援、空中运输和航空侦察等任务的能力。

空军实行空防合一的体制，除航空兵外，还包括地空导弹兵、高射炮兵、空降兵以及通信、雷达、电子对抗、防化、技术侦察等兵种。

空军的任务：保卫祖国领空安全；争夺战区制空权；实施空中掩护；支援陆、海军作战；突击敌后方重要目标；实施电子对抗；担任空运、空救等。

4．第二炮兵

第二炮兵即战略导弹部队，也称地地战略导弹部队，直属中央军事委员会领导，是实现积极防御战略方针的重要核打击力量。目前，我国战略导弹部队已初具规模，装备了威力强大的新型导弹，形成了空中、地上、水下三位一体的战略核打击作战能力。

第二炮兵核力量是防御性质的。它坚持自卫立场和后发制人的原则，对向我国发动核袭击的国家实施战略核反击。核反击由中央军委集中统一指挥，与政治斗争、外交斗争紧密配合。

第二炮兵既可独立行动，也可与海军、空军的战略核力量协调行动，对敌重要战略目标实施核反击。

第二炮兵由地地导弹部队、战役战术常规导弹部队及相应保障部（分）队组成。

第二炮兵的战略任务：平时发挥威慑作用和遏制敌人可能对我国发动的核战争；战时遏制常规战争升级为核战争，遏制核战争升级，实施核反击。

我国发展核武器是为了打破核垄断，反对核威胁，最终是为了消灭核武器，保护我国安全与独立，维护世界和平。

我国核战略的特点是：防御性、威慑性、报复性、有限性和有效性。

我国核战略的基本点是："威慑"和有限核"报复"。核威慑对维护我国的独立和安全是必要的；报复是被迫的，威慑的基础在于报复的能力，没有报复能力就起不到威慑的作用。

（二）中国人民武装警察部队

中国人民武装警察部队是我国武装力量的重要组成部分，组建于1982年6月19日。它是把原中国人民解放军担负内卫执勤任务的部队移交公安部门，同公安部门实行兵役制的武装、边防、消防警察统一组建而成。是中华人民共和国武装力量中担负国内安全保卫任务的武装组织，受国务院、中央军事委员会双重领导。中国人民武装警察部队在巩固和加强人民民主专政、维护社会治安、维护国家主权和尊严方面，具有十分重要的作用。

武警部队的任务：平时维护国家主权、尊严和社会治安，打击各种犯罪分子；保卫党政机关、重要目标和人民生命财产的安全；维护我国疆界安全，打击偷渡、越境分子；指导公民进行消防训练。战时协同人民解放军保卫边防和海防，抗击敌人的入侵；参加城市防卫和保卫重要目标的战斗，组织对空防护；组织重要民用机场、车站、桥梁和隧道的防护；守卫重要的电台、工厂、仓库和科研设施等目标，掩护工业设施和人口疏散；打击敌特和不法分子的破坏活动，保护作战地区的社会秩序和人民群众的安全等。

武警部队由内卫交通、水电、黄金、森林，以及边防、警卫、消防部队组成。

武警部队执行中国人民解放军的条令条例、建军原则和宗旨，结合自身特点进行建设。

武警部队是单一兵种作战的部队，由于其任务所决定，其武器装备按短、快、近的特点设计。目前武警装备与步兵基本相同，同时也装备有执行特殊任务的特种武器以及大量的通信器材与机动车辆等。

（三）民兵

民兵是不脱离生产的群众武装组织，是国家或政治集团的武装力量的组成部分，是常备军的助手和后备力量。平时其成员各司其事，接受必要的军事训练；战时配合军队作战，担负战争勤务，开展游击战争，维护社会治安，并在必要时随军远征。

我国民兵在长期的革命斗争中，在争取民族独立自由的抗争中，在推翻三座大山的战争中，以及在社会主义革命和建设中都立下了不朽的功勋。

1984 年 5 月 31 日颁发的《中华人民共和国兵役法》确立了民兵与预备役相结合的制度。20 世纪 80 年代初，我国在加强传统民兵建设的同时，开始建立一支新型的国防后备力量即预备役部队。为中国国防力量建设找到了一条“平时少养兵，战时多出兵，出强兵”的新路子。在建立和发展预备役部队的同时，仍然把民兵作为兵员动员的基础，高度重视加强民兵建设。各级人民武装部门在减少民兵数量、压缩民兵训练任务、缩小民兵组建范围的同时，以基干民兵特别是复员、转业技术兵为重点，着力抓好战备制度、组织调整制度、政治教育制度、武器装备管理制度、军事训练责任制度等基础建设，使民兵质量建设得到进一步提高。民兵中退伍军人和经过训练的民兵比例得到增加；民兵的编组形式更加适应执行任务和战时动员的要求；民兵军事训练内容进行了调整，训练层次有所提高，初步实现了基地化，规范化；民兵的战备工作进一步落实，边海防民兵哨所的执勤条件得到很大改善，各种民兵应急分队能做到召之即来、来之能战。在邓小平关于新时期民兵建设理论的指引下，经过多次调整和改革的国防后备力量在各种大型军事演习和抢险救灾中都表现出较高的动员水平和较强的战斗力。1990 年 12 月 24 日，国务院、中央军委颁布了新修订的《民兵工作条例》，对民兵工作的任务、军事训练、武器装备、战备值勤等各方面都做了明确的规定，推动了民兵工作的全面发展。

江泽民作为党的第三代领导集体核心，一贯高度重视国防后备力量建设，始终把民兵、预备役工作作为我国国防现代化建设的重要组成部分，倾注了大量心血。他主持中央军委工作以来，在领导国防和军队现代化建设与改革的伟大实践中，继承毛泽东、邓小平等老一辈革命家关于国防后备力量建设的思想，针对世界政治格局和战争形态的发展变化，针对我国对外开放和发展社会主义市场经济的新形势，对加强国防后备力量建设，坚持打赢现代技术特别是高技术条件下的人民战争，做出一系列新的理论概括和精辟论述。这些新的重要思想，成为我国国防后备力量建设跨世纪发展的行动指南。

在党的三代领导核心和胡锦涛同志关于加强民兵和后备力量建设的方针指引下，通过积极探索新形势下加强国防后备力量建设的特点规律，使我国国防后备力量建设取得了长足进步。民兵、预备役部队各级组织健全，领导坚强，人员充实，素质较高，武器装备和各项保障水平有了很大改善；预备役部队经过调整改革，布局更加科学，编成内各兵种结构更趋合理；民兵、预备役部队军事训练向专业化、科学化、实战化方向发展，快速动员和遂行任务的能力明显增强。使得我国国防后备力量建设呈现出蓬勃发展的局面。

在革命战争时期，民兵主要是参军参战、支援前线和巩固后方；在社会主义建设时期，民兵主要是参加社会主义物质文明、精神文明和政治文明建设，担负各项军事勤务，随时抵抗侵略，保卫祖国。

《中华人民共和国兵役法》规定，民兵的主要任务是：积极参加社会主义现代化建设，带头完成生产和各项任务；担负战备勤务，保卫边疆，维护社会治安；随时准备参军参战，抵抗侵略，保卫祖国。

我国的民兵是在斗争中诞生、成长和壮大的，为中国的革命和建设立下了不朽的功勋。今后，在现代化建设中，在捍卫祖国的主权中，必将继续为人民再立新功。

第四节 国防动员

2010 年 2 月 26 日，经第十一届全国人大常委会第十三次会议审议通过，中华人民共和国主席胡锦涛签发主席令予以公布，《中华人民共和国国防动员法》（以下简称《国防动员法》）自2010年7月1日起施行。《国防动员法》的公布施行，是我国国防动员建设的一件大事，标志着我国国防动员建设进入了法制化、规范化发展的新阶段。这部法律的制定和出台，填补了国防立法空白，为国防动员的准备和实施提供了基本法律依据，对确保在国家主权、统一、领土完整和安全遭受威胁时，依法实施快速动员，有效应对危机、维护和平、遏制战争、打赢战争具有重要意义。

国防动员，是指国家或政治集团由平时状态转换为战时状态的国防行为或国防活动。其中包括国家体制的转换、国家资源的重新配置以及把国防潜力转化为战争实力。从战略上讲，国防动员是指为捍卫国家利益，达成国家防务目的而进行的动员。国防动员是国家军事战略和社会经济发展战略的重要组成部分。国防动员的主体是国家，是国家采取措施由平时状态转入战时状态时，统一调动人力、物力、财力为战争服务，其目的是保障战争的需要。国防动员的主要内容有：武装力量动员、国民经济动员、人民防空动员、交通战备动员和国防教育。国防动员的主要任务是：为打赢局部战争及时组织战争动员；为未来在局部战争中配合部队实施就地作战做准备；为社会稳定、处置突发事件、实施应急抢险救灾做准备。

一、武装力量动员

武装力量动员是指国家将军队及其他武装组织由平时体制转为战时体制所采取的措施。通常包括现役部队、武装警察部队、预备役部队、民兵和预备役人员，以及相应的武器装备和物资等动员。它是国防动员的核心，对战争的进程和结局，特别是对战争初期军队的迅速扩编和战略展开，掩护国家转入战时体制，争取战略主动等具有重大意义。武装力量动员的主要内容有：兵员动员、科技动员、武器装备动员、后勤物资动员以及防空袭、防恐怖、防灾救灾动员等。

（一）武装力量动员的准备

信息化战争对武装力量动员提出了更高的要求，世界上几乎所有的国家都采取平战结合、现役和预备役相结合的办法，在平时做好武装力量动员的准备。

1. 保持一支精干的、具有快速反应能力的常备军，作为战争初期作战和军队扩编的骨干。

2. 建立健全有权威性的动员机构，平时进行动员准备，战时组织动员实施。

3. 建立健全预备役制度，储备大量训练有素的后备兵员，特别是要大量储备技术军官和技术兵员。进行预备役登记，组建预备役部队，加强预备役人员训练。

4. 拟制武装力量动员计划和军队扩编计划，划分兵员补充范围。

5. 储备相应的武器装备和军需物资，做好登记统计、征用征购计划。

6. 做好交通运输和通信保障准备。

（二）武装力量动员的实施

武装力量动员根据国家发布的动员令，按动员计划组织实施。

1. 兵员动员。兵员动员是国家为进行战争而征集或招募适龄公民到军队服现役所采取的措施。平时的主要工作是，完善动员体制、建立预备役制度、划分兵员补充区、坚持经常性的国防教育和管理后备兵员；战时停止现役军人退役、休假，扩编现役部队，征召预备役人员，预备役部队调服现役，改编和扩充其他武装，动员和组织民兵参军参战等。

2. 科技动员。科技动员是国家统一组织调整科学研究部门专家、工程技术人员，从事战争所需科学技术的开发研究所采取的措施。主要任务有：开发应用新兴科学技术，利用科研设施和成果，研制先进的武器装备，为军队培养、输送专业技术人才，使军队在战争中保持科学技术和武器装备方面的优势。

3．武器装备动员。武器装备动员是按照动员计划，主要启用军事系统储备的武器、弹药及其配套的设备、仪表、工具和器材等，使军队和预备役部队装备配套齐全，形成作战能力的活动。平时的工作是：有计划地筹集、储备、管理好各种武器装备和器材，加强科学研究，积极发展现代战争所需要的武器装备，努力提高武器装备的高科技水平。战时的工作主要是：根据国家或最高军事统帅部的动员令，在军事系统的统一部署下，本着就地就近的原则，紧急启动现役部队、预备役部队、民兵和战略、战役储备仓库的装备，及时、准确地配发、补充给现役部队、预备役部队和其他武装组织，保证战争的需要。

4．后勤物资动员。后勤物资动员是统筹运用国家提供的人力、物力、财力，从给养、医疗、技术、运输等方面保障军队扩编和作战物资需要的活动。随着社会生产力和科学技术的发展，高技术兵器在战争中的广泛使用，物资消耗显著增加，使后勤物资动员的作用和地位更加突出。平时的主要工作是：搞好物资储备，做好军民通用物资的登记统计，制定战时征用计划，落实征用措施。战时的主要工作是：开设物资供应站、物资储备基地，组织筹集、调运各种物资持续不断地保证军队扩编和作战消耗的需要。

此外，在现代战争中，由于大量使用高新技术武器、精确制导武器和指挥自动化系统，战争更加残酷、破坏性更大、战争前后方界限不分，使城市防空袭、防恐怖和防灾救灾的任务也更加繁重。因此，做好防空袭、防恐怖和防灾救灾的动员工作，是直接关系到将来夺取反侵略战争胜利的重要工作。

二、国民经济动员

国民经济动员是指国家将经济部门、经济活动和相应的体制从平时状态转入战时状态所采取的措施。国民经济动员是国防动员的基础，其目的是充分调动国家的经济能力，提高生产水平，扩大军品生产，保障战争和其他国防斗争的需要。经济是战争赖以进行的物质基础，战争实践证明，战争不仅是军事、政治的竞赛，也是经济的竞赛。国民经济动员就在于将经济实力转化为军事实力。

（一）国民经济动员的准备

在现代条件下，搞好国民经济动员，不仅是保障战争物质需求的基本手段，也是战时稳定社会经济秩序的必要措施，更是解决国防经济与国民经济、战时经济与平时经济矛盾的重要途径。国民经济动员，通常包括工业、农业、物资、商业贸易、财政金融、邮电通信、科学技术等。做好国民经济动员的准备工作关系到战争的进程和结局。国民经济动员的准备工作主要是：

1．建立有权威的国民经济动员机构，制定完善的国民经济动员法规和动员计划，实行统一领导，保证国民经济动员工作的全面实施。

2．合理布局生产力和安排经济建设，对重要工业部门，特别是军工部门，以及军用物资、仓库、通信站、试验基地等，要采取集中与分散、前沿与纵深、常备与后备相结合的原则进行配置与建设，以提高战时的生存能力，便于迅速安全地实施动员。

3．实行军民产品相结合的方针，军工企业平时在保证军品生产的前提下，也生产民品；民用企业应建立军品生产线，为战时生产军品做准备。

4．储备一定数量的武器装备和战略物资，保证战争、扩大生产以及战时人民生活生产的需要。

5．根据平战结合的原则，加强交通运输和邮电通信设施的规划和建设。

6．加强农业、财贸、文教、医疗卫生等建设，以适应战时需要。

7．国家在财政预算上应划出一定的比例，保证有关经费的落实。

8．加强科研机构建设，研制新式武器装备，为战时大批生产作准备。

（二）国民经济动员的实施

1．工业动员。工业动员是指国家将工业部门及其相应的体制从平时状态转入战时状态所采取的措施。主要任务是：挖掘工业生产能力，迅速增加工业产量，特别是扩大军品生产规模,为战争和其他国防斗争提供数量充足、质量可靠的武器装备及其他军用物资，并为各经济部门提供原料、燃料、动力和技术装备。工业动员是经济动员的主体。工业动员依据国家动员令、计划，由政府机关实施，对象是国防工业部门和民用工业部门。国防工业分为担负军品生产任务的常备军工企业与平时处于封存状态下的后备军工生产线。常备军工企业是动员的首要对象，后备军工和民用工业是持续动员的基础。工业动员平时必须做好以下准备：制定工业动员法规和动员计划，建立工业动员机构，在工业生产建设中贯彻军民结合、平战结合的原则，建立合理的工业企业布局，制定战时军用产品的技术标准，储备新产品及其技术人才，加强军民品标准化通用化研究，储备一定数量的战备物质，进行必要的演练等。战时的主要任务有：调整产业产品结构并扩大生产规模、调整工业布局、实施工业转产、挖掘生产潜力、扩大军需物品生产、严格实行战时军品生产标准、改革管理体制、提高生产效率等。

2．农业动员。农业动员是指国家战时为保障粮食、副食品和工业原料等需要所采取的措施。农业动员是国民经济动员的重要组成部分。通常包括种植业、林业、畜牧业、渔业、副业动员等。主要任务是：以粮食生产和供应为中心，调整农业结构，对农产品的产、销、供实行统一管理，确保人民生活和军队供应的需要。动员的内容一般包括：调整农业结构和布局、增加农业投入、有计划地增加粮食和其他农产品的储备、建立健全农业动员机构、加快农业科技推广等。

3．财政金融动员。财政金融动员是指国家为保障战争需要而采取的筹集与分配资金的措施。财政金融动员是国民经济动员的重要组成部分，其动员的程度对战争的进程和结局具有重大影响。随着经济和科技的发展、武器装备的进步，战争的物资消耗急剧增长，战争费用也越来越大。为适应未来战争的需要，保障战争经费，必须进一步加强财政金融动员。财政金融动员在平时就必须做好准备：制定完善的财政金融动员法规、加强资金储备、保持一定数量的资金用于战略物资和武器装备的储备、对重要的经济部门提供一定的资金保障、积极支持工业企业建立军品生产线、增加交通运输和邮电通信的投资等。

4．科学技术动员。科学技术动员是指国家战时统一组织调整科学研究部门和专家、工程技术人员，从事战争所需科学技术的开发研究所采取的措施。主要任务是：开发应用新兴科学技术，利用科研设施和成果研制先进的武器装备，为军队培养、输送科学技术人才，使军队在战争中保持科学技术和武器装备方面的优势。科学技术发展有其自身的规律，一项研究成果从研究到应用需要一定的周期。为适应科学技术的发展规律，科学技术动员的准备工作主要有：制定符合国情的科学技术发展及其动员的政策和策略、编制科学技术动员计划、努力培养输送现代化的专业技术人才、加强国家级科研设施建设、不断研制先进的武器装备和重点开发“撒手锏”武器、加强科学技术储备、完善科学管理体制等。科学技术动员的实施：及时将全国科技力量转入战时轨道，强化国家对科技领域人力、物力、财力的投入，将科学技术转化为军事实力和战斗力；充分运用先进的科技成果和科技手段，迅速改进和更新武器装备，使军队的武器和技术装备保持领先地位；加速为军队输送人才，保证部队扩编和掌握新兴武器装备的需要；开拓新的领域，充分发挥科学技术在战争中的作用。

5．贸易动员。贸易动员是指国家战时为保障商品流通、满足战争和人民生活的需要所采取的措施。为保障战争需要和稳定社会，国家要采取各种措施控制物价，实行国家定价和最高限价。对外贸易管理要及时调整外贸经营权，实行外汇管制和计划分配使用，建立健全适合战时特点的外贸管理制度。实施贸易动员，要扩大国家直接计划管理物资的种类和数额，特别是对一些重要战略物资实行严格控制和计划分配；要建立适合战时特点的贸易管理体制，使重要物资统一管理具有可靠保证；要贯彻实行严格管制与搞活流通相结合的贸易动员原则，保障战时物资的流通和数量的充足。

6．医疗卫生动员。医疗卫生动员是指国家战时统一调动使用卫生人力、器材、设备和药品，对军民实施医务保障所采取的措施。医疗卫生动员，对应对战争和突发事件，不断提高医疗卫生应变能力，加强伤病员的及时抢救和治疗，保障战时军民身体健康，恢复战斗能力和劳动能力，保护人力资源具有重大意义。平时的主要任务是：制定健全卫生力量动员法规、动员计划和实施方案；加强各级各类卫生机构建设，建立布局合理的医疗救护网络系统；加强各级各类医疗卫生人员的培训，尤其是要做好对核、生、化武器防护的培训工作；做好必要的医疗卫生器材、药品的储备；开展医学科学技术和现代医药器材的研究，广泛利用现代科学技术的最新成果，提高伤员救治的快速机动能力和卫生保障能力。战时的主要任务是：国家统一管理、调度、使用卫生人力、器材、设备和药品；协调各种卫生力量，重点保障作战部队的需要，加强战场医疗救护；及时组织调运和生产药品、卫生器材、设备等，保证战争所需的药品器材的供应；组织卫生防疫体系，加强卫生防疫工作。未来战争的卫生保障任务十分艰巨，对医疗卫生动员提出了非常高的要求。因此，加强运用现代管理科学理论和技术手段，建立科学的医疗卫生管理体制，培养大批医疗卫生人才，是做好医疗卫生动员的关键。

7．人力动员。人力动员是指国家组织调动具有劳动能力的人员为战争服务所采取的措施。人力是构成军事力量和经济力量的主要因素，在战争中具有重要的战略地位。人口数量多、人员素质好，就能保障军队兵员的需要和经济活动中劳动力数量的要求。有效地实施人力动员，合理地使用人力、保护人力，对取得战争胜利具有重要作用。人力动员包括兵员动员、劳动力动员、战勤民工动员等。人力动员涉及社会各个领域，关键是做好平时的动员准备，建立健全组织管理机构，制定和完善人力动员的法规，编制人力动员计划，做好人力资源调查，提高人力资源素质。

三、人民防空动员

人民防空动员是指国家战时发动和组织人民群众防备敌人空袭所采取的措施。主要任务是，依据国家有关法律法规，动员社会力量，进行防空设施建设，组建防空专业队伍，普及防空知识教育，组织隐蔽疏散，配合防空作战，消除空袭后果，保护居民、经济设施及其他重要目标安全，尽最大可能减少国家和人民群众生命财产的损失，保存战争潜力。中华人民共和国成立后，党中央、国务院、中央军委特别重视人民防空工作。1950年政务院颁发了《开展人民防空工作的决定》，对防空机构建设及开展防空教育训练、搬迁疏散等问题做出了规定。1953年、1971年和1978年，国务院、中央军委先后召开全国人防会议，总结人民防空建设的经验，制定了一整套人民防空建设的方针、政策。1984年7月，国务院、中央军委颁布《人民防空条例》。1996年10月29日，第八届全国人民代表大会常务委员会第二十二次会议通过了《中华人民共和国人民防空法》，从法律上保证了人民防空动员的实施。人民防空是国防的组成部分。国家根据国防需要，动员和组织群众采取防护措施，防范和减轻空袭危害。人民防空实行长期准备、重点建设、平战结合的方针，贯彻与经济建设协调发展、与城市建设相结合的原则。国务院和中央军委领导全国人民防空工作。

（一）人民防空动员的准备

平时做好人民防空动员的准备，战时才能实施快速动员。

1．制定和完善人民防空动员法规，建立健全各级人防动员领导指挥机构。

2．拟制各项防空动员计划和预案，如人口物资疏散、工业搬迁计划、重点目标防护措施和抢修方案等。

3．按照专业对口、平战结合的原则，组织训练抢险抢修、医疗救护、消防、防化、通信、运输等防空专业队伍。

4．组织实施人民防空工程、通信警报等设施的建设与管理。

5．对人民群众进行防空知识教育和训练，掌握防空的基本知识和技能，提高自救和互救能力。

6．人民防空的重点城市，根据战时需要，结合平时周转供应，做好粮食、医药、油料等必要物资的储备。

（二）人民防空动员的实施

战时人民防空动员，根据国家发布的动员令，在统一部署、统一组织下实施。

1．按照防空动员计划，组织居民疏散隐蔽以及对重要物资、工厂企业、科研单位、机关进行搬迁疏散。

2．对重要经济目标实施防护，减少经济损失。

3．扩大防空专业队伍，进行防空袭斗争，消除空袭后果，配合城市防卫和要地防空作战。

4．组织和动员人民群众，协助各部门恢复生产和生活秩序。

四、交通运输动员

交通运输动员是指国家在战时统制各种交通运输线、设施和运输工具，保障人员、物资、装备运输的措施。主要任务是，保障军队机动、兵员和武器装备的补充、军工生产、军品供应、居民疏散、工厂搬迁的运输，以及其他人员和物资的前送后运等。交通运输动员是国防动员中的重要组成部分。兵法讲“兵马未动，粮草先行”，既是讲后勤工作的重要性，也说明交通运输的重要性。交通运输的内容十分广泛，但基本的是铁路、公路、水路、航空、管道等五种。随着科学技术的发展，将会进一步拓宽运输的种类和方式，如磁悬浮高速列车、气垫船、地效飞行器、航天飞机等，提高运输能力，使运输工具平战一体化、法制化、社会化。

（一）交通运输动员的准备

交通运输是国防建设和战争准备的重要内容，是保障战时军队机动的重要手段，是联系前方和后方实施后勤保障的中心环节，也是保障战时发展经济和保持战争潜力的重要条件。在平时必须努力做好交通运输准备工作。

1．建立和完善交通运输法规，适应快速动员的需要。

2．建立交通运输指挥体系，提高战时运输能力。

3．制定交通运输动员计划和各种保障方案。

4．加强交通运输线建设，使交通运输做到立体化、多样化和网络化。

5．发展和储备大型和高速的运输工具，改进运输方式，提高运输能力。

6．加强交通运输工程保障力量、防卫力量和技术力量建设，储备各种交通运输保障物资器材。

当今世界许多国家都非常重视发展高速公路、铁路，大吨位船、车、超音速巨型飞机，大口径运输管道，以及集装箱等运输工具，为战时快速实施交通运输动员创造有利条件。

（二）交通运输动员的实施

1．根据国家动员令，交通运输迅速转入战时体制，对运输、修复、防护统筹安排，实行统一计划、统一指挥、统一组织、统一调度。

2．加强交通运输管制，确保军事运输。战争中，交通运输量显著增加，时限迫切，必须解决运力与运量的矛盾以及交通运输堵塞的困境。

3．采用多种运输手段，组织综合运输。充分挖掘各种运输潜力，增强快速运输效能，以适应各种复杂情况。

4．严密防护，确保畅通。战争中，敌方将想尽一切办法切断运输线，己方必须一方面做好防空袭、防恐怖破坏、防敌特破坏的严密防护工作；另一方面要采取增建新线、复线、加固防护工程、构筑地下防护设施，对重点目标进行重点防护，组织防护专业队伍进行快速抢修。

五、国防教育

国防教育是为巩固和加强国防而对公民进行的教育，是国防建设的重要组成部分和教育事业的重要内容。2001 年 4 月 28 日，九届人大常委会第二十二次会议审议通过的《中华人民共和国国防教育法》，是我国第一部全面调整和规范国防教育的重要法律。这部法律的颁布施行，对于加强国防教育，增强公民国防观念，激发国民的爱国热情，具有重要意义。

国防教育是人类社会发展到一定的历史阶段，为适应社会的一定需要而产生的。它与国家、战争相伴，随国防产生而产生。它是从捍卫国家主权、安全和领土（领空、领海、领水）的完整，防御外来侵略和颠覆，维护世界和平的目的出发，以一定的战争观、国家安全观为指导，对全体公民的品德、智慧和体质等施加影响的一种系统的有计划的活动过程。国防教育不仅对提高受教育者的国防观念、增强国防实力有重要作用，而且是提高全民族素质、增强民族向心力和凝聚力的重要途径，对巩固和加强国防有着培根固本的意义。因此，国防教育是国防建设乃至国家发展战略的重要内容，在国家和公民的政治生活中占有重要的地位。

（一）国防教育的内容

国防教育的内容十分丰富，凡是与国防有关的理论、知识、技能等，都是国防教育的组成部分。实施国防教育的形式也多种多样，凡是能达到弘扬爱国主义和革命英雄主义精神，使全体公民增强国防观念，增强保卫国家安全的意志、技能和体魄目的的方法和形式均可采用。

目前，我国开展国防教育的基本内容大致可以概括为：

1．国防理论教育

理论是行动的先导，国防理论教育的作用是从理论上揭示国防建设与军事斗争的特点和规律，更好地使公民增强国防观念，从本质上认识国际战略格局和国家的安全形势，懂得战争与和平相互转化的辩证关系，理解加强国防建设，增强国防实力对制止战争，维护和平的重要意义。国防观念、国防建设、国防活动和军事思想等问题，是国防教育的首要内容。

2．国防形势教育

国防形势通常指国家当前的安全环境，即影响一个国家安全的政治、经济和军事等外部情况，有时也包括国内条件。主要内容有：当今世界政治、经济、军事格局；世界局部战争与武装冲突形势；各国的国防政策和国防战略模式；我国周边安全形势；邻国动向；我国对外政策等。

3．国防知识教育

国防知识教育是指对公民实施有关国防建设和国防斗争各种常识与本领的教育活动及过程。通过国防知识教育，使公民掌握基本的国防知识，普及国防知识，达到巩固和加强国防的目的。国防知识涉及的领域很广，包括的内容很多，主要有：国家武装力量的构成情况；现代科技在军事上的应用；常规武器的战术技术性能，现代军事知识、防护知识；边界争端；历史遗留问题；领土、领海、领水、领空知识；现代战争特点等等。

4．国防法制教育

国防法制教育是对全体公民的国防法制意识、国防权利义务观念以及国防法制知识等施加影响的教育。主要是通过广泛宣传国防建设的法律法规，使公民了解国防法制的基本内容，提高国防法律意识，自觉履行国防建设的权利和义务。国防法制教育是国家法制教育的组成部分，就其内容和目的而言，属于国防教育范围。主要内容有《宪法》、《国防法》、《兵役法》、《国防教育法》、《人民防空法》、《军事设施保护法》、《国防动员法》、《征兵工作条例》、《民兵工作条例》、《军人抚恤优待条例》等。

5．国防精神教育

国防精神是公民抵御外侮、维护国家主权的强烈观念，是公民国防素质的重要构成部分。国防的强大与否，不仅取决于物质力量，而且取决于精神力量。这种精神是一个国家的民众关心祖国的前途和命运，支持国防的巩固与强大，维护国家的尊严和安全的民族意识和心理素质的集中体现。国防精神教育的主要内容有爱国主义精神、爱军尚武精神、革命英雄主义精神、自强自立精神、民族团结精神等。

6．国防经济教育

国防经济也称军事经济，是指为保障军事需要而进行的经济活动。国防经济有军事和经济的双重属性。国防经济的活动过程包括军品的生产、分配、交换和消费；其资源构成包括用于国防需要的人力、物力和财力；其部门构成包括军事生产部门、流通部门、服务于军事需要的非生产部门。国防经济教育的内容有国防经济计划、国防经济发展战略、国防经济体制、国防经济规律、国防经济政策等。

7．军事技能教育

学习必要的军事技能，是为了提高公民履行国防义务的能力和本领。通过军事技能教育，不仅使公民具有强健的体魄、顽强的意志、敏捷的反应能力，以适应保卫祖国的艰苦斗争环境的需要，而且使公民能够学习现代条件特别是信息化条件下的军事技能，以适应国防斗争的需要。我国目前军事技能教育的主要内容有高技术武器（信息化武器）装备的使用维护和保养、新“三防”（防精确打击、防电子干扰、防侦察监视）技术、战场救护技术和预备役部（分）队技战术等。

此外，还有国防体育教育与训练、国防历史、国防外交、国防战略等方面的教育内容。实施国防教育时，要针对不同的教育对象，精选不同的教育内容，有所区别，有所侧重。

（二）国防教育的特点

国防教育的内容十分丰富，国防教育相对于其他教育，既有共同点，也有其自身的特点：

一是教育的终身性。部队教育，有服役期满的时候，学校教育有毕业的时候，而国防教育却是一辈子的事情。一个公民，一生中应该不断接受国防教育。

二是教育的全民性。其他科学文化或专业知识的教育都是根据不同年龄、不同文化程度、不同职业而有自己特定的教育对象，但国防教育是全民性教育的社会系统工程，其教育对象涵盖各行各业各个领域的不同职业、不同性别、不同年龄的社会成员。一般可划分为四个层次：一是党政各级领导和机关工作人员，群众团体和企事业单位的领导干部，他们是国防教育的首要对象。二是现役军人、武警、民兵和预备役人员，他们是国防教育的主要对象。三是工人、农民和其他群众，他们是国防教育的基本对象。四是大、中、小学校的学生，他们是祖国未来的建设者和保卫者，是国防教育的重点对象。

三是教育内容的广泛性。其他教育课程规定都很明确，内容比较单纯，而国防教育涉及的内容相当广泛和全面，凡是与国防建设和国防斗争有关的内容都是国防教育的内容。

四是教育效益的滞后性。国防教育不像学校教育、法制教育或其他专业技术教育，可以在几年甚至更短的时间内见效。国防教育的总体效益是随着形势的变化而显现出来的，它的直接效益与其他教育相比是滞后的。

国防教育的上述特点决定了开展国防教育的迫切性、长期性和艰巨性。

（三）国防教育的形式

国防教育的内容是互相联系、互相渗透、互相促进的。国防教育内容的丰富性和国防教育对象的广泛性，要求国防教育应具有多样性和灵活性。综合我国各地的做法，主要有以下几种。

组织军训。这是较为普遍的做法，主要适合于青壮年及学生。在军训中，既可学习军事理论，又可学习军事知识和军事技能，并能亲身体验。

组织理论研讨班。结合党校、党课教育，训练中心培训，刊授、函授教育等进行。

普及国防教育读物。组织专家学者，编写适合广大青少年和大众的科普读物，宣传国防教育知识，增强全民的国防观念。

开展军事体育运动比赛。例如举行登山比赛、定向越野比赛、障碍比赛、武装泅渡、射击比赛等。

组织英模报告会，建立英雄塑像、纪念碑、纪念馆、烈士陵园，组织公民参观、学习、瞻仰。

在报刊、电台开辟国防教育专栏，利用广播、电视、电影进行宣传。

组织党政领导干部参加军事日活动和军事学术交流活动。

开展国防知识竞赛、歌咏比赛、演讲比赛，开展国防月、国防周、国防日教育活动，组织军事夏令营，开办少年军校等。

开展拥军优属活动。在每年“八一”、春节期间，广泛进行国防教育，走访烈军属，走访慰问部队，大力开展“双拥”工作。

开设国防教育课。主要在高校组织学生系统地学习国防理论、国防知识和国防科技，培养一批国防教育的骨干和组织领导者。

国防教育是人类发展到一定阶段，为适应社会的一定需要而产生的。一定社会的国防教育是一定社会经济政治的反映，国防教育的发展程度又受到经济政治发展程度的制约。社会主义国家的国防教育是巩固和加强国防、促进政治和经济发展的必不可少的条件和手段，在国家生活中具有重要的地位和作用。当前，在世界各国人民的共同努力下，迎来了相对稳定的经济建设环境。然而，这种“和平环境”是有条件的，是相对的。霸权主义和敌对分子绝不甘心社会主义中国的强大和发展，“和平演变”、“西化”、“分化”、“武装干涉和颠覆”是他们惯用的伎俩。只要我们认清形势，做好准备，寓兵于民，特别是抓好各级领导干部和“重点对象”的国防教育，我们必将永远立于不败之地。

复习题

1．国防的基本要素有哪些？

2．试述我国国防政策的基本内容。

3．我国国防历史说明什么？

4．试述我国国防历史的主要启示。

5．我国武装力量建设具有什么特点？

6．国防动员包含哪些内容？

7．如何保证国防法规的全面实施？

8．开展国防教育具有什么意义？

9．试述国防教育的特点。

第二章 军事思想

【教学目标】

了解军事思想的形成与发展，准确理解毛泽东军事思想科学内涵，系统领会邓小平、江泽民新时期国防与军队建设思想理论，学会用科学的战争观和方法论去认识军事斗争的新规律。

第一节 军事思想概述

一、军事思想的基本概念

（一）军事思想的含义

军事思想是关于战争与军队问题的理性认识，通常表现为国防和军队建设、军事斗争准备与实施的指导理论和基本原则。军事思想是军事科学的重要组成部分，属于社会意识形态，受世界观与方法论的制约，具有鲜明的政治性。军事思想来源于军事实践，又给军事实践以理论指导，并接受军事实践的检验。

（二）军事思想的内容

军事思想的内容可以分为两个层次：一是军事哲学，主要内容有战争观、军事问题的认识论和方法论；二是军事实践的基本方针和原则，主要内容有指导军事斗争的基本方针和原则、军队建设的基本方针和原则、国防建设的基本方针和原则等。

（三）军事思想的特点

1．鲜明的阶级性

军事思想来源于社会实践。在阶级社会中，人们为了各自阶级的利益，所奉行和推崇的军事思想必然要反映各个阶级对战争和军队建设的认识和立场。因此，不同阶级、国家或政治集团必然有不同的军事思想。

2．强烈的时代性

军事思想来源于战争实践。不同历史时期的战争有着不同的形态和战略战术，有不同的军队组织原则和编制。这种不同时代的特征往往最能反映当时的物质生产水平，而军事思想所反映的这些特征又代表了它所在时代的生产力水平。

3．明显的继承性

每一种军事思想都是某一历史时期、某一民族或某一区域内战争实践经验的总结，都有一定的客观性和科学性。在不同的军事思想中都包含着共同的规律和原理。所以，历史上所形成的具有规律性的军事原则、概念和范畴被流传下来为后人所用，并不断地加以丰富和发展。

二、军事思想的产生与发展

人类对军事问题的认识是随着社会生产力的发展、社会关系的变革、战争规模的扩大及其激烈程度的加剧，以及科学文化技术水平的不断提高，而经历了一个又一个由浅入深的演进过程。军事思想也经历了一个逐步发展的过程。

（一）军事思想作为独立的意识形态的出现是在奴隶社会

原始社会末期和奴隶社会初期，战争频繁发生，奴隶主阶级军事思想开始产生。人类社会进入了奴隶社会之后，战争的规模、样式、性质、作用等发生了根本性的变化。战争成为政治斗争的工具，并有了专门的军队组织和相应的军事制度，战争的规模也越来越大，战争的决策逐步涉及了战前力量的组织与准备。正是这些客观情况的发展变化，以及历次战争经验的积累，使得人们对战争和军队建设的认识由感性逐渐上升到了理性，从而产生了最早的军事思想，即奴隶主阶级的军事思想。其主要代表著作，中国有《军志》、《军政》、《易经》，外国有《历史》、《伯罗奔尼撒战争史》等。必须指出的是，当时军事思想的发展尚处于初始阶段，具有一定的朴素性和神授特色，因为占据重要地位的是宗教迷信观念。

（二）在奴隶社会向封建社会的发展过程中，军事思想获得了飞跃发展

战争实践促使人们认识到，战争胜负不仅取决于物质力量的强弱，而且同政治因素、战争的性质、力量的运用及其强弱转化有着密切的关系。这一认识是由我国奴隶社会向封建社会过渡时期的军事著作首先在理论上加以阐明的，《孙子兵法》就是其中最杰出的代表。这一时期经历了奴隶制社会后期和封建社会的初期，是我国历史上分裂、动荡、争战时间最长的时期（约550年）。在这一时期，秦国远交近攻，统一六国，最终建立了我国历史上第一个中央集权的专制主义的封建国家——秦。西周晚期的“夷王之时，王室微，诸侯或不朝，相伐”。王权下移导致春秋时期各诸侯大国打出“尊王”旗号，争霸的局面出现。因此，各大国兵力迅速增加，如晋、楚、齐、秦、吴、越等国兵力都已达到或超过10万。经过长期的争霸、兼并战争，进入战国时已经形成齐、秦、楚、赵、燕、魏、韩七雄鼎立的局面。七雄都从消灭其他国家、最后一统天下的目的出发，积极谋求改革，力求富国强兵。社会经济的发展，使得军队编成有了较大改变，过去是车兵、步兵，此时出现了骑兵、弩兵。军队人数有的增加了几倍甚至十几倍，多者已达百万之众。春秋时期一次战争用兵不过几万，战国时期已经动辄几十万。这一时期学术思想活跃，出现了百家争鸣的局面，不但兵家

谈兵，其他各个学派也从各自的立场、观点出发来考察、研究军事。因此，军事思想在这一时期得到了空前发展。这一时期产生的兵书，如《孙子兵法》、《吴子》、《司马法》、《孙膑兵法》、《六韬》、《尉缭子》等，都是我国古代军事思想中的巨著。这些兵书探讨了战争爆发的原因、性质和决定战争胜败的基本因素，在战略战术上总结出一系列带普遍性的军事规律，对以后的战争指导和军事学术研究都起到了重大指导作用。

（三）封建时代军事思想的发展总体上处于停滞状态

封建社会制度对人性的压抑及对思想的禁锢，使这一时期的军事思想也同其他学科一样基本上无所建树。中国先有“焚书坑儒”，后有“独尊儒术”；欧洲有中世纪“经院哲学”统治的黑暗时期。因此，恩格斯断言：“整个中世纪在战术发展方面，也像其他科学方面一样是一个毫无收获的时代。”当然，中国古代军事思想在这个阶段还是有所发展的，比如汉初出现的《三略》，东汉末年、三国时期的诸葛亮注重心战和军事科技，同时期的曹操还给《孙子兵法》作了注。唐时的《李卫公问对》一书，联系唐初的战争经验，对《孙子兵法》提出的虚实、奇正、攻守等原则做了比较辩证的论述，特别是它以史论兵的研究方法，受到后世兵家的赞赏。从宋代开始，武学纳入国家教育体系。但是，中国封建时期特别是后期的军事思想，越来越趋于保守。因此从整体上看，这个时期的军事思想没有超过孙子时代所达到的军事思想的高度和水平。这与世界范围内封建时代军事思想方面的发展规律是吻合的。

（四）资产阶级军事思想的发展

资产阶级军事思想产生于欧洲，经过 3 个世纪的演进，随着资产阶级革命战争的实践而逐步形成，并伴随战争的发展而发展。

15 和 16 世纪之交的文艺复兴时期，资产阶级革命风暴促进了新的经济关系和民族关系的形成，促使战争和军队建设从形式到内容都发生了巨大变化，欧美军事思想的近代化过程随之达到高潮。

17～18 世纪，欧美资本主义迅猛发展，发达的工场手工业生产出了大量新式武器。18 世纪末至 19 世纪前期，法国爆发了资产阶级革命和拿破仑战争；19 世纪中叶，德国、奥地利等国也爆发了资产阶级革命；1861 年，俄国废除农奴制。在资产阶级革命过程中，一批资产阶级的军事思想家和军事思想的变革成果涌现出来，普鲁士军事理论家卡尔·冯·克劳塞维茨所著的《战争论》是这一时期堪称经典的代表著作。他在书中提出了“战争无非是政治通过另一种手段的继续”的著名论断，比较系统地探讨了战争的目的、战争的本质、战争与政治的关系、军队建设、战争艺术、消灭敌人和保存自己的关系、民众战争的作用与指导原则、精神和物质的关系、集中兵力和积极防御的思想等。

19 世纪中叶之后，西方列强竞相利用产业革命所创造的新兴技术和物质手段，在全球争夺势力范围，相应的军事理论开始产生。英国斯宾塞的“社会达尔文主义”、德国拉采尔“强存弱汰”的国际生活“自然法则”论、美国马汉的“海权论”等，这些军事理论为资本主义的侵略扩张提供了理论依据，并起到了重要的指导作用。第一次世界大战结束后，帝国主义国家纷纷抢先发展坦克、飞机、潜艇、航空母舰等机械化军事装备，各种新的战争理论也应运而生。例如，麦金德的“大陆心脏论”、鲁登道夫的“总体战”理论、古德里安的“闪击战”理论等。这些理论又在后来的第二次世界大战中得到了一定程度的应用和发展。

从 19 世纪后期到第二次世界大战结束是资产阶级军事思想的丰富和发展时期。19 世纪末 20 世纪初，资本主义经济得到了迅速发展，许多新技术应用于军事。新技术的运用导致了作战理论和作战原则的重大变革。与此同时，战争的规模越来越大，战争对经济的依赖程度也越来越强，卷入战争的人员也越来越多，国际政治、经济、外交斗争日益复杂激烈。这些重大变化推动了资产阶级的军事思想的发展，相继出现了“空军制胜论”、“机械化战争论”、“坦克制胜论”和“小型职业军队论”等。

第二次世界大战后，以美国为首的资产阶级的军事思想得到了进一步的发展。其主要体现在：一是“总体战争”和“联盟战略”的思想进一步确立。经过两次世界大战后，资产阶级军事理论家都认为，今后战争的胜利不但取决于整个国家和全体国民的参与程度，还取决于是否有许多国家结成的联盟的参加，以及联盟国家的政治、经济和军事的综合力量。在这种理论的指导下，主要资本主义国家和一些外围国家相继成立了“北大西洋公约”、“东南亚条约”、“美日条约”等组织，使资本主义国家结成了规模空前的世界性军事同盟。前苏联存在时，还一度形成了“华沙条约”组织与“北约”组织相互对峙、美苏“两霸”争夺世界的局面。二是火箭核战略思想。第二次世界大战时，德国研制了V-1、V-2火箭。第二次世界大战后期，美国研制成功核武器，并于1945年8月使用原子弹轰炸了日本的广岛、长崎，造成了世界战争史上最大的悲剧。核武器的出现使资产阶级军事思想发生了更为显著的变化，认为未来世界的战争必然是核战争，以后又产生了核威慑理论。三是“大战略”思想。“大战略”是运用国家政治、经济、精神和军事等综合力量达到国家的最终目的的战略。他们认为，战争对经济和科学技术的依赖程度越来越大，经济和科学技术的现代化程度是战争取胜的最主要条件。因此，发展经济和科学技术是国家研究大战略所必须考虑的重要问题。四是重点准备“核威慑条件下的常规战争”。随着核武器库的储量趋于饱和，世界上拥有核武器国家的增多，资产阶级军事家们认为“核战争没有胜利者”，核战争已经没有意义，它只不过是互相残杀或交换自杀而已，核武器已经失去了推行政治的工具作用，因此，“核威慑条件下的常规战争”和“有限战争”理论应运而生。

中国资产阶级军事思想的产生和发展是与中国近代、现代历史同步的。孙中山是中国革命的伟大先行者，也是资产阶级杰出的军事思想家。他在领导推翻清王朝和北洋军阀反动统治的革命过程中，形成了自己的军事思想。他坚决主张以暴力推翻君主专制统治，建立资产阶级共和国。辛亥革命后，经过无数次的挫折和失败，孙中山逐渐认识到“南北军阀皆一丘之貉”，放弃了利用南方军阀打击北方军阀的政策，开始寻求与中国共产党合作，并实行了第一次国共合作，从而完成了他一生最伟大的转变。在中国共产党的帮助下，他逐渐认识到建立自己强大的、能与群众相结合的革命武装的重要性。他决定学习苏联红军的建军经验，提出以革命的主义建军的主张，积极筹办了黄埔陆军军官学校，在军队中设立党代表以加强军队的政治思想工作。他的这些进步思想为开创北伐新局面、争取北伐胜利奠定了基础。

（五）无产阶级登上历史舞台，使军事思想真正成为一门科学

1848～1849年，无产阶级以特殊身份参加了欧洲资产阶级革命。在这场大革命中，无产阶级一方面与资产阶级一道反对封建地主阶级的统治，推翻封建制度；另一方面，在革命中举行反对资产阶级的大规模起义，如巴黎六月起义、柏林三月起义、维也纳三月起义和十月起义、德国西南地区五月起义，以及意大利和匈牙利等国的民族解放运动等。这些起义和运动为无产阶级军事思想的产生奠定了基础。马克思和恩格斯及时总结了无产阶级斗争的经验，发表文章和评论。在这些文章和评论中，他们对人民战争、战争与政治的关系、战略战术和武装起义的思想进行了阐述，体现了马克思和恩格斯早期的军事思想。19世纪中后期，世界各地的战争和武装起义频繁发生。如西班牙革命（1854～1856年）、中国太平天国运动和战争（1851～1864年）、美国内战（1861～1865年）、普法战争（1870～1871年）、巴黎公社革命（1871年）等。为适应当时工人运动发展的需要和迎接即将到来的无产阶级革命，马克思和恩格斯针对这些战争和起义撰写并发表了数百篇文章及评论，系统地阐述了关于战争、军队和作战指导方面的基本思想。如战争的产生与消灭、战争与经济的关系、无产阶级对待战争的态度、无产阶级在战争与革命问题上的理论和策略等基本理论，形成了马克思主义关于战争、军队和作战理论的军事思想体系。他们应用辩证唯物主义和历史唯物主义确立了军事问题的认识论和方法论的科学原则，创立了马克思主义的军事理论，建立了城市工人武装起义、无产阶级军队和人民战争及其战略战术原则的学说，为无产阶级军事科学奠定了理论基础。

1917年，俄国十月革命成功。从此，无产阶级军事思想在世界范

围内蓬勃发展起来。列宁在领导俄国十月革命和反对帝国主义武装干涉及国内战争中，创立了关于战争与革命、武装起义和建设工农红军、实现全民战争等无产阶级的军事理论和军事思想。斯大林在反对法西斯侵略、捍卫无产阶级政权和国家现代化建设中，继承和发展了马列主义的军事理论，全面建立了苏联军事思想体系。

（六）毛泽东军事思想是当代最伟大的军事思想

无产阶级军事思想在世界范围内的发展，使得世界其他一些国家的无产阶级政党在领导本国人民的革命武装斗争中，相继创立了各具特色的军事思想。在这个过程中，毛泽东把马列主义军事理论与中国革命实践相结合，创立了毛泽东军事思想，成为指导中国革命战争、军队建设、国防建设不断走向胜利的理论武器和行动指南。在这个科学的军事思想体系中的人民战争思想、人民军队思想、人民战争的战略战术思想、国防建设思想，以及关于战争观、方法论的学说，不但深刻揭示了中国革命的特殊规律，而且反映了军事领域的一般规律，并成为殖民地、半殖民人民和一切被压迫民族、被压迫人民争取解放的法宝，是无产阶级军事思想史上的一个重要里程碑。因此，毛泽东军事思想既是当代中国革命战争和军队问题的科学理论体系，更是马克思列宁主义军事理论宝库中具有中国特色的最新篇章，是人类战争史和军事思想史中最灿烂的瑰宝，被公认为人类历史上迄今为止最伟大的军事思想。

军事思想是随着社会生产力的不断提高和科学技术的进步而不断地创新和发展。从世界范围看，《孙子兵法》是人类冷兵器时代军事思想的顶峰，那是当时比较落后的农业时代的社会生产力在军事领域的反映。当然，《孙子兵法》的思想之光至今仍然放射着耀眼的光芒。后来，以火炮、来复枪为代表的热兵器，成就了拿破仑的伟业。热核武器、远程导弹使人类的格斗达到了白热化，甚至达到有可能造成地球毁灭的程度。这些工业革命和科技革命的产物，使资产阶级的军事思想获得了极大的发展。而在现当代，以毛泽东为杰出代表的马克思列宁主义的军事思想将人类的平面作战方式推向了极致，达到了出神入化、战无不胜的境地，并逐渐向立体多维方向发展。

第二节 毛泽东军事思想

一、毛泽东军事思想的科学含义和特色

（一）毛泽东军事思想的科学含义

毛泽东军事思想是关于当代中国革命战争、革命军队和国防问题的科学理论体系。它是毛泽东思想的重要组成部分，是马克思列宁主义原理同中国革命战争的具体实践相结合的产物，是中国人民革命战争、军队建设和国防建设及国家防卫实践经验的科学总结和理论升华。是中国共产党人集体智慧的结晶。

第一，毛泽东军事思想是马列主义军事理论与中国革命战争实践相结合的产物。列宁、斯大林开创了工人武装通过城市武装起义取得政权的先例。以毛泽东为代表的中国共产党人根据中国大革命夭折的教训，建立了我党领导的以农民为主体的新型人民军队，开辟了以农村为根据地、走农村包围城市的革命道路，从而将马列主义的普遍原理与中国革命战争的具体实践科学地结合起来，在这种结合中，产生了第一次历史性的飞跃，从而形成了具有中国特色的完整科学的军事思想体系——毛泽东军事思想。因此，毛泽东军事思想可以说是马克思列宁主义普遍原理与中国革命战争具体实践相结合的第一次历史性飞跃的产物，是马克思列宁主义军事理论在中国革命战争实践中的具体运用和发展。这就是说，毛泽东军事思想是马克思列宁主义的，但又不是马克思列宁主义的简单照搬，而是中国化的马克思列宁主义军事理论。

第二，毛泽东军事思想是中国革命战争实践经验的科学总结。中国的革命战争主要包括国共合作的北伐战争、土地革命战争、抗日战

争、解放战争。中国革命战争规模之巨大、情况之复杂、道路之曲折、形式之多样、内容之丰富，不仅在中国历史上是空前的，在世界历史上也是罕见的。通过这些战争和武装斗争，我党领导中国人民推翻了旧中国的反动政权，粉碎了外敌入侵，捍卫了民族独立，建立了新中国，并通过抗美援朝战争和边境自卫反击作战，巩固了国防，维护了国家安宁和世界和平。理论来源于实践而又被实践检验证明是正确的才是科学的理论。毛泽东军事思想不是个别天才头脑里主观臆造的理论概念，不是先于中国革命战争实践的神秘产物，而是以毛泽东为代表的中国共产党人对中国革命战争实践经验的科学总结，是来源于中国革命战争实践而又被中国革命战争实践所证明是正确的科学理论。

第三，毛泽东军事思想是毛泽东思想的重要组成部分。党的十一届六中全会通过的《关于建国以来党的若干问题的决议》指出，毛泽东思想主要内容的基本点：一是关于新民主主义革命的理论；二是关于社会主义革命和社会主义建设的理论；三是关于革命军队的建设和军事战略的理论；四是关于政策和策略的理论；五是关于思想政治工作和文化工作的理论；六是关于党的建设的理论。其中第三点就是军事思想。在取得全国政权前的22年，军事斗争是我们党的工作重心，占有最突出的地位。毛泽东以极大的精力研究军事以指导战争，因而军事著作很自然地在他的著作中占有大量篇幅和重要地位。毛泽东在指导战争的过程中，将军事、政治、哲学、经济、文化、党的建设等熔于一炉，因而在他的其他部分论著中，也必然大量地联系军事斗争问题，蕴藏在毛泽东军事思想中的许多原理，也经常被毛泽东引申到重大的政治、经济等理论著作中。毛泽东对军事实践活动倾注了大量的精力，指导战争又是他—生中最光辉的经历，因而其军事思想部分必然在其整个思想体系中占有重要的位置。国外众多著名军事理论研究者普遍认为，共产党军事思想的最好阐述见诸中国。

（二）毛泽东军事思想的特色

1．符合中国国情的特色

在半殖民地半封建的中国没有民主制度、没有民族独立，帝国主义和中华民族的矛盾、封建主义和人民大众的矛盾是社会的主要矛盾，中国绝大多数人口是农民，帝国主义和封建主义的薄弱环节在农村。针对这种特殊的国情，毛泽东创造性地运用马克思列宁主义基本原理于中国革命战争的实际，没有照搬俄国十月革命在城市举行武装起义的经验，而是成功地探索出一条崭新的以农村包围城市的革命道路，解决了建设人民军队，进行人民战争的一系列重大理论问题与实践问题。

毛泽东军事思想并不是马克思主义军事思想理论的简单阐述，更不是马克思主义军事理论在中国的照搬，而是将马克思主义基本原理与中国革命战争实际相结合创造出来的。毛泽东军事思想的基本理论，完全符合中国的国情，具有中国特色，是马克思主义军事理论在中国的具体化。

2．丰富多样的实践特色

毛泽东在领导中国革命战争和国防的实践中，经历了从没有军队到创建军队和发展壮大军队的实践；经历了土地革命战争、抗日战争、解放战争和抗美援朝战争，以及边境自卫反击作战的实践；经历了同国内反动派、日本帝国主义、号称世界第一流的美帝国主义军队作战的实践；经历了实行战争和进行国防建设与防止战争的实践。在长达半个世纪的时间里，毛泽东在指导战争与国防建设实践中总结经验，上升为理论，并经过实践、认识、再实践、再认识的多次反复过程，成为指导中国革命战争不断取得胜利的理论科学。

3．高度思辨的哲学特色

毛泽东运用马克思主义辩证法深刻地阐明了军事领域中的辩证规律，对若干范畴，诸如军事与政治、军事与经济、武器与人、战略上藐视敌人与战术上重视敌人、保存自己与消灭敌人、进攻与防御、内线与外线、持久与速决、主动与被动、集中与分散、计划性与灵活性、运动战与阵地战、正规战与游击战、歼灭与消耗等等，都作了生动辩证的论述和分析。

毛泽东把马克思主义哲学精熟地运用于军事，善于从世界观和方法论的高度分析战争中的各种矛盾和问题，从而揭示了中国革命战争的发展规律，从哲学高度回答和解决了战争的战略指导与策略运用，以及战役战术和军队指挥等重要问题，形成了具有哲学特色的军事思想。毛泽东关于战争与国防问题的大量文电，其中有的不仅是重要的军事论著，而且是重要的哲学论著。

4．批判吸收的借鉴特色

毛泽东在指导中国革命战争实践活动及其经验总结和理论概括中，都注重借鉴吸收中国古代军事精华，以达到古为今用的目的。在毛泽东的军事著作中，不仅引用了古代大量的战例，而且对中国古代军事思想作了深刻的阐述，将“知彼知己，百战不殆”、“兼听则明，偏信则暗”、“避其锐气，击其惰归”、“将欲取之，必先与之”、“运用之妙，存乎一心”等观点用于中国革命战争的实践。另外，毛泽东在其军事著作中，还引用了公元16世纪拉丁系国家占领南美、第一次世界大战、第二次世界大战和俄国十月革命后苏联内战等十余个战例，涉及近20个国家的战争情况。这些外国的军事理论和战争史，对毛泽东军事思想中关于战争和政治的辩证关系、积极防御与持久作战的方针、避免不利条件下的战略决战、争取主动等以弱胜强的战争指导理论的形成和发展，都起到了一定程度的借鉴作用。

二、毛泽东军事思想的产生、形成和发展

毛泽东军事思想的产生、形成和发展，是同中国革命战争的发生、发展和胜利，以及建国后的国防建设和军事斗争联系在一起的。

（一）毛泽东军事思想的萌芽

毛泽东军事思想的萌芽阶段是在大革命时期。在党的一大上通过的党纲中，我党原则上提出了用革命手段推翻旧政权的历史任务。1924年，国共第一次合作，大批共产党员进入黄埔军校和国民革命军中学习和工作，在军队中创造了政治工作和党代表制度，并逐步掌握了部分军队和民众武装，先后参加了广东战争和北伐战争，开始懂得了武装斗争的重要性。在此期间，毛泽东在广州主持第六届农民运动讲习

所时就向学员们指出，搞革命就是刀对刀、枪对枪，要推翻地主武装团防局，必须建立农民自己的武装，刀把子不掌握在自己人手里就会出乱子。他还在《湖南农民运动考察报告》中明确指出了无产阶级领导农民进行革命斗争的重要性，并提出：推翻地主武装，建立农民武装；推翻封建统治，建立农民政权。

在中国革命历史发生转折的紧要关头，毛泽东于 1927 年 7 月 4 日在中共中央常委扩大会议上，针对党内一些同志的右倾主张，提出“上山可造成军事势力的基础”。同年 8 月，在党的“八七会议”上，毛泽东提出“今后要非常注意军事，须知政权是由枪杆子中取得的”。这些都为毛泽东军事思想的产生奠定了基础。

（二）毛泽东军事思想的初步形成

毛泽东军事思想的初步形成，是在土地革命战争时期。1927 年 8 月 1 日，我党在南昌发动起义，打响了反对国民党反动派的第一枪。随后，根据“八七会议”的精神，我党在全国各地都领导了规模不等的武装起义。9 月，毛泽东领导了湘赣边界的秋收起义。在起义遭受挫折时，毛泽东毅然改变了攻打长沙的计划，率领余部向反动派统治薄弱的农村进军，在井冈山地区开展游击战争，发动农民土地革命，建立工农民主政权，成功地创建了我国第一个革命根据地。1928 年 4 月，朱德、陈毅率领南昌起义保留下来的部分部队到井冈山与毛泽东会师，壮大了革命力量。这期间，毛泽东总结“工农武装割据”的经验，先后写了《中国的红色政权为什么能够存在?》、《井冈山的斗争》、《关于纠正党内的错误思想》和《星星之火，可以燎原》等著作，在实践中找到了以农村为根据地，建立工农武装，开展游击战争，以农村包围城市的中国革命的成功之路。毛泽东以农村根据地为依托，把武装斗争和土地革命结合起来，发动广大农民开展广泛的人民战争，并提出了“党指挥枪”的原则，标志着毛泽东人民军队和人民战争思想开始产生。在粉碎国民党“围剿”的过程中，他总结出了诱敌深入的方针和游击战术，随后又将游击战向运动战发展，提出了体现积极防御思想的“敌进我退，敌驻我扰，敌疲我打，敌退我追”的红军作战的战略战术原则，从而奠定了我军战略战术的第一块基石。1936年12月，毛泽东在《中国革命战争的战略问题》一文中，阐明了无产阶级对待战争的根本观点和研究指导战争的基本方法，深刻分析了中国革命战争的特点和规律，系统论述了中国革命战争的战略指导问题，确立了积极防御的基本原则。随后毛泽东发表了《实践论》、《矛盾论》等包含丰富军事内容的重要哲学著作，以军事辩证法观点系统回答了中国革命战争的战略和策略问题。

（三）毛泽东军事思想科学体系的建立

毛泽东军事思想科学体系是在抗日战争时期建立起来的。1938年，毛泽东在《抗日游击战争的战略问题》、《论持久战》、《战争和战略问题》等军事名著中，阐明了抗日游击战争的战略地位和整套人民战争战略战术原则的理论。1944年，毛泽东、周恩来主持写成了《关于军队政治工作问题》的报告，对我党我军的政治工作进行了系统总结，进一步阐明了我军政治工作的性质、方向、任务和方法。1945年，党的六届七中全会做出的《关于若干历史问题的决议》总结了革命战争的历史经验，系统阐述了人民军队的建设和军事战略理论。毛泽东在七大所作的《论联合政府》报告中，全面阐述了人民军队的建军宗旨和人民战争的基本内容。此外，这一时期毛泽东军事思想还展现于毛泽东其他著作中。如毛泽东的《和英国记者贝特兰的谈话》、《论新阶段》等。至此，毛泽东军事思想的内容基本上包括了毛泽东战争观和战争方法论、人民军队、人民战争、人民战争的战略战术和国防建设等，形成了一个比较完整的科学体系。

（四）毛泽东军事思想的全面成熟

毛泽东军事思想的全面成熟是在解放战争时期。在战争指导问题上，毛泽东相继发表了《抗日战争胜利后的时局和我们的方针》、《以自卫战争粉碎蒋介石的进攻》、《集中优势兵力，各个歼灭敌人》、《大举出击，经略中原》、《目前的形势和我们的任务》、《评西北大捷兼论解放军的新式整军运动》、《关于三大战役的作战方针》、《采取远距离包围迂回方法追歼逃敌》、《将革命进行到底》等大量文章和电文，不仅使战略防御和运动战理论有了发展，而且还创立了战略反攻、战略进攻、战略决战和战略追击等系统理论。在建军方面，为适应战略进攻的需要，毛泽东提出了加强炮兵、工程兵、装甲兵等技术兵种的建设，指明了军队现代化、正规化的方向。通过全军范围的新式整军运动，进一步激发了军队的战斗意志，增强了组织纪律性，发展了军队内部的政治、经济和军事民主。

（五）毛泽东军事思想的新发展

夺取全国政权后，毛泽东为我国国防现代化的建设指明了方向，从而使得毛泽东军事思想又得到了新的发展。

抗美援朝战争是一场挫败强敌的反侵略战争。其间，毛泽东先后发表了《给中国人民志愿军的命令》、《采取轮番作战的方针》、《对美英军目前应实行战术的小包围、打小歼灭战》、《祝贺中国人民志愿军的重大胜利》、《抗美援朝的伟大胜利和今后的任务》等著作和电文，提出并阐述了现代条件下进行反侵略战争和建军的一系列理论原则。在这场战争中，我军以劣势装备战胜了世界一流装备的美军，初步取得了现代条件下作战的新经验。毛泽东根据这场战争的新特点，提出和解决了现代条件下进行国际主义行动的局部战争的方针、政策和作战原则。如志愿军出国作战的政策纪律；军事打击与政治斗争紧密配合；利用初战的突然性，夺取先机之利；对战斗力较强的美军实行战术的小包围和打小歼灭战；讲究打坦克、反空袭、反空降、反登陆作战的方法；以“零敲牛皮糖”的原则，不断歼灭和消耗敌人的有生力量；依托坑道工事进行坚守防御；以战术、战役的反击，大量歼灭敌人；重视兵力、火力对比和军队的伪装隐蔽；建立强大的后勤保障等等。

在社会主义革命和建设时期，毛泽东提出了建设现代化、正规化的国防军，以抵御外敌入侵的历史任务，并确立了向国防科技尖端发展的战略，使我军进入了建军的高级阶段。毛泽东还特别强调要研制尖端武器，要搞好“两弹一星”，要提高国防实力。否则“落后就要挨打”，就要被“开除球籍”。因此他说：我们“不但要有更多的飞机大炮，而且还要有原子弹。在今天这个世界上，我们要不受人家欺侮，就不能没有这个东西”。在加强我军现代化、正规化建设的同时，毛泽东领导并制定了积极防御的战略方针；强调后备力量建设；强调现代条件下的人民战争；强调帝国主义是现代战争的主要根源；提出了三个世界划分的理论和建立反帝、反霸统一战线的策略；要求平战结合，加强三线建设，做好长期反侵略战争的准备等。关于台湾问题，毛泽东在《告台湾同胞书》、《中华人民共和国国防部命令》等著作中提出“我们都是中国人”、“和平解决”等思想，并指出“美国人不得护航”，否则“立即开炮”。上述思想的提出及实施，为我国后来加入联合国、打开中美中日关系和对外开放之门，以及用“一国两制”思想指导台湾问题的解决奠定了基础、勾画了蓝图。

党的十一届三中全会后，我党结合新的历史条件，又继承和发展了毛泽东军事思想。

三、毛泽东军事思想的科学理论体系

毛泽东军事思想具有完备的体系，内容极为丰富，主要由战争观和方法论、人民军队、人民战争、人民战争的战略战术、国防建设和国家防卫五个部分构成。

（一）关于正确认识战争和对待战争问题的战争观，以及揭示军事领域矛盾运动普遍规律的方法论

毛泽东运用辩证唯物主义和历史唯物主义，研究并指导中国革命斗争问题而形成的战争观和方法论，是毛泽东军事思想的理论基础。毛泽东军事思想对战争起源、战争性质、战争目的、现代战争根源，以及对战争的态度、作战指导、国防与军队建设等问题，都作了唯物辩证的论述。

第一，在阶级社会中，战争是用以解决阶级和阶级、民族和民族、国家和国家、政治集团和政治集团之间在一定发展阶段上的矛盾的一

种最高的斗争形式。战争是政治性质的行动，自古以来没有不带政治性质的战争。然而，战争不等于一般的政治，而是流血的政治。政治发展到一定的阶段，再也不能前进了，于是利用战争扫清政治道路上的障碍。历史上的战争分为正义的和非正义的两大类，一切进步的符合人民利益、推动社会向前发展的战争是正义战争，一切违背人民根本利益、阻碍社会向前发展的战争是非正义战争。共产党人反对一切阻碍进步的非正义战争，支持进步的正义战争，根本目的是最终消灭一切战争，实现人类永久和平。

第二，战争同其他客观事物一样，存在着内部矛盾运动发展的规律。战争规律分为一般规律和特殊规律。存在于一切战争之中的诸如敌我、攻防、进退、胜败等相互联结又相互斗争的矛盾运动发展的本质性规律，是战争的一般规律。不同时间、地域和性质的战争，又各有其特殊性，存在着不同于其他战争的特殊规律。一般战争规律寓于特殊战争规律之中。战争规律不是一成不变的，随着客观物质条件的发展，战争规律也不断发展。

第三，认识和掌握战争规律是为了解决指导战争的问题。使主观指导和客观实际相符合是正确地指导战争的前提和基础。熟识敌我双方各方面的情况，找出其行动规律，并且运用这些规律于自己的行动，是正确进行作战指导的基本方法。

此外，毛泽东的战争观和方法论，还运用于正确处理国防建设和军队建设中的各种矛盾关系。经济建设是国防建设的物质基础。在相对稳定的和平时期，国防建设必须服从经济建设，国防建设与经济建设之间也需要正确解决需要与可能、战时与平时、军用与民用等方面的矛盾关系，这是搞好国防建设，促进国民经济协调发展的重要前提。

（二）关于创建人民军队，建立一支具有无产阶级性质的新型人民军队的理论

中国革命的主要组织形式是军队。在中国，没有一支人民的军队，便没有人民的一切。毛泽东从中国革命战争的实际需要出发，提出必须把建立一支人民的军队作为武装斗争的首要问题。要建设一支无产

阶级性质的新型人民军队，必须确立和坚持一系列基本的建军原则。

第一，紧紧地和人民站在一起，全心全意地为人民服务是人民军队的唯一宗旨。在建立全国政权之后，人民军队既是保卫社会主义制度的钢铁长城，又是建设社会主义物质文明和精神文明的重要力量。

第二，党对军队的绝对领导是人民军队建军的根本原则。中国人民解放军是中国共产党缔造和领导的执行革命的政治任务的武装集团，在党与军队的关系上只能是党指挥枪，而绝不允许枪指挥党。

第三，强有力的革命政治工作是人民军队的生命线。政治工作应坚持以马克思列宁主义为指导，根据中国共产党在不同历史时期的总任务，以及由此规定的军队的具体任务而展开。政治工作应服务于军队的革命化、现代化、正规化建设，从思想上、政治上、组织上保证党对军队的绝对领导，保证军队内部的团结和军政、军民团结，保证军队战斗力的提高和各项任务的完成。

第四，加强军事建设是人民军队履行自身职责的重要保证。毛泽东强调，人民军队要由低级阶段不断向高级阶段发展。革新军制离不开现代化，要贯彻精兵的原则，以精简、统一、效能、节约和反对官僚主义为目的，使体制编制从带游击性质的旧阶段逐步发展到具有正规性的新阶段。要高度重视武器装备的发展，适时进行整训，努力提高军队的文化素质以及指挥员的军事理论和作战指挥水平，不断提高战斗力。

（三）关于充分依靠和动员人民群众，深入广泛地进行全面的人民战争的理论

毛泽东把马克思主义的历史唯物主义原理，创造性地运用于中国革命战争实践，创立了一整套具有中国特色的人民战争理论。

第一，依靠人民群众进行战争。毛泽东指出，革命战争是群众的战争，只有动员群众才能进行战争，只有依靠群众才能进行战争。

第二，建立农村革命根据地。毛泽东认为，在半殖民地半封建的中国，帝国主义、封建地主阶级和官僚资产阶级在很长一个时期里势力非常强大，并且控制着中心城市，实行法西斯统治，因此，中国革

命的武装斗争首先从城市开始不能取得胜利。中国革命应当走先占领农村，以农村包围城市，最终夺取城市的道路。

第三，建立三结合的武装力量体制。人民军队是实行人民战争的骨干力量，必须按照无产阶级的建军原则，建立一支强大的人民军队。同时，根据不同的任务特点和要求，将人民军队划分为野战军和地方军，并同游击队与民兵有机地结合起来，形成三结合的武装力量体制。

第四，把武装斗争同其他斗争形式结合起来。只有武装斗争，而无其他斗争形式相配合，还不是全面的、彻底的人民战争，因此要在进行武装斗争的同时，在政治、经济、思想、文化、外交等多条战线上，以各种形式广泛、全面地展开对敌斗争。

（四）关于以人民战争为基础的适合中国实际情况的一整套战略战术理论

毛泽东根据中国革命战争的规律和特点，领导人民军队和人民群众，在同强大敌人进行的长期革命战争的实践中，为了达到以弱胜强、克敌制胜的目的，创建了极具中国特色的、从实际出发、以机动灵活为主要特点的战略战术理论。

第一，战争的目的是保存自己，消灭敌人。毛泽东认为，保存自己，消灭敌人是战争的最高目的，古今中外，概莫能外。在二者的关系中，消灭敌人是主要的，保存自己是第二位的，只有大量地消灭敌人，才能有效地保存自己；保存自己的目的在于消灭敌人，而消灭敌人又是保存自己的最有效手段。

第二，战略上藐视敌人，战术上重视敌人。毛泽东指出，在战争中，要认识到反动势力是反人民的、落后的、腐朽的力量，是纸老虎，终究要走向灭亡，因而在战略上、在全局上藐视它，树立斗争的勇气和胜利的信心。但同时也要看到反动势力又是活生生的真老虎，暂时是强大的，并且不会自行灭亡，因而在战术上又要重视它，对每一个局部、每一场作战都要采取谨慎的态度，讲究斗争艺术，运用适当战法，集中全力战胜它。

第三，实行积极防御，反对消极防御。毛泽东指出，积极防御又叫攻势防御、决战防御，消极防御又叫专守防御、单纯防御。消极防御实际上是假防御，只有积极防御才是真防御，才是为了反攻和进攻的防御。中国革命战争应当采取积极防御的战略方针，在战略上把防御和进攻辩证地统一起来。

第四，伤其十指不如断其一指，歼灭战是我军的基本方针。毛泽东认为："击溃战，对于雄厚之敌不是基本上决定胜负的东西。歼灭战，则对任何敌人都立即起了重大影响。"当然，实行歼灭战并不排斥消耗战，因为二者是相辅相成、可以转化、辩证统一的。

第五，集中优势兵力，各个歼灭敌人。毛泽东强调，在战略上敌强我弱、敌优我劣的条件下，为了改变敌我、进退、攻防和内外线的形势，将被动转为主动，要贯彻在战略上"以一当十"，在战术上"以十当一"的思想，实行集中优势兵力，各个歼灭敌人的作战原则。

第六，适时进行战略转变，灵活运用各种作战形式。毛泽东指出，适时进行军事战略的转变，对于战争的坚持、发展和胜利具有重要意义。战略转变通常反映在运动战、阵地战、游击战三种作战形式的转换上。他强调，运用作战形式必须适时得体、巧妙结合，根据战争各时期、各阶段、各地区敌我力量的不同情况，灵活地选择主要作战形式，并且把三种作战形式有机地结合起来。

第七，不打无准备之仗，不打无把握之仗。毛泽东从中国革命战争敌强我弱的客观条件出发，把不打无准备之仗，不打无把握之仗，作为一条重要的军事原则，强调每仗均应力求有充分准备，力求在敌我条件对比上确有胜利的把握。

第八，执行有利决战，避免不利决战。毛泽东指出，决战是解决两军之间胜负问题的根本方式，也是战争或战役中最激烈、复杂、多变的时节，要选准决战的时机，一切有把握的战役和战斗应坚决地进行决战，一切无把握的战役和战斗则应避免决战。

第九，力争战争的主动权，正确把握灵活性和计划性。主动权是军队的自由权。军队如果被逼处于被动，不恢复主动，就要失败。因此，要力争主动、力避被动。

（五）关于加强国防建设和保卫国家安全的理论

新中国成立以后，毛泽东在领导党和人民进行社会主义革命和社会主义建设的过程中，在正确分析国际战略形势和国家安全环境的基础上，提出了一系列关于加强国防建设和保卫国家安全的原则、目标、计划和措施等，逐步形成了关于建设现代化国防和保卫国家安全的理论，有力地指导了国防现代化建设和多次自卫反击作战。

第一，必须建立巩固的国防。为了有效地抵御外来反动势力的侵略，保卫人民的胜利果实，保证社会主义革命和社会主义建设事业的顺利进行，获得了胜利的中国人民不能不建立巩固的国防，在英勇的、经过考验的人民解放军的基础上，人民武装力量必须保存和发展起来。不仅要有强大的陆军，而且要有强大的海军和强大的空军。

第二，实行积极防御的战略方针。我国是社会主义性质的国家，不会侵略别国。我国奉行和平外交政策，主张与不同社会制度的国家和平共处，以和平共处五项原则来建立国与国之间的关系，以谈判的方式而不是战争的方式来解决国际争端。据此，我们的国防执行的是积极防御的战略方针。

第三，建设强大的国防军。建设一支强大的国防军以保卫我国社会主义建设，抵御外来侵略，是和平时期人民军队建设的总方针和总任务。相对稳定和平时期的军队建设，必须继承和发扬我军的优良传统，全面加强军队的现代化建设，建立正规化制度，发展现代军事理论，培养适应现代战争的合格人才。

第四，建立独立、完整的国防科技和国防工业体系。为了给军队现代化建设提供强大的技术和物质基础，必须建立独立、完整的国防科技和国防工业体系。

第五，建设强大的国防后备力量。要从总体上加强国防后备力量建设，以适应未来战争的需要；民兵是巩固国家政权的重要力量之一，要将民兵同预备役结合起来；大力开展国防教育，抓好对青少年的军训工作。

四、毛泽东军事思想的地位和科学价值

（一）毛泽东军事思想的地位

以毛泽东为主要代表的中国共产党人，在长期的中国革命战争和军队建设过程中，把马克思列宁主义军事理论同中国革命战争的具体实践相结合，形成了当代最先进的军事科学——毛泽东军事思想。它深刻地揭示了战争的本质和基本规律，全面回答和解决了当代面临的一系列重大军事问题，创造性地丰富和发展了马克思列宁主义军事理论，指导中国革命战争取得了伟大的胜利。毛泽东军事思想在中国乃至世界军事史上独树一帜，占有极其重要的历史地位。

第一，毛泽东军事思想创造性地丰富和发展了马克思主义军事理论。中国革命战争是中外历史上最宏伟的一场人民革命战争，以毛泽东为代表的中国共产党人，为了正确指导这场战争，一方面完全忠实于马克思列宁主义的基本原理，用它的立场、观点、方法认识和解决革命战争中的实际问题；另一方面，又完全从中国的实际情况出发，独立地、创造性地解决革命战争中的实际问题。因而，毛泽东军事思想是对马克思主义军事理论创造性的运用、丰富和发展。

第二，毛泽东军事思想是中国革命战争胜利和军队建设的理论指南。先进的军事思想一旦被群众所掌握，就会产生巨大的物质力量。毛泽东军事思想是中国革命战争的光辉记录，中国革命战争的胜利，正是在它的指引下取得的。发生在20世纪前叶的中国革命是中国历史上的一个伟大事件，要在这一场史无前例的革命战争中取得胜利，如果没有先进的军事理论作指导是不可能的。正如邓小平所说的："没有毛主席，至少我们中国人民还要在黑暗中摸索更长的时间。毛主席最伟大的功绩是把马列主义的原理同中国革命的实际结合起来，指出了中国夺取革命胜利的道路。"

第三，毛泽东军事思想在世界上具有广泛影响。由于毛泽东军事思想科学地揭示了革命战争的客观规律，因而受到了为民族独立和解

放而斗争的第三世界国家人民的重视，他们十分注意吸取和运用毛泽东军事思想。阿尔及利亚军民在反对法国殖民主义的武装斗争中，曾经从《中国革命战争的战略问题》一书中吸取力量，经过7年多的战争，终于战胜法国殖民主义者，赢得了民族独立。莫桑比克、津巴布韦、几内亚等国的自由战士，运用毛泽东人民战争理论，结合本国实际情况，在农村建立根据地，建立民兵、游击队和正规军，开展游击战争，最后取得了独立。国外一些军事理论家、评论家对毛泽东军事思想给予了高度评价。美国前国务卿基辛格在《核武器与外交政策》一书中说："关于共产党军事思想的最好阐述，不见诸苏联的著作，而见诸中国的著作"，"毛泽东基于大家熟悉的列宁主义学说，即战争是斗争的最高形式，研究出一套军事理论。这套理论表现出高度的分析力、罕有的洞察力……"英国军事评论家巴特曼在《在东方的失败》一书中指出："毛泽东是掌握打开这个时代军事奥秘之锁的全套钥匙的一个时代的人物。"毛泽东军事著作已成为各国军事家必读的经典，许多国家都把毛泽东军事思想列为军事院校的必修课。

（二）毛泽东军事思想的科学价值

毛泽东军事思想把辩证唯物主义和历史唯物主义的世界观、方法论贯彻到军事领域，使古老的军事学不仅在知识形式上，而且在思想内容上焕发科学魅力。

第一，毛泽东军事思想是以弱胜强的高超战争指导艺术。从公元前3500年到20世纪70年代，世界上发生过数千场战事。其中，大多数是在力量对比上本来就强大的一方获胜。中国革命战争双方力量对比的强弱悬殊程度，为世界战争史上所罕见。大部分岁月里，我军历次重大作战的兵力劣势程度，远远超过西方战史上那些最著名的以弱胜强战例。如土地革命战争时期中央苏区前四次反"围剿"，敌我兵力分别为：10:4，20:3，30:3，50:7，平均比差为6.5倍，最大的一次达10倍。然而，在毛泽东的指挥下，我军创造了一个又一个以弱胜强的战争奇迹。西方战史上的以弱胜强，其含义基本上限于兵力上的以少胜多，双方军队的武器装备，则大都同属一个水平。而中国革命战争除在军队数量方面长期处于敌众我寡的地位外，在武器装备上也长期处于敌优我劣的状况，是以“小米加步枪”对付“飞机加大炮”。特别是抗美援朝战争，我军装备较之过去虽然有所改善，但较量的对手是世界头号帝国主义强国及其仆从国。

第二，毛泽东军事思想揭示的军事规律达到了前所未有的广度和深度。战争和军事活动是一种极为复杂的特殊社会形态，涉及的问题十分广泛。对于一种军事理论来说，从本质上、规律上说明的问题越多、越深刻，适用范围就越广，对军事实践的指导作用就越大，其科学成就越高。总观毛泽东军事思想这座宝库，既有关于中国革命战争及其军队建设特殊规律的完整理论，又有关于整个战争和军事领域一般本质、一般规律的大量普遍原理；既有作战理论，又有建军理论；既有关于武装夺取国家政权的战争理论，又有关于掌握全国政权后进行国防建设的理论；既有关于革命战争的指导理论，又有关于民族解放战争和保卫国防的指导理论；既有“小米加步枪”条件下的战争指导理论，又有打现代条件下战争的指导理论；既有对诸多军事规律的深入揭示，又有关于如何研究和运用军事规律的认识论、方法论；既有军事战略理论，又有统领武装斗争和各种非武装斗争的国家战略（西方称“大战略”）理论；既有战略指导理论，又有战役、战斗的指导理论；既有游击战争理论，又有正规战理论；既有军事工作理论，又有军队政治工作理论、军队后勤工作和军事科研工作理论。如此丰富多彩的真理性认识成果浑然一体，构成了一座宏伟瑰丽的军事理论体系大厦，广泛而深刻地反映了军事领域多方面、多层次的规律性认识。它回答的问题之多、认识的真理性之强，在中外军事理论之林中是罕见的。

第三，提出了一系列重大的军事科学创见。在毛泽东军事思想所凝聚的丰富多彩的规律性认识成果中，大量属于独到的创见。其中有些重大的创见性理论，在军事科学领域带有根本性意义。如，完整的战争本质论，战争中人的自觉能动性学说，战争中的强弱转化理论，军事问题的认识论、方法论等等。

在新的历史条件下，学习毛泽东军事思想，掌握它的科学原理，对于加强新时期国防和军队建设，做好新时期军事斗争准备，打赢未来可能发生的高技术局部战争，无疑是一项根本性大计。

第三节　邓小平新时期军队建设思想

一、邓小平新时期军队建设思想的科学含义

邓小平新时期军队建设思想内容丰富，涵盖了我国新的历史时期政治、经济、文化、军事、外交和党的建设等各个方面的基本问题。邓小平新时期军队建设思想作为邓小平理论的重要组成部分，是邓小平建设有中国特色社会主义理论的基本理论、基本路线和基本方针在军事领域的展开与延伸，是建设有中国特色社会主义理论所坚持的科学世界观、方法论在军事领域的贯彻和运用。邓小平新时期军队建设思想是毛泽东军事思想在新的历史时期的继承和发展，是当代中国的马克思主义军事理论。

邓小平以其开拓精神和远见卓识，针对军事战线面临的新形势、新情况，作了大量针对性和指导性都非常强的论述，创造性地提出了一系列富有时代特征和我国我军特色的思想、方针和原则。邓小平解决国防和军队现代化建设问题，总是一贯地坚持党的解放思想、实事求是的思想路线，始终把中国的国情、军情和当代世界军事发展的趋势，作为指导国防和军队建设的基本依据。他着眼于变化了的情况，依据新的历史条件，深入分析和平的发展趋势和战争的潜在危险、国家的根本利益和国家的安全需要、武装力量的建设和运用等一系列问题，从不同侧面揭示新时期军队建设和军事斗争的规律，提出了一系列极其重要而又相互联系的军事理论观点。这些军事理论观点构成了一个科学的理论体系，其主要内容是关于相对和平时期人民军队建设的理论，其基本结论就是走有中国特色的精兵之路，建设一支强大的现代化、正规化革命军队。

二、邓小平新时期军队建设思想的科学体系

邓小平新时期军队建设思想是马列主义军事理论、毛泽东军事思想在新的历史条件下的创造性运用与发展，是中国化了的、最具有时代特色的当代马克思主义军事理论。完整准确地把握邓小平新时期军队建设思想的科学体系，对于我们坚持邓小平新时期军队建设思想，高举邓小平理论的伟大旗帜，具有十分重要的意义。

（一）现代战争理论

战争与和平问题是马克思主义军事理论的一个重要内容，是涉及人类命运和文明发展的重大问题，也是制约军事战略、国防建设和军队建设，乃至影响国家内外政策的基本问题。邓小平依据马克思主义的基本原理，高瞻远瞩，纵观世界全局，对国际形势进行了全面而深刻的观察、思考和分析，并据此提出了现代战争的新理论，丰富和发展了马克思主义的战争理论。邓小平关于现代战争的理论着重强调了以下主要思想。

1．和平与发展是当代世界的两大问题

当世界进入20世纪80年代以后，邓小平根据对国际形势的长期观察和对世界主要矛盾的实事求是的分析，通过对国际形势进行历史的和现实的综合考察，作出了和平与发展是当代世界两大主题的科学论断。这一科学论断，包含了如下基本观点：一是维护世界和平，是全世界人民的共同愿望，是各国谋求发展、友好合作、促进共同繁荣必不可少的条件，也是当今世界不可逆转的历史潮流。二是促进发展成为当今世界各国面临的共同课题和紧迫任务。广大的发展中国家在取得政治独立之后，面临的主要任务是发展民族经济，发展科学技术，提高人民的物质文化生活水平，并以经济上的发展来巩固政治上的独立。即使是发达的资本主义国家在科学技术高速发展的新形势下，也面临着再发展的问题。因此，促进发展既是发展中国家的迫切要求，也是发达国家面临的重要课题。三是在和平与发展中，发展是核心问

题，如果没有发展，和平就没有基础。因此，发展更带有根本性和长远性。四是争取世界经济的发展，就必须反对霸权主义，维护世界和平，建立合理的国际政治、经济新秩序，以促进世界经济的繁荣，促进世界的和平与稳定。

2．世界大战可以避免，但战争危险依然存在

其基本观点：一是由于世界上一切爱好和平的国家和人民的共同努力，和平力量的发展超过了战争力量的发展，在各种制约战争因素的共同作用下，使推迟乃至避免世界大战成为可能。二是美苏两个具有发动世界战争能力的超级大国的力量，呈相对均势，双方的战略扩张又屡屡受挫，在没有完成全球战略部署的情况下，谁也不敢轻易发动战争，因而在较长时间内不发生大规模世界战争是可能的。三是世界大战可以避免，但战争危险依然存在，和平只是相对的。四是世界战争可以避免并不是指一切战争都可以避免，在大战打不起来的情况下，局部战争和地区性冲突成为战争的主要形式。五是缓和也并不是没有斗争，在缓和的背后，掩盖着世界一些国家从过去军备竞赛、争夺军事优势为主，转向争夺包括经济、科技、军事等在内的综合国力的优势。

3．霸权主义是当代战争的主要根源，要维护和平，制止战争，就要反对霸权主义

20 世纪 80 年代末期，世界形势发生了急剧变化，苏联解体结束了两个超级大国对峙争霸的局面。但是霸权主义的影响依然存在。邓小平明确指出："当今世界不安宁来源于霸权主义的争夺"，"霸权主义是战争的根源"。而且对现代战争的根源作了具体分析，明确指出只有对外奉行霸权主义的国家，才是现代战争的根源。并强调指出，我们的政策要着眼于反对霸权主义，维护世界和平，"谁搞霸权就反对谁，谁搞战争就反对谁"。邓小平经过长时间的深思熟虑之后，提出了解决国际争端、维护世界和平的新思路，并在实践中创造性地加以运用。这就是从维护国家的根本利益这个大局出发，兼顾国家的发展需要和维护国家主权的需要，在坚持和发展和平共处五项原则的基础上，提出了"一国两制"的构想和解决国际争端的新办法。

（二）军事战略理论

在新的历史时期，邓小平根据国际政治和战略格局的变化、战争与和平形势的发展，以及我们党和国家路线、方针、政策的调整，坚持从新的历史条件出发，明确提出了新时期军事战略理论。

1．在新的历史时期，必须继承和发展积极防御的战略思想

邓小平关于继承和发展积极防御的战略思想着重强调了以下基本精神：一是强调了寓攻于防、攻防结合这个积极防御战略思想的基本精神。他指出："积极防御本身就不只是一个防御，防御中有进攻。"二是强调了要充分重视战争准备的基本精神。他强调："仗总可能有一天要打起来。我们绝不能浪费时间，要加紧备战工作，特别是要训练干部学会指挥现代战争。"三是强调了坚持后发制人的基本精神。在指导新时期军事斗争时，既要慎重，又要坚决，实施有理、有利、有节的斗争，始终掌握战略上的主动权。四是强调了持久作战的基本精神。对我军来说，坚持持久作战不仅是战胜强敌所必须的，而且也具备这方面的许多有利条件。

2．必须坚持积极防御的战略方针

一是必须坚持积极防御的战略方针。这既是我们社会主义国家的性质和人民军队的本质决定的，也是保卫国家安全、维护国家利益、夺取战争胜利所必须的。只有坚持积极防御的战略方针，做好必要的战争准备，才能为搞好国内的现代化建设提供一个稳定的国际环境。二是坚持积极防御的战略方针，必须立足以劣势装备战胜优势装备之敌。在新的形势下，坚持积极防御的战略方针，坚持以劣势装备战胜优势装备之敌，就要根据变化了的新情况，研究军队的编成问题，研究适应现代战争需要的军队体制编制。同时，要抓紧训练，提高部队的军政素质，这是以劣势装备战胜优势装备之敌的重要保证。三是坚持积极防御的战略方针，在军事上必须适应客观实际的发展变化，要保持战略指导上的灵活性，以适应不同对象、不同方向、不同样式和不同规模的局部战争与武装冲突的需要，从而更加有效地捍卫国家领土主权和海洋权益，维护国家安全和世界和平。

3．必须坚持人民战争

在新的历史条件下，邓小平继承和发展了毛泽东的人民战争思想，提出了适应现代技术特别是高技术条件下的人民战争理论。一是在现代条件下必须坚持人民战争。实行人民战争是由我们所进行的战争的正义性决定的，是以人民群众是历史的创造者这个历史唯物主义原理作为理论基础的，科学技术的发展和武器装备的更新只是改变了战争的物质条件，只能影响战争的进程，但不能改变战争的性质，也不可能改变人民群众在战争中的决定作用。二是坚持人民战争并不是不要国防和军队现代化。邓小平在强调必须坚持现代条件下的人民战争的同时，曾明确指出，搞人民战争并不是不要国防和军队现代化，而是要把坚持现代条件下的人民战争同国防和军队现代化结合起来，作为一个完整的战略问题加以考虑。三是实行现代条件下的人民战争必须根据发展变化了的情况，努力研究新情况，总结新经验，探讨新战法，概括新理论，发展人民战争的战略战术，以适应现代条件下人民战争实践的需要。

（三）国防建设理论

邓小平以马克思主义实事求是的科学态度，对国内外形势和新的历史条件进行了深谋远虑的思考，在实践中探索和规划了新时期我国的总体发展战略和国防发展战略，形成了系统的建设有中国特色现代化国防的理论。

1．从国际国内形势和社会主义建设的全局出发，作出了国防建设、军队建设指导思想实行战略性转变的重大决策

党的十一届三中全会以后，邓小平从国际国内形势的发展变化和我国社会主义建设的全局出发，做出了国防建设和军队建设指导思想实行战略性转变的重大决策，要求我国国防建设和军队建设的指导思想必须从立足早打、大打、打核战争的临战状态转变到和平时期的建设轨道上来，并按照战略性转变的要求，逐步确立了国防建设和军队建设的一系列方针和原则，从而使我国的国防建设、军队建设走上了和平时期健康发展的正确轨道。

2．从国情、军情实际出发，提出了有中国特色的国防现代化建设目标

在国防建设和军队建设指导思想实行战略性转变的同时，邓小平又从我国的国情、军情出发，在设计整个国家发展战略的基础上，对国防现代化的发展目标和发展途径做出了精心筹划。他明确提出，按照国家总体发展战略的要求，我国国防现代化的发展目标是：充分利用世界大战可以避免、国际形势趋于缓和的有利时机，随着国民经济的不断发展，努力加强国防建设，力争到本世纪中叶，即在中华人民共和国成立 100 周年的时候，使我国的国防综合实力接近或赶上当时世界其他军事强国，能在维护国家安全利益和维护世界和平中发挥更加积极的作用。

3．明确指出要把保卫国家的主权和安全作为国防现代化建设的根本任务

国防建设要以维护国家利益作为最高原则，国家的主权和安全是国家的根本利益。因此，必须把国家主权和安全作为国防建设的根本任务。在国家以经济建设为中心，实行改革开放的新的历史时期，国防建设的着眼点必须放在为国家的经济建设提供一个和平稳定的安全环境上。

4．明确提出了实现国防现代化建设目标的原则、途径和措施

一是必须从中国的实际出发，始终把基本点放在独立自主、自力更生上，国防现代化不可能依靠别人来实现。当然，在科学技术高速发展的今天，要注意虚心学习和借鉴外国的有益经验，博采众长，为我所用。二是必须正确处理国防建设与国家经济建设的关系，也就是说，必须坚持以经济建设为中心，国防建设要服从和服务于国家经济建设这个大局,又要在经济发展的基础上加强国防建设。三是要从国家经济建设和国防建设的需要出发，调整国防科技工业体制，走军民结合、平战结合的发展道路。四是要坚持控制数量、提高质量的方针，按照“控制数量、提高质量、抓好重点、打好基础”的十六字方针，建设强大的高质量的国防后备力量队伍。五是加强全民国防教育，增强国防意识和观念，使全国人民在任何情况下都始终保持较强的国防

观念。

（四）军队建设理论

在新的历史时期，以邓小平为核心的党中央、中央军委，根据新的历史条件和新时期军事斗争的实际需要，进一步明确了新时期人民军队的基本职能，重新确立了建设现代化、正规化革命军队的总目标，提出了实现军队建设目标的指导原则和措施，开辟了相对和平时期有中国特色的军队建设道路，从而形成了军队建设的系统理论。

1．重新确立了新时期军队建设的发展目标

一是在军队的革命化建设方面，要坚持中国共产党对军队的绝对领导，坚持全心全意为人民服务的根本宗旨，始终保持人民军队的无产阶级性质；要加强政治思想工作，坚持用马克思列宁主义、毛泽东思想和党的路线、方针、政策教育部队，使全军指战员成为贯彻执行党的路线、方针、政策的模范；要注意研究新情况，坚持在新的历史条件下，继承和发扬人民军队的优良传统作风。二是在军队现代化建设方面，强调要在国民经济不断发展的基础上，逐步改善和发展武器装备，缩小我军同发达国家军队在武器装备方面的差距；要把教育训练提到战略地位，培养和造就符合现代战争需要的军事人才，使军人成为具备现代科学技术知识、文化知识和军事知识，具备良好的军事素质和精神心理素质，能够使用现代化装备、能够指挥现代战争的人才。三是在军队正规化建设方面，强调在发扬我军优良传统的基础上，完善各种规章制度，加强对全军指战员的法制教育，真正实现依法治军、从严治军，使部队建设和管理走上正规化轨道。

2．强调新时期军队建设要以现代化为中心

军队的现代化建设是人民解放军全部工作的中心，是现代战争提出的必然要求，军队的一切工作和正在进行的一切改革，都要服从和服务于现代化建设，都要紧紧围绕这个中心。在这方面，邓小平着重强调了以下主要观点：一是以现代化为中心，这是由我军建设的主要矛盾，即现代战争的客观需要同我军现代化水平还比较低的矛盾所决定的，是从实际出发得出的正确结论。二是以现代化为中心，就要坚持我军的战斗队的根本职能，坚持以战斗力作为我军建设和改革的出发点和落脚点，作为检验我军各项工作的基本标准。三是以现代化为中心，就要积极稳妥地进行改革。军队的改革必须从军队建设的实际情况出发，符合军队的特点，有利于军队实现革命化、现代化、正规化建设的发展目标，有利于提高战斗力，有利于保持军队的高度集中统一和稳定。

3．注重质量建设，坚持走有中国特色的精兵之路

进入新的历史时期以后，邓小平着眼于我国的国情、军情，始终把精简部队数量作为提高军队战斗力、改善武器装备、实现精兵合成的前提和先决条件，充分体现了注重质量建设，走精兵之路的思想。邓小平军队质量建设的思想主要包含了以下基本内容：一是加强政治建设，坚持党对军队的绝对领导，保证军队在政治上永远合格。二是精简整编，优化组织结构，实现人与武器的最佳结合。三是坚持独立自主、自力更生的方针，积极发展和改善我军的武器装备。四是把军队教育训练提高到战略地位，通过严格的教育训练来提高军队的素质和战斗力。五是坚持依法治军、从严治军，加强部队管理。六是加强后勤建设，提高现代战争的后勤保障能力。七是加强军事科学研究，发展我国军事科学，充分发挥军事理论的先导作用。实践证明，邓小平提出以精简整编和体制改革为突破口，以精兵合成、平战结合、提高效能为原则，通过抓编制、抓装备、抓合成、抓教育训练、抓后勤建设和军事理论研究来实现我军的现代化，深刻地反映了新时期军队建设的基本规律，为我军的质量建设指明了方向，开辟了道路。

综上所述，可以看出邓小平新时期军队建设思想是一个具有丰富内容的科学体系，是邓小平关于建设有中国特色社会主义的基本理论、基本路线和基本方针在军事领域的展开和延伸，是邓小平理论所坚持的科学世界观、方法论在军事领域的贯彻和运用。因此可以说，解放思想、实事求是既是邓小平理论的精髓，也是邓小平新时期军队建设思想的精髓，而邓小平关于坚持走有中国特色的精兵之路，建设一支强大的现代化、正规化革命军队的理论则是邓小平新时期军队建设思想的核心，也是邓小平对新时期我军建设最重要的贡献之一。

三、邓小平新时期军队建设思想的地位和作用

邓小平新时期军队建设思想是邓小平理论的重要组成部分，是对毛泽东军事思想在新的历史条件下的创造性运用和发展，是当代马克思主义军事理论新的成果，也是我们建设现代化国防和现代化、正规化革命军队，以及全面加强新时期军事斗争准备的科学指南。

（一）邓小平新时期军队建设思想是毛泽东军事思想的继承和发展

邓小平作为我党第一代领导集体的重要成员，为毛泽东军事思想的实践做出过贡献。在新的历史时期，邓小平作为我党第二代领导集体的核心，以马克思主义实事求是的科学态度、无产阶级革命家的创新精神和战略家的远见卓识，对国内外大事和新的历史条件进行了深谋远虑的思考，在实践中探索和规划了我国新时期国防建设、军队建设的发展战略，极大地丰富和发展了毛泽东军事思想。

从继承的意义上说，正是因为毛泽东军事思想是马克思主义军事理论和中国革命战争实践相结合的产物，是中国革命战争和人民军队建设基本规律的理论表现，所以邓小平总是站在坚持和捍卫毛泽东思想包括毛泽东军事思想的立场上。邓小平新时期军队建设思想的每一条基本原则都体现着毛泽东军事思想，整个理论体系都闪耀着毛泽东军事思想的光辉。

从发展的意义上说，毛泽东军事思想主要是以战争和革命为主题的时代，在半殖民地半封建这样一个大国，在进行阶级解放战争和民族解放战争直至夺取政权的斗争中形成的，它是那个时代和那样一个斗争环境的军事运动规律的理论表现。邓小平新时期军队建设思想则是在以和平与发展为主题的时代，在经济上比较落后的一个大国中，进行建设有中国特色社会主义的过程中形成的，它是这个时代和这样一个环境中军事运动规律的理论表现。因此，这个理论必然要解决这个时代、这个环境在军事斗争中提出的新问题，带有强烈的自身特色。从这个意义上说，邓小平新时期军队建设思想是毛泽东军事思想发展

的一个崭新的阶段，是富有时代精神的马克思主义军事理论。

（二）邓小平新时期军队建设思想是邓小平理论的重要组成部分

邓小平新时期军队建设思想是邓小平理论和中国军队建设实际相结合的产物，是邓小平理论在军队建设领域的体现和落实。首先，解放思想、实事求是是建设有中国特色社会主义理论的精髓，也是邓小平新时期军队建设思想的基础。其次，“一个中心、两个基本点”的基本路线是邓小平理论的核心内容，而正是这一点构成了邓小平新时期军队建设思想的灵魂。军队是执行党的政治任务的武装集团，执行和捍卫党的基本路线是新时期军队义不容辞的责任，按照基本路线来建设军队，就成了天经地义的事情。再次，以经济建设为中心，解放和发展社会主义生产力是邓小平理论所规定的根本任务，而正是这一点规定了军队在积极搞好自身建设的同时，要服从国家建设这个大局，在这个大局下行动，后者同时也为建设现代化、正规化革命军队提供了物质保证。

（三）邓小平新时期军队建设思想是新时期军事斗争和军队建设的科学指南

邓小平新时期军队建设思想作为邓小平理论的重要组成部分是一个完整的科学体系，是对马列主义军事理论和毛泽东军事思想在新的历史条件下的创造性运用和发展，凝聚了新时期国防和军队建设实践经验的精华。它既有中国特色，又有普遍指导意义，是新时期军事斗争和军队建设的科学指南。

首先，邓小平新时期军队建设思想揭示了相对和平时期国防和军队建设的基本规律。如和平时期国防和军队建设同经济建设相互作用的基本规律，国防和军队建设各要素和各方面工作相互作用与影响的基本规律，军队建设中数量与质量相互制约与转化的基本规律，和平时期军队战斗力生成的基本规律，综合国力同军队战斗力之间相互转化与促进的基本规律等。

其次，邓小平新时期军队建设思想符合我军的实际，具有鲜明的中国特色和强大的生命力。它坚持把当今世界各国国防和军队建设的一般规律和原则，同我国我军特殊的实际情况有机结合，把我军传统的经验或原则同新时期的新情况有机结合，紧紧抓住我军建设亟待解决的一系列重大理论和实际问题，为我军建设指明了方向。

再次，邓小平新时期军队建设思想符合当代和未来战争的客观要求。邓小平在确定把建设具有中国特色的现代化、正规化革命军队作为我军建设的总任务、总目标，并强调要以现代化为中心时，实际上就把按照现代和未来战争的客观要求，全面加强军队建设作为我军建设的基本着眼点和落脚点。同时，他在指导我国国防和军队建设的过程中，自始至终贯穿着要全面提高我军实行现代条件下人民战争能力的重要思想，这也从根本上进一步奠定了邓小平新时期军队建设思想在我国新时期军事斗争和军队建设中的指导地位。

第四节　江泽民国防和军队建设思想

江泽民国防与军队建设思想是江泽民关于中国国防和军事领域一切重大问题的系统化的理性认识，是对毛泽东军事思想和邓小平新时期军队建设思想的继承和发展，是指导新时期中国国防和军队建设的根本依据。

一、江泽民国防和军队建设思想的形成

1989～1991 年，江泽民曾反复强调，要防止和平麻痹思想，加强国防和军队建设。江泽民在党的十三届五中全会上当选为中央军事委员会主席。在主持中央军委工作后，他曾多次明确指出，经济建设、国防建设两头都要兼顾。冷战结束后，世界总体形势趋于缓和，大战在较长时间内可以避免，但天下并不太平。东欧剧变、苏联解体以后，冷战时期的两极格局被打破，社会主义事业遇到了前所未有的困难，国内国际的敌对势力加紧活动，妄图颠覆我们的社会主义政权。江泽

民及时提醒全党和全国人民，我们的社会主义建设是在国内外仍然存在敌对势力妄图颠覆破坏的情况下进行的，要在集中精力进行社会主义建设的同时，十分重视和加强国防建设。为此，他提出了一系列新时期国防和军队建设的方针原则，为军队的发展指明了方向。他强调说，必须坚持党对军队的绝对领导，在任何情况下，这个根本原则都不能动摇。1990 年 12 月，他提出要按照“政治合格、军事过硬、作风优良、纪律严明、保障有力”的总要求加强军队建设。这“五句话”体现了毛泽东建军思想和邓小平新时期军队建设思想的要求，直接指明了军队建设的方向，是对毛泽东建军思想和邓小平新时期军队建设思想的继承与发展。

1991～1997 年，江泽民提出了要走科技强军之路，加强军队质量建设的战略构想。海湾战争后，世界范围的新军事革命蓬勃发展，大量的高技术装备应用于战场，引起了作战样式和作战观念的变化。江泽民同志始终关注着战争的进展，并作了大量的调查研究，多次出席军队组织召开的海湾战争研讨会。他提出，要注意从海湾战争研究现代战争的特点，军队现代化建设要重视和依靠科技进步，大力发展国防科技。

1997～2001 年，在深入探索新形势下治军、军事斗争及国防建设的规律和特点的基础上，江泽民明确提出了国防军队现代化建设“三步走”的战略构想，即第一步打好基础，第二步加快发展，第三步实现目标。为此，我军采取了两大举措：一是在党的第十五次全国代表大会上，宣布了三年内裁军 50 万；二是对军队进行编制体制改革，使之逐步适应现代战争的要求。

2002～2003 年，江泽民洞察世界军事变革大势，在党的十六大报告中，明确提出了实行中国特色的军事变革，“努力完成机械化和信息化建设的双重历史任务，实现我军现代化的跨越式发展”的思想。

十几年来，以江泽民为核心的党的第三代领导集体，进一步加强了党对军队工作的领导，本着与时俱进和不断创新的精神，制定了我国新时期军事战略、军队建设和国防建设的方针原则。在实践上，全面推进了我国国防和军队现代化建设的发展进程；在理论上，极大地丰富了马克思主义军事思想宝库。

二、江泽民国防和军队建设思想的基本内容

江泽民国防和军队建设思想科学回答了新形势下建设一支什么样的军队和怎样建设军队的问题，内容丰富，思想深刻，特色鲜明，是一个完整的理论体系。其核心思想是：以毛泽东军事思想和邓小平新时期军队建设思想为指导，以打赢高技术局部战争为目标，以机械化建设和信息化建设为任务，以科技进步和改革创新为动力，坚持走跨越式发展道路，积极推进中国特色军事变革，全面建设一支强大的现代化、正规化革命军队。

（一）高举邓小平理论伟大旗帜，确立邓小平新时期军队建设思想在新时期军队建设中的指导地位

江泽民在十五大报告中指出：“中央建议十五大在党章中把邓小平理论确立为党的指导思想，明确规定：中国共产党以马克思列宁主义、毛泽东思想、邓小平理论作为自己的行动指南。这是我们党经过近二十年改革开放和社会主义现代化建设的成功实践做出的历史性决策。”邓小平新时期军队建设思想是毛泽东军事思想与新时期军队建设实际相结合的产物，是邓小平理论的重要组成部分，它反映了新时期军队建设的基本规律，是新的历史条件下军队建设和改革的根本依据和指导思想。要按照邓小平设计的军队建设蓝图，走有中国特色的精兵之路，全面提高战斗力，更好地履行维护国家安全和社会稳定的神圣使命。

（二）正确认识战争与和平问题，抓紧做好军事斗争准备

江泽民把对战争与和平关系的科学认识和对世界形势的正确判断，作为进行重大军事决策的重要依据，强调要用辩证的观点，从战略上正确认识和判断形势。两极对抗结束后，世界局势发生了巨大而深刻的变化，总的形势趋于缓和，求和平、求稳定、求发展已成为各

国人民的共同心愿。广大发展中国家的力量正在壮大，大国之间的关系正在进行深刻调整，一些区域性国际组织在国际事务中发挥着越来越重要的作用，多极化发展不可阻挡。世界大战在今后一个较长时期内可以避免，争取一个良好的国际环境和周边环境是可以实现的。但是，霸权主义和强权政治依然存在，领土、民族、宗教等矛盾错综复杂，局部战争和武装冲突时有发生，国际恐怖主义活动加剧，世界并不安宁。因此，在集中精力进行经济建设、加快发展的同时，必须保持高度警惕，坚决维护国家安全和国家利益。要从长计议，有计划、有步骤地推进国防和军队现代化建设，抓紧做好军事斗争准备，特别是要努力发展具有我军特色的作战思想，加快“撒手锏”武器装备和新装备形成战斗力的步伐，大力提高诸军兵种的联合作战能力，以有效地维护领土主权完整，实现祖国的完全统一。

（三）国防建设必须服从国家经济建设大局，形成国防建设与经济建设相互促进、协调发展的机制

江泽民强调，把经济建设搞上去和建立强大的国防是中国现代化建设的两大战略性任务。国防建设与经济建设的关系是指导新时期国防和军队建设必须正确处理和把握的重大关系之一。能否处理好这一关系，事关国家发展和安全的大局。国防和军队建设要紧密配合这个大局。必须在集中力量进行经济建设的同时，努力加强国防建设，使国防建设在国家财力增加的基础上不断有所发展。军队的现代化关系着国家主权和安全、民族尊严和人民的根本利益。必须建设一支强大的人民军队。如果国防和军队建设搞不上去，建设社会主义现代化强国的整个战略目标就不可能实现。随着经济的发展，国家要逐步加大国防和军队建设投入。军队要吃“皇粮”，决不能搞经营性生产活动，必须形成国防建设与经济建设相互促进、协调发展的机制。

（四）坚持党对军队绝对领导的根本原则，始终保持人民军队的性质、本色和作风

江泽民指出，人民军队能不能保持自己的性质，能不能使军队牢

牢地掌握在忠于党、忠于人民、忠于祖国、忠于社会主义的人手中，这是关系政权安危和社会主义事业成败的大问题。中国人民解放军是执行中国共产党的政治任务的武装集团，它的宗旨是全心全意为人民服务，无论过去推翻三座大山，还是搞社会主义革命和建设，都是为这个目的服务的。人民解放军要永远保持人民军队的性质，以中国共产党的宗旨为宗旨，继承和发扬老红军的好传统、好作风。保持人民军队的性质、本色和作风，最重要的就是要坚持党对军队的绝对领导。军队在任何时候、任何情况下，都要坚决听从党中央、中央军委的指挥，保证党在思想上、政治上、组织上牢牢掌握军队，保证枪杆子永远掌握在忠于党、忠于人民的人手中。

（五）贯彻积极防御的军事战略，用新时期军事战略方针统揽军队各项建设和一切工作

江泽民极为重视军事战略方针的指导作用，强调军事战略归根结底是治国之道。军事战略必须与整个国家的政治、经济、外交密切协调。实行积极防御的军事战略，不仅继承了人民解放军的传统，也符合现阶段中国的国情、军情，有利于在政治和外交上保持主动。同时，也应随着形势的发展变化赋予积极防御军事战略以新的内容。要根据国际战略环境和战争形态及作战样式的新变化，重点准备应付现代技术特别是高技术条件下的局部战争。人民解放军的各项建设和一切工作，包括军事训练、政治工作、后勤保障、装备工作和国防科研等，都要在新时期军事战略方针的指导和总揽下，立足于打赢现代技术特别是高技术条件下的局部战争，周密规划、全面部署和深入展开，为确保这一战略方针的实现做好各方面的充分准备。

（六）按照政治合格、军事过硬、作风优良、纪律严明、保障有力的总要求，全面加强军队革命化、现代化，正规化建设

江泽民指出，人民军队的革命化、现代化、正规化建设相互联系，相互促进，不能把它们割裂开来，对立起来，必须统一考虑，全面推进。革命化决定着军队现代化的性质和方向；同时也为军队现代化提供强大的精神动力，因而必须把革命化建设放在第一位。当前人民解放军面临的主要矛盾，是现代化水平与现代战争需要还不相适应。提高军队战斗力，主要任务是解决现代化问题。军队建设必须坚持以现代化为中心，军队的全部工作都要围绕现代化来展开。正规化是现代化建设的必然要求，从一定意义上讲，没有军队的正规化，就没有军队的现代化。要按照“政治合格、军事过硬、作风优良、纪律严明、保障有力”的总要求，加强军队的全面建设，使革命化、现代化、正规化建设的目标贯彻到军队各项工作中去，把人民解放军建设成为能够经得起任何风浪考验、无论在什么情况下都能完成自身使命与任务的威武之师、文明之师、正义之师。

（七）坚持把思想政治建设摆在全军各项建设的首位，确保军队在政治上永远合格

江泽民指出，思想政治建设是人民军队的根本性建设和特有优势。搞好军队的思想政治建设，是搞好军事训练、后勤保障以至整个军队现代化建设的重要基础。军队在任何时候都必须把思想政治建设摆在各项建设的首位，在纷繁复杂的国际环境和深刻的社会变革中，确保军队始终置于党的绝对领导之下，确保人民军队的性质永远不变。

（八）实施科技强军战略，推动军队建设由数量规模型向质量效能型、由人力密集型向科技密集型转变

江泽民指出，科技进步是经济和社会发展的重要动力，也是人民解放军现代化的重要动力。全军要坚定不移地贯彻科技强军战略，切实把军队战斗力的增长转到依靠科技进步上来。正确处理军队数量和质量的关系，对坚持走有中国特色的精兵之路至关重要。随着科学技术日新月异的进步，以及由此带来的世界军事变革的加速发展和武器系统效能的空前提高，加强军队质量建设愈来愈重要，愈来愈迫切。当前，我军处在机械化任务尚未完成，同时又要努力向信息化过渡的特殊阶段。必须把加强质量建设作为实现军队现代化的基本指导方针，努力实现跨越式发展，完成我军机械化和信息化建设的双重历史任务。

（九）高度重视人才培养，努力造就高素质的新型军事人才

江泽民指出，人才为政事之本，也是建军治军之本。没有一大批高素质的人才，就无法掌握新的武器装备，无法创造和运用新的战法，也就不可能赢得未来战争的胜利。军队现代化建设越发展，对高素质新型军事人才需求就越大。人才培养是长期任务，又是当务之急，必须坚持人才培养先行，宁肯让人才等装备，也不能让装备等人才。要适应军队现代化建设和未来战争需要，努力培养和造就一大批高素质的复合型指挥人才、智囊型参谋人才。

（十）坚持依法治军、从严治军，努力提高军队正规化水平

江泽民指出，提高军队的正规化水平，必须坚持依法治军。军队要适应国家民主法制建设的发展，自觉地贯彻依法治军的方针，把国防和军队建设纳入法制的轨道。必须抓紧军事立法工作，逐步建立适应社会主义市场经济发展要求、符合现代军事发展规律、能够体现人民军队性质和优良传统的军事法规体系，使军队的各项建设都有章可循、有法可依。

（十一）坚持和发展人民战争思想，大力加强国防后备力量建设

江泽民指出，紧紧依靠广大人民群众，历来是人民军队最深厚的力量源泉，无论武器装备如何发展，战争形态如何变化，人民战争都是克敌制胜的法宝。现代条件下的人民战争，与当年的土地革命战争、抗日战争、解放战争相比，形式和内容都会有所变化。人民战争的战略战术也要向前发展，好的传统要继续坚持，具体的打法要根据历史条件的变化不断创新。要在加强军队建设的同时，高度重视国防后备力量的建设，做到平时少养兵，战时多出兵。国防后备力量建设，要适应未来军事斗争的特点和发展社会主义市场经济的要求，注重提高质量，完善组织体制及相关的政策制度。预备役部队和民兵要保持适度规模，优化结构，提高快速动员能力和训练水平，真正做到召之即来，来之能战。要按照“平战结合、军民结合、寓军于民”的方针，

进一步调整和完善国防动员体制，提高国防动员能力。

（十二）在坚持优良传统的基础上大胆改革创新，不断增强军队建设的生机和活力

江泽民指出，改革是军队发展的强大动力。中国人民解放军在长期实践中形成和发展起来的优良传统，如坚持党的绝对领导，坚持全心全意为人民服务的宗旨，坚持团结统一，坚持严格的组织纪律，保持艰苦奋斗、实事求是、群众路线的作风等等，集中体现了人民军队的性质和本色，是巩固和提高战斗力的根本保证。在继承和发展这些优良传统和作风的基础上，必须根据新的历史条件大胆改革创新，这样军队才能始终保持旺盛的生机和活力。要按照“精兵、合成、高效”的原则，把人民解放军建设成为一支规模适度、结构合理、指挥灵便的现代化军队。军队的现代化建设和改革创新，必须面向世界，跟上世界军事变革和发展的潮流，积极借鉴各国军队特别是发达国家军队现代化建设的有益经验，有选择地引进先进的技术装备和管理方法。

江泽民国防和军队建设思想，在理论体系上与毛泽东军事思想、邓小平新时期军队建设思想一脉相承，是毛泽东军事思想、邓小平新时期军队建设思想同新的历史条件相结合的产物，极大地丰富和发展了马克思主义军事理论宝库。所阐述的一系列理论观点和方针原则，科学总结了新时期中国国防和军队建设的实践经验，深刻揭示了国际战略格局多极化、世界军事领域发生深刻变革、中国改革开放和发展社会主义市场经济新形势下中国国防和军队建设的特点和规律，是新形势下中国国防和军队建设的科学依据，对于加强和推进中国国防和军队现代化建设，做好军事斗争准备，具有重大的现实指导意义和深远的历史意义。

三、江泽民国防和军队建设思想的指导地位

江泽民国防和军队建设思想是江泽民根据国内国际形势的变化，经过深入调查研究适时提出的关于我国国防和军队建设的科学理论体

系，是继承和发展毛泽东军事思想及邓小平新时期军队建设思想的集中体现，同时也是以江泽民为核心的党的第三代领导集体将马克思主义军事理论的基本原理，同新形势下国防和军队建设的具体实践相结合的经验结晶和理论升华，对新形势下的中国军事具有重要的指导意义。

（一）江泽民国防和军队建设思想是对毛泽东军事思想和邓小平新时期军队建设思想的坚持、运用、丰富和发展

党的三代领导核心的军事思想是一脉相承的，但又各有不同的历史烙印。以江泽民为核心的第三代领导集体所面临的客观形势，与第一代、第二代领导集体所处的客观形势相比较，既有一致之处，又有变化之处，这就从客观上决定了江泽民国防和军队建设思想，既要坚持、运用毛泽东军事思想和邓小平新时期军队建设思想，又必须不断丰富和发展毛泽东军事思想和邓小平新时期军队建设思想。第一，江泽民强调必须以毛泽东军事思想和邓小平新时期军队建设思想为根本指导，必须按照邓小平关于新时期军队建设思想来加强军队建设。第二，江泽民系统地论述了毛泽东军事思想，特别是邓小平新时期军队建设思想的基本内容。第三，江泽民在论述国防和军队建设的任何问题时，都十分注重结合新形势、新情况、新问题，正确运用邓小平新时期军队建设思想的立场、观点和方法，从而使国防和军队建设不断地在继往开来中发展前进。第四，江泽民始终坚持解放思想、实事求是、与时俱进，根据变化了的新情况、新问题，提出具有鲜明指导意义的新概括、新观点，从而不断丰富和发展了毛泽东军事思想和邓小平新时期军队建设思想。譬如，他提出了军队要吃“皇粮”；军队要做到“五句话”的总要求；军队要坚持科技强军战略，实行“两个根本性转变”；军队要实行新时期军事战略方针，并以新时期军事战略方针指导和统揽全军各项建设和一切工作等等。

（二）江泽民国防和军队建设思想是江泽民“三个代表”重要思想在军事领域的集中体现

将“三个代表”重要思想贯彻和应用到当代中国的军事领域，其

理论表现就是江泽民国防和军队建设思想。学习和实践江泽民国防和军队建设思想，就是重在学习和实践“三个代表”重要思想。江泽民国防和军队建设思想的基本特征在于：一是胸怀大局，即从国际关系全局和国家发展大局来思考国防和军队建设问题，努力使中国军事紧紧跟上时代发展和世界军事变革的步伐。二是登高望远，即从国家安危和民族兴衰的高度看待国防和军队建设问题，以强烈的忧患意识和励精图治的精神状态去抓国防和军队建设。三是科学运筹，即善于在纷繁复杂的矛盾中抓住带全局性、战略性的问题，不失时机地做出科学决策和正确决断。四是开拓创新，即着眼于新的历史条件，坚持以毛泽东军事思想和邓小平新时期军队建设思想为指导，不断开拓前进、与时俱进。这些既是江泽民国防和军队建设思想的基本特征，也是“三个代表”重要思想在军事领域的集中体现和最高要求。新形势下军事领域的任何建设和改革，都需要“三个代表”的胸襟和魄力，都需要“三个代表”重要思想的指导

（三）江泽民国防和军队建设思想是对新形势下军队建设特点和规律的正确反映

纵观20世纪80年代末以来的客观形势，尽管时代主题、基本国情仍然保持基本稳定，但国际战略格局发生了深刻的变化，社会主义经济体制改革和对外开放的深度和广度也有很大发展，现代技术特别是高技术条件下的局部战争已成为现实的威胁。这种新形势对我们国家和军队建设，既带来机遇，也带来挑战。这些机遇和挑战互相影响、互相制约，使军队建设呈现许多新特点、新规律。江泽民国防和军队建设思想正是建立在这些特点规律之上的，是对这些特点规律的正确反映，是符合这些特点规律的正确的指导规律。如：国防和军队建设与时代主题相适应，与国际战略格局多极化发展趋势相适应的规律；国防和军队建设与社会主义初级阶段的基本国情相适应，与发展社会主义市场经济及对外开放相适应的规律；军队建设与相对和平的军事环境相适应，与准备打赢可能发生的现代技术特别是高技术条件下的局部战争相适应的规律，等等。按照这些规律，我们要继续深入贯彻

军队建设指导思想实行战略性转变的思想，在服从国家建设大局的前提下，国防和军队现代化建设要以新时期军事战略方针统揽全局，坚持走有中国特色的精兵之路，贯彻科技强军战略，努力实现“两个根本性转变”，真正把“政治合格，军事过硬，作风优良，纪律严明，保障有力”的总要求落到实处。

（四）江泽民国防和军队建设思想是指导国防和军队跨世纪发展的理论指南

江泽民国防和军队建设思想，不仅是对不断发展的客观形势下国防和军队建设特点规律的正确反映，丰富和深化了马克思主义军事理论，是对毛泽东军事思想、邓小平新时期军队建设思想的坚持、运用、丰富和发展，同时也是适应时代客观要求，指引国防和军队跨世纪发展的理论指南，为马克思主义的军事理论宝库增添了新的内容，做出了新的贡献。江泽民多次强调：“我们正处在新的世纪交替的重要历史时期，我们面对的是一个充满矛盾和激烈竞争的世界。”“我们党正在带领全国人民向21世纪迈进，实现中华民族振兴的伟大历史任务。我军面临着新的形势，部队建设的担子很重。”在新的形势下，我们能不能承受各种考验，以什么样的面貌展现于21世纪，这是军队的各级干部特别是高级干部，都要认真思考和对待的重大问题。

实践证明，十多年来，在以江泽民为核心的党中央、中央军委的领导下，在毛泽东军事思想、邓小平新时期军队建设思想、江泽民国防和军队建设思想的指导下，我国的国防和军队建设与时俱进，不断研究新情况，解决新问题，开拓新境界，实现新飞跃，经受了严峻考验，取得了长足进步。在新世纪，我军肩负着保卫国家安全、维护祖国统一和推进中国特色军事变革的艰巨任务，同时国防和军队的现代化建设也处在关键时期。因此，认真学习和实践江泽民同志“三个代表”重要思想及其国防和军队建设思想，具有重大意义。

第五节　胡锦涛国防和军队建设的重要论述

21世纪，中国的发展跨入了一个重要的战略机遇期。胡锦涛以政治家和战略家的远见卓识与战略智慧，着眼时代特点，立足维护国家安全和发展利益的大局，依据国际国内环境的发展变化和新世纪新阶段国防与军队建设的客观实际，提出了关于加强国防和军队建设的一系列重要论述。

一、胡锦涛国防和军队建设重要论述的科学含义和历史背景

（一）胡锦涛国防和军队建设重要论述的科学含义

胡锦涛国防和军队建设的重要论述，是新世纪新阶段用科学发展观统筹国防和军队现代化建设、打赢信息化战争的军事指导理论，是毛泽东军事思想、邓小平新时期军队建设思想和江泽民国防与军队建设思想的继承、丰富和发展，是科学发展观在国防和军事领域的展开和延伸，是当代中国马克思主义的创新军事理论。

（二）胡锦涛国防和军队建设重要论述的时代背景

1．世界多极化和经济全球化的趋势进一步凸显。国际形势呈现总体和平、缓和、稳定的基本态势，但我国周边安全环境存在诸多隐患，围绕海洋权益的斗争加剧，保护海外利益的任务将更加艰巨。

2．国家社会和经济发展形势总体良好，但影响国家安全和稳定的因素增多。表现在：台独等民族分裂势力猖獗，恐怖势力、宗教极端势力等邪恶势力联合不断进行破坏活动；人口、就业和“三农”等问题凸显；社会矛盾和犯罪问题增多等。

3．我国国防和军队建设面临时代性的挑战。由于我军所处环境和面临的任务发生了重大变化，国防和军队建设需要解决诸多具有时代性的课题。如何更好地有效维护国家主权统一和稳定；如何大力推进国防和军队现代化、信息化建设；如何抓住机遇、乘势而上，推动国防和军队建设迈上新的台阶。这些都给我国国防和军队现代化建设带来了时代性的挑战。

二、胡锦涛国防和军队建设重要论述的主要内容

（一）加强军队思想政治建设，强化部队战斗精神

1．军队要大力加强思想政治建设

（1）军队要始终坚持正确的政治方向。胡锦涛指出，思想政治建设是军队的根本性、基础性建设。要坚持把思想政治建设摆在全军各项建设的首位，始终不渝地坚持党对军队绝对领导的根本原则和制度。要在全军大力开展“八荣八耻”教育，引导官兵树立社会主义荣辱观，坚定理想、信念，树立正确的世界观、人生观和价值观，做到听党指挥、服务人民、英勇善战。

（2）增强思想政治工作的针对性和时效性。胡锦涛强调指出，要紧密联系部队建设的新形势和新特点，切实加强和改进思想政治工作。做到有的放矢地做工作，增强思想政治工作的针对性、实效性。要始终把革命化建设放在第一位，更加有力、更加扎实、更加富有成效地推进思想政治建设。

（3）积极创新和改进思想政治教育的内容、形式和手段。面对新世纪新阶段，部队官兵的思想出现了许多新情况新问题，思想政治教育的内容必须随之而变化。胡锦涛指出，要持久地开展以坚定理想信念和树立正确的世界观、人生观、价值观为核心的思想政治教育，使广大官兵始终保持政治上的坚定和思想道德上的纯洁，始终保持坚强的革命意志和旺盛的战斗精神。

2．加强军队各级党委的建设以及部队党的先进性建设

（1）要大力加强军队各级党组织的能力建设。胡锦涛要求军队各级党委和领导干部要准确理解和把握党的路线方针政策，准确理解和把握军委的决策指示、军事战略方针和各项战略原则，要在军队建设中全面贯彻落实科学发展观。要教育引导广大党员加强理论学习，加强实践锻炼，全面提高自身素质，积极投身中国特色军事变革，在推进军事斗争准备中当先锋做模范。

（2）要重视提高军队领导干部的综合素质。军队领导干部特别是高中级干部是建军治军的中坚力量。要突出抓好高中级干部的思想教育，使他们始终保持共产党人的先进性。要重视提高高中级干部的综合素质，进一步增强政治意识、大局意识和战略意识，积极探索信息化条件下和社会主义市场经济环境中治军带兵的特点规律，努力提高领导部队全面建设和驾驭信息化战争的能力。

（3）要转变领导作风，树立良好形象。胡锦涛还提出了转变领导作风和工作作风的“四个大力倡导”，即：“大力倡导求真务实、真抓实干，坚决反对做表面文章、搞所谓政绩工程；大力倡导讲真话、报实情，坚决反对说假话、报虚情；大力倡导用好的作风选人、选作风好的人，坚决反对用人上的不正之风；大力倡导严于律己、以身作则，依靠真理的力量、人格的力量，树立良好形象，为部队和基层做好表率。”

3．强化战斗精神，树立敢打必胜的信心

（1）强化战斗精神是对我军优良传统的继承和发扬。胡锦涛在2004 年 12 月的一次重要会议上强调：要在全军深入进行强化战斗精神、提高打赢能力的教育，真正搞清楚为什么要准备打仗、准备打什么样的仗、怎样准备打仗这个重大问题，引导广大官兵牢固树立敢打必胜的坚定信心。

（2）强化战斗精神是以劣胜优的要求。目前，我军武器装备的现代化水平有了很大改善和提高，但与西方主要发达国家还有很大差距。我军要坚持有什么装备打什么仗。立足现有装备，充分发挥人的主观能动性，把现有装备的潜力和效能最大限度地发挥出来。

（3）强化战斗精神是谋求战斗力优势的重要途径。人和武器是构成战斗力的两个基本要素，其中人是最活跃、最有决定意义的因素。人的思想觉悟、战斗意志、牺牲精神以及综合素质，直接决定着武器装备效能的发挥，影响着战争的胜负。因此我军要在努力改善和发展武器装备的同时，进一步强化战斗精神，保持我军在战斗力上的特有优势。

（二）认真履行使命，统筹军队全面建设，打赢信息化战争

1. 认真履行新世纪新阶段军队的历史使命

2004 年底，着眼于战略全局与我国所处环境，胡锦涛从维护国家的发展利益和安全利益出发，以战略家的远见卓识，确立了新世纪新阶段军队的历史使命："军队要为党巩固执政地位提供重要的力量保证，为维护国家发展的重要战略机遇期提供坚强的安全保障，为维护国家利益的拓展提供有力的战略支撑，为维护世界和平和促进共同发展发挥重要作用。"

"为党巩固执政地位提供重要的力量保证"，是党赋予我军的核心使命。坚持党对军队的绝对领导，是履行核心使命的根本保证，也是保证社会主义红色江山永不变色、实现人民群众根本利益的保证。

"为维护国家发展的重要战略机遇期提供坚强的安全保障"。把握战略机遇期，关键是要创造一个稳定可靠的安全环境。军队在维护战略机遇期方面必须发挥应有的作用。最重要的就是运用军事实力所产生的威慑作用，遏制或延缓战争的爆发，必要时以果敢的军事行动控制危机、以战止战。

"为维护国家利益的拓展提供有力的战略支撑"。维护国家利益，是军队的神圣职责，是军人行为的最高准则。国家把军队作为自己的生存之盾，军队把维护国家利益作为自己的崇高使命，反映了国家与军队不可分离的关系。

"为维护世界和平与促进共同发展发挥重要作用"。我国要实现和平发展，要维护国家安全和利益，要维护世界和平与促进共同发展，必须有强大的军事实力作后盾。

2．坚持“五个统筹”，实现国防和军队建设可持续发展

胡锦涛指出，坚持在国防和军队建设中贯彻落实科学发展观，就要坚持“五个统筹”，即“统筹中国特色军事变革与军事斗争准备，统筹机械化建设与信息化建设，统筹诸军兵种作战能力建设，统筹当前建设与长远发展，统筹主要战略方向与其他战略方向”。

（1）国防和军队建设必须统筹中国特色军事变革与军事斗争准备。推进中国特色军事变革与做好军事斗争准备是新世纪新阶段我军面临的两大战略任务。通过深化改革，实现军队建设的整体转型，建设一支能够打得赢未来信息化战争的强大的现代化正规化革命军队。

（2）国防和军队建设必须统筹机械化建设与信息化建设。机械化和信息化是军队现代化的两个不同的发展阶段。信息化是建立在机械化基础之上的，两者既有各自的规律性，又密切联系。我们必须从国情和军情的实际出发，正确处理好机械化和信息化的关系，努力完成机械化和信息化建设的双重历史任务，实现我军现代化的跨越式发展。

（3）国防和军队建设必须统筹诸军兵种作战能力建设。精干够用的诸军兵种作战力量，既是国家强大的象征，也是维护国家安全、捍卫国家利益、保卫国家稳定与发展的重要保证，同时还是我国维护和促进世界和平与发展的重要物质基础。

（4）国防和军队建设必须统筹当前建设与长远发展。实现国防和军队建设的可持续发展，就是要把国防和军队建设作为一个承前启后的发展过程，统筹当前建设与长远发展，既注重当前建设和做好眼前工作，又要着眼未来，谋求长远发展，避免时断时续或大起大落，以确保国防和军队建设与发展的连续性与持久性。

（5）国防和军队建设必须统筹主要战略方向与其他战略方向。战略指导者应善于从全局上把握战略形势的发展变化，加强形势评估，不断提高对战略形势发展变化的敏锐性和预见性。根据形势应适时调整各战略方向上的行动，防止和减少战略指导上的失误，确保在战争和军事斗争准备中始终保持主动地位。

3．加强军队全面建设，提高信息化作战能力

随着信息时代的到来，世界各国都在加快建设信息化军队的步伐。随着形势的发展变化，特别是我军要加强全面建设、提高信息化作战能力、打赢信息化战争，胡锦涛强调首先要解决的一个重要问题就是正确处理革命化、现代化和正规化的关系问题。

革命化是军队信息化建设的根本方向，现代化是军队信息化建设的本质要求，正规化是军队信息化建设的重要保证。按照革命化、现代化和正规化相统一的原则加强军队信息化建设，要紧紧围绕“打得赢、不变质”两大历史性课题，把革命化的根本方向、现代化的本质要求和正规化的保证作用有机统一起来，全面加强和协调推进军队各项工作，不断开创军队信息化建设的新局面。

4．加强军事训练，提高部队应对危机和处置突发事件的能力

（1）军事训练是重要的治军方式和管理方式。胡锦涛在视察部队时强调：“军事训练是军队和平时期最基本的实践活动，是战斗力生成的基本途径。”加强军事训练，不仅是军事斗争准备的重要实践，也是重要的治军方式和管理方式。

（2）提高部队应对危机和处置突发事件的能力。胡锦涛强调：“要紧贴部队的各项工作，全面提高部队应对危机和处置突发事件的能力。”军队要把国家主权和安全放在第一位，履行好维护国家主权、统一和稳定的神圣职责，为创造一个有利于全面建设小康社会，加快推进社会主义现代化建设的长期安全环境做出应有贡献，做好维护社会稳定的工作。

5．推进中国特色军事变革，加快军事创新

推进中国特色的军事变革，关键在于军事领域的创新，创新是军队进步和发展的灵魂。军事创新是军队实现持续发展的动力之源和必要条件。胡锦涛要求军队在当前应重点实施军事理论创新、军事组织体制创新、军事技术创新和军事管理创新。突出这四大创新，可谓抓住了军队建设的关键。

（1）创新军事理论。世界军事领域的竞争首先表现为军事理论创新能力的竞争，谁拥有卓越的军事理论创新能力，谁就能够把握军

事斗争的主动权。

（2）创新军事组织体制。军事组织体制是影响军队整体效能发挥的关键因素，军队的科学发展需要通过创新军事组织体制来奠定基础。因此，必须重视军事组织体制创新。

（3）创新军事技术。技术决定战术，军队的发展需要创新的军事技术作支撑。胡锦涛指出：“我们只有把科学技术真正置于优先发展的战略地位，真抓实干，急起直追，才能把握先机，赢得发展的主动权。”

（4）创新军事管理。军事管理是形成战斗力的关键环节，军事管理创新是提高战斗力、提高国防和军队建设质量效益的重要途径。胡锦涛指出，我们要努力适应军队现代化建设的新形势，更新管理观念，加强现代管理知识的学习，大力提高科学管理的能力。

（三）弘扬求真务实精神，坚持依法从严治军

1．进一步增强求真务实的自觉性

以胡锦涛为首的新的中央军委领导集体大力倡导求真务实之风，大抓依法从严治军。2004 年 1 月，胡锦涛指出：“求真务实，是辩证唯物主义和历史唯物主义一以贯之的科学精神，是我们党思想路线的核心内容，也是党的优良传统和共产党人应具备的政治品格。”求真，就是求部队建设规律之真；务实，就是务部队建设成效之实。

2．坚持以人为本，把工作重心放在基层建设上

坚持以人为本，是科学发展观的本质和核心。胡锦涛指出，坚持以人为本，在军队建设中，必须充分尊重官兵的主体地位和创造精神，切实维护官兵的权益，不断改善官兵的物质和文化生活条件。坚持以人为本，就必然要求以人才为本，必须重视军事人力资源开发。

3．坚持依法从严治军

胡锦涛强调，要适应军队现代化发展的要求，加强依法治军、从严治军，严格按国家的法律法规和军队的条令条例治理军队、管理部队，确保部队的高度稳定和集中统一，建立正规的战备、训练、工作和生活秩序。依法从严治军是提高军队建设效益的重要保证。胡锦涛

特别强调:“要把作风纪律作为从严治军的核心内容，加强部队的经常性教育和经常性管理，加强部队的作风培养，强化官兵的纪律意识，严肃政治纪律、军事纪律、组织纪律，确保党中央和中央军委政令军令畅通。”

（四）坚持国防建设与经济建设协调发展

1. 正确处理经济建设与国防建设的关系

胡锦涛指出:“坚持国防建设与经济建设协调发展，建设一支现代化、正规化的革命军队，确保国防安全，是执政党的一项重大战略任务。”2005 年 4 月 1 日，胡锦涛在一次会议的讲话中又强调:“坚持在国防和军队建设中贯彻落实科学发展观，首要问题是坚持国防建设与经济建设协调发展的方针。”我国是一个发展中国家，尚不富裕，经济技术比较落后，我军的现代化建设是在我国特殊国情环境中进行的。胡锦涛审时度势，提出了经济建设与国防建设两者兼顾、协调发展的思想。

2. 要把国防建设融入现代化建设全局之中

胡锦涛指出:“统筹好国防建设与经济建设的关系，是贯彻科学发展观的必然要求。我们要把推进国防和军队现代化建设作为推进社会主义现代化建设的一项重大战略任务抓紧抓实。要依托国家经济社会发展，把国防建设融入现代化建设全局之中，统筹国防资源与经济资源，进一步形成国防建设和经济建设相互促进、协调发展的良好局面。”把军队建设和军事斗争准备放在国家发展大局中来思考筹划，使军队建设、军事行动的筹划和部署符合国家工作大局的总体要求，使军队建设进程与国家现代化建设的发展进程相一致，军队建设与国家经济建设相协调，军事战略与国家经济发展战略相配套。

3. 要建设一支同我国安全和发展利益相适应的军事力量

21 世纪是“竞争和淘汰的世纪”。胡锦涛提出，要在国家经济发展的基础上，努力建设一支同我国安全和发展利益相适应的军事力量，确保全面建设小康社会目标的顺利实现。维护国家安全，保障国家发展利益，必须提高国家战略能力。这是胡锦涛提出的一个重要的战略思想。国家战略能力，既是指国家在非战争状态下，营造和形成有利的安全战略态势的能力，也是指国家在战争状态下，进行战争、赢得战争的能力，主要包括经济科技实力、国防实力和民族凝聚力。提高国家的战略能力，必须在加快发展经济的基础上，进一步增强国防实力。随着我国经济的发展，要在国家财力增加的基础上，逐步加大国防投入，确保军队担负起维护国家安全和发展利益的重大使命。

（五）大力培育当代革命军人核心价值观

胡锦涛提出，要围绕强化官兵精神支柱，大力培育“忠诚于党、热爱人民、报效国家、献身使命、崇尚荣誉”的当代革命军人核心价值观。

1．军人核心价值观对军人思想道德和行为方式起着主导作用

胡锦涛指出，我军作为一支无产阶级性质的新型人民军队，从创建之初就确立了体现我军性质和宗旨的革命军人核心价值观，这是我军战斗力的重要源泉，是我们必须十分珍视的政治优势。在新的历史条件下，坚持我军在长期实践中形成的革命军人核心价值观，并赋予新的时代内涵，着力培育当代革命军人核心价值观，这是建设社会主义核心价值体系的重要方面，是发展先进军事文化的现实需要，是履行新世纪新阶段我军历史使命的必然要求，必须作为思想政治建设的重要基础工程抓紧抓好，使我军听党指挥、服务人民、英勇善战的优良传统得到传承和发扬，为官兵全面发展和履行使命提供强大精神力量。

2．当代革命军人核心价值观

（1）忠诚于党，就是要自觉坚持党对军队的绝对领导，高举中国特色社会主义伟大旗帜，坚定中国特色社会主义理想信念，任何时候任何情况下都坚决听党指挥。

（2）热爱人民，就是要忠实践行全心全意为人民服务的根本宗旨，视人民利益高于一切、重于一切，永葆人民子弟兵政治本色，与人民群众心连心、同呼吸、共命运，为人民无私奉献。

（3）报效国家，就是要大力弘扬爱国主义精神，把个人的前途

命运与国家的前途命运紧密联系在一起，坚决捍卫国家主权、安全、领土完整和人民民主专政的国家政权，为建设富强民主文明和谐的社会主义现代化国家贡献力量。

（4）献身使命，就是要履行革命军人神圣职责，爱军精武，爱岗敬业，不怕牺牲，英勇善战，坚决履行好党和人民赋予的新世纪新阶段军队历史使命。

（5）崇尚荣誉，就是要自觉珍惜和维护国家、军队、军人的荣誉，视荣誉重于生命，自觉践行社会主义荣辱观，弘扬革命英雄主义和集体主义精神，提高素质、全面发展，争创一流、建功立业，贞守革命气节，严守军队纪律。

3．当代革命军人核心价值观的五个方面是相互联系的整体

胡锦涛指出，当代革命军人核心价值观的五个方面是相互联系的整体，是反映我军官兵与党、人民、国家、军队的关系以及我军官兵相互间关系最基本、最核心的价值观念，体现了我军优良传统、时代发展要求、官兵价值追求的统一，必须全面准确地理解和把握，并大力加以倡导和培育。要坚持不懈地用当代革命军人核心价值观引领官兵的思想和行为，引导官兵始终保持政治坚定和思想道德纯洁，真正做到打得赢、不变质。要把培育当代革命军人核心价值观融入部队建设的方方面面，抓好思想教育、舆论引导、文化熏陶、典型示范、实践养成、制度保障，使当代革命军人核心价值观为官兵普遍理解认同、自觉培养践行。

三、胡锦涛国防和军队建设重要论述的意义与作用

胡锦涛国防和军队建设的重要论述是胡锦涛关于国家建设思想的重要组成部分，是对毛泽东军事思想、邓小平新时期军队建设思想以及江泽民国防和军队建设思想在新历史条件下的创造性的运用和发展，是马克思主义军事理论中国化的最新成果，同时也是我国建设现

代化国防和现代化、信息化、正规化革命军队的科学指南。它继承和发展了我党前三代领导核心关于国防和军队建设的重要思想，是将马克思主义军事理论的基本原理，同新世纪新形势相结合的经验结晶和理论升华，对当前中国国防和军队建设具有重大的指导意义。

（一）胡锦涛国防和军队建设的重要论述是对毛泽东军事思想和邓小平新时期军队建设思想以及江泽民国防和军队建设思想的传承与创新

胡锦涛作为我党新一代领导集体中的核心，面对新世纪、新形势、新任务和新挑战，对前三代领导集体的军事思想进行了坚持与创新。结合发现的新问题、新情况，抓住新机遇，在坚持马克思主义思想指导下，不断丰富与发展毛泽东、邓小平以及江泽民关于中国军队建设和国防建设的思想，在当今复杂的国际形势和国内情况下，将军事思想发展到了一个崭新的阶段，是符合当前中国国情的、具有中国特色的、具有重要指导意义的新时代马克思主义军事理论。

胡锦涛国防和军队建设的重要论述与党的三代领导核心的军事思想一脉相承，继承了前三代领导集体关于国防与军队建设的核心精神，同时面对新的客观形势，又对其进行了发展与创新。在坚持、运用毛泽东军事思想、邓小平新时期军队建设思想和江泽民国防和军队建设思想的同时，又不断丰富和发展了他们的思想，使其符合当今中国所面临的新形势与新任务，能更好地指导新时期国防建设和军队建设，达到国防建设、军队建设和中国的大战略紧密结合，实现可持续发展。

（二）胡锦涛国防和军队建设的重要论述是对新形势下中国国防和军队建设的集中反映

胡锦涛国防和军队建设的重要论述是马克思主义和当今中国国防和军队建设实践相结合的产物。当今世界，我军所处环境和面临的任务发生了重大变化，国防和军队建设面临时代性的挑战。胡锦涛在着眼于新的历史条件情况下，坚持以毛泽东军事思想、邓小平新时期军队建设思想和江泽民国防和军队建设思想为指导，以高瞻远瞩的胸襟从国际形势全局和国家发展的大战略来谋划和进行国防和军队建设，使中国军事建设紧跟时代步伐，使国防和军队建设与当今世界政治经济格局相适应，与新时期中国基本国情相适应，与立足打赢信息化条件下的局部战争相适应，不断开拓前进、与时俱进。

新形势下，国防和军队建设需要解决诸多具有时代性的课题。在面临新机遇和新挑战的情况下，我国仍是以经济建设为中心，国防和军队建设都要在这个大背景下进行。我们在全力发展经济、全面建设小康社会的同时，还要紧跟国家大战略的方向，服从以经济建设为中心这个大局，同时积极学习、贯彻、落实科学发展观的思想，着力进行国防建设，建立一支现代化、正规化、信息化的革命军队，更好地履行党和人民赋予军队的神圣使命，实现当代革命军人核心价值观。我们要抓住机遇，乘势而上，推动国防和军队建设迈上新的台阶，推动中国特色的军事变革，以接受新时期的挑战、迎接世界新军事革命的挑战，立足打赢信息化条件下的局部战争，维护祖国的稳定、发展与繁荣。

（三）胡锦涛国防和军队建设的重要论述是新世纪中国国防和军队建设的科学指南

胡锦涛国防和军队建设的重要论述极大地发展了马克思主义军事理论，是在新世纪、新形势下对马列主义军事理论和毛泽东军事思想、邓小平新时期军队建设思想和江泽民国防和军队建设思想在新形势下的继承、发展与创新，它是我党领导集体在新形势下关于国防和军队建设实践经验的智慧结晶。因此，胡锦涛国防和军队建设的重要论述十分富有中国特色，具有科学的指导意义，是新世纪中国国防和军队建设的科学指南。

首先，胡锦涛国防和军队建设的重要论述揭示了新世纪中国国防和军队建设的基本规律。它不仅是对新世纪新形势下国防和军队建设特点规律的集中反映，同时也是适应新形势下国防和军队建设发展的理论指南，为马克思主义军事理论的创新发展做出了巨大贡献。

其次，胡锦涛国防和军队建设的重要论述符合中国的实际，具有重要的指导意义。胡锦涛高瞻远瞩，最大限度地发挥了我党领导集体的智慧，认真研究了新世纪新形势下的国际和国内情况，总结出了极具科学性的、具有鲜明中国特色社会主义的、具有极强的生命力的国防和军队建设重要论述。胡锦涛在坚持一般规律和原则的同时，密切联系我国我军所处的特殊的实际情况，紧跟我军建设的重点，为一系列国防和军队建设重大理论和实际问题指明了前进的方向。

最后，胡锦涛国防和军队建设的重要论述符合信息化时代的要求。胡锦涛在坚持建设中国特色社会主义的基础上，将中国国防和军队建设摆在一个十分重要的地位。胡锦涛在强调军队现代化建设的同时，提出要立足于打赢信息化条件下的局部战争。胡锦涛指出，要大力加强中国国防和军队建设的科技含量，按照军队现代化和信息化的时代客观要求，突出建设重点，自始至终以提高军队战斗力为基础，将我军建设成为一支能遂行多种任务的人民军队。因此，这就从理论和实践的两个层面奠定了胡锦涛国防和军队建设的重要论述是我军在信息化时代的指导思想的坚实根基。

复习题

1．军事思想发展的基本规律是什么？

2．毛泽东军事思想的主要内容有哪些？它的科学含义是什么？

3．邓小平新时期军队建设思想的基本内容是什么？它的科学含义是什么？

4．江泽民国防和军队建设思想的内容有哪些？

5．为什么要实行科技强军战略，走有中国特色的精兵之路？

6．新世纪新阶段，我军的历史使命是什么？

第三章 世界军事

【教学目标】

了解世界战略格局及其环境，正确认识和分析世界军事形势，关注我国周边安全环境，不断增强国家安全意识。

第一节 战略环境与国际战略格局

一、战略

战略，亦称军事战略，是筹划和指导军事斗争全局的方略。

战略的指导对象是军事斗争的全局。战略既指导军事斗争全局从发生、发展到结束的全过程，又关照其各个方面和各个部分间的关系。军事战略从全局上对不同方式的军事斗争进行统一筹划和指导，根据不同时期军事斗争的目的、任务和主客观条件，提出斗争的方针和方法，规定不同斗争方式的运用时机和原则，明确它们之间的主次地位和关系，充分发挥不同斗争方式的长处和优势，以获得最佳的整体效益。可见，战略既指导战时，也指导平时；既指导军事力量的使用，也指导军事力量的建设；既指导准备与实施战争，赢得战争的胜利，也指导遏制战争，维护和平。

军事战略是国家总体战略的重要组成部分，是国家总的方针、路线、政策在军事方面的具体表现，是国家关于军事斗争路线、方针、政策和策略，以及斗争原则的集中反映。军事战略应当判断国家安全面临威胁的性质和程度，确定战略上的主要对手和作战对象，提出军事斗争所要达到的总体目标和主要任务，规定战略上的重点方向、地区，确定准备与实施军事斗争的指导方针和基本原则，以确定斗争的主要手段、形式、协同、保障的主要方法等，并依此制定总体的行动计划和实施步骤。不同历史时期的战略有着不同的内容和特点，其决定因素主要有三个方面：一是战略思想，二是战略环境，三是军事力量。战略指导者基于对一定历史时期内上述情况的综合分析，提出军事斗争的基本对策和保障国家安全的基本方法，这就是这个时期军事战略的基本内容。

战略还可按不同的标准划分为不同的类型。按社会历史时期划分，有古代战略、近代战略、现代战略；按作战性质划分，有进攻战略和防御战略；按使用武器的类型划分，有常规战争战略和核战争战略；按军种划分，有陆军战略、海军战略和空军战略；按战争持续时间划分，有速决战略和持久战略等。

二、战略环境

战略环境是指影响国家安全或战争全局的客观情况和条件，主要包括国际和国内的政治、经济、军事、外交、科技、地理等方面综合形成的客观情况和条件。战略环境是制定战略的客观依据，正确认识和分析战略环境，是正确、及时地制定和调整战略的前提条件。

（一）国际战略环境

国际战略环境是一个时期内世界各主要国家在矛盾、斗争，或合作、共处中的全局状况和总体趋势，是国际政治、经济、军事形势的综合体现。国际战略环境关系到国家的生存与发展、安危与兴衰，影响到一个国家军事斗争的对象、性质、目标、敌友关系以及军事力量建设与运用的基本方向。对于一个国家的战略指导者来说，国际战略环境最值得关注的有：

第一，时代特征。正确认识时代特征，有利于从宏观上把握当代世界的主要矛盾和总的发展方向，从而对国际战略环境做出正确判断，避免重大的战略指导失误。

第二，国际战略格局。对国际战略格局的分析，有助于从总体上了解世界各主要国家在世界全局中的地位及战略利益方面的矛盾和需求，有助于对国际形势及发展趋向做出基本的估计。

第三，主要国家的战略动向。一些实力较强的世界性或地区性大国对地区乃至世界的安全与稳定具有重大的影响，对其他国家的战略也有不同程度的影响。了解它们的战略动向，有助于从世界各国特别是大国之间关系上具体研究国际战略环境，进而对国际形势做出正确判断。

第四，当代世界战争与和平的发展趋势。对于一个国家的主权和安全来说，来自外部的战争威胁是最严重的威胁。因此，当代世界战争与和平的趋势最引人注目，也是世界各国研究和制定军事战略时关注的中心。

第五，是周边安全形势。其中最值得关注的是周边国家与本国的利益矛盾。

（二）国内战略环境

国内战略环境主要包括国家的政治、经济、军事、地理等方面的基本状况。研究国内战略环境应着重把握以下因素：

第一，地理环境。地理环境主要包括国家（战区）的地理位置、幅员、人口、资源、地形、气候，以及行政区划、交通、要地等状况。军队的集结、机动、作战、后勤补给等一切军事活动都离不开一定的地理空间，都要受到地理环境的影响和制约，它不仅是制定战略的客观依据，也是影响战争胜负的重要因素。

第二，政治环境。对战略影响最大的是国家的政治法律制度、基本国策和政治安全形势。其中，国家的政治法律制度和基本国策是国内政治环境的本质和核心，对军事斗争全局的筹划、指导具有决定性的影响。在国内政治安全形势中，敌对势力分裂、颠覆国家以及发生武装冲突或国内战争的情况，是直接影响国家统一和稳定的国内因素，是筹划、指导军事斗争所必须关注的重要问题。

第三，综合国力状况。综合国力是一个国家全部物质力量和精神力量的总和，是军事斗争特别是战争的物质基础。一切军事斗争和军事活动，归根到底都要依靠综合国力，并受其制约。

三、国际战略格局

国际战略格局是一定时期内国际关系中起主导作用的力量之间的相对关系和结构形式。当前，国际战略格局总的趋势正朝着多极化方向发展，未来的国际战略格局中起主导作用的可能是美国、欧盟、俄罗斯、日本、中国这五大力量中心或五极。从建立新的国际秩序的角度讲，又叫多极化。

（一）美国欲建立“一超独霸”的单极世界

美国是自苏联解体后世界上唯一的超级大国，综合国力居世界各国之首，是各极力量中最强大的一极。

首先，美国拥有一支全球进攻性的军事力量。美军具有很强的远程精确打击、隐形攻击、电子战、联合作战和综合保障能力，其海军能够控制世界各大洋和海峡咽喉要道，空军能够到达全球并实施全球攻击，陆军能够在世界各地区作战，后勤力量能够有效保障美军在海外的作战行动。同时，美军拥有世界上最强大的三位一体的核进攻力量。

其次，美国依仗其经济、科技实力和超强的军事力量，企图建立起以美国为首的单极世界，充当世界领袖。其战略构想是：以美洲大陆为依托，以北约和美日军事同盟为两大战略支柱，控制太平洋、大西洋和欧、亚两大陆并进行全球性战略扩张，并遏制新的全球性竞争对手的出现，当前主要是针对俄、中两国，以长期保持其唯一超级大国的地位。但是，美国凭借它的优势并不能顺利实现“一超独霸”。其原因在于：

第一，世界上的绝大多数国家都不赞成建立以“美国为轴心的世界格局”。

第二，美国国内面临众多的社会问题和经济问题，不具备“领导”世界的能力。

第三，欧洲、日本等地区和国家的发展，俄国普京政府欲重振大国雄风，中国的和平崛起都对美国形成制约。

第四，当今世界许多尖锐矛盾和复杂问题更加突出，无论美国如何强大、富有，都不可能包揽和解决所有问题。

第五，2003 年爆发的美伊战争，使美国重蹈“越战”覆辙，并成为其单边主义失败的开始。奥巴马政府宣布 2011 年底从伊拉克撤军就是证明。

第六，美国在美伊战争中“虐囚”，使得美国“人权卫士”的形象大打折扣，而一个道德缺失的国家是没有资格担当世界领袖的。

因此，“一超独霸”的局面必然要为多极化的政治格局所取代。但是美国依仗其超强的综合国力，对多极化的发展进程构成了巨大阻力，国际战略格局多极化进程将是长期的、曲折的、复杂的。

（二）欧盟力量日益增长

欧盟是当今世界上规模最大、一体化程度最高的地区经济集团，其具有雄厚的经济、科技和军事实力，整体经济实力已经超过美国。两极对抗时期，欧洲是美苏争霸的主战场，欧盟依附于美国。两极对抗结束后，欧盟国家对美国产生了离心力，使美国的盟主地位受到冲击。欧盟正在设法排除各国在政治、外交、防务等问题上的分歧，共同谋求使欧洲真正成为未来多极世界中强有力的一极，争取与美国平起平坐的地位。美国与欧盟之间的关系，正在由过去的盟主与盟友关系，逐步转变为平等的伙伴关系。

（三）俄罗斯力保大国地位

苏联解体后，俄罗斯的实力和国际影响力大大受到削弱，但是，从总体上看，俄罗斯仍然具有较强的综合国力，尤其在军事力量方面。俄罗斯幅员辽阔，自然资源极其丰富，物质技术基础雄厚，科技实力较强，在航空、航天、核能、生物工程和新材料等领域居世界先进水平之列，具有巨大的发展潜力。

虽然俄罗斯的综合国力受到削弱，但其军事力量仍能有效支撑其大国地位。俄军仍然是目前世界上唯一能与美军抗衡的军事力量。目前，俄罗斯已改变了苏联解体之初一头倒向西方的政策，力求在世界和地区事务中发挥其大国的影响力。从发展上看，俄罗斯仍有重新崛起的可能，成为国际战略格局中有重大影响的角色。

（四）日本加快走向政治和军事大国的步伐

日本是世界上仅次于美国的第二经济大国，其人均国民收入已超过美国，外汇储备居世界首位。日本拥有高度发达的工业，科技实力雄厚，在机器人、半导体元件、光纤通信等方面的科研水平居世界前列。

日本军事力量较强，武器装备先进，军费开支居世界第二。日本航空自卫队具备较强的远洋上空对敌拦截和攻击能力，海上自卫队有亚洲第一的海上打击、护航反潜、扫雷布雷等作战能力。日本坚持日美军事同盟，不断拓宽“专守防卫”军事战略的内涵，以突破和平宪法的限制向海外派遣军事力量，并将其防卫范围扩大到整个亚太地区。

随着经济和科技实力的增强，日本已不满足于经济大国的地位，提出了以经济力量为后盾，以强大的军事力量为依托，以自主外交为手段，逐步发展成为世界性政治大国的战略目标。日本要求成为联合国安理会常任理事国，力争在国际政治舞台上拥有不次于其他大国的发言权，成为在未来国际战略格局中“支撑国际秩序的一极”。

（五）中国在国际事务中将发挥越来越大的作用

中国是社会主义国家，也是世界最大的发展中国家。中国不与任何国家结盟，不干涉别国的内部事务，坚决维护自己的独立和主权，同时也尊重别国的独立和主权。中国坚持以和平共处五项原则去构建和谐的世界，一贯反对以大欺小、以强凌弱和以富压贫的强权政治，致力于建立公正合理的国际新秩序，是反对霸权主义和维护世界和平的重要力量。中国作为独立自主和正在和平崛起的大国，坚持走具有自己特色的现代化发展道路，这是中国作为多极化世界中独立一极的政治分量所在。

中国已拥有一支数量可观、实力较为雄厚的科技队伍和较为齐全的科研设施，在一些重要的科技领域已接近或达到世界先进水平。中国的国防实力日益增强，能够独立研制各种型号的主战兵器，而且成为世界上少数几个掌握自行设计和制造原子弹、氢弹、运载火箭、卫星、载人航天器等技术的国家之一。随着科教兴国战略的实施，中国的综合国力将日益强盛，成为世界上维护和平、反对霸权主义的一支重要力量。

（六）其他国家和国家集团的实力也在增长

目前，世界上有一些国家和地区集团，如印度、巴西、墨西哥和东盟等，其经济的迅速发展带动了综合国力和地区实力的明显增强，在全球地区事务中的地位和作用日益提高。多极化趋势的发展，增强了广大发展中国家和中小国家参与国际事务的权利，削弱了超级大国控制和左右国际局势的能力，有利于世界的和平与稳定。在新旧格局的长期复杂、曲折的转换过程中，各种力量将呈现出既相互竞争又相互依存，既相互制约又相互借重，既充满斗争又协调合作的多极互动局面。

第二节　当前世界军事形势的特点及发展趋势

苏联解体后，特别是2000年以来，世界各种力量以及国际关系发生了重大变化。美国主导的单边主义导致国际形势趋向紧张，一些热点地区不断升温，比如中亚、中东地区等，美国政府以反恐为名，不顾全世界绝大多数国家的反对，悍然发动了对阿富汗、伊拉克的侵略战争；以色列政府坚持“单边行动”计划和“定点清除”政策，对巴勒斯坦人民的反抗进行镇压。这些都导致中亚、中东这两个世界上的战略“风向标”在继续流血。显然，霸权主义和强权政治势头在增强，干涉主义更加盛行，局部战争和武装冲突不断发生，多极化格局遇到美国“先发制人”战略的严峻挑战。

一、“和平、发展、合作”是当今时代的主题

世界要和平，国家要发展，社会要进步，是全世界各国人民共同的愿望，这是决定和平与发展是当今世界主题的决定性因素。

目前，经济全球化的步伐加快，国际间交流与合作增强，全球性的科技革命正在极大地改变着人类社会的面貌和世界历史发展进程，人类越来越紧密地联系在一起，经济发展呈现出广阔的前景，世界需要的是国与国之间的平等互利、多赢共存的和平环境。

然而，和平与发展的大环境也面临着一系列严峻的挑战，主要是霸权主义和强权政治有了新的发展。某些大国企图把本国的发展模式、社会制度和价值观强加于人的做法并没有消失，甚至有愈演愈烈之势。北约侵略南联盟的战争、美国对阿富汗的战争、美国对伊拉克的战争，以及美国对叙利亚、伊朗和朝鲜的威胁都充分地说明了这一点。同时，国与国之间平等互利、相互尊重还没有完全实现，尤其是南北问题更加突出，发达国家利用不公正、不合理的国际经济旧秩序和经济全球化趋势中的主导地位侵害发展中国家利益的现象还很普遍。经济全球化的发展虽然加快，但并不是所有的国家地区都能从中受益，特别是一些中小发展中国家逐渐处于边缘化状态，导致当今世界贫富之间的差距越来越大。据世界银行的最新统计，世界上的富裕国家和穷国的差距在进一步加大。国际上军事力量的对比失衡加剧，恐怖主义、极端主义等非传统安全威胁增多，并已成为影响世界和平与发展的一大公害。应该看到，局部地区的不安定因素依然存在。

二、局部战争成为当今世界主要战争形态

战争按其规模大小和涉及的国家与领域，可以概略地分为世界性战争和局部战争或地区性武装冲突两种不同形态。

第二次世界大战结束后的半个多世纪中，世界性战争虽曾几次向人类逼近，但却始终未能爆发。但是，战后局部战争和地区性武装冲突却从没有停歇过，此起彼伏，连绵不断，波及世界许多国家和地区。这使得战后的世界形势呈现出大战不打、局部战乱不断的局面。据统计，自第二次世界大战结束以来，局部战争和地区性武装冲突约 200 余起。尽管 20 世纪 80 年代的两伊战争和 90 年代的海湾战争、科索沃战争以及新世纪的阿富汗战争、伊拉克战争，在动用兵力、使用武器等方面都颇具规模，但并未呈现导致世界大战的可能。

以上情况表明，世界性战争的威胁程度有所下降，已从对世界和平和各国安全的现实威胁逐步演变为潜在的威胁；而局部战争和地区性武装冲突此起彼伏，并已经演变为当今世界的主要战争形态。出现这种变化并不是偶然的，而是由世界经济、政治和军事等多方面的因素决定的。

从经济上看，经济全球化进程日益发展，各国经济利益相互渗透和相互依赖的程度大大增加，对世界战争的爆发有一定的制约作用；国家垄断资本主义有了较大发展，资本主义国家对经济危机的干预和调节能力有所增强，为转嫁危机而发动战争的可能性减少。但少数霸权主义国家围绕经济利益展开的争夺，使得局部战争和地区性武装冲突不断发生。

从政治上看，世界各国的多种政治力量均在发展，战略格局中多极化因素对超级大国左右世界的能力起到一定的制约作用。美苏两极军事对抗的消失，又进一步减少了世界性战争爆发的可能性。但是，一些国家之间的利益冲突，以及民族、宗教、边界方面的矛盾此起彼伏，特别是苏联解体后，世界军事力量失衡，一些地区新的不稳定、不确定因素增长，导致局部战争和地区性武装冲突不断发生。

从军事上看，首先，两极对抗消失减少了世界性战争，特别是核大战爆发的可能性。其次，高技术在武器装备中的应用，使局部战争和地区性武装冲突增大了发生的可能性。高技术在武器中的应用，不仅使战争的规模有可能控制，战争持续的时间有可能缩短，而且拥有现代化技术和武器装备的一方有可能在战争中所“得”大于所“失”。再加上核武器的“小型化”、“精确化”，将使有限度地使用核武器的“有限核战争”爆发的可能性增加。目前，随着核技术的不断发展，中子弹、冲击波弹相继问世，电磁脉冲弹正在研制中，这种核武器的附带杀伤效果将逐渐减少“有限核战争”升级为核大战的危险。

另外，有些国家大力加强军事力量建设，不断更新武器装备，增加了这些国家在内外矛盾激化后不惜采用武装冲突和局部战争的手段来解决争端的可能性。一些国家利用其丰富的资源和发展生产积累的大量资金，购买武器装备，加强军事力量建设。中东一些石油输出国，如利比亚、沙特阿拉伯、伊朗等尤其如此。

三、高技术向军事领域发展

高技术一般是指在某一历史阶段对人类社会的政治、经济、军事等方面的发展产生重大影响的技术。军事高技术与高技术具有共同的特征，但又具有自身的特点。一般而言，军事高技术是建立在现代科学成就基础之上，处于当代科学前沿，对武器装备发展起到巨大推动作用的那部分高技术的总称。当今世界公认的高技术包括：军事信息技术、生物技术、新材料技术、新能源技术、航空与航天技术、海洋开发技术、通信技术、微电子技术、自动化技术和激光与红外线技术等。近年来，这些新技术正在军事领域被广泛运用。

（一）利用科技新成果，加速军事技术装备现代化

在新的科学技术蓬勃发展的今天，军事技术装备领域出现了四个方面的变化：

第一，注重新科学技术的综合运用，而不局限于某一项新科技成

果的采用，把多种新科技有机地结合起来，综合应用于军事装备，包括有关的辅助器材和设备。

第二，力求超前研究，几代武器交叉发展。往往这一代武器开始装备，下一代已处于研发阶段，第三代亦已开始起步。因此，武器装备更新换代的周期大大缩短。

第三，注重发挥军事理论和作战思想对武器装备研制的引导作用。

第四，技术装备的发展与战争理论和作战思想的研究、编制装备的试验、作战条令的制定，以及军事训练、后勤保障、工程建设同步进行，呈现出诸多领域统一领导、同步发展的趋势。

（二）开发新技术，争夺新的军事“制高点”

新的科技革命为新的军事技术革命提供了可能条件。各国军队十分重视高技术群的开发与应用，20 世纪 80 年代以来，一场新的、激烈的军事科技竞争悄然展开。其表现为：

第一，争夺外层空间。20 世纪 80 年代以来，美、苏、西欧、日本等发达国家和地区相继提出开发外层空间的具体计划和设想，都想在太空占有优势地位。美国率先提出“星球大战”计划，西欧以法国为首紧紧跟上，1986 年苏共二十七大曾明确提出把科学技术作为实现加速发展战略的主要杠杆，日本则制定了《人类新领域研究计划》和《人与地球科学计划》。从此，太空成为各国角逐的新战场。

第二，努力使核武器朝着高精度、小型化的方向发展。各有核国家十分注重加强核武器条件下的生存能力和突防能力。科学界做过一个统计，在过去 20 年中，前苏联导弹的命中精度提高了 9 倍，美国提高了 4 倍。据俄罗斯官方于 2003 年 3 月公布的材料显示，其最新制造的武器可以轻而易举地突破美国花费大量金钱精心构筑的导弹防御系统，且价格低廉，堪称人类武器史上的一次革命。

第三，常规兵器走向超新现代化。微电子技术的广泛运用，使许多新兴常规兵器急剧发展起来。美军正在研制和发展的“蒂尔”系列无人侦察机，飞行高度达 2 万米以上，续航时间 60 小时以上，有很强的隐身能力，能深入到敌方遂行侦察任务。机载红外摄像机、红外凝视焦平面阵列相机和合成孔径雷达，可透过云层不断地拍摄地面图像，分辨率高达几厘米，监视范围达140万平方千米。目前，美国一个营的兵力可控制的面积，比第二次世界大战末期增加了20倍。如今进行海战，敌对双方可以在相距几十海里到200海里的距离发射“超视距”导弹，空战也可以在相距100～200千米的空中发射远程空对空导弹。海湾战争中，光电子技术的应用，使白天与夜间作战在能见度上的差别几近消失。

（三）高技术武器的应用，导致作战方式的改变

20世纪90年代的高技术局部战争表明，随着高性能飞机和直升机、弹道导弹和各种精确制导武器、军用航天器，以及各种电子信息系统大量装备部队，作战方式发生了根本性的变化，全球性空中机动作战、远程精确打击作战、导弹攻防作战、非线式作战、不对称作战、信息战、陆海空天诸军兵种联合作战等新的作战方式相继出现。可以断言，随着高技术装备的不断发展，现有的作战方式、方法将继续发生变化。未来如果无人作战飞机和机器人大量装备部队，无人化作战将成为一种新的战争方式，天体作战平台的部署将使发生在太空的“天战”不可避免地成为未来一种重要的作战方式。

四、调整中的各国军事战略

面对世界格局向多极化转变以及并不安宁的世界，各国在调整各自政治、经济和外交战略的同时，也在对军事战略进行修订，力图使本国在21世纪的挑战中处于更加有利的地位。

美国继1992年、1995年、1997年分别提出“地区防务”战略、“灵活与选择参与”战略和“塑造——反应——准备”三位一体的战略之后，又于2002年6月推出了“先发制人”的新军事战略；自1996年起，俄罗斯以“现实遏制”战略取代“积极防御”战略；日本则将其战略调整为“主动先制”的新“专守防卫”军事战略，并对其战略

目标、战略思想和战略计划等都作了重大调整，以实现其政治大国的目的；北约国家推行的是“东扩”的“新联盟”战略；印度在巩固地区主导地位的同时开始“东进”、“西出”和“南下”，为其跻身大国行列服务。调整后的各国军事战略尽管名称各异，但却具有许多相同之处。

（一）由重点应付世界大战转向重点应付局部战争

冷战结束以后，世界各主要国家和国家集团的战略家，在对国家军事和安全状况及其趋势进行系统分析、判断后，一致认为，在当前及今后一段时间里，世界安全的主要威胁是局部战争和地区武装冲突。

美国认为，近期美国面临的威胁主要是地区冲突与恐怖主义行为、先进军事技术扩散、跨国犯罪和“不对称”袭击。为此，美国制定军事战略目标：一是“促进和平与稳定”，就是保持任何利益地区的和平与稳定，并确保其不被敌视美国的力量所控制；二是“挫败敌手”，就是发生武装冲突的情况下，使用一切适当手段投入决定性兵力，促使冲突在对美国有利的情况下结束。而“先发制人”战略则是实现其目标的手段。

俄罗斯的战略是积极调整与西方关系，继续奉行“现实遏制”战略，即以遏制北约向东扩张为长期目标，以遏制地区性冲突为重点，有效地遏制外国的袭击和入侵。但其遏制北约东扩的努力没有奏效，2004年春，包括原苏联北方三个加盟共和国在内的波罗的海三国立陶宛、拉脱维亚和爱沙尼亚等7国加入北约，从而突破了叶利钦时代划定的北约东扩的红线，而乌克兰和2008年与俄发生战争的格鲁吉亚都曾一度要加入北约，这些都使俄罗斯的安全受到威胁。

日本逐步推行外向型战略，新“专守防御”战略强调，现在的日本防卫对象转向“多元化”，防卫范围由“小范围”转向“大范围”，已由远东扩大至整个亚太地区；以所谓“周边紧急事态”为重点，逐步向全球扩展；以日美安保体制为基础，逐步增强日本的地位和作用，并制定了所谓“有事法案”。

（二）加强高技术常规战争研究

核武器以其威力大、破坏性大、杀伤力强而著称。但由于其使用风险太大，在第二次世界大战结束后的半个多世纪中从未使用过，一直扮演着战略威慑的角色。因此，在作战范围小、持续时间短、参战兵力比较少的局部战争和武装冲突中，大规模使用核武器的可能性就变得更小了。而另一方面，随着军事科学技术的飞速发展，以微电子技术为核心的技术革命成果广泛应用于军事领域，传统的常规武器如虎添翼，作战效能成倍增长，改变了作战的组织指挥方式、方法和战争形态。于是，各国在发展民用科技和经济的同时，都将国防科技摆到非常重要的位置，并且有计划、有比例地增加了军费的投入，加强了高技术常规战争研究。

（三）加强军队质量建设

当前，世界各国都极为重视军队质量建设，并且提出了量少、质高、合理、足够的精兵原则。

1．制定军队质量建设规划

俄军提出了 2005 年前军队建设构想，要将俄军建成一支精干高效、装备精良、纪律严明、高度职业化的现代化军队。美军要求将其军队建设成为世界上装备最精良、训练最有素、准备最充分的军事力量，以确保在 21 世纪的“压倒性优势”。其他各国也都相继制定了 21 世纪前 5 年、10 年、15 年的军队建设计划。

2．保持精干的现役部队

各国都在努力减少兵员，主要是精简非作战部队。美、法、德、日等国对各自的军队员额都进行了精简。例如俄罗斯，2005 年裁减武装力量 36.5 万人，并将四大军种变为三大军种，文职也裁减了 13 万人。同时，各国军队还进行了体制编制的调整，优化了组织指挥体制。

3．建立快速反应部队

为了应付各种突发事件，许多国家相继建立了快速反应部队。美军专门成立了“应急部队司令部”，兵力达 30 多万人，其中第 18 空降军为其核心部队，可以在30天内向7500海里以外的地区部署足够的军事力量。

4．加强预备役部队建设

近些年来，预备役部队建设普遍受到重视。各国在大量裁军的同时，均保持适当数量的预备役部队，并积极采取措施，改善装备，严格训练，提高快速动员能力。

（四）由重视发展常规兵器转向高技术兵器

1．各国纷纷制定军事科技和武器装备发展规划

美军目前的军事科技支出占全球该项总额的60%，其装备研制和采购费用还在逐年增加。以2000年为例，其装备研制和采购费用达到873亿美元，其中研制费343亿美元，采购费用为530亿美元。日本也制定了5年装备发展计划，预计费用达600亿美元。

2．陆军装备实现数字化

美军至2010年，其所有地面部队实现数字化。法国陆军装备了“地平线”系统，可以全天候搜索装甲车、飞机、舰船等机动目标，使战场监视作用距离达到200千米。

（五）由陆地争夺转向海空及太空争夺

军事海洋科技和太空科技已成为现代高科技的重要领域。21世纪将是人类开发利用和争夺海洋、太空的时代。为此，各国纷纷采取了相应措施。

1．实现海军装备现代化

两极对抗结束后，世界各国非常重视海军建设，大量研制各种先进的舰艇。据统计，从1994～2000年，世界各国建造各种舰艇200～250艘，其中亚洲国家占了半数。

2．航空母舰数量增加

美军现有大型航母11艘，全部为核动力航母。印度不仅从俄国购进了“戈尔什科夫将军”号航空母舰，而且还引进法国技术，自行生产航空母舰，其本国自行生产的第一艘航母已于1997年服役，并计划

再生产 4 艘。泰国从西班牙购进的轻型航空母舰已于 1997 年服役。值得注意的是，日本建造的准航空母舰已经下水，这是日本军国主义复活的标志。对此，饱受其侵略之苦的中国和亚洲人民必须保持高度的警惕。

3．太空将成为新的战场

航天技术的发展，使广阔的外层空间成为各军事强国争夺的新的领域，外层空间已成为继陆地、海洋和空中之后的第四维战场。时至今日，全世界发射各种航天器 5000 多个，其中，70%是为军事目的服务的。美国不仅积极研制和利用各种先进的航天飞机、航天飞船、太空站、应用卫星为军事服务，而且还积极研发新型的太空武器系统，如反卫星的卫星、空天战斗机、太空武器平台等，并进行以高能激光攻击导弹、卫星的试验。事实表明，太空已成为新的角逐战场，今后的争夺将更加激烈。

第三节　中国周边军事环境

周边军事安全环境是指国家周边有无危险和受到威胁的情况及条件，是一个国家对其周边国家或集团在一定时期内对自己国家的主权、领土完整是否构成威胁，有无军事入侵、渗透颠覆等情况的综合分析和评估。它是关系国家和民族兴衰存亡的大事，是制定国防战略的首要依据。

一、中国周边和海洋国土情况

（一）中国周边情况

我国地处亚洲东方，陆地边界线总长 2.5 万余千米。我国陆地与 15 个国家接壤，与 8 个国家的大陆架或 200 海里专属经济区相连接，还与美国等许多国家隔海（洋）相望。我国既是一个陆地型大国，也是一个海洋型大国，陆地国土面积为960万平方千米，海洋国土面积300余万平方千米。我国的海疆线长达近3.2万千米，其中海岸线总长约1.8万千米。陆海相连，我国国土总面积达1260多万平方千米，疆域辽阔，美丽富饶。

近代中国积贫积弱，腐败的清政府先后与帝国主义列强签订了500 多个不平等条约，割地赔款，丧权辱国。由于外敌入侵，中国边界至今仍遗留许多历史问题，陆地疆界尚有2600千米没有最后划定，隶属中国的海洋国土还有100余万平方千米存在重大争议。岛屿被侵占，海域被分割，资源遭掠夺的严酷事实依然摆在我们面前。近年来，亚太地区的一些国家在大力发展经济的同时，纷纷制定国防发展新战略，国防拨款明显增加，武装力量悄然崛起，有的已向世界军事强国迈进。这些都必然会对中国的安全产生重大影响。

（二）中国海洋国土情况

我国濒临黄海、东海、南海，不仅拥有内海渤海，而且拥有漫长的海岸和6500多个岛屿。根据联合国《海洋法公约》，应划归中国管辖的海洋国土，除内海、领海、毗连区外，还包括大陆架和经济专属区，共计300余万平方千米。辽阔的海洋国土蕴藏着丰富的渔业资源、油气矿产资源和海洋能源。世世代代以来，中国人民虽然具有强烈的国土意识，但对海洋和海洋权益却缺乏应有的关注。我国对南沙群岛有无可争议的主权，但目前，我国南沙群岛的大部分岛屿仍被一些国家非法侵占。

科学家曾预言，21世纪将是海洋世纪。在海洋经济时代，谁拥有海洋，谁就能在海洋开发中占有优势，谁就能在世界上获取更多的利益和更大的生存权力。因此，随着科技的发展，争夺海洋国土和海洋权益的斗争将会日趋激烈，越来越多的国家早已将目光投向海洋。海洋争夺和军事斗争已向我们提出了严峻挑战。

我国是社会主义国家，我国不要别人的一寸土地、一滴海水，但也决不能让他人侵占我国的滴水寸土！我国已经宣布：中国南海是“与台湾问题和西藏问题一样不容谈判”的中国的核心利益。我们主张以和平谈判的方式公平合理地解决包括海洋国土在内的领土争端。同时，我们应当强化海洋国土意识，大力发展经济，不断增强中国的综合国力，在捍卫中国领土主权和海洋权益的斗争中，掌握主动权，在公正合理的基础上解决海洋国土问题。

二、中国国防环境稳中有忧

进入21世纪，世界形势发生了重大变化。上世纪的中美接近、苏联解体，曾一度使美苏对我的双重包围先后解除。但两极对抗结束，国际力量对比严重失衡，霸权主义进一步抬头，两种社会制度的斗争依然尖锐，世界格局正在进行着多极化与单极化的较量。在这一大的背景下，我国周边形势出现了一个既相对和平，又稳中有忧的局面。

（一）相对和平

1. 世界多极化趋势不断加强，有利于我国发展同邻国的友好关系

苏联解体后，美国成为了当今世界唯一超级大国。但经过美伊战争，特别是2008年开始的世界金融风暴后，其实力地位已相对下降。在世界经济全球化的发展进程中，美国的经济霸主地位有所动摇，其国内政治矛盾也日趋激化。美国在调整其军事力量在世界各地的部署时，对亚太地区的军事力量也作了较大调整。目前，驻亚太地区美军为10万多人。近年来，中美通过首脑互访，两国关系取得了一定进展，我国周边安全环境得到一些改善。

1991年苏联解体前后，我国北部邻国由苏联和蒙古2个国家变为5个国家——俄罗斯、蒙古、哈萨克斯坦、吉尔吉斯斯坦和塔吉克斯坦。俄罗斯作为前苏联的主要继承者与我国的关系进一步改善，1992年两国签署了《中俄关系基础联合声明》，中俄关系进入友好合作阶段。1994年9月两国签署了《中俄联合声明》，宣布两国建立“面向21世纪的建设性伙伴关系”。特别是1996年4月26日，中、俄、哈、吉、塔五国在上海签署了《边界军事相互信任协定》（后乌兹别克斯坦也加入），我国与上述四国边界地区实现非军事化，我国北部、西部边界可

望得到较长时期的和平与稳定。

2．我国国际地位的提高，有利于边境“热点”的缓和

自1949年新中国成立以来，我国除参加抗美援朝战争和抗美援越战争外，还与印度、苏联、越南发生过武装冲突。这些冲突及与这三国的长期失和，曾使我国周边安全长期面临直接威胁。到20世纪80年代后期，我国与上述三国的关系开始改善，先后与苏联（俄罗斯）、越南和印度实现了国家关系正常化。尽管我国与印度尚有领土争议，但在中国睦邻友好政策的推动下，发生大规模武装冲突的可能性不大。近年来，我国经济快速稳步发展，国内政治稳定，我国的国际地位和影响力已今非昔比，国际声望日益提高，国家安全环境得到根本性改善。在亚洲金融危机中，中国被世人称之为一个对世界负责的大国。众多西方国家纷纷放弃在人权政策上与我对抗的立场。连美国舆论界也不得不承认，我国和平外交取得了重大成果，同亚太周边国家和地区的关系已经进入我国建国以来的最好时期。

（二）稳中有忧

尽管我国周边地区形势相对稳定，短期内不至于发生涉及我国的大规模武装冲突，外敌大举入侵中国的可能性降低，但是，周边地区一些固有的矛盾并没有完全解决，影响和平安定的因素依然存在：霸权主义、冷战思维，以及进攻性军事集团的存在，给中国的安全环境带来严重影响；中国与周边一些国家还存在领土、领海和海洋权益的争议，潜伏着诱发战争的因素；台湾当局顽固坚持分裂的“台独”立场给台海局势带来新的威胁，而某些国家企图利用台湾问题牵制中国，这一切都使得祖国统一大业任重道远。这些都给我们的周边环境带来隐忧。具体有：

第一，“台独”问题日益严重。台湾当局搞“两个中国”、“一中一台”、“一边一国”，顽固坚持分裂的“台独”立场，大力拓展所谓“生存空间”。尤其是陈水扁执政时期，大肆鼓吹“两国论”，搞“武力拒统”，并利用2004年台湾地方选举之际大搞台独“公投”，给台海局势带来重大威胁。

第二，“疆独”、“藏独”危险加剧。“东突”组织与境外恐怖主义组织相互勾结，妄图在我国西北地区制造民族和领土分裂，甚至不惜采用恐怖手段以达到其目的。与此性质相同的问题是“藏独”。分别发生于2008年3月14日、2009年7月5日的“藏独”、“疆独”事件就是明显例证。这两个事件都是在境外的反华势力、分裂势力、极端势力和恐怖主义组织的指使下发生的。

第三，日本欲复活军国主义将成为我心腹之患。日本妄图成为政治大国的野心使它必然要重新走上军国主义的老路。首相参拜靖国神社、否定侵略、否定大屠杀、对周边事态做出必要反应、海外出兵、制定有事法案、制造准航母、暗中支持“台独”……这一切都给中国和亚洲和平带来巨大威胁。

第四，印度在南亚次大陆一直追求“主导地位”，同时做好打核战争的准备；它不仅欲追求做印度洋的大国，而且妄图做太平洋的大国。这些都必然会给周边地区造成不稳定因素。

第五，朝鲜问题非常棘手。中朝两国唇齿相依，无论是19世纪末的甲午战争，还是20世纪中期的朝鲜战争，历史都把中朝两国人民连在一起。以朝核问题引发的危机给东北亚，乃至整个东亚和西太平洋地区带来不稳定因素，也必然危及我国的安全。

第六，美国视我为主要对手。美国虽然与我隔洋相望，但它却是我们不是邻国的“邻国”。在我国周边，到处都可以感受到它的存在：朝核危机；美蒙联合军演；中亚多国驻军；阿富汗战争；分别与印度、越南建立战略合作伙伴关系；在韩国和日本驻军；插手台湾问题、阻挠我统一大业；暗中支持“藏独”、“疆独”；欲使南海问题国际化；与菲律宾、新加坡、泰国、澳大利亚诸国结成军事同盟；关岛驻军；“环太平洋”军演……同时它还对我社会制度的选择和意识形态进行攻击，鼓吹“文明冲突论”，保护“法轮功”分子和“民运”分子，并以人权、民主为借口干涉我内政，妄图“西化”、“分化”我国，这些都对我构成现实的威胁。

上述这些忧患都应引起我们的高度关注，必须审慎对待。因此，维护和平环境更需要居安思危，增强忧患意识。我们一定要抓住本世纪初头20年的“战略机遇期”，利用和争取一个较长的和平环境，集中精力发展我国的综合国力，不断加强国防建设。在复杂的国际斗争中争取主动，使我国周边安全形势向着更加有利于中华民族伟大复兴的方向发展。

复习题

1．什么是战略、战略环境？

2．研究国内战略环境应重点把握什么问题？

3．当前世界军事形势的特点及发展趋势是什么？

4．我国周边安全的忧患主要来自哪些方面？

第四章　军事高技术

【教学目标】

了解军事高技术的内涵、分类、发展趋势及对现代战争的影响，熟悉高技术在军事上的应用范围，掌握高技术与新军事变革的关系，激发学习科学技术的热情。

第一节　军事高技术概述

当今社会已进入高技术时代，高技术的发展不仅对整个科学技术的进步和经济发展产生了推动作用，而且也促使军事技术日益走向高技术化。自 20 世纪 60 年代以来，一大批高技术武器装备相继问世并应用于战争，已经深刻地改变了战争的面貌。而且，从海湾战争、科索沃战争、阿富汗战争和伊拉克战争等局部战争中可以看出：现代战争已进入信息时代，军事高技术特别是信息技术的发展，正在引发一场新军事变革。

一、军事高技术的概念、分类和特点

（一）高技术的概念与分类

高技术，亦称高新技术，是指在科学技术领域中处于前沿或尖端地位，对发展生产力、促进经济发展和社会文明、增强国防实力起巨

大推动作用的技术群。高技术具有动态的、发展的特点。

当代高技术主要包括相互支撑、相互联系的六大技术群，即信息技术群、新材料技术群、新能源技术群、生物技术群、海洋技术群和航天技术群。其中，信息、材料和能源是人类社会赖以生存和发展的三大支柱。信息技术是当今高技术的核心和骨干，其标志技术是智能计算机和智能机器人；新材料技术是新兴产业的物质基础，是高科技发展的基本条件，其标志技术是材料设计（分子设计）和超导材料技术；新能源技术是高技术发展的动力，其标志技术是核聚变能和太阳能的开发利用；生物技术又称生物工程，是直接或间接利用生物体及其组织和功能的全新领域，是在分子生物学等现代生物科学理论指导下的各种生物利用技术的总称，它开创了按照人类的意愿再造“生命”、再造“物种”的先河；海洋开发技术是指人类对海洋资源和环境进行研究开发所利用的技术的总称；航天技术又称空间技术，是指研究、开发、利用不依赖于地球大气的各种飞行器及其应用的综合性工程，是人类认识太空，开发和利用太空环境资源的一门综合性的高技术群，是探索地球、太阳系、银河系乃至整个宇宙的新起点，它的主要标志技术是人造地球卫星、航天飞机和永久性太空站。

（二）军事高技术的概念与分类

军事高技术，是指应用在军事领域的高技术。具体地说，军事高技术是指建立在现代科学技术成就基础上，处于当代科学技术前沿，以信息技术为核心，在军事领域发展和应用的，对国防科技和武器装备发展起巨大推动作用，并对现代军事和现代战争产生重大影响的高新科学技术群。军事高技术是高技术的重要组成部分，是诸多高技术中为了满足国防现代化的需要而发展起来的部分新技术群。军事高技术和民用高技术之间并不存在截然的分界线，大量的科学技术成就均是军民兼用的。展望未来，军民结合将是军事高技术发展的主要途径和基本模式。

军事高技术的范围十分广泛，分类方法多种多样。从高技术向军事领域自然延伸的角度，军事高技术也可分为六大领域，即军用信息技术、军用新材料技术、军用新能源技术、军用生物技术、军事海洋开发技术、军事航天技术。

从军事高技术与武器装备的关系出发，军事高技术可分为两大类型：

一是支撑武器装备发展的军事基础技术，即指武器系统和国防科技装备的研制所需要的各种基础理论和技术。它所涉及的内容很多，主要包括军用微电子技术、军用光电子技术、军用计算机和人工智能技术、军用新材料技术、军用生物技术、军用航天技术、军用信息技术、军用核技术、军用海洋开发技术、定向能技术、高性能推进与动力技术、仿真技术、先进制造技术等。

二是直接用于武器装备并使之具有某种特定功能的军事应用技术，即利用各种科技成果进行武器装备的研制和生产，以及使用和充分发挥武器装备效能的综合技术。军事应用高技术的内容非常广泛，按其完成的军事任务的性质可分为战略武器装备技术、战役战术武器装备技术、后勤保障装备技术、军事工程技术、军事系统工程技术等；按其研制的武器装备的种类可分为侦察监视技术、伪装与隐身技术、夜视技术、激光技术、电子对抗技术、精确制导技术、作战平台及常规武器技术、军事航天技术、军用计算机技术、指挥控制技术、核化生武器技术、新概念武器技术等。

（三）军事高技术的主要特点

军事高技术与一般技术相比，具有高智力、高投入、高效益、高竞争、高速度、高风险、高保密和高渗透的特点。

军事高技术成果需要依靠具有创新能力的高素质人才，凭借其具有创造性的智力劳动，投入巨额资金，利用昂贵的设备，通过较长的研究开发周期才能完成。但高技术一旦转化成新型武器装备，就可以大大提高部队战斗力，甚至改变战争形态。这就意味着谁先掌握高技术，并将高技术武器装备应用于战场，谁就能占据更大的战争主动权。并且，高技术的发展速度越来越快，战争之所以能够进入信息化时代，正是高速发展的信息技术造就的结果。不过，高技术的发展不是一帆风顺的，它带来巨大效益的同时，也蕴含着巨大的风险，高技术上的失败，对于民用领域，可能意味着投资的失败，而对于军事，则意味着国家和人民的利益受到损害。同时，由于高技术本身具有的综合性和技术辐射性，它更加强调保密。高技术在发展中是相互影响的，同时还能渗透到传统产业中，对一般技术进行技术改造，提高一般产品的质量，提高劳动生产率。

二、军事高技术的发展与应用

当前，军事高技术前沿领域主要有：军用信息技术、作战平台技术、军事航天技术、新概念武器技术、军用新材料技术、先进推进与动力技术、军用生物技术和核武器技术等。本节主要介绍现代军事高技术争夺的十大“热点”。

（一）军用微电子技术

微电子技术，是使电子元器件及由它组成的电子设备微型化并实现电子系统功能的技术，其核心是集成电路技术，而衡量微电子技术发展水平高低的标志就是集成电路的集成度。微电子技术是军用高技术的基础，对整个军事高技术的发展起着巨大的推动作用，它已成为衡量一个国家武器装备水平的重要标志。随着微电子技术水平的不断提高和在军事领域的广泛应用，武器装备系统的体积、质量和功耗大为降低，而可靠性大为提高，多种武器装备系统联为一体，提高了系统性能，其自身的信息处理能力也得到显著提升，同时延长了使用寿命。

（二）军用计算机技术

电子计算机是20世纪最辉煌的科技成果之一，它标志着现代科学技术发展的一个重大突破。计算机是由电子器件及相关设备和系统软件组成的自动计算系统，它具有极强的数据处理能力、较强的记忆能力和一定的思维能力。当前，计算机技术发展的一个重要方向是研制第五代“智能”型计算机，计算机将越来越“善解人意”，人们将通过文字、语言、表情、手势、思维等更加便捷的方式与计算机沟通。在军事上，计算机技术已被广泛应用，成为现代战争中战斗力的倍增器。它是战略、战役、战术武器及航天系统的信息处理中心，是军队指挥信息系统的核心，是实施战场指挥管理和武器控制的主要装备。比如计算机辅助制定作战计划，精确引导和定位以及智能化武器系统等，计算机技术在现代军事各个方面都发挥着举足轻重的作用，使得现代战争发生了翻天覆地的变化。随着计算机技术的飞速发展，计算机在武器系统中的应用还将更加广泛，对现代军事的影响也将会更加强烈。

（三）军用信息技术

信息技术是为实现获取、交换、处理、运用信息等功能的所有技术的总称。军用信息技术主要包括信息搜集、信息处理、信息传递、信息储存、信息检索和信息管理等。它的核心技术是计算机、通讯和控制三大要素。随着现代军事的信息量急剧增加，发展军用信息技术已成为夺取现代战争胜利的基本保证。

（四）军用新材料技术

在高技术蓬勃发展的今天，信息技术、材料技术、能源技术已成为现代高技术的三大支柱。其中，新材料技术是其他高技术发展的物质基础和重要依托。军用新材料技术是指用于制造各种先进军事装备的高性能材料或新型材料的研制与应用技术。世界各国都把军用新材料的研究与开发放在重要地位。当前，在军事领域应用的新型材料，主要包括高温材料、功能材料和复合材料等。高温材料的应用范围十分广泛，主要是汽车、坦克、军舰、飞机、导弹的发动机，以及航天飞机、宇宙飞船等表面需要的材料。功能材料具有各种各样的功能，如隐身材料、超导材料、记忆合金材料等。复合材料是指把两种以上材料复合成一种，在克服了单一材料性能缺点的同时，把它们的优点结合起来。

（五）军用生物技术

生物技术以生命科学为基础，主要包括：基因技术、生物生产技术、生物分子工程技术、纳米生物技术、生物耦合技术及仿生技术等系列技术。随着军用生物技术的快速发展，一大批危害极大的生物武器已经或即将步入现代战争。生物技术在军事上的应用主要包括以下六个方面：一是可用于发展高性能的信息探测系统、通信系统、导航定位系统和信息处理系统等。其中，开发生物传感器，可以提高对毒剂、炸药、麻醉剂及基因武器等的实时探测和识别能力；利用仿生技术制造的各种信息搜集系统，可以大幅度提高探测、监视和导航能力，如模仿复眼结构制成了多元相控阵“蝇眼”雷达、高能宇宙射线空气簇射“蝇眼”探测器和复眼照相机。二是采用仿生设计可显著提高作战平台的性能和生存能力。例如人造海豚皮、鲨鱼皮包裹在鱼雷表面，阻力可减少 50%。三是利用微生物在各种条件下逐渐形成并完成生物化学转变的能力，生产具有特殊用途的产品，或者解决危险废物和战略金属回收问题。四是研制特种生物材料，如具有良好密封使用性能及化学和机械性能的生物弹性体、新型生物黏合剂、新型生物润滑剂等。五是开展生物电子学研究，研制生物芯片，进而开发能像人脑那样具有学习、记忆、逻辑思维能力的生物计算机，又称 DNA 计算机。由于 DNA 计算机的每条链本身就是一个微处理器，因而它的运算速度极快，几天的运算量就相当于目前世界上所有计算机问世以来的总运算量。六是利用基因工程，对已有的生物战剂或良性物质，进行有目的的修饰或改造，培育毒性大、耐力强、有抗药性的新的致病微生物作为新型生物战剂，制造出基因武器。

（六）军用海洋开发技术

军用海洋开发技术，主要包括海水淡化、海水提铀、海底采矿以及海底工程建设技术。随着海洋开发技术的发展，海底将成为建造巨大军事基地的理想场所，水下基地将部署大量遥感设备和各种高效自动杀伤武器，并利用甚低、超低频通信技术和卫星上的自动化指挥系统联网，指挥作战。

（七）军用航天技术

航天技术是由运载火箭技术、航天器技术和地面测控技术组成的高度综合性技术。军事航天技术是指为军事目的服务的航天技术。航天技术的主要军事应用是，利用卫星和其他航天器携带的各种遥感器、无线电接收机、通信设备和其他观测设备，执行监视、侦察、预警、通信、导航、测绘、气象测报和大地测量等任务。世界各国迄今共发射 5000 多个航天器，其中近 70%是用于军事，美国和俄罗斯（包括前苏联）占发射总数的 90%以上，这充分说明了航天技术在军事领域应用的重要性。军用航天技术的不断发展，必将加剧太空的军事争夺，对未来的军事活动将产生深远的影响。

（八）军用光电子技术

军用光电子技术是以激光、红外和各种先进探测器为基础，由光学技术、电子技术、精密机械技术和计算机技术等密切结合而形成的一项高技术。它既改变了传统光学的单纯观察功能，又大大扩展了电子技术的功能。由于光电子技术具有探测精度高、传递信息速度快、信息容量大、抗干扰和保密能力强等优点，因而在军事上得到了广泛应用，在现代战争中已显示出其特有的威力。目前已应用于侦察、通讯、预警、跟踪、制导、火控、导航、识别、显示、信息、隐身和光电对抗等领域。军用光电子技术已成为高技术兵器发展的一种主要支撑技术。研制中的激光武器和空间激光通信等一些先进的光电子系统一旦投入使用，必将对军事技术与现代战争产生革命性的影响。

（九）军用核技术

军用核技术的重点在于发展核武器。核武器是利用原子核聚变或裂变反应瞬间释放的巨大能量对目标造成杀伤破坏作用的一类武器的总称。核武器通常是指一种武器系统，一般由核战斗部、投射工具和指挥控制系统等部分组成。核战斗部又称核弹头，核爆炸威力的大小取决于核弹头，核武器的射程和命中精度则取决于投射工具和指挥控制系统。现代核武器正朝着小型化、实用化、多弹头、多用途的方向发展。

（十）军用定向能技术

定向能技术又称束能技术，它是利用强激光、高能量粒子束、强微波的能量，产生高温、高压、电离、辐射等综合效应，以“能束”的形式定向发射，借以摧毁或损伤目标的技术，并以此制成定向能武器。

三、军事高技术对现代战争的影响

（一）高技术对武器装备的影响

随着高技术的快速发展，军事领域也正发生着一场革命，武器装备发生了质的飞跃，一大批高技术武器装备相继问世，并应用到战场上，从而改变了战争的物质基础，把高技术信息化战争推上了历史舞台。高技术武器装备是各种高新技术综合运用的结果，但其最关键的技术是信息技术，高技术武器装备与以往的武器装备相比，最本质的区别就是增加了信息化的程度。在现代武器系统中，信息设备的费用占其整个武器系统费用的 50%～90%，可以说，武器装备高技术化的实质就是信息化。

高技术对武器装备的影响是多方面的，同时也是最迅速、最明显的，这将直接促进武器装备的改进和发展。主要体现在以下八个方面：

1．武器的杀伤效能剧增

高技术的应用，特别是精确制导武器的应用，将使各类武器向重量轻、体积小、射程远、速度快、威力大、精度高、机动能力强的方向发展，从而极大提高了武器的杀伤破坏效能。比如，轰炸一个混凝土的目标，二战时需 9000 枚炸弹，越战时需 200～300 枚，海湾战争期间只需 1～2 枚制导弹。

2．武器系统的突防能力增强

突防能力是指导弹和飞机通过采用自我保护措施突破敌人防空体系的能力。比如导弹和飞机在 100 米以下超低空飞行时，雷达就难以发现。隐形技术的运用，大大提高了武器的突防能力，通过采取各种隐形技术措施，可以减少目标的特性，使敌方雷达不易发现。美军的 F-117A 战斗轰炸机和 B-2A 战略轰炸机就成功地运用了隐形技术。

3．提高了武器系统的综合作战能力和自动化水平

以计算机为中心的 C^4I 系统，把各种武器系统联为一体，把各军兵种联为一体，促使战场指挥控制一体化，从而提高了武器系统的综合作战能力，并实现了武器管理、控制、指挥的自动化，使单一武器系统向智能型、灵巧型发展。

4．提高了武器装备的生存能力

主要是运用高技术对武器装备进行抗毁加固，并提高其灵活机动和防探测的性能，以提高其生存能力。

5．提高了武器装备全方位、全天时、全天候的作战能力

太空中的各种侦察卫星、空中的侦察飞机、地面的雷达、水下的声纳，24 小时的不间断侦察，加之夜视技术、红外热成像和雷达成像等各种高技术的广泛应用，大大提高了在夜间和不良气象条件下的侦察监视能力，形成了全方位、全天时、全天候的侦察监视系统。从而提高了武器装备在全方位、全天时、全天候的作战能力。

6．机动能力强。

高技术条件下各种新型的动力设备和新材料技术、夜视技术的大量运用，大大提高了武器的机动能力。如坦克的时速已由最初的 5～9 千米增大到现在的 70 千米以上，飞机的时速由 140 千米增大到 3000 千米，甚至达到音速的 3 倍以上。

7．提高了武器装备的可靠性和可维修性

可靠性和可维修性是武器系统持续作战能力的两个关键条件。高技术的发展，为提高可靠性和可维修性提供了有效的手段，如采用模块设计技术、故障诊断技术、计算机辅助设计技术及内部自测技术等，可减少武器装备的故障和返修率，并便于检查和维修。

8．促使新型武器系统的诞生

高技术的应用，将直接促使新型武器系统的诞生，如人工智能武器系统、隐身武器、计算机病毒武器、基因武器等，已经部分应用或即将装备部队。

（二）高技术对作战理论的影响

由于高技术在军事领域的广泛运用，有力地推动了军事理论的变革和发展。

1．改变了空间观

高技术条件下，更加强调夺取作战胜利首先必须夺取对作战空间的控制权，其中主要是信息控制；同时，由于信息技术和远战兵器的广泛运用，使远近观也发生了明显的变化，作战对手不但有来自对面的，还有来自空间各个领域的。因此，未来作战指挥必须建立“多维”的战场空间观。

2．改变了集中观

高技术条件下，不再是兵力、兵器和作战物资的简单集中，而是以信息优势为主的战斗效能的集中，如美军把“在决定的时间与地点集中战斗力”这一点改为“在决定的时间与地点集中优势战斗力的效能”。

3．改变了对时空观的传统认识

传统的以空间换取时间或以时间换取空间的认识都会被改变，只有综合考察信息技术所强调的高节奏、高速度，同时把握时间和空间上的优势，才能取得作战的胜利。正如海、空军和核武器的出现推动了“制海论”、“制空论”和“核威慑论”出现一样，高技术兵器的出现和发展，必然产生与其适应的军事理论。一方面高技术的开发为军事理论的发展提供了物质基础，另一方面军事理论的发展又为高技术的开发起到了导向作用。

（三）高技术对作战方式的影响

高技术在军事上的应用将会改变战争的面貌，引起作战方式的变革。

由于信息技术装备的广泛运用，电子对抗成为新的作战方式，创造了软、硬杀伤相结合的电子战手段，加之计算机病毒、“黑客”攻击及其防范将构成的信息战等等，使信息在作战中的地位和作用发生了重大变化。信息能力将成为一种最重要的作战能力，成为现代战争作战手段的核心。

战略空袭已不再像以往那样仅是战斗支援手段，而成为能够摧毁对方军事实力和战争潜力、进而成为影响战争胜负的主要作战方式。而导弹和精确制导技术的发展，使导弹战成为重要作战方式之一，各种作战平台都将适应导弹战的需要。

兵力兵器远距离作战能力空前提高，使作战空域向大纵深发展，作战行动更加强调实施大纵深多方位打击。同时，武器装备的分布高度增大，使作战空间向高低结合的空间立体化发展，使作战行动更加强调“空地一体”，“海空一体”，甚至“陆海空天一体”。在时间上，由于兵力兵器的快速作战能力的提高，以及在夜间和不良气象条件下作战能力的提高，使作战行动的快速和全天候、全时辰等特性更加突出。同时，高技术武器装备的运用，还大大扩展了诸军兵种合同作战和联合作战的范围，使战争向陆、海、空、天、电磁“五维一体”发展。

除已经出现的以高技术为主要手段的“马岛式”、“利比亚式”、“海湾式”、“科索沃式”、“阿富汗式”、“伊拉克式”等局部战争和军事冲突外，还可能出现诸如外层空间的军事冲突和更多的小型局部战争。但也不能完全排除全面战争、特种战争和规模较大的高技术战争，以及星球大战和世界性信息化战争等新的战争样式。这些新的战争样式，反映了现代复杂的国际关系，影响着战争的规模、进程和结局。至于核武器，人们正从高技术中寻找积极的防御手段。高技术的发展有可能成为核武器的克星，从而打破核垄断、核均势，避免核战争的发生，风靡一时的核威胁战略将受到挑战。

现代局部战争的实践表明，空战、导弹战、电子战、坦克战已成为高技术信息化战争的主要作战样式。此外，还可能出现天战、信息战、化学战、生物战、激光战、机器人战等形式，在空中、陆地、海洋甚至太空中展开，因此，未来的作战方式将更加多样复杂。

（四）高技术对作战指挥的影响

由于战争手段的高技术化，使军队的侦察能力、预警能力、机动能力、快速反应能力、突击能力大为提高，战争也更具有突然性、立体性、协同性；战争规模更大、强度更高、节奏更快；作战方向和战场态势瞬息万变，捕捉战机极为困难，战斗空前紧张激烈；作战指挥范围大、内容广、头绪杂、信息多、决策难。这对指挥的时效性、隐蔽性、稳定性、协同性提出了更高的要求，因而使战争的组织指挥空前复杂。为了赢得战争的胜利，建立与现代战争相适应的作战指挥系统，提高指挥效率，保证指挥灵活、可靠、高效、稳定、隐蔽、保密地进行是一个关键问题。高效能的指挥取决于及时而准确的情报，安全而通畅的联络，正确的分析、判断和决策。传统指挥手段很难满足以上需要，因而必须求助于指挥控制的自动化、现代化。

（五）高技术对军队建设的影响

由于高技术武器装备的应用，军队战斗力更加取决于作战人员的军事高技术素质，军队的规模将缩小，而军队质量将成为提升战斗力的关键。同时，军队人员构成和素质将大幅度改善，军官、士官、士兵的科学技术水平和操作技能必将相应提高，对军人品格、素质、能力、学历要求将有新的标准，技术军官的比例有所增加，一般军官及士兵的比例缩小。军兵种之间划分将进行调整，组成新的军兵种和部队，如计算机防护兵、天军、机器人部队等，以适应高技术武器系统作战功能一体化的需要，达到人、武器、信息的最佳结合，最大限度地发挥作战效能。传统自上而下的“树状”指挥体系将被扁平型的“网状”指挥体系所取代。使尽可能多的作战单元同处于一个信息流动层次，缩短信息流程，减少指挥层次，充分发挥横向网络的作用。

四、打赢高技术信息化局部战争的对策

（一）正确认识高技术武器装备

1．要正确认识高技术武器装备的优长和局限

高技术武器装备在其战术性能上与传统武器相比，有着非常突出的优势。这些武器装备有着侦察预警能力强、电子干扰能力强、快速反应能力强、系统配套协同能力强、命中概率高、毁伤力大等诸多优势。但是，高技术武器也有其两面性，既有长处也有短处，如造价昂贵，保养困难等，而且各种武器也各有克星，并非完全不可应对。因此，我们既要看到其先进的一面，又要看到其脆弱的一面；既要看到其优势，又要看到其存在的缺陷。对其脆弱有缺陷的一面应作充分了解和研究，找出对付的办法。这样，才能扬长击短，打敌要害，战胜敌人。在未来战争中，必须纠正那种片面夸大高技术的作用，把高技术武器装备说成是可以决定一切的错误观点。

2．要正确认识人是决定战争胜负的主要因素

武器装备本身的高技术水平是依赖于人的智慧而实现的，要使之在战争中充分发挥作用，同样要依赖于人的因素。毛泽东曾指出："武器是战争的重要因素，但不是决定因素，决定因素是人不是物。"在高技术信息化战争中，这一战争的基本规律并未改变。人是战争的主体，是人决定着战争的目的、方式、手段、规模、时间，并为战争准备了物质条件，人既是军队战斗力物质因素的重要组成部分，又是军队战斗力的全部精神因素所在。武器装备这一物质因素需要人去使用和支配，人是物质因素和精神因素的统一体。由此也就决定了现代战争的关键仍然是人。武器越先进，越需要高素质的人，因此，既要看到高技术武器装备是战争的重要因素，更要认识到人在战争中的能动作用和驾驭战争的主体地位。

（二）要有选择地发展高技术武器装备

两极对抗结束后，世界各主要国家都根据本国的需要和可能，制定并实施了有选择地发展高技术武器装备的方针或对策。大致概括为：武器装备的发展多代并存，高中低档搭配；改进为主、研制为辅，改进和研制并举；在对原有武器装备进行现代化或高技术改进的同时，有选择地发展部分急需的高技术武器装备。而在研制新的高技术武器装备方面，各国都只做出了有限的选择。例如，美国为了给其军队提供五种“未来联合作战能力”，现主要有选择地发展 19 项高技术，重点研制弹道导弹防御系统和数字化装备等几种武器装备。我国同样可以通过自行研制和引进部分高技术武器装备的措施来发展军事高技术，以增强打赢高技术局部战争的能力。改进包括核武器在内的原有武器装备，有选择地发展部分急需的高技术武器装备也是我国的对策。

（三）研究探索高技术条件下的作战方法

1．要注重以劣胜优战法的研究

优势与劣势是相对的，在一定条件下二者是可以相互转化的。我军在战争年代所以能够以劣胜优，就是因为在战略全局处于劣势的情况下，通过主观的不懈努力，由局部优势逐步发展为全局优势。研究和探索未来作战中以劣胜优的战法，应该拓宽思路，结合新的作战环境，研究如何与装备优良之敌较量。例如，地雷、水雷是一种传统和廉价的武器，但发达国家的军队至今也没有找到有效的对付办法。

2．要在打击敌弱点上寻找对策

高技术武器装备是一个庞大的系统，对付高技术武器装备必须重视破坏它的系统功能。C^4I 系统尽管很先进，但也存在通用性、可靠性差，抗摧毁和生存能力低等弱点。如果采取“点穴”的办法，打击、干扰和破坏其某些关键子系统，就可能造成其指挥紊乱、控制失调、武器装备效能降低，从总体上削弱其优势。

3．要从技术角度考虑战法

过去交战双方的武器装备比较单一，攻防中多以步兵为主，主要靠近距离射击搏斗。在现代条件下作战，除枪战、炮战、坦克战外，电子手段、导弹和武装直升机充斥战场，战斗在前沿和纵深同时展开。在夜视、通信器材尚不发达，战场侦察和观察受到限制的情况下，可以利用夜暗作掩护，迅速、隐蔽地接近敌人，出其不意地发起攻击。这种战法多表现为步兵之间的作战。随着高技术的飞速发展，许多现代武器具备了夜战能力，夜暗已不再成为作战行动的障碍，这就要求指挥员必须多从技术角度考虑战法问题。

4．要在重点问题上深化研究

打赢高技术信息化局部战争是大课题、新课题，涉及的范围广，包括的内容多，受制约的因素也多，必须着力解决那些制约全局的重点、难点问题，要根据高技术局部战争特点和我军实际情况，需要重点研究和解决以下几个方面的问题：

（1）电子斗争问题

电子技术是现代高技术武器装备的核心，战场的指挥控制、武器的精确制导、各种作战手段的运用，都要借助于电子技术。在信息化局部战争中，交战双方争夺电磁优势的斗争异常激烈，电子战作为一种先进的作战手段，具有软杀伤和硬摧毁等多种功能，渗透于作战各个领域、各个环节，并贯穿于战争的全过程。它对改变双方的力量对比关系、决定战争进程乃至战争胜负具有重要作用。

（2）反空袭问题

高技术广泛应用于军事领域，使得航空兵器和突防手段发生了质的变化，空袭规模和强度空前增大。一是空袭威力高效化。高技术注入空袭兵器，使其射程、精度、威力等性能大幅度提高，空袭作战效能倍增。二是空袭手段多样化。这主要表现在空袭时间上全天候对高、中、低空和目标的全方位突击，空中加油延伸了空袭距离和范围，隐身技术增强了空袭的突然性等。三是空袭兵力合成化。高技术兵器的发展有效地增强了空袭作战能力，给空袭兵力编成和作战方法带来不可回避的突出问题，必须下大力认真研究解决。

（3）机动问题

机动是作战行动的基本要素，成功的机动已经成为现代攻防作战至关重要的条件。具有高技术优势的军队，战场上兵力、兵器集散灵便，作战方向变换频繁，在客观上促使劣势军队的作战行动必须比以往具有更强的机动性能。当今的机动已不是原来意义上的“走”，它包容了兵力、火力、电磁、物资等一切具有动态特征的要素，其规模、手段、方式、速度已远非昔日可比。所以，认真探讨高技术条件下作战中的机动问题具有十分重要的意义。

（4）近战、夜战问题

发达国家军队普遍装备了微光、红外热成像等先进的夜视器材，使他们由怯于夜战变得相对地敢于夜战，由短于夜战变得相对地长于夜战，由被动地夜战变得相对主动地夜战。随着高技术武器装备大量投入战场，其火力射程更远、反应速度更快、杀伤威力更大。这种情况下如何积极主动地靠上去与敌打近战，如何逼着敌人与我打近战，如何把战术范围的近战扩展到战役范围的近战，均需要深入地研究和探讨。

总之，军事高技术的发展给现代战争带来的新变化，还远远不止这些。随着新军事革命的兴起及在全球范围内的迅速拓展，未来战争还将出现更多新的变化。

第二节　精确制导武器

精确制导武器，被誉为“现代兵器之星”，是第二次世界大战后最引人注目的军事高技术进展之一，并与电子对抗、C^4I系统合称为现代高技术信息化战争的三大支柱。精确制导武器的迅速发展、大量装备和广泛使用，对现代战争产生巨大影响，是现代战争的重要主战兵器。

一、精确制导武器概述

（一）精确制导武器的基本概念

精确制导技术是在复杂的战场环境中，利用目标的特征信号，发现、识别和跟踪目标，并将武器直接引导至目标实施有效打击的技术。精确制导武器是采用精确制导技术，命中精度很高，直接命中概率超过50%的制导武器的总称。所谓“直接命中”的含义是指武器战斗部的圆公算偏差小于战斗部的杀伤半径，并不是单指战斗部直接打在目标上，而是包括战斗部爆炸后形成的破片直接命中目标，并将其击毁、杀伤。精确制导武器的种类很多，如各类导弹以及制导炸弹、制导炮弹、制导鱼雷等，主要用于攻击坦克、装甲车、飞机、舰艇、雷达、指挥控制中心、桥梁和武器库等目标。

（二）精确制导武器的特点与分类

1. 精确制导武器的特点

精确制导武器与传统武器相比，主要特点表现在以下几个方面：

一是命中精度高。这是精确制导武器最显著的特征。目前，世界上装备和使用的精确制导武器的命中概率达80%以上，如美国的“战斧”巡航导弹的命中精度为9米，精确红外成像制导武器的命中精度小于1米。精确制导导弹的命中率可达85%～95%，精确制导炸弹的命中率可达90%以上。与同类非制导炸弹相比，命中概率提高了100倍。由于精确制导武器的直接命中概率不断提高，因此已经出现了战斗部不需要装药的精确制导武器。例如，英国研制的动能拦截弹，飞行速度可达4马赫，脱靶率几乎为零，它没有爆破战斗部，依靠极其精确的直接撞击摧毁目标。

二是作战效能高。精确制导武器比非制导武器具有更大的作战效能。在第二次世界大战期间，要消灭一个典型的地面目标，如铁路枢纽，需要4500架次战斗机投放9000枚炸弹；在越南战争中，由于武器命中精度的提高，消灭同样一个目标，只需要95架次飞机投放190枚炸弹，而在海湾战争中，只用一枚精确制导导弹就能消灭这样的目标。虽然精确制导武器的技术复杂，单发成本比较高，但由于其具有较高的直接命中概率，完成作战任务时其弹药消耗量小，因此总体费用仍有可能低于使用常规弹药。另一方面，其作战效费比高。如美军的“陶”式反坦克导弹造价1万美元，它击毁的1辆M-1坦克的造价为 244 万美元，作战效费比为 1∶244。在曾经爆发的高技术局部战争中，1 枚百万美元的防空导弹可击落几千万美元的 1 架飞机，1 枚 120 万美元的“飞鱼”导弹击沉了一艘价值 2 亿美元的“谢菲尔德”号驱逐舰。

三是具有较强的远距离突防能力。精确制导武器除精度高之外，还具有射程远、速度快和突防能力强等特点，如美国“战斧”巡航导弹射程可达 2500 千米，美军的 GBU15 精确滑翔炸弹能在 80 千米以外投放。攻击突然、难于防范。

2．精确制导武器的分类

精确制导武器包括导弹和精确制导弹药两大类。

导弹的分类方法很多：一是按作战任务，可分为战略导弹和战役战术导弹；二是按发射点和目标的关系位置，可分为地面、空中、水面和水下发射导弹。从地面发射的导弹主要有地对地、地对空和地对舰（潜）导弹，从空中发射的导弹有空对地、空对空和空对舰（潜）导弹，从水面发射的导弹有舰对地（空）和舰对潜（舰）导弹，从水下发射的导弹有潜对地（空）和潜对潜（舰）导弹；三是按射程，可分为近程导弹（1000 千米以内）、中程导弹（1000～3000 千米）、远程导弹（3000～8000 千米）和洲际导弹（8000 千米以上）；四是按结构和弹道特征，可分为弹道导弹和巡航导弹；五是按攻击目标，可分为防空（地空）导弹、反坦克导弹、反舰（潜）导弹、反辐射导弹、反导弹导弹和反卫星导弹等。此外，还可按发动机的级数分为单级导弹和多级导弹。

精确制导弹药也称灵巧弹药，根据不同的作用原理可分为末制导弹药和末敏弹药两类。末制导弹药主要有制导炸弹、制导炮弹、制导水（地）雷等，它与导弹的区别在于自身没有动力装置。末制导弹药有寻的器和控制系统，在其弹道末段能根据目标和弹药本身的相对位置自行修正或改变弹道，直至命中目标。末敏弹药是装有敏感器的精确制导弹药，通常是指一些子弹药或称末端制导子弹头。它不能自动跟踪目标，也不能改变飞行弹道，只能在被撒布的范围内利用其自身的探测器（寻的器）探测和攻击目标。这种子弹药是子母弹技术、自锻碎片技术和先进的传感器技术相结合的产物。末敏弹药探测范围一般仅为末制导弹药探测范围的 1 / 10 左右。

（三）精确制导武器的制导方式与制导原理

精确制导武器作为人类智慧的结晶，是技术发展到一定阶段的产物。精确制导武器区别于一般武器的根本标志在于其有制导系统。精确制导武器在实战使用中，从发射到命中的全过程贯穿了各种技术手段的较量。所以，各国都十分重视精确制导武器技术的先进性，特别是制导精度、电子对抗和人工智能技术的领先与运用。

1．制导武器的制导方式

制导的含义是按选定的规律对导弹或精确制导弹药进行引导和控制，调整其运动轨迹直至以允许的误差命中目标。制导系统由信号探测、高速信号处理和自动控制等部分组成，是以光电器件、集成电路、计算机等众多高技术为基础的。随着高新技术的发展，精确制导武器的制导方式有多种类型，本节按不同的控制导引方式概括为自主式制导、寻的制导、遥控制导和复合制导。

（1）自主式制导

自主式制导是利用弹载测量装置测定武器内部或外部某些固定的参考基准并以此为依据，产生控制信号，导引和控制武器飞向目标的技术。常用的制导方式有：惯性制导、程序制导、多普勒制导、地形匹配制导、景象相关匹配制导、星光（天文）制导、GPS（全球定位系统）制导等。

自主式制导由于有关目标的特征信息是在制导开始以前就确定好的，制导过程不需要提供目标的直接信息，制导系统与目标、指挥站不发生任何联系，通常也不需要导弹以外的设备配合，因此，对外界依赖性小，抗干扰能力强，一经发射其飞行弹道就不可改变。自主式制导主要用于远程制导武器（弹道导弹、巡航导弹）的初始飞行段，适合于攻击固定目标。如果机动发射，精度要差一些。

（2）寻的制导

寻的制导是通过弹上的导引系统（导引头或寻的器）感受目标辐

射或反射的能量，自动跟踪目标，导引制导武器飞向目标。寻的制导的制导精度较高，但制导距离不能太远。寻的制导按接收的能量（波长）可分为雷达制导、红外制导、毫米波制导、电视制导、激光制导等类型。按信号来源可分为主动寻的制导、半主动寻的制导和被动寻的制导。半主动和被动寻的制导多用于空空导弹、地空导弹和空地导弹。寻的制导与自主制导武器的区别在于前者与目标间有联系，而后者没有。

（3）遥控制导

遥控制导是通过设在制导武器以外（地面、舰艇、飞机）的制导站或制导设备，来测定目标与制导武器间的相对运动参数并形成制导指令，再通过弹上的控制系统导引制导武器飞向目标。遥控制导的武器受控于制导站，飞行弹道可以根据目标运动情况而随时改变，因此，它适于攻击活动目标，在地空、空地、空空和反坦克导弹上使用较多。遥控制导包括指令制导和波束制导两大类。指令制导又可分为有线指令制导、无线电指令制导。波束制导可分有雷达波束制导和激光波束制导。

（4）复合制导

复合制导是在同一武器从发射到命中目标的过程中，采用两种或两种以上的制导方式组合而成的制导技术。各种单一制导方式都有其所长，但又都难避其短，如精度不高、作用距离不远、抗干扰能力不强等。若要使精确制导武器避免这些不足，依靠单一的制导方式是难以实现的。因此，先进的精确制导武器系统往往采用复合制导方式，在同一武器系统的不同飞行段、不同的地理和气候条件下，采用不同的制导方式，扬长避短，以解决上述问题，实现准确命中目标。组合方式依导弹类别、作战要求和目标等不同而异，如自主+寻的、自主+遥控、遥控+寻的和自主+寻的+遥控等。常用的复合制导方式有：红外+毫米波寻的制导、惯性+地形匹配+卫星定位制导等。复合制导方式在一些地空、空地、地地战术导弹制导系统中均已采用。

2．精确制导武器的制导原理

一是通过探测装置（传感器或敏感器件）探测或接收从目标发出

或反射的电磁波、红外辐射、声波，或从目标或环境反射的阳光、月光等信息，测量出目标（有时还有环境，如地面、海平面等）与武器的相对速度和位置（方位、距离），发现、跟踪目标，并对目标进行定位。二是将有关信息传送给数据处理装置（计算机），计算出武器飞行的轨迹与理想轨迹的偏差，给出消除偏差的指令。三是由控制系统修正控制武器的飞行轨迹或姿态，从而命中目标。

二、精确制导武器的发展与应用

（一）精确制导武器的发展概况

1903年，俄国科学家齐奥尔科夫斯基提出了燃烧液体推进剂的火箭、多级火箭和惯性导航的概念，推导出火箭速度的公式，奠定了现代火箭和航天技术的理论基础。第二次世界大战期间，德国人制造并在实战中使用了飞航式导弹（即巡航导弹）“V-1”和弹道式导弹“V-2”，标志着这种威力强大的新式武器的问世。

导弹源于火箭。最早的火箭则源于我国。近代的火箭是依靠火箭发动机推进的飞行器。它根据不同的用途装有不同的有效载荷。当有效载荷是战斗部，并且对火箭的飞行可以实施控制、导向的火箭武器，就被称为导弹。装有战斗部，但发射后不可控制的称为火箭弹。有效载荷不是战斗部的火箭则称为探空火箭、运载火箭等。

第二次世界大战后的60多年间，随着现代科学技术的不断进步，导弹武器进入了一个新的发展时期，目前已发展到第五代。

第一代导弹是20世纪40年代中期至50年代末发展的。主要标志是战略导弹和高空导弹研制成功。这一代的特点是：地面储存，地面发射，不易隐蔽，生存能力低，发射前加注燃料，反应时间长，命中精度低（圆公算偏差3千米以上）。

第二代导弹是20世纪50年代末至60年代中期发展的。在此期间，出现了战术导弹。第二代导弹的特点是提高了战略导弹的生存能力，陆基导弹由地面发射改为地下井发射，潜射导弹由水面发射改为水下发射。射击精度有所提高。

第三代导弹是20世纪60年代中期至70年代初发展的。主要针对反导武器的出现，重点解决战略导弹的突防问题。着力发展多弹头技术，使对方无法同时对几个至十几个弹头进行拦截。并且随着微电子和计算机技术在制导技术中广泛应用，相继出现了电视制导、红外制导、雷达波束制导和激光制导的航空炸弹。70年代中期，开始出现了“精确制导武器”这一术语。

第四代导弹是20世纪70年代初至80年代以来设计研制的。主要是提高导弹的命中精度和机动发射能力，争取首发命中，保证自身安全，以使在核战争中有足够的反击能力。并且在70年代末80年代初出现了制导炮弹。

第五代导弹是20世纪90年代开始，向“人工智能化”方向发展。它们具有一定的逻辑判断、对比识别能力，在实施攻击时，不仅能够进行威胁判断、多目标选择和自适应抗干扰，还能够自动选择最佳命中点，自动寻找目标最易损、最薄弱、最关键的部位。并且，能够在一定程度上识别真假目标，与其他导弹协调工作。

精确制导武器自投入战场以来，已显示出超常的作战能力，它不断影响着现代战争的模式和进程，不断改变着人们早已形成的军事思想和固有观念。从20世纪60年代的越南战争，70年代的中东战争，80年代的几场局部战争，90年代的海湾战争、科索沃战争，以及21世纪初的阿富汗战争、伊拉克战争，精确制导武器发挥了越来越大的作用，甚至可以说，现代战争是无导不成战。

（二）我国精确制导武器的发展概况

我国精确制导武器的发展，起步于20世纪50年代，发展于60年代，完善于80年代。经过50多年的努力，我国精确制导武器的发展取得了巨大的成绩，现已形成门类齐全，种类繁多，多系列、多型号的导弹家族。我国现在不仅拥有一支具有一定规模和作战能力、装备多种型号地地战略导弹的第二炮兵，而且陆、海、空军也不同程度地装备了精确制导武器。

20 世纪 50 年代中期，在毛泽东等老一辈无产阶级革命家的关怀和支持下，我国组建了导弹研制机构及相应的试验基地。1960 年 11 月 5 日，我国仿制的第一枚地地近程导弹“东风一号”发射试验成功。随后在自力更生方针指导下，我国的火箭导弹事业迅速实现了从仿制到自行研制的转变，走上独立发展的道路。到 1976 年底，我国先后研制和成功发射了中近程、中程、中远程和远程地地导弹，并成功完成了导弹核武器试验。80 年代以来，在“两弹一星”的基础上，又顺利完成了洲际导弹、潜地导弹的研制任务。相继于 1980 年 5 月 18 日向南太平洋预定海域成功发射了洲际导弹，1982 年 10 月 12 日成功地进行了潜艇水下发射导弹试验，1988 年 9 月 15 日导弹核潜艇水下发射潜地导弹获得成功，使我国的战略导弹核武器迈上新台阶。最近十年来，我国的精确制导武器又有了新的进展和突破，大大提高了我国战略导弹核武器的机动性和生存能力，充分展示了我国的尖端科学技术和强大的军事实力，对于提高我国的国际地位、振奋民族精神、维护世界和平起着重要的作用。

（三）精确制导武器的应用

精确制导武器中，数量最多的是各类导弹，此外，制导炮弹、制导炸弹等精确制导武器的数量与品种也日渐增多。按照不同的战术用途，精确制导武器的主要应用情况如下。

1．防空导弹

防空导弹是从地面或舰艇上发射攻击空中目标的导弹。其中地面发射的称为地对空导弹，舰艇上发射的称为舰对空导弹。防空导弹加上发射装置、目标探测与跟踪设备、火控设备和技术保障设备以及操作人员，构成可以独立作战的防空导弹系统。按导弹拦截目标的距离和高度，可分为中远程中高空防空导弹、中近程中低空防空导弹和近程低空防空导弹，按部署方式分，有固定阵地防空导弹、车载（舰载）机动式防空导弹和便携式防空导弹。

目前世界上装备防空导弹约 100 多种，其中地对空导弹 70 余种，舰对空导弹 30 余种。比较有代表性的防空导弹有美国的“爱国者”系列、俄罗斯的“萨姆”系列、法国的“SA-90”和“西北风”等。“爱国者”属于中远程中高空防空导弹，最大射程70千米。前苏联和俄罗斯发展的“萨姆”系列防空导弹共有19个型号，其改进型SA-10C和SA-10D有效射程分别达到150千米和200千米，兼有反飞机和反战术弹道导弹能力。

2．巡航导弹

巡航导弹是在大气层中飞行，利用气动升力平衡其重量，依靠推进装置的推力克服前进阻力，大部分时间以近等速、等高状态飞行的有翼导弹。它是飞航式导弹中体积最大、射程最远、唯一能携带核战斗部进行远程战略攻击的导弹。按作战任务不同，巡航导弹可分为战略巡航导弹和战术巡航导弹。射程在500千米以上、用于攻击地面战略目标的称为战略巡航导弹，射程较近、用于攻击陆上高价值目标或海上目标的称为战术巡航导弹。战术巡航导弹带常规弹头，战略巡航导弹既可带常规弹头也可带核弹头。现装备的巡航导弹的主要缺点是飞行速度慢（亚音速），一旦被发现，可用多种武器拦截。

3．反坦克导弹

反坦克导弹是指用于摧毁坦克和其他装甲目标的导弹。近年发展的反坦克导弹还可用于摧毁其他坚固目标，如防空阵地、地面指挥所和防御工事、桥梁、水面舰艇等。它与火箭筒、无后坐力炮、反坦克炮等传统的反坦克武器相比，具有射程远、精度高、威力大、重量轻、机动性强等特点。现已成为反坦克武器系统的主力军。

反坦克导弹有多种分类方法：按发射平台可分为单兵便携、三脚架发射式、车载式、炮射式和机载发射式。按射程可分为近距离（1000米内）、中距离（1000～3000米）和远距离（3000米以上）三类。目前，反坦克导弹已发展到第三代，比较有代表性的如美国的“海尔法”和“陶-2B”、前苏联的“AT-6 螺旋”、法国与德国的“霍特-2”等类型。

4．空空导弹

空空导弹是指从空中平台发射、攻击空中目标的导弹。它是歼击机对空作战的主要武器，也是歼击轰炸机、轰炸机和强击机的空中自卫武器。它与航炮相比，具有射程远、命中精度高、毁伤威力大等优点。按射程可分为近距（20 千米以内）、中距（20～100 千米）和远距（100 千米以上）空空导弹。目前，空空导弹已发展到第四代，第三代仍是空空导弹的主力。

5．反辐射导弹

反辐射导弹是利用敌方雷达的电磁辐射进行导引，攻击敌方雷达及其载体的导弹，又称反雷达导弹。反辐射导弹属于电子战中的硬杀伤武器，有空对地、空对空和舰对舰等类型。空对地型主要用以攻击防空警戒雷达、导弹制导雷达和高炮瞄准雷达等目标；空对空型用于攻击机载雷达和机载电子干扰机及其载机，如预警飞机、战场监视雷达飞机和电子战飞机等。

6．地地战术弹道导弹

地地战术导弹是从地面发射攻击敌方战役纵深内重要目标的导弹。地地战术导弹按弹道特征可分为战术弹道导弹和战术巡航导弹。按射程可分为远程（500～1000 千米）、中程（300～500 千米）和近程（300 千米以内）地地战术导弹。

目前，地地战术弹道导弹已发展到第三代，全部采用固体火箭发动机，机动式发射，制导技术先进，反应速度快，命中精度高，有多种战斗部，可用于不同的作战目的，已成为陆军作战的重要武器。

7．激光制导炸弹

利用目标反射的激光作引导、对目标进行轰炸的航空炸弹，是一种精确制导武器。照射目标的激光器通常装在飞机上，投弹时，弹上的激光导引头接收目标反射的激光，通过弹翼控制使炸弹投向目标。激光制导炸弹可以从高空投掷，也可以从中空或低空投掷，命中精度比普通炸弹高出上百倍。激光制导炸弹的主要缺点：一是受云、雾、雨、雪和烟尘等影响，不能全天候使用；二是携带激光器的飞机（投弹飞机本身或其他飞机）在炸弹命中目标之前不能离开，容易受到敌方防空火力的攻击。

三、精确制导武器的弱点及对抗思路

（一）精确制导武器的弱点

精确制导武器与侦察监视、指挥控制系统一起，共同构成了一个完整的侦察、指挥、打击的综合系统。任何一部分或部分结合出现故障和差错，都会影响武器整体的效能。因此，精确制导武器自身也存在弱点，如系统组成复杂，对信息的依赖程度较高；电子系统比较脆弱，抗干扰能力不强；易受战场环境和气象条件影响，战场使用受限；尚未完全实现“智能化”，敌我识别能力不强等。

（二）精确制导武器的对抗思路

防御精确制导武器必须从体系对抗入手，着眼于从整体上降低精确制导武器的打击效果，利用精确制导武器存在的薄弱环节，有的放矢，扬长避短。而且，精确制导武器的对抗，首要的是信息对抗，谁在这场信息对抗中占有主动，谁就有可能获得优势，摆脱被动挨打的境地。目前主要有“毁、扰、骗”三大类措施。

1．先发制敌

在敌人还未发射精确制导武器之前，首先摧毁敌方精确制导武器系统。这是最积极、最有效的方法。主要措施：一是不让敌武器平台发挥作用。二是打击敌武器系统中的关键环节。

2．直接利用反导防空系统拦截或利用新概念反导武器拦截

如激光武器、粒子束武器、高功率微波武器、动能拦截弹等。

3．干扰破坏

主要是电子战领域的对抗，可采用光学干扰、电子干扰、诱饵干扰等手段。

4．积极防护

综合运用先进的伪装、欺骗、示假、隐身等技术手段，对己方实施必要的屏蔽防护措施。

四、精确制导武器的影响与发展趋势

（一）精确制导武器对现代战争的影响

精确制导武器是现代战场上具有实战应用和威慑双重作用的武器。近几场高技术局部战争表明，精确制导武器已经成为战场的主力兵器，它的不断发展和广泛应用，大大改变了作战的进程和作战的结果，对现代战争产生深远的影响。

1．提高了作战效能，成为现代战场的主要打击武器

20 世纪 70 年代初越战期间，美国为了轰炸河内附近的清化大桥，曾出动 600 多架次飞机，投掷 5000 多吨炸弹，被击落击伤飞机 57 架，仍未炸毁该桥。后试用刚刚研制成功的激光制导炸弹，仅出动 12 架次飞机，就将大桥炸毁，飞机无一损伤。而在海湾战争中，精确制导武器对现代战争和作战的影响更为明显。在这场战争中，以美国为首的多国部队使用的精确打击弹药虽然仅占总弹药的 8%，但却摧毁了伊拉克 80%的重要目标，成为多国部队在 42 天内速战取胜的重要因素。在海湾战争以后的历次战争中，精确制导武器的使用数量占全部弹药总量的比例不断上升，科索沃战争为 35%，阿富汗战争为 56%，2003 年伊拉克战争时已达 68%。到 20 世纪末，世界上拥有精确制导技术并能自行研制生产精确制导武器的国家已有 20 多个，而且近 100 个国家和地区的军队装备了这种武器。目前，几乎所有国家都或多或少地拥有水平不等的精确制导武器，它已经成了现代战场的主要打击武器。

2．精确制导武器使作战样式发生深刻变化

精确制导武器的发展和在现代作战中的大量使用，导致了许多新的作战样式的出现或变化：一是使超视距、多模式、多目标精确打击成为可能。二是可以同时连续精确地打击整个战场纵深，减少前沿的短兵相接，使前后方界线模糊，战场呈“流动”状态、非线性或无战线化。三是实现“外科手术式”打击，使得对点目标攻击的附带损伤

和破坏可以降至尽可能小的程度。四是提高了全天候、全天时的作战能力。

3．精确制导武器成为改变军事力量对比的杠杆

首先，精确制导武器正在改变坦克、飞机、大炮、军舰等大型武器装备的传统军事价值，它与电子战密切配合，将成为战争制胜的重要因素。其次，精确制导武器改变军事力量平衡的作用越来越明显和重要，成为改变战争双方军事力量对比的重要杠杆。第三，精确制导武器促进了常规威慑力量的形成。

（二）精确制导武器的发展趋势

最近几场高技术局部战争证明，精确制导武器已成为现代战争的基本火力。随着微电子、光电子、计算机、新材料等技术的发展，精确制导武器的水平将得到进一步提高。

1．智能化

使制导武器具有某种人工智能，能够自主搜索、发现、识别、定位、跟踪和攻击目标，而且要增强其对运动目标的打击能力，并对攻击效果及时进行毁伤评估。可以区分目标种类，首先攻击对己方威胁最大的目标，并有选择地攻击敌方的高价值目标以及薄弱部位和易损部位。未来的武器精度将不再以是否命中目标来衡量，而是以瞄准点来衡量，即直接摧毁目标的某一要害部位，精度将从现在的 10 米量级提高到 1 米量级，并力求全天候使用。

2．轻型化

采用新型材料、新工艺、微型化、固体化、多功能化的部件，简化系统的组成，减小重量和体积，降低飞机的运载负荷及反导武器的拦截概率。目前，美国正在发展一项微型灵巧弹药技术，可以将一种 250 磅的炸弹装入隐形飞机内，这种炸弹与 2000 磅炸弹具有同等的毁伤效果，而飞机的运载负荷却降低了 70%～80%。轻小型和多功能化的实现，将使精确制导武器的费用显著下降，成为负担得起的高技术武器。

3．隐身化

隐身的意义在于在能够发现常规目标的距离上，发现不了采用隐身技术的同类目标。未来，巡航导弹将通过综合利用雷达、红外和声学等隐身技术，使导弹的雷达反射截面、红外信号特征和噪声进一步减小，使防御系统进行探测和跟踪更加困难，以提高导弹的突防能力，增加攻击的突然性。

4．远程化

为扩大打击范围，增强打击的灵活性、突然性，提高己方发射平台的作战能力和生存能力，目前，各主要军事大国的研究重点在努力发展远射程、高速度的精确制导武器，将实施“防御圈外”远程攻击和用较小代价换取较大胜利作为克敌制胜的重要手段。

5．模块化

将武器系统分成若干组件，每个组件都采用模块化设计，制成标准配件，通过不同的组合使它们具有不同的功能，以适应不同军种和多种作战的需要。既便于日后的改进，也会大大降低费用和技术维修、保障难度。

6．系列化

用一种大致相同的构思研制多用途导弹系列。其优点在于：一是便于技术继承、提高和性能改进；二是能够缩短新型号导弹的研制生产周期，提高效费比；三是有利于促进某些在实战中证明是有效的导弹的技术改进。

第三节　伪装与隐身技术

侦察探测技术的迅猛发展，必然使与之相对抗的反侦察技术不断发展。伪装技术已成为对付侦察探测和精确打击最有效的技术之一。而隐身技术作为伪装技术领域的拓展和延伸，更是现代进攻性武器装备增加突防能力的重要手段。

一、伪装技术

（一）概述

伪装技术就是隐真示假，为欺骗或迷惑对方所采取的各种隐蔽措施。是军队战斗保障的一项重要内容。伪装的目的在于通过隐蔽真目标、设置假目标、实施佯动、散布假情报和封锁消息等措施，以降低敌方侦察器材的侦察效果，提高目标的生存能力，使敌人对己方军队的行动、配置、作战侦察和各种目标的位置、状况等产生错觉，造成指挥失误，从而实现己方军队的行动自由，最大限度地发挥兵力兵器的作战效能，取得战役战斗的胜利。

1．伪装技术的基本原理

伪装的基本原理，就是调整或处理目标与背景之间的关系。减小目标与背景在光学、热红外、微波波段等电磁波波段的散射或辐射特性的差别，以隐蔽目标或降低目标的可探测性；模拟或扩大目标与背景的这些差别，以构成假目标欺骗敌方。任何目标均处于一定的背景之中，目标与背景之间在外貌、物理特性方面各不相同，两者之间存在差别，正是这种差异使得目标容易被各种侦察器材所辨认出来。目标的可探测特征包括：形状、尺寸、色泽、位置、阴影、声音、痕迹、电磁波、热辐射等。

军事伪装就是通过利用电子、电磁、光学、热学和声学等技术手段，改变目标本身原特征信息，实现目标对周围背景的模拟复制，降低或消除目标的可探测特征，以实现目标的“隐真”；或是模拟目标的可探测特征，仿制假目标以“示假”。

2．伪装技术的分类

军事伪装有各种不同的分类。按其在战争中的运用范围，可分为战略、战役和战术伪装；按其所对付的侦察器材，可分为雷达波段伪装、可见光及红外波段伪装、防声测伪装等。另外，按所采用的技术，可分为传统伪装和高技术伪装。

（二）伪装技术措施

伪装技术主要包括：天然伪装、迷彩伪装、植物伪装、人工遮障伪装、烟幕伪装、假目标伪装和灯火与音响伪装等。

1．天然伪装

天然伪装，就是充分利用地形、地物、夜暗和能见度不良的天候条件等来隐蔽目标，降低目标的可探测性。其主要原理在于：可见光、红外线、雷达波是直接传播的，陡峭的崖壁、高山、谷地、土坝、沟壑、森林等地形、地物都可造成观察死角，使目标得到较好的隐蔽；夜暗、雾、雨、雪天候，不利于敌方的光学侦察，降低敌方雷达、红外、声测和遥感侦察的效能，也可隐蔽军队的行动。

2．迷彩伪装

迷彩伪装，主要是以背景反射光谱特性为基础，确定迷彩颜料或涂料的配方，科学地复制背景，以消除目标的光泽，降低目标的显著性和改变目标外形及轮廓。伪装迷彩大致可分为保护色迷彩、变形迷彩、仿造色迷彩、光变色迷彩、多功能迷彩和数码迷彩等。

新型的数码迷彩，又称数位迷彩，采用计算机辅助图形设计、配色（空间混色）和喷涂技术，制造出如同电视屏幕和电脑屏幕“像素”般的点阵迷彩图案。这种迷彩中的各色小斑点相互渗透，疏密不一，分布形成不均匀的组合，利用空间混色原理，在不同距离上形成大小不一的图案。近距离看去是小斑点迷彩，远看去则为大斑点迷彩。被伪装的目标，在外观上始终被这些对比鲜明的斑点所分割、变形，很好地起到了伪装的作用。

3．植物伪装

植物伪装就是利用种植植物、采集植物和改变植物颜色等方法对目标实施伪装。植物伪装简单易行，在现代战争中仍是常用的伪装技术，而且十分有效。

由供植物生长的营养剂特殊加工而成的超级植物毯，是一种生长迅速、耐旱、适应性强、外形各异、依周围天然环境变化而变化的超级植物，植物的种子就编在其中。使用时只要用水喷灌，就能在短时间内快速生长，长成后则在较长时间内保持不变，形成一种天然植物伪装。

根据“变色龙”色素细胞的变色原理，利用生物技术将变色基因移植到前述的超级植物中去，而制造出的光变色植物，具有变色功能，能自动适应周围背景的变化。

4．人工遮障伪装

人工遮障伪装就是利用各种制式伪装器材，设置对目标进行遮蔽的屏障，伪装遮障由遮障面和支撑构件组成。遮障面采用制式的伪装网或就便材料编扎，制式遮障面有叶簇式薄膜伪装网、雪地伪装网、伪装伞、反雷达伪装网、反红外侦察伪装遮障和多频谱伪装遮障等。支撑遮障按其用途和外形分为水平遮障、垂直遮障、掩盖遮障、变形遮障和反雷达遮障等5种。

人工遮障的设置必须尽量使遮障面轮廓、斑点、图案和物理特性（如反射可见光、红外线、雷达波等）与周围背景相接近，同时还应考虑敌方在不同距离处的观察效果，以免暴露。

传统的遮障伪装一般在较窄的波谱范围内有效，而新的多频谱伪装遮障伪装技术则在可见光、红外和微波范围内均有遮蔽作用，可降低目标显著性。目前，正在研制一种将变形迷彩与伪装网特点相结合的多功能变形遮障装置，适用于对静止和运动目标进行伪装遮障。这种遮障采用具有光学、红外、雷达三种防护功能的伪装网制作，由几米或更小尺寸的小块组成。遮障不是将整个目标全部盖住，而是分别安装在目标易暴露部位或具有特殊形状的部位，并和原有的迷彩有机结合，从而起到很好的伪装效果。

5．烟幕伪装

烟幕伪装就是利用烟雾遮蔽目标，以迷惑敌人或使来袭制导武器失效。这种无源干扰技术通过散射、吸收的方式衰减光波能量，干扰敌方光学侦察。在红外波段，经过改进的烟幕同样具有遮蔽作用。同时，烟幕还可用于对付激光制导炸弹等。

常用的气溶胶烟幕伪装器材主要有：发烟手榴弹、发烟火箭、发烟炮弹、烟幕施放器、发烟炸弹、飞机布洒器和航空发烟器等。

烟幕伪装形成遮障的时间短，遮蔽范围广，能有效地降低敌方的侦察效果，使敌无法精确确定目标的所在位置，从而降低武器对目标的命中率，特别是降低了对坦克、车辆等活动目标的命中率。向烟幕笼罩的目标射击，命中效果要降低 70%～80%；用烟幕来迷盲敌方发射阵地，敌方射击效果要降低 90%。烟幕还将造成敌方人员强烈的心理压力，使之陷入混乱之中而削弱战斗力。

新型烟幕具有烟障形成时间缩短，烟障面积扩大，烟剂毒性降低的特点，其干扰频率范围跨越了紫外、可见光、红外波段。随着纳米材料技术的发展，纳米晶体材料可望用于形成新型气溶胶。这种气溶胶形成的烟幕在可见光波段有较强的散射作用，对微波、红外具有较强的吸收能力，同时还能强烈地反射雷达波，能全波段干扰敌方的侦察。气溶胶烟幕伪装作为一种简单、快速而经济的伪装越来越受到高度重视。

6．假目标伪装

假目标伪装主要包括形体假目标和功能假目标两类。前者主要指仿造的兵器（如假飞机、假坦克、假军舰等）、人员、工事、桥梁等形体假目标，来迷惑敌人和火力，从而有效地保护真目标；后者是指各种角反射器、尤伯透镜反射器、热目标模拟器、红外诱饵弹、综合红外箔条等具有反射雷达波或产生热辐射等特定功能的假目标。假目标伪装的关键在于制作外形、尺寸应与真目标一致，在红外辐射及微波反射特性上，应尽量类似于真目标。

7．灯火与音响伪装

灯火与音响伪装就是通过消除、降低和模拟目标的灯火与音响，以隐蔽目标或迷惑敌人所采用的伪装技术。

灯光伪装分为室内灯火伪装和室外灯火伪装。室内灯火伪装包括遮光、降低照明强度、限制照射范围、模拟透光窗户等方面。室外灯火伪装主要有信号灯的隐蔽、车辆前后灯的遮蔽、发光标志的隐蔽，或采用新型冷光源模拟正在行驶的车辆灯光和模拟作业场的灯火等。

音响伪装，可通过消除音响使目标音响在到达侦听点时比环境噪声小15分贝。如不能达到消除音响的要求，也应尽量降低音响，声级每降低6分贝，可使侦听距离缩小1/2。

8. 智能蒙皮伪装

表面由众多微电子系统元件组成的智能蒙皮，可以传感外来红外、近红外和雷达等辐射，使表面发生改变，实现与背景的良好匹配，达到伪装的目的。

二、隐身技术

（一）概念

隐身技术，又称隐形技术、低可探测技术或目标特征控制技术，是通过降低武器装备等目标的信号特征，使敌方探测系统不易发现或发现距离缩短，使其难以被发现、识别、跟踪和攻击的综合性技术。

（二）隐身技术现状

隐身技术主要包括：雷达隐身技术、红外隐身技术、电子隐身技术、可见光隐身技术和声波隐身技术等。

1. 雷达隐身技术

当雷达发射出的电磁波遇到金属目标时会发生反射。由于军事目标（如飞机、导弹等）的形状很复杂，雷达波照到目标上会在各种不同的方向上发生反射（散射）。对单站雷达而言，只有与入射波方向一致的那部分反射波才会被雷达接收。要使目标的隐身能力强，就必须减弱雷达所能接收到的反射波，即减小目标的雷达散射截面积。目前，研究使用的雷达隐身技术主要包括：隐身外形技术、隐身材料技术、自适应阻抗加载技术、微波传播指示技术、等离子体隐身技术等。这些技术雷达隐身效果虽好，但都存在一定的局限性。如通过隐身外形设计可降低飞行器的雷达散射截面积，但会影响其气动性能；飞行器表面涂敷吸波材料，会增加其重量，影响其载荷能力等等。因此，使用各项隐身技术要与装备的战术技术性能结合权衡考虑。

2．红外隐身技术

随着红外侦察、红外制导技术的发展，与之相对抗的红外隐身技术也迅速发展起来。红外隐身技术是指抑制目标在敌方红外探测系统方向上的红外辐射，以降低敌方红外探测系统对目标的探测概率的技术。目前研究使用的抑制目标红外辐射的技术措施主要有：

一是改变红外辐射波段。通过改变红外辐射波段，使飞机等目标的红外辐射波段处于探测器的响应波段之外，或者使目标的红外辐射避开大气窗口而在大气层中被吸收和散射掉，从而达到隐身的目的。如采用可变红外辐射波长的导型喷管，在燃料中加入特殊的添加剂改变红外辐射波长。

二是降低红外辐射强度。这是红外隐身的主要技术手段。如，飞机采用散热量小的涡轮风扇发动机，坦克采用陶瓷绝热发动机，使用能降低排气的红外辐射的新燃料，装备表层采用吸热、隔热材料和涂料，利用气溶胶屏蔽发动机尾焰的红外辐射，采用闭合环路冷却环境控制系统，降低荷载设备的工作温度等，以降低目标的红外辐射强度。

三是调节红外辐射的传输过程。直升机动力排气系统的红外抑制器就有这种功能，因而能有效地抑制红外探测器威胁方向的红外辐射特征。

由于各种军用目标的红外辐射特征不同，所采用的红外隐身技术措施的侧重点也就不同。例如，飞机的红外辐射源较多较强，因而红外隐身技术要综合采用上述多种措施；直升机主要通过改变发动机的喷口和尾焰，因而应把改进发动机结构、降低尾焰温度及改变尾焰的空间分布等作为红外隐身技术的重点；对于弹道导弹弹头，再入段的气动加热是其红外隐身的重点，可采用纳米波红外隐身涂层、长波红外烟雾遮蔽技术、双向异性多层薄膜涂层等降低弹头的红外特征。

3．电子隐身技术

电子隐身技术主要是抑制武器装备等目标自身的电磁辐射。目前采用的主要技术措施有：减少无线电设备，如用红外设备代替多普勒雷达，用激光高度表代替雷达高度表，用全球定位系统代替无线电导航系统等；采用低截获概率技术改进电子设备，如采用发射功率自动管理技术；减小电缆的电磁辐射，如尽量缩短各种电子设备的距离，用光缆取代电缆等；避免电子设备天线的被动反射，如将天线做成嵌入目标体内的结构；对电子设备进行屏蔽，如改进装备结构，采用特殊材料和涂料，以减少电磁辐射等等。

4．可见光隐身技术

可见光隐身技术，就是通过减少目标与背景之间的亮度、色度和运动对比特征，达到对目标视觉信号的控制，以降低被可见光探测系统发现的概率。目前投入使用和研究的可见光隐身技术措施主要有：改进目标外形的光反射特征；控制目标的亮度和色度，以使目标与背景的亮度和色度匹配；控制目标发动机喷口的火焰和烟迹信号；控制目标照明和信标灯光；控制目标运动构件的闪光信号等。

5．声波隐身技术

声波隐身技术，就是通过减弱目标向周围介质的噪声传播，从而达到降低目标被对方声波探测设备发现的概率。目前研究使用的主要技术措施有：发动机和辅助机械采用超低噪声设计；采用吸声和阻尼声材料，以及减振和隔声装置；减小螺旋桨对介质的扰动噪声；合理进行目标整体设计，以避免发生共振现象等。

（三）隐身武器装备

运用隐身技术制造出的隐身武器装备，具有不易被敌方雷达、红外、电子、可见光和声波探测等系统发现的特性。隐身技术为有效地解决武器装备的战场生存问题提供了新的途径，改变了传统的那种靠增加钢甲厚度而牺牲机动性能来提高生存能力的方法，实现了隐身、机动和防护的完美结合。因此，隐身武器装备格外受世界各国军队的青睐。目前主要隐身武器装备，包括：隐身飞机、隐身导弹、隐身舰船、隐身坦克等。这些武器装备能具备出色的隐身性能，是因为隐身技术被成功地运用在其外形、结构和材料设计三个方面。

1．隐身飞机

隐身飞机是隐身武器研制最早、发展最快、隐形技术含量最高、取得成果最多的隐身兵器。隐身飞机之所以能有效地对付雷达、红外、电子、可见光和声波的探测，就是由于它综合运用了各种隐身技术，降低飞机的雷达散射截面积、红外辐射特征，控制飞机的可见光目视信息特征及降低飞机的噪声等。它的发展经历了利用单一技术对飞机进行局部隐形和运用综合技术对飞机进行全面隐形两个阶段。已研制成功的隐形飞机主要有：SR-71 隐形高空侦察机、F-117A 隐形战斗轰炸机、B-1B 隐形战略轰炸机、B-2A 隐形战略轰炸机、F-22“猛禽”战斗机、S-37“金雕”战斗机（俄），以及隐身直升机和隐身无人侦察机等。

2．隐身导弹

隐身导弹是伴随隐身飞机发展起来的，目的是减小被拦截概率，增强突防和攻击能力。导弹隐身主要是通过采用雷达吸波材料及特殊的头部外形设计以减小雷达散射面积，改进发动机及尾气排放装置以降低导弹的红外特征来实现的，如 AGM-86B 型、AGM-109C 型和 AGM-129 型隐身战略巡航导弹，AGM-137 型和 MGM-137 型等都是近年来美国成功研制的隐身战术导弹。法国生产的巡航导弹，采用翼身融合体，使用吸波材料来减少雷达截面积。隐身导弹已成为一种发展趋势，不仅发展隐身巡航导弹、地对空导弹、反舰导弹，有些国家还正在探索研制隐身洲际弹道导弹。

3．隐身舰艇

隐身飞机的迅速发展和出色表现，极大地促进了隐身战舰的发展。舰艇隐形技术，是通过降低舰艇及武器装备的信号特征，使其难以被发现、识别、跟踪和攻击的技术。舰艇隐形技术按所针对的传感器可分成：反雷达探测隐形、反红外探测隐形、反电子侦察隐形、反声波探测隐形、反可见光隐形、反磁场探测隐形和反尾流探测隐形等。

海湾战争以后，各国舰艇的隐形化已呈明显的加速趋势。如美国“海影”号隐身军舰、“美洲狮”级隐身护卫舰、“阿莱·伯克”级驱逐舰、SSW-688“洛杉矶”级潜艇、“海狼”级潜艇、俄罗斯的“立方体”多功能隐身护卫舰、“基洛夫”级隐身驱逐舰、636和877“基洛”级隐身潜艇、“阿库拉”（又名“鲨鱼”）级潜艇、SSN-P-IX级潜艇、日本的“金刚”级驱逐舰、法国的“拉斐特”级护卫舰、瑞典的“斯米厅”隐形舰、以色列的“埃拉特”级轻型护卫舰等。

4．隐身坦克

随着现代高技术反坦克武器的发展，坦克一旦被发现就很容易被摧毁。引入隐身技术使其难以被发现是增强坦克生存能力十分有效的途径。当前采取的主要技术措施有：减弱对光波、雷达波的反射能力；降低坦克的红外辐射；发展隐形涂层，降低微光仪器探测概率，用变形迷彩替代保护迷彩，高技术迷彩替代普通油漆，增加热红外隐形涂层、吸收雷达波涂层、激光隐形涂层以及全波谱隐形涂层等；降低坦克的噪声等。如美国的M-113隐身装甲车、俄罗斯的T-95主战坦克、BM-2T步兵战车等都具有很强的隐身性能。

（四）隐身技术的发展趋势

随着现代科技的飞速发展，在传统隐身技术的基础上，将会不断涌现出新的隐身技术，如仿生学隐身技术、等离子隐身技术、微波传播技术、有源隐身技术等，同时新的隐身材料也将会相继诞生，如高分子隐身材料、纳米隐身材料、结构吸波材料、智能隐身材料等。伴随着侦察监视技术的不断发展，与之相生相克的隐身技术水平也会不断提高，隐身技术的发展前景是非常广阔的。

1．雷达隐身的频段将得到扩展

现代探测雷达的工作波段正在从厘米波向米波和毫米波，甚至红外、激光波段扩展，为了达到反隐身目的，隐身技术所能适应的波段也必须进行相应的扩展，使用新型宽频带吸波涂料和结构型材料，研制宽频带干扰机等，这样才能达到隐身的目的。

2．隐身材料的功能将不断发展

随着隐身技术的不断发展，隐身材料的功能也将会得到扩展，如新型隐身材料必须具有宽频带特性，能同时对付雷达和红外探测器；

雷达吸波材料将采用超细粉末和纳米材料，以达到重量轻、透气性能好的优点等。

3．综合运用各种隐身技术

由于现代侦察探测系统是多种探测技术的集中体现，这就决定了隐身技术也必将是一项多学科的综合技术。只有综合运用各种隐身技术，才能达到理想的隐身效果。

4．隐身技术的应用将更加广泛

隐身技术除应用在隐形飞行器、地面坦克和火炮、水面舰艇、水下潜艇等各种武器装备，甚至可能诞生具有隐身性能的机场、机库、士兵、侦察系统、通信系统和雷达等。

5．降低隐身武器装备的成本

由于目前采用隐身技术的成本很高，如吸波结构材料和吸波涂料的价格非常昂贵，导致隐身武器装备的造价不菲。例如，B-2A 隐身战略轰炸机的售价高达 22 亿美元，F-22 隐身战机售价近 2 亿美元，远远贵于 F-16 的 2000 万美元。因此，如何在技术上突破，降低隐身武器装备的成本，是今后隐身技术发展的重要方向。

第四节　侦察监视技术

现代科学技术特别是高技术的发展，使军事侦察监视技术和能力有了极大的提高。利用高技术集成的侦察监视系统，可进行全时段、大地域的侦察监视，为军队调整部署和实施精确打击提供信息。

一、侦察监视技术的基本概念

现代军事侦察监视技术是为了获取政治、军事斗争所需情报而进行的活动，通常是指发现、识别、监视、跟踪目标，并对目标进行定位所采取的一系列技术措施。在高技术条件下，现代侦察监视技术是获取对方信息的主要技术手段，它可以为指挥人员的决策提供及时、全面、准确的情报信息，是夺取战争胜利的重要保障。

二、实施侦察监视的基本原理与工作过程

任何物体都具有向外发射和反射电磁波、光波和声波的能力，而且不同的物体发射和反射的情况千差万别，这就可以通过人的感观或借助一些技术手段，将目标与背景区分开来，成为侦察监视的基本依据。

其工作过程通常是：利用多种媒介传感器，接收目标发射或反射的电磁波、光波和声波等目标特征信息，然后对信号进行加工处理，进行图像显示或记录，进而发现、区分、识别、定位、监视和跟踪目标。发现，就是通过把目标与其背景作比较，将目标从背景中提取出来，以确定目标位置。区分，即根据目标的外形和运动特征来确定目标的种类。识别，是指对目标进行详细的辨认，确认目标的真假、敌友及确切的种类型号。定位，即按照一定的精度，确定目标的位置，通常包括目标的方位、高度和距离。监视，是指对目标进行严密的注视和观察。跟踪，是指对运动目标进行不间断的监视。

三、侦察监视技术的分类

现代侦察监视技术有许多种分类方式。根据运载侦察与监视技术设备平台的活动区域可分为地面、水面（下）、航空和航天侦察与监视；按侦察任务、范围和作用可分为战略、战役和战术侦察与监视；按照实施侦察与监视技术的原理可分为光学、电子和声学侦察与监视，如无线电侦察、照相侦察、雷达侦察、传感器侦察等。高技术的应用是现代侦察与监视技术的主要手段。

四、侦察监视技术的主要手段

（一）地面侦察监视技术

地面侦察监视是一种传统的侦察监视方式，它是在陆地上进行的侦察与监视。地面侦察监视手段很多，除了常见的光学侦察（如望远镜、侦察经纬仪、测距仪、地面远程摄影机等）外，主要包括无线电通信侦察、雷达侦察、地面传感器侦察及炮射电视等。

1．无线电技术侦察

无线电技术侦察是利用无线电波的传播、照射、反射的特性，使用无线电收信器材，搜集、截收和破译敌方无线电通信信号，查明敌方无线电通信设备的配置、使用情况及其战术技术性能，以判明敌人编成、部署、指挥体系和行动企图，为制定电子对抗作战计划，实施通信干扰和引导火力摧毁提供依据。

无线电技术侦察的方式，主要包括无线电侦收、无线电侦听和无线电测向等。无线电侦收，是使用无线电收信器材接收敌方无线电通信信号，以获取情报。无线电侦听，是使用无线电收信器材收听敌方无线电通话，以获取情报。无线电测向，是利用无线电测向设备确定正在工作的无线电台的方位。

由于无线电通信侦察具有侦察距离远、速度快，工作隐蔽，受环境、地形、气候等自然条件影响小的特点，因此，各国军队都十分重视运用这一手段。

2．雷达侦察

雷达侦察是利用物体对无线电波的反射特性来发现目标和测定目标距离、高度、方位和运动速度的一种侦察手段。具有探测距离远、速度快、精度高、能全天候使用并能自动搜索目标等特点，在战场上应用十分广泛，是目前应用比较广泛的一种侦察手段。

在侦察监视活动中，常用的有：用于警戒和引导的雷达及地面雷达。

用于警戒和引导的雷达可分为五类：第一类是对空情报雷达，主要用于搜索、监视和识别空中目标。它包括对空警戒雷达、引导雷达和目标指示雷达，以及专门用来探测低空、超低空突防目标的低空雷达。第二类是对海警戒雷达，主要用于探测海面目标。这类雷达一般安装在各种类型的水面舰艇上或架设在海岸、岛屿上。第三类是机载预警雷达。这类雷达通常安装在预警飞机上，主要用于探测空中各种高度上的飞行目标，并引导己方飞机拦截敌机、攻击敌舰或地面目标，它具有良好的下视能力和广阔的探测范围。第四类是超视距雷达。这种雷达利用短波在电离层与地面之间的跳跃传播，探测地平线以下的目标。它能及早发现刚从地面发射的洲际弹道导弹和超低空飞行的战略轰炸机等目标，可为防空系统提供较长的预警时间，但精度较低，主要用于潜射弹道导弹的预警。第五类是弹道导弹预警雷达。主要用于发现洲际、中程和潜地弹道导弹，并测定其瞬时位置、速度、发射点、弹着点等弹道参数。

用于地面侦察的雷达大致分为三类：第一类是短距离（3～5 千米）的单兵雷达，可以人背或支在三角架上，携带方便。这种雷达功率低、天线矮，只能探测近距离范围的车辆，一般只作为报警装置使用，测距误差小于 50 米。第二类是中距离侦察雷达，可由几人携带或安装在车辆上，重几十千克，能探测 5～8 千米处的车辆。第三类是远距离（20 千米左右）炮位侦察雷达，能跟踪打来的两发炮弹，用计算机算出它们的弹道，并根据两条弹道的交会点，算出炮兵阵地位置。新型的炮位侦察雷达，只要测出一发炮弹的两个点，就能算出弹道和炮位，这种雷达多用车载，作用距离为 20～30 千米。

3．地面传感器侦察

地面传感器是 20 世纪 60 年代出现并投入战场使用的一种辅助性战术侦察器材，可用飞机空投、火炮发射，或人工埋设到交通线上和敌人可能入侵的地段，主要用于执行预警、目标搜索、目标监视等任务，它能够适应各种环境，全天时、全天候、被动式地侦察敌人地面目标活动。地面传感器由探测器、信号处理电路、发射机和电源 4 部分组成。其工作过程是：对运动目标所产生的地面振动波、声响、红外辐射、电磁或磁能，由探测器接收并转换成电信号，再由信号处理电路放大和处理，送入发射机进行调制后发射出去，由设在远处的接收机接收、调制进而识别、发现目标。目前大量使用的地面传感器有：震动传感器、音响传感器、磁性传感器、红外传感器、压力传感器（应变电缆传感器）等。震动传感器通过探头拾取地面振动波来探测目标。音响传感器，俗称话筒，是一种声电转换器，工作原理与麦克风相同。磁性传感器利用磁场的变化探测目标，具有较强的目标识别能力。红外传感器利用钽酸锂材料制成的热释电探测器，根据热电效应进行工作，可在常温下探测。压力传感器利用应变钢丝的变形引起阻值变化来探测目标。

4．炮射电视

在战场上，当指挥员迫切需要了解数千米之外且一时无法进入地区的情况时，可以借助于炮射电视。炮射电视是 20 世纪 70 年代出现的一种小型电视，电视摄像机装在炮弹中，炮弹中除电视摄像机外，还装有发射机、天线、电池和降落伞。火炮将炮弹发射到预定地区的上空时，弹上的引信起爆，将弹内装的电视摄像机等抛出，随后降落伞张开，从 1000 米以上的空中缓缓下降。与此同时，电视摄像机开始工作，摄像机视角为 35º，拍摄面积可达 300 米×200 米，能分辨出地面上 2 米大小的目标。电视信号通过发射机实时传回接收站，并在荧光屏上显示出目标图像，使指挥员看到急于了解的情况，便于及时做出正确决策。

5．夜视技术

夜视技术是指在夜间或低照度条件下，用于扩展观察者视力范围，以达到实现隐蔽观察目的的技术。利用夜视技术制成的各种夜视仪器统称为夜视器材。夜视器材按工作方式分有主动式和被动式夜视器材，按工作波段可分为微光夜视器材和红外夜视器材两种。现代夜视器材主要包括主动式红外夜视仪、微光夜视仪和红外热像仪。

主动式红外夜视仪接收从自身携带的红外探照灯发出的红外线照射到目标后的反射光线，经过变像管的光—电—光转换，显示出可见光图像。主动式红外夜视仪技术成熟、造价低廉、目标亮度强、场景反差大、成像清晰、受环境照明条件较小、便于观察，在军事活动中得到广泛运用，但它作用距离短、体积大，容易被敌人发现。

微光夜视仪是通过像增强器增强目标反射的星光、月光等微光，达到人眼可见目标图像的一种夜间观察仪器。微光夜视仪本身不需要主动光源，是一种被动式成像系统。因而克服了主动式红外夜视仪容易暴露的缺点。级联式像增强器微光夜视仪可提高目标微光亮度增益倍数，增加探测距离，一般在星光条件下，能识别800米处的人员和1500米处的坦克。因此，许多国家将其用作远距离夜间观察装置。

红外热像仪简称为热像仪，是根据自然界中一切温度高于绝对零度的物体都能辐射出红外线，并且不同材料的物体辐射特性不相同的现象，利用红外探测器探测目标与背景及目标各部分之间的热辐射特性差异，来获得目标图像的一种被动式夜视器材。它具有以下优点：夜视能力强，大大超过主动式红外夜视仪和微光夜视仪，不仅能在夜间工作，而且能在有雾、雨和雪的恶劣天气条件下工作，其观察距离较远，可达10千米；探测灵敏度高，可探测出0.01℃的红外辐射温度差；隐蔽性好，由于其利用热辐射成像，是一种被动式装置，在对敌进行侦察时，不易被敌人发现；具有一定的识别伪装目标的能力，如它能探测到隐蔽在树林中的人员、车辆，能分辨出用树枝绿叶伪装的人员、车辆、火炮、工事等目标，能探测地雷、地下工事，能识别真假目标，而其他几种夜视器材均不具备此种能力；它还具有抗电磁干扰能力强、能获得目标状态信息等优点。

现代战争中，夜视器材不仅可以车载、舰载、机载，而且可以单兵携带，它已成为各军兵种夜间进行侦察、作战等活动不可缺少的装备。随着现代技术的发展，大量的夜视器材投入战场使用，使得夜间战场的透明度不断提高。毫无疑义，拥有先进夜视器材的一方将占有夜战主动权。

（二）水下（面）侦察监视技术

水下侦察监视，是利用水下侦察监视设备来探测水下的各种目标。水下侦察监视装备大体可分为水声探测设备和非水声探测设备。

水声探测装备，主要有声纳、水下噪声测量仪、声线轨迹仪、声速仪等；非水声探测装备，主要有磁探仪、红外线探测仪、废气探测仪等。目前，水下侦察监视网络是以水声探测为主构成的，非水声探测设备作为补充得到了较快的发展。

1. 声纳

声纳是利用声波对水中目标进行探测、定位和识别的水声探测装备。声纳根据使用对象不同，可分为水面舰艇声纳、潜艇声纳、航空声纳和海岸声纳等；按战术用途，可分攻击声纳、警戒声纳、探雷声纳、导航声纳和通信声纳等；按工作方式，分为主动式和被动式两种。

主动式声纳主要由发射机、换能器、接收机、显示器、定时器和控制器等组成。发射机产生电信号，经换能器，把电信号变成声信号向水中发射，声信号在水中传递过程中，如遇到目标则反射回来，返回的声信号被换能器接收后又变成电信号，经接收机放大处理后，就会在显示器的荧光屏上显示出来。通过视、听觉判断，确定出目标的距离、方位、下潜深度等数据，作为指挥系统对目标实施攻击的依据。可见，主动式声纳需要主动地向海中发射声信号，测定目标方位和距离。能够探测静止无声的目标，但同时也很容易被敌方侦听，使自己暴露，其侦察距离也比较近。

被动式声纳主要由换能器、接收机、显示控制台等组成。当目标在水中、水上航行时，所产生的噪音被换能器接收变成电信号，传给接收机，经放大处理再传送到显示控制台进行显示。可见，被动式声纳不主动发射声信号，只接收海中目标发出的噪音信号，从而发现目标，测出目标方向和判断其性质。它隐蔽性、保密性好，识别目标能力强，侦察距离也较远，但它不能探测静止目标，也不能测定目标距离。

2. 水下电视

先进的声纳成像设备虽然能提供水下目标的轮廓图形，但分辨率不算太高；虽然胶片摄影机可以拍出清晰的景物，但图像却是静止的。为了得到连续实时的运动目标图像，被称为“海洋内窥镜”的水下电视进入了军事领域。水下电视摄像机的载体是水下蛙人或潜水器。蛙人携带摄像机通常只能在浅海区作业，潜水器（或潜艇）携带的摄像机，则可在不同深度的海区作业。当前，有些国家研制的高级潜水器以带拖曳遥控型无人潜水器为主，由人在水面舰船或潜艇的控制台上对潜水器进行遥控，潜水器载有水下电视摄像机和声纳等传感设备，潜艇深度可达数百米至数千米。这些高级潜水器将主要用于潜艇战和反潜战、水雷战和反水雷战。

3．水面舰艇舰载雷达

为了对付来自导弹、飞机和潜艇等多方面的威胁，水面舰艇上通常装有各种各样的雷达，其中用于侦察监视的主要有警戒雷达、侦察雷达和识别雷达。

警戒雷达分为对空警戒雷达和对海警戒雷达两大类，它们的主要任务是监视敌方的飞机、导弹和舰船等目标，为舰船提供准确的海空与海面情报。侦察雷达是被动式雷达，本身不发射电磁波，专门接收别的雷达所发出的电磁波，并从中分析、判断目标情况。其优点是发现目标的距离比敌方雷达探测的距离一般要远 0.5～1 倍，这样就可以先敌发现目标。而其缺点则是只能测出电磁波的特性和目标的大致方向，测不出准确的距离和更多的情况。如果敌方的警戒雷达不开机，那么侦察雷达就更无能为力了。识别雷达又叫敌我识别器，主要用来识别敌我目标，以免在复杂的情况下混淆敌我，让敌方钻空子或造成误伤。识别雷达由询问器和回答器组成，询问器用来发出信号询问对方，回答器用来回答对方的询问信号，就像夜间值勤的哨兵一样，用一问一答的方式来识别敌我。

4．舰载光电探测设备

舰载光电探测设备，主要包括激光测距仪、红外热像仪、微光夜视仪、电视摄像机以及由它们组成的光电跟踪仪等。光电探测设备的特点是体积小、重量轻、隐蔽性好，测距、跟踪精度高，在夜间或舰艇雷达受强电子干扰或目标进入低角盲区时，仍可保持对目标的有效探测和跟踪。但其作用距离近，大多在 2000 米范围内，在雨、雪、雾、烟等条件下，作用距离还将减少。

（三）航空侦察监视技术

航空侦察监视是指用航空器在环绕地球的大气空间，对地面、水面或水下以及空中的情况进行的侦察与监视。在两次世界大战当中，空中侦察发挥了重要的作用。第二次世界大战以后，空中侦察进入了一个崭新的阶段，它既是获取战术情报的基本手段，也是获取战略情报的得力助手。

航空侦察设备主要有：可见光照相机、红外扫描装置、多光谱照相机、激光扫描相机、电视摄像机、合成孔径雷达、机载预警雷达、微波辐射仪、机载微光电视、无线电技术侦察设备等。

航空侦察所使用的平台主要有：预警机、有人驾驶侦察机、无人驾驶侦察机、侦察直升机、气球和飞艇、联合监视与目标攻击雷达系统等。

1．预警机

预警机通常由载机以及监视雷达、数据处理、数据显示与控制、敌我识别、通信、导航和无源探测等电子系统组成。具有低空性能好、监视范围大、生存能力强、指挥控制能力强和灵活机动等特点，能够集预警、指挥、控制、通信功能于一体，起到活动雷达站和空中指挥中心的作用。

2．有人驾驶侦察机

有人驾驶侦察机是实施航空侦察的主力，通常分为两类：一类是专门设计的侦察机，另一类是由各型飞机改装的侦察机。专门设计的侦察机不仅生存能力强，而且侦察容量大、精度高，但技术复杂，研制周期长，成本高，目前使用数量受限。相反由各型飞机改装的侦察机相对较多。目前，国外几乎所有的先进战斗机均可配挂吊舱执行侦察任务。有人驾驶侦察机能够携带可见光照相机、红外相机、电视摄像机等电子侦察设备，可为指挥员提供大面积、远纵深的情报，还能直接引导突击兵力摧毁目标，具有反应灵活，机动性能好，能及时、准确地对战场情况实施侦察，为指挥员做出正确决策提供依据。

3．无人驾驶侦察机

无人驾驶侦察机是20世纪60年代初发展起来的。现代无人驾驶侦察机能携带可见光照相机、电视摄像机、前视红外遥感器及侧视雷达等侦察设备。可见光照相机可进行高空及低空摄影；电视摄像机能及时把侦察图像传送回地面站；侧视雷达能在距敌一定距离进行侦察，可全天候使用。无人驾驶侦察机具有成本低，可靠性高，机动灵活，体积小不易被发现和击落等特点。但在地面需要多人维护保养和测试，操作比较复杂，此外地面对飞机的控制信号及飞机向地面传送的侦察数据易受到电子干扰和地形的影响。因此，无人与有人侦察机只能互为补充，而不能相互取代。

4．侦察直升机

用直升机进行侦察的主要方法有目视观察、航空摄影和借助无线电电子器材进行侦察。

用直升机起降方便，能紧靠指挥员及司令部驻扎，便于根据他们的需要进行侦察；能在很低高度（距地面10～15米、距海面1米）上实施侦察，且飞行高度低、速度慢，有利于对地面进行更细致、更准确的观察，提高了情报的可靠性；能够悬停于空中，便于从己方区域对敌整个战术纵深内的活动目标进行监视。

5．联合监视与目标攻击雷达系统

联合监视与目标攻击雷达系统（Joint Surveillance Target Attack Radar System, JSTARS）是应美军“空地一体战”理论对侦察监视的需要在20世纪80年代初产生的。

联合监视与目标攻击雷达系统由空中和地面两部分组成，空中部分包括载机和机载设备，载机是由波音飞机改装而成的E-8A电子战飞机；地面部分由若干个装在卡车或吉普车上的地面站组成，其核心部分是一部地面指挥站终端，它能同时接收、处理和分发来自E-8A的图像和信息。由于采用了一系列先进技术，这套设备能在距前沿200千米的己方一侧，在离地面11千米的高空，全天候监视敌方战场情况，其覆盖面积最大可达512千米×512千米的地域（相当于4个军的作战地域），飞行持续时间为11小时，经空中加油后可达21小时。它不仅能探测敌方前沿和纵深地带的固定目标和包括坦克、直升机在内的低速运动目标，还能为指挥部提供战场管理信息，引导飞机、导弹、火炮和机动部队对这些目标进行打击。

（四）航天侦察监视技术

航天侦察监视，是指使用有侦察设备的航天器在外层空间进行的侦察。航天侦察与监视的主要特点：一是轨道高，发现目标快，侦察范围广，可在短时间内侦察辽阔的地域；二是可长期、反复地监视全球，也可定期或连续地监视某一地区；三是可在短期内实时地提供情报，能满足军事情报的时效性要求；四是不受国界和地理条件的限制。当今世界主要军事大国70%的战略情报都是由侦察卫星获得的。在航天技术日益发达的今天，任何重大的军事行动和地面目标，要完全躲过卫星的“火眼金睛”，是越来越难了。

目前，世界上应用较多的空间侦察与监视设备，主要包括成像侦察卫星、电子侦察卫星、导弹预警卫星和海洋监视卫星。

1．成像侦察卫星

成像侦察卫星是20世纪80年代末90年代初发展起来的一种新型侦察卫星，它的侦察设备包括可见光相机、红外相机、多光谱相机、合成孔径雷达以及电视摄像机等，它们各有自己的特点和用途。其中可见光相机能获得最佳的地面分辨率，图像资料直观，易于判读；多光谱和红外相机能够识别伪装，监视夜间的军事行动；合成孔径雷达可实现全天候全天时侦察；电视摄像机可进行近实时侦察，缩短获取情报的时间。成像侦察卫星是当今侦察卫星中比较普及的一种，也是航天侦察监视任务的主要承担者。

目前，只有少数国家具备发射并回收成像侦察卫星的能力，其中以美国历史最长，水平最高，已经发展到第六代，可进行普查和详查，实现了图像传输的数字化，而且具有先进的光电遥感器，进一步提高了夜间侦察能力和情报信息的准确性，据称其地面分辨率达0.1米，同时还具有截获电子信号的侦察能力和变轨能力。

2. 电子侦察卫星

电子侦察卫星上装有侦察接收机和磁带记录器，当飞经敌方上空时，将接收的各种频率的无线电信号记录在磁带上，当卫星飞经本国地球站上空时，再回放磁带，以快速通信方式将信息传回。其任务有两个：一是侦察敌方雷达的位置、使用频率等性能参数，为战略轰炸机、弹道导弹的突防和实施电子干扰提供数据；二是探测敌方军用电台和发信设施的位置，以便于窃听和破坏。电子侦察卫星的一般高度在300～1000千米之间，具有天线覆盖面积大，侦察范围广，持续时间长，手段优越和安全等特点，是夺取现代战争制电磁权的重要力量之一。

3. 导弹预警卫星

预警卫星是指用于监视、发现和跟踪敌方战略弹道导弹的发射及其主动段的飞行，并提供早期预警信息的侦察卫星，此外，还兼有探测核爆炸的任务。预警卫星通常位于地球同步轨道或周期约12小时的大椭圆轨道，利用红外探测器探测导弹主动段飞行期间发动机尾焰的红外辐射，配合使用电视摄像机及时准确地判明导弹发射。一旦导弹发射，卫星上的红外望远镜可在约90秒内就能探测到尾焰产生的红外辐射信号，仅3、4分钟就可将预警信息传送到指挥中心。对洲际弹道导弹可赢得25分钟的预警时间，对潜射导弹可赢得15分钟的预警时间。海湾战争中，美国利用预警卫星，使用“爱国者”导弹多次成功地拦截了伊拉克的“飞毛腿”导弹。

4. 海洋监视卫星

海洋监视卫星是指用于探测、监视海面状况和舰船、潜艇活动，侦收舰载雷达信号和窃听舰船无线电通信的侦察卫星。海洋监视卫星主要包括电子侦察型和雷达型两种。前一种实际上就是上面介绍过的电子侦察卫星，只不过监视对象不是陆上的雷达和电台，而是水面舰船发出的无线电信号；后一种卫星上装有大孔径雷达，可以不依赖对方发射信号而主动搜索目标，其精度比电子侦察型更高。由于需要覆盖的海域广阔，探测的目标有许多是活动的，因此海洋监视卫星的轨道比较高。并多采用几颗卫星组网的侦察模式，以达到连续监视、提高探测概率和定位精度的目的。海洋监视卫星能在全天候条件下鉴别舰船的编队、航向和航速，并能探测水下核潜艇的尾流辐射等，还可为舰船的安全航行提供海面状况和海洋特性等重要数据。

在1982年的英阿马岛战争中，前苏联曾连续发射了几颗海洋监视卫星监视英阿双方海军舰只的活动，并把侦察到的英军舰只的情报提供给阿方，对阿军击沉英军“谢菲尔德”号驱逐舰起到了重要作用。

五、侦察监视技术的特点及发展趋势

随着微电子、光电子、通信、雷达、航天等技术的发展及广泛应用，现代侦察与监视技术已进入了一个崭新的发展阶段。

（一）空间上的立体化

现代战争是多维的立体空间战争，战场的活动空间已经遍布太空、高空、中空、低空、超低空、地面、海面直至地下、水下。与之相适应的侦察卫星、侦察飞机、陆地上的雷达、地面传感器、无线电设备和水下的声纳等等现代高技术侦察监视设备，不能是孤立的，必须有机地形成一个整体，组成一个覆盖陆、海、空、天、电磁的综合侦察监视网络。无论是在发挥各自的优势和克服其局限性方面，还是在侦察的地域、时间、周期以及情报利用方面，使不同的侦察监视设备之间互相取长补短，互为补充印证，以使侦察监视设备的优点和特长充分发挥出来，获取更加准确、完整的情报。

（二）速度上的实时化

情报的价值首先取决于其时效性。在现代战场上，由于武器装备射程（航程）的增大，兵力、兵器机动能力的提高，作战方式的迅速转换等，使得军情瞬息万变，因而要求军事侦察在获取、传递和处理情报中尽可能缩短时间，以使情报侦察具有一定的时效性。随着遥感技术和计算机技术的迅速发展，借助大容量和运算速度快的计算机对遥感图像进行自动分类和识别，可大大提高信息处理速度，将使侦察监视获得的信息实时地传递给指挥员决策使用成为现实。

（三）手段上的综合化

现代信息化战争首先是信息总体战，单一的侦察手段已难以完成情报侦察任务。因此，必须依靠合成侦察力量，综合运用各种侦察技术手段，形成整体侦察的最佳功能，才能满足部队作战的需要，提高信息的可信度。目前，世界各国都非常重视侦察系统的综合运用，把可见光、红外、夜视、电视、激光、雷达等各种侦察监视技术有机地结合起来，形成功能齐全的综合化侦察系统。

（四）侦察监视与攻击一体化

在随处都充斥着高技术的信息化战争中，目标被发现即意味被摧毁，只有将侦察监视系统与武器系统，特别是精确制导武器有机地结合起来，才能充分发挥侦察监视的效果。当今，美、俄、英、法等国的作战飞机，除装备有先进的脉冲多普勒火控雷达外，还装有前视红外仪、红外搜索跟踪系统、微光电视设备、夜视眼镜及地形跟踪雷达等，不仅能在各种恶劣的天气和夜幕条件下作战，还能通过信息传输起到引导空中、地（水）面的武器攻击所发现的目标的作用。

（五）提高侦察监视系统的生存能力

精确制导武器的迅速发展，反卫星武器的出现，都对侦察监视系统的生存构成了严重的威胁。能否确保侦察监视系统的生存，将直接关系到战争结局。因此，航空侦察监视系统只有向高空、高速、隐形、超低空方向发展，才能让对方的防空火力“够不着”、“追不上”、“看不见”；反卫星武器的出现，使航天侦察监视系统再也不是“高枕无忧”，而必须在如何躲避攻击、抗电子干扰、耐核辐射等方面采取措施，才能提高安全系数；地（水）面和水下实施侦察监视，要随时做好反侦察监视的准备。

第五节　电子对抗

现代高技术信息化战争，是电子技术发挥巨大作用的战争。没有“制电磁权”，就很难有“制天权”、“制空权”、“制海权”、“制陆权”；没有“电磁优势”，就很难有“钢铁优势”。国外有人把电子对抗比作高技术武器的“保护神”和“效能倍增器”，并被称为现代高技术信息化战争的三大支柱之一。随着高技术的不断涌现和应用，未来信息化条件下的局部战争中，电子对抗将不仅仅局限在传统意义上的争夺“制电磁权”，而是向着在信息领域夺取战场信息使用权和控制权的信息对抗方向发展。

一、电子对抗的基本概念

传统意义上的一般电子对抗也可称为电子战，是指敌对双方利用电子设备、武器、器材所进行的电磁斗争。它是一方为削弱、破坏敌方电子设备（系统）的使用效能，保护己方电子设备（系统）正常发挥效能而采取的各种措施和行动的统称。而在信息化条件下的局部战争中，电子对抗技术是直接应用于信息对抗的各种技术的总称，是军用信息技术的一个分支，包括一般电子对抗和网络信息对抗等。

由于一般电子对抗是在军事领域中使用电磁波的斗争，因此所有使用电磁波的设备，如C^4I（C^4ISR）系统、雷达、通信、导航、敌我识别、精确制导、无线电引信、计算机和光电兵器等，都是电子对抗的对象。每项电子技术的出现都会引出一种对抗措施，每种对抗措施又会引出相应的反对抗措施和手段。因此，对抗与反对抗的斗争永远不会完结。同样，网络信息对抗也不会停止。

电子战（电子侦察、干扰）一般不能直接对敌人员和武器装备构成杀伤，但它能使敌无线电通信指挥系统失灵、雷达迷盲、火炮和导弹等武器失控，为保卫自己和大量杀伤敌有生力量创造条件。包括网络信息对抗在内的电子对抗可以获取敌重要军事情报，破坏其计算机及作战指挥系统，掩护突防和攻击、保卫重要军事目标，以夺取信息化条件下的战场主动权。因此，电子对抗在现代及未来战争中的地位越来越重要，成为军事电子、信息技术中发展最快的领域之一。

二、电子对抗的分类

电子对抗是由综合的、交叉的、多层面的多种学科所构成的军事科学体系。按照不同的侧重，会有多种不同形式的分类。

当前，电子对抗主要分为两大部分。其中一般电子对抗按电子设备工作的频谱范围划分，通常分为无线电对抗、光电对抗、声纳对抗等。网络信息对抗按作用性质区分，通常分为网络进攻技术和网络防护技术。

此外，电子对抗还有其他分类方法。如，从战场行动主体的层面上，可分为陆、海、空军和第二炮兵等的电子对抗；从作战空间上，可分为地面、海上、空中和外层空间的电子对抗；从作战表现形式上，可分为电子侦察与反侦察、电子干扰与反干扰、电子摧毁与反摧毁等；从作战内容及电子设备的类型上，可分为通信对抗、雷达对抗、光电对抗、水声对抗等；从作战手段上，可分为信息支援、信息进攻和信息防护技术。

三、电子对抗的主要内容

电子对抗主要包括无线电通信对抗、雷达对抗、光电（红外、激光）对抗、水声对抗和网络信息对抗等。

（一）无线电通信对抗

无线电通信对抗简称通信对抗。其基本内容包括通信对抗侦察、通信干扰和通信电子防御等。

通信对抗侦察，是为获取通信对抗所需的情报而进行的电子对抗侦察。主要通过搜索、截获、分析和识别敌方无线电信号，查明敌无线电通信设备的频率、频谱结构、调制方式、功率电平、工作体制、配置位置以及通信规律、通信网络的性质和组成等。

无线电通信干扰，是削弱或破坏敌方无线电通信效能的电子干扰。按干扰性质，无线电通信干扰可分为压制性通信干扰和欺骗性通信干扰。欺骗性通信干扰又称假通信或通信欺骗。通信干扰的目的，在于破坏和降低通信系统工作的有效性和可靠性。

无线电通信电子防御，是电子防御的重要组成部分，是为保护己方电子设备及其系统正常发挥效能所采取的措施与行动，主要包括反电子侦察、反电子干扰和防反辐射武器摧毁等。

（二）雷达对抗

雷达对抗是发展最早、技术更新最快、对抗频段分布最宽、综合技术发展最受重视的一个专业领域。

雷达是发射探测脉冲并接收被照射目标的回波来发现、测定目标的空间位置并可对目标进行跟踪的设备。雷达对抗是与敌雷达和雷达制导导弹系统及火控系统作斗争的各种战术和措施的总称。它是利用专门的电子设备或器材，与敌雷达设备作斗争，以阻止敌方雷达获得电磁信息，减弱和破坏敌武器系统的效能和威力，同时保护己方雷达等电子设备及武器系统在敌干扰条件下仍能发挥效能和威力。其中，进攻性对抗措施主要包括雷达的侦察、干扰、伪装、欺骗和摧毁。

雷达对抗与反对抗的斗争，其实质是电磁信息的斗争。雷达对抗可按技术分类为：雷达侦察、雷达干扰、侦察摧毁一体化的反雷达（反辐射）导弹实施攻击等。雷达的电子进攻和雷达本身的电子防御，常被称为“雷达对抗”和“雷达反对抗”。

（三）光电对抗

光电对抗包括从紫外、可见光到红外的宽广频段以及激光。光电对抗，包括光电侦察与反侦察、光电干扰与反干扰、光电制导与反制导、光电隐身与反隐身、光电摧毁与反摧毁等几个方面。光电对抗的主要威胁有激光测距机、激光雷达、红外侦察、紫外侦察、电视跟踪及微光助视等十几种技术体制数百种型号的技术装备。光电威胁频谱宽，而且是全方位、全天候的威胁。光电对抗与雷达对抗类同，包括进攻与防御两方面，但其技术难度高于雷达对抗。光电对抗侦察主要是截获敌方的光电辐射信号、测量技术参数、分析识别辐射源类型，判断威胁性质、获取战术技术情报等。

（四）网络信息对抗

网络信息对抗是电子对抗中的一个新形式，它在信息化战争中发展起来，而且对战争的影响越来越大。它包括网络进攻和网络防御。网络进攻包括对计算机软件系统实施攻击、摧毁计算机硬件系统等，网络防御包括信息系统的安全防护、有效利用网络“防火墙”和实施信息安全机制等。

四、电子对抗手段

电子对抗宏观上包括电子对抗与电子反对抗两个方面。电子对抗手段不断创新，派生出电子隐身与反隐身、电子制导与反制导等，归结起来主要包括：电子侦察与反侦察、电子干扰与反干扰、电子摧毁与反摧毁、网络进攻与防御。

（一）电子侦察与反侦察

1. 电子侦察

电子侦察是一种搜索、截获敌方电子设备的电磁辐射信号，从中获取其战术、技术特征参数及位置数据等情报的活动。目的是为组织实施电子干扰和电子防御，为部队作战行动提供准确的情报。

电子侦察是通过截获、探测、分析、识别威胁辐射源信号特征及有关参数，输出各类辐射源的特征报告，然后对多类报告的信息进行相关跟踪 / 滤波、融合 / 归并、识别 / 更新、态势评价和威胁估计等数据处理，获得准确可靠和完整的电子情报，为电子对抗及作战提供情报。

电子侦察按对象可分为：雷达侦察、通信侦察和光电侦察。雷达侦察是指侦测、记录敌方雷达及雷达干扰设备的信号特征参数，并对其定位、识别。通信侦察是指对敌方无线电通信电台和通信干扰设备，进行侦察测向、定位，并根据通信电台的技术性能、通信诸元、通联规律，判别通信网的组织、级别和属性。光电侦察是指截获和识别敌方激光雷达、激光制导武器的激光辐射信号和飞机、坦克、导弹等本身的红外辐射信号。

2．反电子侦察

反电子侦察是为了防止敌方截获、利用己方电子设备发射的电磁信号而采取的措施。目的是使敌方难以截获己方的电磁信号，或无法从截获的信号中获得有关情报。

反电子侦察的主要措施有：电子设备设置隐蔽频率和战时保留方式，平时采用常用频率工作；减少发射次数，缩短发射时间，尽可能采用有线电通信、摩托通信、可视信号通信等通信手段；使用定向天线，充分利用地形的屏蔽作用，减少朝敌方向的电磁辐射强度；将发射功率降低至完成任务的最低限度；转移发射阵地不使敌人掌握发射规律；减少发射活动，实施静默。其具体做法还有：设置简易辐射源，实施辐射欺骗或无线电佯动；采取信号保密措施，使用不易被敌截获、识别的跳频电台等新体制电子设备。

电子侦察是夺取电磁优势的前提条件，没有时空限制，每时每刻都在进行，是和平时期电子对抗的主要形式。反电子侦察作为经常性的电子防御措施，涉及所有作战部队，必须严密组织、统一实施，与其他反侦察手段结合使用。

（二）电子干扰与反干扰

1．电子干扰

电子干扰是指采用专用的发射信号、破坏敌方电子系统正常工作的专用技术。目的是削弱或破坏敌方电子系统遂行战场侦察、作战指挥、通信联络和兵器控制能力；为隐蔽己方企图，达成战役、战斗的突然性和提高己方飞机、舰艇、装甲车辆等武器装备的生存能力创造有利条件。

电子干扰通常按产生的方法、作用的性质和对象进行分类。

按产生的方法一般分为：有源干扰、无源干扰和复合干扰三类。有源干扰亦称积极干扰，就是有意发射或转发某种类型的电磁波，对敌方电子设备进行压制或欺骗的一种干扰；无源干扰亦称消极干扰，就是利用特制器材反射（散射）或吸收电磁波，以扰乱电磁波的传播，改变目标的散射特性或形成假目标干扰屏蔽，以掩护真目标的一种干扰，可分为反射性干扰和衰减性干扰；复合干扰，就是干扰源能量照射无源干扰器材形成散射体，用散射能量干扰敌方探测系统，它是有源干扰与无源干扰并用的一种干扰方式。在无源干扰中，反射性干扰是利用对雷达波有强反射作用的器材布撒成干扰走廊，造成对雷达的强烈干扰，以掩护目标不被敌雷达探测和跟踪，常用的反射性干扰器材包括：箔条、金属粉末、角反射器、雷达诱饵等；衰减性干扰能使雷达目标的回波信号十分微弱甚至完全消失，从而使敌雷达无法发现或跟踪目标，隐形武器就是利用这个基本原理制成的，常用的雷达衰减性干扰器材有：吸波涂料、伪装网等。无源干扰简单可靠，成本低，通用性强，对各种雷达均能干扰。

按干扰的作用性质一般分为：压制性干扰和欺骗性干扰两类。压制性干扰（雷达对抗中称遮盖式干扰），就是通过发射噪声干扰或大量投放无源干扰器材所形成的干扰，使敌方电子设备接收端信噪比严重降低，信息遭到破坏或有用信号完全淹没在干扰信号之中；欺骗性干扰，就是人为地发射、转发电磁波，使得干扰与信号相似，以扰乱或欺骗敌方电子设备，使敌方得出错误信息的一种干扰。

按干扰的作用对象一般分为：通信干扰、无线电导航干扰、无线电遥测干扰、雷达干扰、红外干扰、激光干扰、水声干扰等。若使用两种以上干扰手段则称作综合干扰。

实施电子干扰常用的干扰平台和设备有：电子干扰机、电子干扰吊舱、电子干扰船、地面干扰站、投掷式干扰机、摆放式干扰机以及兵器的自卫干扰设备等。

2．电子反干扰

电子反干扰是指识别、阻止敌方干扰以保护己方电子系统处于正常状态的技、战术措施。目的是削弱或消除敌方电子干扰对己方电子设备使用效能的影响。

电子反干扰随电子系统不同而异。按电子设备种类可分为：雷达反干扰、通信反干扰、引信反干扰、导航设备反干扰、光电设备反干扰等。按作战使用可分为：技术反干扰和战术反干扰两大类。技术反干扰主要是提高电子设备本身在干扰条件下的工作能力，在电子设备的发射机、天线、接收机、信号处理系统中采取反干扰措施。技术反干扰针对性强，通常一种反干扰措施只能有效对抗一种干扰。战术反干扰主要是调整电子设备的配置、组网工作和综合运用等，将不同体制、各种频段的雷达配置组网，发挥整体抗干扰能力；综合运用多种探测和通信手段，有源、无源探测相结合；红外寻的、激光制导和雷达制导相结合；有线通信、运动通信和无线电通信相结合；设置隐蔽台、站（网），适时启用；利用干扰信号对干扰源进行跟踪寻的、定位，必要和可能时实施火力摧毁。

（三）摧毁与反摧毁

1．摧毁

摧毁是指在查明敌方电子对抗装备及其工作情况的基础上，用直接毁伤的方法使其瘫痪并在短期内难以恢复正常工作的一种电子对抗手段，主要有火力摧毁、派遣人员摧毁和反辐射摧毁等。反辐射摧毁是对敌方的电子设备实体实施的摧毁。反辐射导弹、反辐射无人机等，就是这种“硬摧毁”的反辐射武器系统。反辐射导弹和对辐射源实施摧毁性攻击有两种方式：一种是接收到目标信号后发射。由于导弹具有“记忆”（锁定）装置，发射后，即使被攻击的雷达关机，它也可“记住”其位置，不偏离航线击中目标。另一种是“先升空后锁定”方式，先盲目发射，让其无定向在空中飞行、盘旋，一旦接收到目标信号，即咬紧目标，将目标摧毁。反辐射导弹的自导引系统是采用无源被动跟踪方式，本身不辐射电磁信号，具有稳定性好、制导精度较高、不易受干扰和突防能力强等特点，是当今战场上威慑力较高的一种有效电子战武器。

2．反摧毁

反摧毁是雷达利用战术或技术保护自己及友邻雷达免遭反辐射导弹攻击的技术。反摧毁技术目前常用的有以下几种：一是采用诱饵引偏技术，部署假雷达阵地；二是采用雷达发射控制、关机、间歇交替工作；三是采用反辐射导弹告警系统；四是采用新体制雷达，如低截获概率雷达、双／多基地雷达、高频雷达、毫米波雷达等；五是雷达与无源传感器联合组网实施综合对抗技术等。

（四）网络进攻与防御

1．网络进攻

网络进攻包括为使计算机的系统瘫痪而针对其软件进行的攻击和彻底地摧毁计算机硬件系统。对计算机软件系统实施攻击，主要是指利用计算机病毒、“黑客”等手段进行攻击，造成系统瘫痪或获取有用的信息。目前，可以作为电脑病毒武器之用的“病毒”多种多样，如“蠕虫”病毒、逻辑炸弹、特洛伊木马程序、“后门”程序、意大利香肠战术病毒、暗杀型病毒、强制中断病毒、复制型病毒、间谍型病毒等。摧毁计算机硬件系统的手段，包括使用特殊设计的芯片、研制纳米机器人和芯片细菌、定向能摧毁、电磁脉冲弹摧毁等。

2．网络防御

第一，对信息系统采取安全防护措施。对于信息系统，尤其是军用信息系统要采用安全防护措施，应选用专门的病毒检测软件对购进的计算机硬件和软件产品进行彻底检查，发现病毒，立即清除。对计算机硬件系统应装有适当的安全防护装置，建立可靠的工作环境，使其具有一定的抗干扰能力和抗摧毁能力，如加入屏蔽设施，限制电磁辐射量等。

第二，有效利用网络“防火墙”。网络“防火墙”是指在外部网络与计算机之间设置具有封锁、过滤、检测等功能的装置，利用它可以在保证授权用户互通的同时，有效防止外部非授权用户进入内部网络，以提高计算机系统使用环境的安全性。

第三，实施可靠的信息安全机制。例如对数据源和对等实体进行鉴别，以验证所收到的数据来源与所申请来源是否一致；将被存储或传输的数据信息采用密码技术进行加密；防止未授权者对数据进行修改和复制等。

五、电子对抗的发展趋势

（一）电磁频谱范围将从射频段向全频段发展

雷达侦察技术向扩展频段、提高测向与测频精度、增强信号处理能力方面发展。根据国外现役及正在研制中的电子侦察设备预测，21世纪初电磁斗争频谱将从射频段向全频段发展。

（二）从单一手段向一体化和通用化方向发展

高技术战场上的电磁环境非常复杂，过去的那种分立、单功能的电子对抗装备很难适应需要，因此，未来战场的电子对抗手段势必向一体化和通用化方向发展。一体化的电子对抗装备，就是将功能相近、相互关联的数个设备组合成一个系统。既可提高快速反应能力，也可资源共享，提高信息综合能力，对付多种威胁。通用化的电子对抗装备，就是通过标准化设计和模块式结构，组合成为多种作战平台通用的弹性系统骨架，以便根据不同的对抗对象快速组装功能不尽相同的电子对抗装备。这样不仅能够提高电子对抗装备的应变能力和快速反应能力，适应现代战争复杂多变的电磁环境，而且可大大降低装备成本，简化后勤保障。

（三）重点向反精确制导武器方向发展

精确制导武器具有极高的命中率和作战效能，在历次局部战争中都发挥了重要作用。精确制导武器的命中率取决于它的制导系统，由电磁波、红外或激光传感器来引导，因此，对付它的最有效手段就是电子对抗，尤其是综合电子对抗系统。可以预见，精确制导武器势必成为高技术信息化战争中广泛应用的主要杀伤性武器系统，一批围绕制导与反制导斗争的新的电子对抗装备或系统，将成为电子对抗技术发展的重要内容。

（四）广泛采用功率管理技术

为有效对付现代战争复杂多变的电磁威胁，目前世界发达国家的电子对抗装备都重视研制和采用功率管理技术。所谓功率管理，就是通过一体化和自动化对电子干扰资源实施科学管理，使得电子对抗装备以最佳对策形式响应瞬时威胁态势。功率管理技术的核心是计算机技术和控制技术。典型的功率管理系统由威胁信号接收机、计算机、干扰机、逻辑和控制接口设备等组成。采用功率管理技术的优势在于：一是具有很强的接收、分析、处理电磁信号的能力，能够迅速区分出己方、友方和敌方雷达，而且能迅速区分出敌方雷达威胁的性质和等级，对威胁较大的立即采取对抗措施；二是由计算机控制选用有效的干扰样式和相应的辐射功率，以最佳的干扰调制参数和准确的频率、方向和时间，对敌最有威胁的辐射源实施干扰；三是能够不间断地监视受干扰的辐射源对干扰手段的反应，鉴定干扰效果，并自动改变干扰方式；四是可大大提高电子对抗装备的功率和效率，能够同时对付多个威胁目标。

（五）提高反应速度

现代战争中，从敌方威胁系统辐射制导电磁信号到武器击中目标的反应时间只有几秒到几十秒。如空空导弹，一般只有 3～4 秒；反舰导弹从末制导雷达开机到击中目标仅为 29 秒等。因此，未来电子对抗装备唯有加快反应速度，才能争取主动，迅速采取有效的对抗措施，才能免遭敌方高技术兵器的攻击。

（六）电子对抗的领域将不断拓展，新样式不断出现

在高新技术的推动下，电子对抗装备将不断更新，电子对抗领域

将不断拓展。计算机病毒战将成为电子战的新领域，纳米机器人和芯片细菌将成为“隐形”的计算机杀手，定向能武器可望成为电子战的又一“拳头”，电磁脉冲弹可能成为电子设备的新“克星”，海量密码术将为数据提供“坚固”的编码，量子计算机的开发又将为破解“坚固”的密码提供强大的工具，网络战将成为信息争夺的重要平台。

第六节　航天技术

航天技术，又称空间技术或宇航技术，是一门解决人类如何飞出大气层，进入宇宙空间，探索、开发和利用太空及地球以外天体，并在其轨道上航行的综合性工程技术。航天技术起步的主要标志是1957年10月4日由前苏联制造的世界上第一颗人造地球卫星发射成功。从此，航天技术迅猛发展，不仅被广泛应用于国民经济、科学研究、文化教育等各个方面，在军事应用上也发挥着重要的作用，极大地拓展了军事斗争的空间领域，给现代战争带来了深刻的变化。50多年来，世界各国已先后向外太空发射了5000多个各种类型的航天器，其中军用航天器的比例高达近70%。

我国航天事业起步于20世纪60年代中期。1970年4月，第一颗人造地球卫星发射成功，从此，我国航天事业迅猛发展。在世界航天史上，我国是第三个掌握卫星回收技术、第四个掌握一箭多星技术和第五个掌握地球同步技术的国家。2003年10月15日载人航天的成功，标志着我国载人航天技术在应用方面实现重大突破，成为世界上继美国和前苏联第三个具备发射载人飞船能力的国家。

一、航天技术概述

航天技术是一项大的系统工程，涉及当代高科技领域众多学科。其中包括自动化技术、微电子技术、光电技术、计算机技术、推进技术、测控技术、通信技术、密封技术、温控技术、新材料技术等。

（一）航天技术的组成

航天技术主要由航天运载器技术、航天器技术和航天测控系统技术三大部分组成。

1．航天运载器技术

航天运载器技术是航天技术的基础。要想把航天器或其他物体运送到外层空间，必须利用运载器的强大能量，克服地球引力和空气阻力，常用的运载器是运载火箭，一般为多级火箭。

运载火箭通常分为单级运载火箭和多级运载火箭，主要由动力系统、控制系统、箭体结构和无线电测量系统组成。动力系统由火箭发动机和推进剂组成，是使火箭实现飞行运动的原动力。控制系统是由制导、姿控以及程控等分系统组成，它是火箭飞行中的指挥系统，用来保证火箭的稳定飞行并精确地进入预定轨道。箭体结构由各个舱段组成，用来安装航天器、制导系统、无线电测量系统和动力系统等。无线电测量系统是指在运载火箭上安装的遥测、遥控收发仪器，既便于地面跟踪监控，又能为设计者和使用者提供火箭飞行的实况资料。

2．航天器技术

航天器是指在大气层以外的宇宙空间，按照天体力学规律沿一定轨道运动，执行探索、开发或利用太空等航天任务的各类飞行器，亦称空间飞行器。按是否载人来划分，航天器可分为无人航天器和载人航天器两大类。

无人航天器和载人航天器有许多共同点。它们都由许多基本分系统组成，如结构系统，温度控制系统，姿态及轨道控制系统，电源系统，测控、通信及数据系统以及回收系统等。此外，载人航天器还有保障宇航员生活条件的环境控制及生命保障系统，营救宇航员的安全救生系统等。

（1）无人航天器

无人航天器按是否环绕地球运动又可分为人造地球卫星、空间平台和空间探测器等。

人造地球卫星是迄今为止人类发射的数量最多的一种航天器，占航天器总数的 90%以上。按其运行轨道可分为低轨道卫星（500 千米以下）、中轨道卫星（500～1000 千米）、高轨道卫星（1000 千米以上）、地球同步卫星、地球静止卫星、太阳同步卫星、大椭圆轨道卫星和极轨道卫星，按其用途可分为应用卫星、科学卫星和技术试验卫星，按其是否专用于军事目的又可分为军用卫星和民用卫星。

空间平台是一种可以直接在轨道上对其进行维修、更换仪器、加注燃料等作业的无人航天器，有利于延长航天器的工作时间并保证其工作效果。

空间探测器是指脱离地球引力，飞往月球或其他行星，或在星际空间运行的深空间航天器。按探测目标分为月球探测器、行星探测器和星际探测器，主要应用于科学探索，如美国发射的“先驱者 10 号”探测器等。

（2）载人航天器

载人航天器按飞行和工作方式可分为载人飞船、空间站和航天飞机等。

载人飞船是能保障宇航员在太空执行航天任务、宇航员座舱能返回地面垂直着陆的一种不可重复使用的航天器，包括卫星式载人飞船、登月载人飞船和行星载人飞船。在军事上主要用于发展新的军事航天技术和试验新型的军用设备，对地面进行侦察，可作为航天运输工具及武器平台。我国发射的“神州”系列飞船就是卫星式载人飞船。

空间站又称航天站、太空站或轨道站，是可供多名宇航员工作和生活的长期运行的航天器。它是发展航天技术、开发和利用宇宙空间的基础设施。具有代表性的，如俄罗斯的“礼炮”号空间站、“和平”号空间站，美国的“天空实验室”等。与载人飞船相比，空间站具有容积大、载人多、寿命长和可综合利用等特点。空间站分为单一式和组合式两种。单一式空间站由运载火箭或航天飞机直接发射入轨；组合式空间站则需由若干枚火箭多次发射或航天飞机多次飞行，把航天站的组合件运送到轨道上组装而成。

航天飞机亦称轨道器，是带有机翼，靠运载火箭发射进入太空轨道，返回地面时能在机场跑道水平着陆，并可部分重复使用的兼有载人、货运功能的航天器。航天飞机比火箭、卫星和飞船具有更多的优点和更多的用途，在军事上有着巨大的应用潜力。一是可充当太空“间谍”，二是可作为侦察、通信、导航等军用卫星的理想运载器和发射场，三是可担负拦截和捕获太空“敌人”等军事任务，四是可充当太空武器的理想试验基地，五是可充当太空加“油”站和转运站。目前，正在设计研制中的空天飞机是一种能够完全重复使用、水平起降、单极入轨的飞行器。

3．航天测控系统技术

航天测控系统是对处于飞行状态的航天器及运载火箭进行跟踪测量、监视、控制的专用系统，它包括跟踪测量系统、实时数据处理系统、指挥监控系统、遥控系统、通信系统、时间统一系统和事后数据处理系统等。由航天控制中心、地面测控站、测量飞机、航天测量船、测控卫星和辅助通信站共同组成的航天测控网担负航天测控任务，对确保火箭和航天器的正常飞行和工作起着重要作用。

（二）航天器运行的基本条件

要使航天器在太空沿一定轨道运行而不落回地面，必须具备两个条件。

一是速度条件。借助运载火箭的推力产生足够大的飞行速度，以冲破地球引力和空气阻力，飞向太空。根据对航天器的不同运行要求，通常将航天器运行速度分为：第一宇宙速度（又称环绕速度），指航天器绕地球作圆轨道运行而不掉回地面所必须具有的最小速度为 7.9 千米 / 秒；第二宇宙速度（又称脱离速度），指航天器将挣脱地球引力，成为一颗绕太阳运行的人造行星所需要的最小速度为 11.2 千米 / 秒；第三宇宙速度（又称逃逸速度），指航天器脱离太阳系而进入宇宙所需要的最小速度为 16.7 千米 / 秒。

二是高度条件。地球周围有稠密的大气层，空气密度与距地面的垂直高度成反比。航天器运行轨道太低时，与空气摩擦产生高温，会将航天器烧毁，空气的阻力也会使航天器运行速度下降而陨落。因此，为使航天器在空间轨道上安全运行，除必要速度外，运行高度通常在

120 千米以上。

（三）航天器的运行轨道

航天器运行轨道是其运行时质心运动的轨迹，由其入轨点位置、入轨速度和入轨方向决定。

1．轨道参数

航天器运行轨道的轨道参数主要包括：轨道形状和高度、轨道周期和轨道倾角。

轨道形状和高度。绕地球运行的航天器轨道形状有圆轨道和椭圆轨道两种。航天器到地球表面的垂直距离，称为航天器的轨道高度。沿圆轨道运行的航天器只有一个高度参数；沿椭圆轨道运行的航天器在轨道上离地面最近的位置叫近地点，离地面最远的位置叫远地点，这两个点到地面的垂直距离分别称为近地点高度和远地点高度。根据执行任务不同，航天器可以选用不同形状、不同高度的轨道。

轨道周期，是指航天器在轨道上绕地球运行一周所用的时间，一般用分钟来计算。航天器轨道高度越高，速度越慢，周期越长。

轨道倾角，即航天器绕地球运行的轨道平面与地球赤道平面之间的夹角。它用地心至北极的方向与轨道平面正法向（卫星运行方向所包围面积的正法向，符合右手定则）之间的夹角度量。倾角小于 90 度的轨道，航天器自西向东顺着地球自转方向运行，称为顺行轨道；倾角大于 90 度的轨道，航天器自东向西逆着地球自转方向运行，称为逆行轨道；倾角为 0 度的轨道，航天器始终在赤道上空飞行，称为赤道轨道；倾角为 90 度的轨道，航天器飞越地球两极上空，称为极地轨道。

2．常用轨道

常用轨道主要有地球同步轨道、地球静止轨道、太阳同步轨道和极轨道等。

地球同步轨道。轨道周期与地球自转周期（23 小时 56 分 4 秒，一个恒星日）相同的顺行航天器轨道称为地球同步轨道，此时航天器对地的运行轨迹每天重复。当同步轨道倾角大于 0 度小于 90 度时，称为倾斜同步轨道，就地面观测者而言，航天器相对于地面某一点并不静止，但每天在相同时刻经过地球相同地方的上空，其星下点（卫星和地心连线与地面的交点）轨迹为一个“8”字的封闭曲线。对于轨道为圆形，运行周期与地球自转周期相同且倾角为0度的航天器轨道，称为地球静止轨道。这种轨道固定在赤道上空，是地球同步轨道中倾角为0度的一种特殊轨道，轨道高度为35786千米。沿这种轨道运行的人造地球卫星，其星下点轨迹为赤道上的一个点，从地面上看好像静止不动，故称为静止卫星或地球静止轨道卫星。由于地球静止轨道高度高，所以卫星能观测到的地面区域广，一颗卫星就能覆盖40%的地球表面。如果在地球静止轨道上等间隔地放上三颗卫星，就可以覆盖除南、北两极以外的地球表面，加上这种卫星和地面保持相对静止，跟踪简单，使用方便，能够24小时连续工作。因此，它的应用非常广泛，通信、气象、广播电视、预警等都采用地球静止轨道。

太阳同步轨道。轨道平面绕地轴的旋转方向和周期，与地球绕太阳的公转方向和周期相同的航天器轨道，称为太阳同步轨道。太阳同步轨道是逆行倾斜轨道，倾角在90至100度之间，轨道的高度在500～1000千米之间的近极地轨道，运行时可经过地球南、北极附近区域上空。这种轨道的特点是太阳光和卫星轨道面的夹角保持不变。在这种轨道上运行的卫星，每天以同一地方时、同一运行方向，从同一纬度地面目标上空经过，即每天在相同的地方时经过世界各地，且具有相同的光照条件，因此可在同样条件下重复观测地球。侦察、气象、地球资源等卫星，通常采用这种轨道。

极轨道。倾角为90度的航天器轨道称为极轨道或极地轨道。在极轨道上运行的卫星，每一圈内都可以经过任何纬度和南北两极的上空，其星下点轨迹可以覆盖全球，它是观测整个地球的最合适的轨道。近地卫星导航系统（如美国的“导航星”全球定位系统）为提供全球的导航服务常采用极轨道。此外，在工程上常把倾角在90度左右，但仍能覆盖全球的轨道也称为极轨道。许多地球资源卫星、气象卫星以及一些军事侦察卫星常采用太阳同步轨道，它们的倾角与90度只相差几度，也可称其为极轨道。

二、航天技术在军事上的应用

军事航天技术是将航天技术应用于军事领域，为军事目的而进行的一门综合性工程技术。航天技术在军事上的应用十分广泛，大致分为四类：一是军事航天运输系统；二是已经大量使用的支援地面军事力量的卫星系统，如军用侦察、预警、通信、导航、气象、测地卫星等；三是在理论上可行，但仅进行个别探索性试验的执行军事任务的载人航天器，包括载人飞船、空间站、航天飞机、空天飞机等；四是处于研究发展中的天基武器系统，主要指攻击敌方航天器用的反卫星系统等，如反卫星卫星、反卫星导弹和各种天基定向能武器等。由于军事航天技术的发展，外层空间正在成为继陆地、海洋和天空之后的第四战场。军事航天技术已成为军事高技术的一个重要组成部分。

（一）军事航天运输系统

军事航天运输系统，是能把军用航天器、宇航员或物资等有效载荷从地面运送到太空预定轨道或能将有效载荷带回地面的运输系统。目前，可利用的军事航天运输系统主要是一次性运载火箭，还有可重复使用的航天飞机。

（二）军事卫星

军事卫星在现代战争中起着重要作用。美国和前苏联有 70%的军事情报来源于卫星。美国所有军事长途电话的 80%由卫星传送。可见，军事卫星已成为军队指挥控制的神经、空间的侦察哨兵和提高地面部队作战效能的倍增器。按照用途，它们可分为军事侦察卫星、军事通信卫星、军事导航卫星、军事测地卫星和军事气象卫星等。

1. 军事侦察卫星

军事侦察卫星是用以获取军事情报的卫星，与其他侦察手段相比，具有速度快、效率高、效果好、覆盖面积大、运行稳定、生存能力强、不受国界与地理环境限制等特点。根据用途，军事侦察卫星可分为照相侦察、电子侦察、导弹预警、海洋监视卫星和核爆探测卫星等。主要用于搜集战略情报及目标、监测战略武器系统、侦收（窃听）首脑部门及军事机构通信内容、对地面及海上军事部署实施监控等。在现代战争中，卫星侦察对机动部队、对永久性军事设施和战场设置、对战略突袭的制约、对核战略的制定等方面起着重大影响。同时，卫星侦察也不是万能的，仍存在着一些局限性，如需要受卫星轨道限制、不能识别所有伪装、依然不能代替侦察机进行战术侦察等。正是卫星侦察的这些不足，为防卫星侦察提供了可能和技术依据。

2. 军事通信卫星

通信卫星是用作无线电通信中继站的卫星。按星上有无通信转发器，可分为无源通信卫星和有源通信卫星；按卫星运行轨道可分为静止通信卫星和非静止通信卫星、区域通信卫星和国内通信卫星；按用途可分为军用通信卫星、海事通信卫星和电视广播卫星等。其中，军事通信卫星可分为战略通信卫星和战术通信卫星。战略通信卫星通常在地球同步轨道上运行，为远程直至全球范围的战略通信服务；战术通信卫星一般在 12 小时周期的大椭圆轨道上运行，主要用于近程战术通信，为军用飞机、舰艇、车辆乃至小分队或单兵等机动提供通信服务。通信卫星具有覆盖范围大、通信距离远、通信容量大、传输质量高、机动性好、生存能力强、费用低等优点，因而在军事通信中有举足轻重的作用。在地球同步轨道上，等距离部署 3 颗通信卫星，就可实现除地球两极外的全球通信。现在，除了一些商用的通信卫星同时用于军事通信之外，还研制、部署和使用了专门的军事通信卫星。在海湾战争、科索沃战争和伊拉克战争中，通信卫星承担了 75%以上的军事通信任务，成为重要的现代军事通信手段。

3. 军事导航卫星

导航卫星是为航天、航空、航海、各类导弹以及地面部队提供导航、定位业务的卫星。卫星导航是在传统的天文导航和无线电导航的基础上发展起来的。它克服了天文导航对气象条件的依赖和无线电导航在中远距离范围误差较大的缺点，可为地球表面各种目标提供全天候的精确导航数据。根据用户是否向卫星发射信号，导航卫星可分为主动式和被动式。军用导航卫星均采用被动式。卫星导航定位须用多颗卫星组网实现，用户通过同时收到几颗卫星发射的信号，精确测量信号的传播时间差，由此获得实时高精度的三维定位数据。利用卫星进行导航，为军事导航开创了一个新局面。它具有高精度、全天候、连续、实施和用户设备简便等优点，得到了各国的广泛重视。美国的“导航星”全球定位系统（Global Positioning System, GPS）由 24 颗卫星组成，其军用定位精度小于 10 米，测速精度小于 0.1 米 / 秒，计时精度可达 100 纳秒。前苏联（俄罗斯）的环球导航卫星系统（Global Navigation Satellite System, GLONASS）的导航水平接近 GPS，定位精度为 30～100 米。2002 年 3 月 26 日欧盟决定正式启动“伽利略（Galileo）”卫星导航定位系统计划。

我国分别于 2000 年 10 月 31 日、2000 年 12 月 21 日、2003 年 5 月 25 日、2007 年 2 月 3 日和 2007 年 4 月 14 日成功发射了 5 颗北斗导航试验卫星，加快建设北斗卫星导航系统（Compass Navigation Satellite System, CNSS）。至此，我国 CNSS 系统的 5 颗静止轨道卫星已全部升空，这标志着我国自行研制的北斗卫星导航系统进入新的发展建设阶段。北斗卫星导航系统空间段由 5 颗静止轨道卫星和 30 颗非静止轨道卫星组成，提供两种服务方式，即开放服务和授权服务。开放服务是在服务区免费提供定位、测速和授时服务，定位精度为 10 米，授时精度为 50 纳秒，测速精度 0.2 米 / 秒。授权服务是向授权用户提供更安全的定位、测速、授时和通信服务以及系统完好性信息。

4．军事测地卫星

测地卫星是进行大地测量的卫星。它装有光学观测系统、无线电测距系统、雷达测高仪等设备，通过对地球形状和大小、重力场和地磁场分布、地球表面诸点的精确地理位置的测量，可获得大量有重要价值的战略性资料，如一个国家重要目标的地理参数、战略资源储备情况等。比较先进的测地卫星的测地精度可高达厘米数量级，这对现代战争十分有价值，如为陆基洲际导弹和潜艇发射的弹道导弹提供准确的目标位置数据和地球引力场数据，以提高导弹的命中精度。

5. 军事气象卫星

气象卫星是从外层空间对地球和大气层进行气象观测的卫星，是一个无人高空气象站，是获取军事气象情况的重要手段，对全球天气监视和天气预报业务均有十分重要的作用。同时，大多数气象卫星是一种典型的军民两用卫星。按运行轨道可分为太阳同步轨道气象卫星（也称近极地轨道气象卫星）和地球静止轨道气象卫星（简称静止气象卫星），但也有专门的军用气象卫星系统。美国的“泰罗斯”和“布洛克”气象卫星在气象条件复杂的科索沃战场上发挥了重要作用，其卫星提供的资料使飞机投放的精确制导炸弹准确无误。前苏联（俄罗斯）主要由“流星号”气象卫星执行气象观测任务。我国也先后成功发射“风云一号”、“风云二号”气象卫星，它们正在为我国的气象预报发挥着重大作用。

（三）载人航天器

载人航天器包括载人飞船、空间站、航天飞机和研制中的单级火箭式的空天飞机。在军事应用上有着独特的价值，归纳起来主要有六个方面：一是执行侦察监视任务；二是执行地面与太空间的人员、物资输送，空间营救等任务；三是执行太空武器、新材料制造等试验任务；四是执行对近地轨道上的敌方卫星实施检查、捕获和破坏任务；五是执行组装与维修空间设施、补充燃料、更换电源等任务；六是可在军用卫星和空中、地面信息系统的协助下成为天基指挥控制中心，成为未来“天军”的作战基地，以及进行反卫星作战等。

（四）天基武器系统

天基武器系统也称空间武器类航天器，主要是指攻击敌方航天器用的卫星及卫星平台，如反卫星卫星、反卫星及反弹道导弹动能武器平台和定向能武器平台等。

目前已进行过试验并可以部署的天基武器主要是反卫星卫星。这种卫星是对敌方有威胁的卫星实施摧毁、破坏或使其失效的卫星。在这种卫星上装有跟踪识别装置和杀伤武器，并且具有一定的机动变轨能力，以识别、接近并摧毁敌方卫星。反卫星卫星有两种类型：一种是带有常规炸药，在接近目标卫星时，自动引爆与敌星同归于尽的“天雷”式拦截卫星；另一种是装备导弹或速射炮的卫星平台，当目标卫星进入武器的射程之内时便进行发射摧毁。此外，反卫星卫星还有“俘获式”卫星，它利用卫星上装的俘获机构把敌方卫星“俘获”过来。反卫星卫星从发射到执行任务总时间不超过3小时，现已处于实用阶段，但是仍不够完善，不够灵活，战斗力有限。人们还从理论上证明，用反卫星卫星拦截军事卫星不一定要摧毁目标卫星，只要采取一定的方式（如喷涂某种不透明且性能稳定的化学物质等）使其照相装置或通信装置等毁坏或失灵，一样可以达到目的。

此外，人们还在设想除反卫星卫星外的其他航天作战武器系统，如轨道轰炸武器和军用空天飞机等。轨道轰炸武器，平时在轨道上运行，接到作战命令后，借助于反推火箭脱离轨道再入大气层攻击地面目标，使敌方的预警时间短，难以防御。军用空天飞机，是一种既能跨大气层飞行，又能进入绕地球轨道运行，并可执行专门军事任务的可重复使用航天器。它们将给空间作战乃至整个军事活动带来重大影响。

三、航天技术现状与发展

（一）世界航天技术发展概况

半个世纪以来，人类共成功发射了5000多个航天器，在航天领域取得了巨大成就。迄今为止，有170多个国家和地区在应用航天技术，其中已有60多个国家投资航天领域，进行研发，投资总额在数千亿美元以上。

1．航天运载器

1926年世界上第一枚液体火箭在美国诞生。而后，随着航天事业的发展，液体火箭除应用于导弹武器系统外，为航天运载服务成为其主要任务。随着固体火箭技术的发展，固体火箭除用作液固分级应用的多级运载火箭的助推器以及空间发动机外，还研制成功了全固体火箭。自1957年以来，俄罗斯（包括前苏联）、美国、法国、日本、中国、英国、印度等国以及欧洲空间局先后研制出80多种运载火箭，主要有：俄罗斯（包括前苏联）的“东方”号、“上升”号、“联盟”号、“质子”号、“天顶”号、“能源”号，美国的“雷神”系列、“宇宙神”系列、“大力神”系列、“土星”系列，欧洲空间局的“阿里亚娜”系列，日本的H和M系列，中国的“长征”系列等。其中推力最大的是把近50吨重的阿波罗飞船送入登月轨道的美国“土星”五号和成功发射了“暴风雪”号航天飞机的前苏联“能源”号，它们均可将100多吨的载荷送入近地轨道，把数十吨的载荷送入地球静止轨道、月球或火星、金星等逃逸轨道。

2．航天器

自1957年10月4日前苏联成功发射第一颗人造地球卫星后，各类人造卫星纷纷上天，它预示着人类在不久的将来进入宇宙遨游太空的梦想将变成现实。

1961年4月12日，前苏联宇航员加加林乘坐“东方”号载人飞船进入太空，绕地球一圈后安全返回地面，成为世界上第一位航天使者，第一次将人类遨游太空的梦想变为现实。1965年3月18日，前苏联宇航员列昂诺夫走出太空飞船，进行了第一次太空行走。

1969年7月16日，美国“阿波罗11号”宇宙飞船载送3名宇航员飞往月球。宇航员阿姆斯特朗和奥尔德林驾驶登月舱于20日在月球着陆，月球上第一次受到了人类的光顾，开辟了人类登月活动的新篇章。

从1971年4月19日到1982年4月11日，前苏联先后发射了7座“礼炮”号载人空间站，并于1986年2月20日发射了“和平”号空间站。1973年5月14日，美国也把“天空实验室”空间站送入近地轨道。

美国从1972年开始研制可重复使用的航天飞机，1981年4月12日“哥伦比亚”号航天飞机成功地进行了首次轨道飞行，但其在2003年2月1日重返大气层时空中解体坠毁。这是“哥伦比亚”号的第28

次飞行，也是美国航天飞机22年来的第113次飞行。此外，美国已研制成功的航天飞机还有："企业"号（试验型）、"挑战者"号（1986年1月28日失事炸毁）、"亚特兰蒂斯"号、"发现"号和"奋进"号。1988年11月15日，前苏联也研制成功了"暴风雪"号航天飞机。1995年6月29日，美国"亚特兰蒂斯"号航天飞机与俄罗斯"和平"号空间站第一次成功对接。

从20世纪60年代起，美国和前苏联的空间探测器对水星、金星、火星、木星、土星、天王星、海王星进行了探测。迄今为止，人类发射了如"旅居者"号探测器、"勇气"号火星车、"凤凰"号火星登陆器、"火星勘探轨道器"等一系列空间探测器。其中1972年3月2日，美国发射的"先驱者10号"探测器，经过11年的漫长太空旅行于1983年6月越过太阳系边缘，实现了飞向太阳系外宇宙空间的目标，从而成为人类历史上第一个飞出太阳系的人造物体。

3．航天测控

为确保运载器和航天器以正确的轨道和姿态飞行，必须要有先进的航天测控技术。目前，同步轨道通信卫星对地指向精度已达0.05度，天线指向精度达0.01度。对地观测卫星的指向精度可达0.03度，指向稳定度高于0.0001度／秒，足以满足运载器和航天器的飞行需要。

（二）我国航天史

我国航天事业起步于20世纪50年代中期，经过50多年的艰苦奋斗，取得了举世瞩目的巨大成就，在世界航天领域占有了一席之地。

1956年2月，著名科学家钱学森向中央提出《建立中国国防航空工业的意见》。

1956年4月，成立中华人民共和国航空工业委员会，统一领导中国的航空和火箭事业。

1956年10月8日，中国导弹火箭技术研究院建立。

1958年4月，开始兴建中国第一个运载火箭发射场。

1960年2月19日，中国自行设计制造的首枚试验型液体燃料探空火箭发射成功。

1960 年 11 月 5 日，我国成功地发射了第一枚近程导弹“东风一号”（仿制前苏联的“P-2 导弹”）。

1964 年 6 月 29 日，在经历一次失败后，我国自行研制的中近程弹道导弹“东风二号”发射成功，为我国航天技术的发展奠定了基础。

1964 年 7 月 19 日，成功地发射了第一枚生物火箭。

1966 年 10 月 27 日，导弹核武器发射试验成功。

1966 年 12 月 26 日，中国研制的中程战略导弹首次飞行试验成功。

1967 年，“和平二号”固体燃料气象火箭试射成功。

1968 年 2 月 20 日，空间技术研究院成立。

1970 年 1 月 30 日，首枚远程战略导弹试射成功。

1970 年 4 月 24 日，我国首枚“东方红一号”人造卫星发射成功，成为继美、苏、法、日后第五个能制造和发射人造卫星的国家，航天史上从此也有了中国人的一席之地。

1975 年 11 月 26 日，“长征二号”运载火箭成功地发射了中国的第一颗返回式遥感卫星，并于 1975 年 11 月 29 日按预定计划返回，中国成为世界上第三个掌握卫星回收技术的国家。

1980 年 5 月 18 日，向太平洋预定海域成功发射了洲际战略导弹。

1981 年 9 月 20 日，用“风暴一号”运载火箭将三颗科学卫星送入预定轨道，成为世界上第三个实现一箭多星技术的国家。

1982 年 10 月 12 日，用潜艇从水下向预定海域试发射成功固体潜地战略导弹。

1984 年 4 月 8 日，“长征三号”运载火箭首次发射地球静止轨道试验通信卫星“东方红二号”成功，4 月 16 日，卫星进入地球静止轨道且定点成功，中国不仅成为世界上第三个掌握液氢 / 液氧低温推进技术的国家，而且成为世界上第五个独立发射地球同步轨道卫星的国家。

1986 年 2 月 1 日，中国发射一颗实用通信广播卫星。20 日，卫星定点成功。这标志着中国已全面掌握运载火箭技术，卫星通信由试验阶段进入实用阶段。

1988 年 9 月 7 日，“长征四号”运载火箭将“风云一号”气象卫星送入太阳同步轨道，成为世界上第四个发射太阳同步轨道卫星的国家。

1990 年 4 月 7 日，“长征三号”运载火箭成功发射美国制造的“亚洲一号”通信卫星，从而使中国的运载火箭进入国际航天商业发射市场。

1997 年 5 月 12 日，我国研制的“东方红三号”广播通信卫星发射成功。

1997 年 6 月 10 日，我国“风云二号”气象卫星发射成功，成为第三个能同时发射太阳同步轨道和地球同步轨道气象卫星的国家。

1999 年 10 月 14 日，中国和巴西联合研制的“中巴地球资源卫星”成功进入了太空。

1999 年 11 月 20 日（飞船 20 日 6 时发射，于 21 小时后，次日凌晨 3 时返回），我国“神舟”号试验载人飞船发射和回收的成功，标志着中国已拥有进行载人航天技术的能力，成为真正的世界航天强国。

2000 年 10 月 31 日，我国自行研制的第一颗导航定位卫星——“北斗导航试验卫星”发射成功。

2000 年 12 月 21 日，我国自行研制的第二颗“北斗导航试验卫星”发射成功，标志着我国拥有自主研制的第一代卫星导航定位系统。

2001 年 1 月 10 日，我国自行研制“神舟”二号飞船发射成功。

2002 年 3 月 25 日发射升空的“神舟”三号飞船，遨游太空 6 天 18 小时，于 2002 年 4 月 2 日成功返回地面。

2002 年 5 月 15 日，我国自行研制的第一颗海洋探测卫星“海洋一号”成功进入预定轨道，标志着中国已基本建成长期稳定运行的卫星对地观测体系。

2002 年 12 月 30 日，“神舟”四号飞船成功发射，在完成预定空间科学和技术实验任务后成功返回。

2003 年 5 月 25 日，我国自行研制的第三颗“北斗导航试验卫星”发射成功。

2003 年 09 月 16 日，我国首枚四级全固体运载火箭“开拓者一号”在山西省太原卫星发射中心成功地进行了发射试验，这意味着中国有望将成为世界上第三个能把卫星快速送入太空的国家。

2003年10月15日，我国“神舟”五号载人飞船发射成功，10月16日凌晨6时23分，顺利降落在内蒙古空旷的草原上。这标志着我国航天技术又取得重大突破，使中华民族的千年“飞天”梦想终于实现，太空中没有中国人足迹的历史到此结束，“神舟”五号飞船和乘坐这艘飞船执行太空任务的航天英雄杨利伟一同被载入史册。

2005年10月12日，“神舟”六号载人飞船发射成功，我国的载人航天又迈入新的阶段。

2007年2月3日和2007年4月14日成功发射了第4颗和第5颗“北斗导航试验卫星”，至此，我国北斗卫星导航系统的5颗静止轨道卫星已全部升空，这标志着我国自行研制的北斗卫星导航系统进入新的发展建设阶段。

2007年10月24日，“嫦娥一号”月球探测卫星从西昌卫星发射中心由“长征三号”甲运载火箭发射成功。卫星发射后，用8天至9天时间完成调相轨道段、地月转移轨道段和环月轨道段飞行。经过8次变轨后，于11月7日正式进入绕月飞行的工作轨道。11月18日卫星转为对月定向姿态，11月20日开始传回探测数据。“嫦娥一号”的发射成功，标志着中国成为世界上第五个能发射月球探测器的国家，同时也标志着我国航天技术迈上一个新台阶。

2008年4月25日23时35分，我国首颗数据中继卫星“天链一号”01星在西昌卫星发射中心成功发射，填补了中国中继卫星领域的空白。

2008年9月25日21点10分，“神舟”七号利用“长征二号F”火箭成功发射升空，并于2008年9月28日17点37分成功着陆于中国内蒙古中部。“神舟”七号飞船共计飞行2天20小时28分钟，在此期间，中国航天员进行了首次出舱行走活动，且随后首次成功释放了伴飞小卫星。这标志着中国航天员第一次把中国人的足迹印在飞船舱外的茫茫太空之中，成就了中国迈进太空的第一步，中国的航天事业又进入一个全新的时代。

2008年12月15日11时22分，中国太原卫星发射中心用“长征四号”乙运载火箭将“遥感卫星五号”成功送入太空。这次发射是自2008年12月1日成功发射“遥感卫星四号”后，半个月内中国成功发射的第二颗遥感卫星，也是长征系列运载火箭的第114次飞行。

经过半个多世纪的努力奋斗，我国已在卫星回收技术、一箭多星技术、卫星测控技术、静止卫星发射技术、高能低温火箭技术、航天遥感技术、数字卫星通信、载人航天技术等航天技术中处于世界先进行列。

四、军事航天技术对现代战争的影响

1991年1月爆发的海湾战争，多国部队至少动用了10多种不同类型的72颗卫星进行空间作战支援，为整个战争的胜利起到决定性作用，而被美国国防部称作“第一次空间战争”。可以预测，航天技术在未来的军事斗争中所发挥的作用只会增强，不会削弱。随着军事航天技术的进一步发展，各种军用航天器结合而构成的航天器系统，以及定向能武器与动能武器的出现必将对未来战争产生重大影响。

（一）空间侦察能力空前提高

侦察卫星、载人飞船、航天飞机、空间站的研制与应用，可以全空域、全时域、全天候地监视和掌握地面、海上和空中所发生的一切变化，能够为指挥机构源源不断地提供所需的战略情报。面对强大的空间侦察能力，无论是部队的集结调动、兵力部署以及武器装备的数量和性能，还是大型的工业生产基地、交通枢纽、地下矿产等国力资源都将暴露无遗。

（二）提高了武器装备的作战效能

利用军事空间系统可以为火炮、导弹、飞机、舰艇提供敌方目标的精确位置，并为它们导航，使其准确攻击和摧毁目标。未来战争中，军事航天技术除了继续承担传统的信息支援功能外，将会直接作为一种攻击武器，对地基和空基目标实施攻击，从而使未来作战对抗更加激烈。

（三）军队指挥与保障方式发生重大变化

信息技术的军事应用，数字化部队、数字化战场的出现或建立，一刻也离不开军事航天技术。它们都需要各种军事侦察卫星和通信卫星提供和传输数字化的战场信息，即使是一个小分队，甚至是单兵，都会携带和使用卫星终端。这种全新的手段，能够实现指挥方式自动化和高度的集中统一，使战斗保障更加全面、及时、精确无误。

（四）战场进一步向空间延伸

随着军事航天技术的发展，将会出现“天军”与“天战”。目前，“天军”已担负着侦察、预警、指挥、导航、通信、控制以及搜集军事气象资料等任务。未来的太空空间站将既是住人的军营，也是天军的军事基地，同时还可作为太空指挥所、太空武器试验基地、太空航天器和太空武器的修理所以及各类武器储备库。整个空间会与地面、海面相结合而出现真正意义的多维式立体战。可以预见，随着太空争夺的日趋激烈，战场将进一步向空间延伸。

第七节　指挥控制技术

指挥控制技术，是指在军队指挥系统中，综合运用以信息技术为核心的现代科学技术及军事理论，实现军事信息收集、传递、优化处理的自动化和快速化，达到高效的指挥、领导与管理，保障军队发挥最大效能的一系列信息技术的统称。它以电子计算机技术为核心，是集指挥、控制、通信、情报、监视、侦察等于一体的综合技术体系。指挥控制技术在军事领域最直接和最重要的应用结果，就是物化为军队指挥信息系统，以实现军队指挥自动化，如 C^4I 系统，即指挥（Command）、控制（Control）、通信（Communication）、计算机（Computer）及情报（Intelligence）；C^4ISR 系统，即 C^4I+Surveillance

（监视）+Reconnaissance（侦察）。目前，最新的一种提法为 C^4KISR，即 C^4ISR+Kill（杀伤）。军队指挥信息系统是国防基础设施的重要组成部分，是军队现代化的重要标志，是实现高技术信息化战争中联合作战的物质基础和根本保证。

一、指挥控制技术的由来

第二次世界大战后，随着国防科学技术的飞速发展，军队组成及其武器装备都发生了重大变化，战争形态和作战方式也发生了根本性的改变。面对这种变化，继续沿用人力手工作业方式已经难以进行现代条件下的作战指挥。20 世纪中叶开始，电子信息技术的发展及其在军队指挥领域的运用，使指挥手段开始由机械化向半自动化和自动化方向发展。1953 年，当时国防科学技术领先的美国经过一番装备试验后，于 20 世纪 60 年代首次提出指挥控制技术和系统的概念，并简称为 C^3I（Command、Control、Communication、Intelligence，指挥、控制、通信、情报）系统。在此之后，美国迅速向所有部队推广，按照先战略级后战役战术级的发展顺序，逐步建立起完整的、可通用的、一体化的指挥控制技术和系统。计算机广泛应用于军事之后，C^3I 加上计算机，就成为 C^4I，也就是用以电脑为核心的技术装备与指挥人员相结合，对部队和武器实施指挥与控制的"人—机"系统。同一时期，前苏联也建成了类似的半自动化本土防空指挥控制系统，其水平几乎与美国的系统相差无几，并形成自己的体系。此后，许多国家开始投入大量的人力、物力和财力进行指挥控制技术的研究，并逐步建立了一批更加先进、更加完善的战略、战术指挥信息系统。西方一些人士把指挥控制技术看作是"力量倍增器"，美军认为："为了保持可靠的威慑，有没有一种高超的指挥控制通信系统，同有没有武装部队同等重要。"前苏军把实现指挥自动化，称为"继核武器、洲际导弹后的军事革命的第三阶段"。20 世纪 90 年代中期，美国根据海湾战争的经验，进一步认识到掌握战场态势的重要性，提出"战场感知"的概念，即利用各种侦察监视技术手段，全面了解战区的地理环境、地形特点、气象情况，实时掌握敌我友三方兵力部署和武器系统配置情况及其动向，为作战行动提供可靠的依据。C^4I 技术体系的内涵又进一步扩大，新融入了“监视与侦察”，变成了 C^4ISR。进入新的世纪，指挥控制技术的发展更加趋于成熟。随着军队信息化水平的不断提高，C^4ISR 与武器平台、弹药等作战系统的“融合”不断加深，同时信息系统的对抗手段也不断增多，使 C^4ISR 系统不仅仅是保障性的指挥控制手段，而且逐渐具有杀伤进攻的作战能力，因此，C^4ISR 系统又新增“杀伤”手段，从而变成了 C^4KISR 系统。目前，其发展的总体趋势是各国加强了战略指挥信息系统的现代化工作，并加速发展战术指挥信息系统；进一步解决系统建设的标准化及系统兼容、互联、互通的问题，使系统更加适应现代化战争的要求；以美国为代表的西方发达国家指挥控制技术已逐步成熟，进入了向综合指挥控制技术发展的过渡时期。

促使指挥控制技术发展的原因主要有：一是作战空间日益扩大，作战信息量骤然增加，传统指挥手段已经无能为力；二是现代作战行动节奏逐渐加快，要求指挥节奏更快、更及时；三是武器装备日趋复杂，指挥控制的难度明显增大，特别是战略武器和大型战役武器，其整个作战过程都需要由指挥所直接控制和掌握，实时了解情况和进行干预，确定打击效果；四是战场情况瞬息万变，指挥手段必须保证指挥人员有充裕的应付时间和足够的应变余地。现代战场上，攻防转换频繁，非接触作战、夜战、导弹战、信息战、特种作战、心理战等作战形式综合运用，战场情况复杂多变，需要指挥人员在极短的时间内综合考虑，制定对策，下达作战任务，这种本领是人力难以达到的。

二、指挥控制技术的主要特点

（一）能及时、全面地传送战场基本情况

战场情况瞬息万变，直接了解和掌握前线情况，是指挥员科学决

策，及时定下正确决心的基础。前线指挥员通过自动化通信系统，可随时将敌我态势、兵力、武器的使用，弹药、物资的消耗，以及需要何种火力支援等情况，传送到上级指挥所，立即以图形、文字、数字等形式在上级指挥所的各有关工作台上显示出来。如果情报材料是新的，电子计算机就会把它编上号码储存起来。

（二）具有一定的逻辑判断能力

拟定和选择最佳作战方案，本来是指挥员的创造性活动，从根本上说，机器设备是无法代替这种创造性活动的。但军队指挥信息系统可模拟战斗全过程、评价效果、选择方案，并形成最佳方案。

（三）自动传递命令、快速上报情况

作战方案一经批准，参谋人员可通过自动化通信系统，在几分钟之内把作战文书传送到所有执行单位，并在各有关显示器上显示出来，形成图表式作战命令。当情况有变时，指挥员可以用光笔在显示器上标绘出各种战术标号，并迅速在各执行单位的显示器上显示出来，这样，下达命令也就完成了。

三、军队指挥信息系统的构成

一个完整的军队指挥信息系统，主要由信息收集分系统、信息传输分系统、信息处理分系统、信息显示分系统、决策控制分系统和执行分系统等六部分组成，这些分系统互相联系、互相配合，构成一个统一的整体。

（一）信息收集分系统

信息收集分系统主要由各种侦察设备组成，主要用于及时收集敌我双方的兵力部署、作战行动，以及战场地形、气象等情况，为指挥员定下决心提供实时的准确情报。

（二）信息传输分系统

信息传输分系统或称通信分系统，主要由传递信息的各种信道、交换设备和通信终端等组成。构成具有多种功能的通信网，迅速、准确、保密和不间断地传输各种信息，并能自动地进行信息交换、加密、解密和选择路由。信息传输分系统的自动化是整个指挥系统实现自动化的基础，没有发达的通信网，就不可能实现作战指挥的自动化。

（三）信息处理分系统

该系统由计算机软硬件及其输入、输出设备组成。主要用于信息的综合、分类、存储、检索、计算等，并能协助指挥人员拟制作战方案，对各种方案进行模拟、情报检索和图形图像处理等。

（四）信息显示分系统

该系统主要由各类显示设备组成。主要功能是把信息处理分系统输出的各种信息，包括作战情报、敌我态势、作战方案、命令和命令执行情况等，用文字、符号、图形、图像等多种形式，形象、直观、清晰地显示在各个屏幕上，为指挥和参谋人员研究使用。

（五）决策监控分系统

该系统主要由各种向系统输入控制信息的设备，如具有各种功能的监视控制台和工作台等组成。主要用于辅助指挥人员作出决策、下达命令、实施指挥。此外，还可随时用来改变军队指挥信息系统的工作状态并监视其运行情况。决策监控可分为战略级决策、战役级决策和武器级决策三种。

（六）执行分系统

执行分系统主要由自动把命令信息变成行动的执行设备和人员组成，如导弹的发射控制和制导装置、火炮的发射控制装置以及各种遥控设备的执行机构等。执行分系统与信息收集分系统具有反馈关系，可将执行情况及时反馈到指挥员那里，从而进一步修订计划，更加正确有效地指导执行分系统的动作和行动。

四、指挥控制技术对作战的影响

（一）对作战指挥的影响

1．指挥机关的组织结构发生变革

现代化办公设备及军队指挥信息系统的广泛运用，可以摆脱繁忙的人工操作，精简指挥机关人员，提高指挥效率。此外，系统操作、维护等高技术保障人员的配属，必将大大改善指挥机关的知识结构，有利于形成“智囊型”的指挥群体。

2．指挥工作方式大大改进

为使指挥机关的工作方式适应军队指挥信息系统的运行节奏，一方面要简化工作程序，另一方面亦应改革传统作战文书的格式。在军队指挥信息系统中，各级指挥员可以随时利用各种现代化的设备了解上级意图、收集各种战场信息、分析判断情况、优选可行方案、定下决心、下达命令和指示以及向上级汇报命令的执行情况等，这无疑是指挥工作方式的一种变革。

3．指挥决策更加科学化

运用军队指挥信息系统进行指挥决策，指挥员除了充分发挥主观能动性外，还可以最大限度地利用自动化系统的“智能”，拟定、选择、检验作战方案的可行性，从而做出正确的指挥决策，彻底改变了传统的“经验型”指挥决策方式。

4．战场调控更趋完善

由于各种先进通信手段和设备的使用，战场信息可以及时地反馈给指挥机关。指挥员一方面可以根据这些反馈信息对战场的兵力、兵器部署做出反应并及时加以调整，控制战场态势向着对己方有利的方向发展，使战场上的兵力损失减少到最低程度；另一方面，还可以依据这些信息，运用各种战场调控手段，控制作战节奏。

（二）对军队战斗力的影响

战斗力是指军队实施战斗行动和完成战斗任务的能力，它主要取决于作战实力和指挥控制能力。部队的战斗力不是简单地将二者相加，而是要实现作战实力、武器装备、谋略及指挥控制能力四者综合作用的结果。在现代高技术信息化战争中，诸军兵种一体化联合作战，参战军兵种多，武器装备复杂，战场分布广，作战空间扩大，节奏加快，信息量剧增，战场情况瞬息万变。如果没有一个高效率、高度集中统一的指挥信息系统作为军队的神经中枢，那么这支军队只能是一盘散沙，无法发挥应有的效能。因此，只有通过有效运用指挥信息系统，使士兵的作战实力、武器装备和指挥员的精深谋略达到最佳结合，形成一个有机的整体，才能充分发挥其作战效能，提高军队的战斗力。因此，可以说军队指挥信息系统既是军队战斗力的“倍增器”，也是军队一体化作战体系的“黏合剂”。

（三）对军队机动的影响

军队指挥信息系统的应用，为军队机动能力的提高创造了许多有利条件。先进的装甲车辆、飞机、舰船上大都装有精确定位和导航设备，不论是在一般的地面、海域、空域，还是在极其复杂的环境下，都可以通过这些先进的定位导航设备了解和确定自己的准确位置、运动速度、高度、时间等数据。卫星通信设备可以保障部队在机动中随时与上级取得联系，便携式计算机中的各种地形资料为机动部队提供了更方便、可靠的支持，使部队在机动过程中更加方便、准确地了解各方面情况。

（四）对武器效能的影响

武器控制自动化是军队指挥信息系统的一个主要内容。军事高技术武器系统，均可由计算机自动控制完成识别目标、确定攻击方案以及实施攻击的整个过程，不仅反应速度快，而且作战效果好、精度高。

现代的无人驾驶坦克和飞机，可以按照预先设置在计算机中的指令自动寻找攻击目标，根据目标的位置、大小、防护能力、自身状态、安全等因素自动选择和确定攻击方案，然后将攻击效果反馈给战场指挥中心，初步实现了武器装备的“智能化”。

（五）对作战保障的影响

1．对信息保障的影响

在现代的信息化战争中，战场信息的收集、传输和处理，不仅渗透到战场的各个领域、各个环节，而且在作战中的功能、地位和作用也不断提高。现代战争的信息保障特点是立体化、全球覆盖的侦察与监视，全方位、大纵深的预警，多样化、抗干扰的信息传输，高效率、全时空的信息处理手段。各种信息技术装备和战场信息系统构成了作战的“神经系统”，谁的“神经系统”更完善、更科学，在战场上发挥得更好，谁就能掌握战争主动权，控制战争的全局。可见，战场信息已经成为影响整个战争全局的重要战略资源。

2．对后勤保障的影响

现代战争的全方位、全天候、立体化的作战方式，要求后勤保障也必须相应地改进保障方法。后勤保障如何做到既满足作战需要，又尽量避免战场储备过多，军队指挥信息系统的应用和发展为解决这一难题提供了科学手段。通过系统对作战的模拟和仿真试验，可以科学地预测不同规模作战的各种物资消耗量，制定后勤保障需求方案，有计划地组织生产、采购、运输和储备，使后勤保障在宏观上日趋科学化。

五、战例——海湾战争、伊拉克战争中美军和多国部队指挥信息系统的实战运用

（一）多种侦察监视手段并用

多国部队所使用的情报侦察与监视系统是全方位、立体化的。为

获取伊拉克的政治、经济和军事情报，多国部队使用了航天、航空、地面、海上等大量先进的侦察手段，实施多平台、多手段全方位的不间断侦察和监视。首先是卫星情报系统。海湾战争期间，多国部队共使用了100余颗军用和民用卫星，全部战争情报中90%是由卫星提供的。其次是空中侦察与监视系统。海湾战争是战争史上几代空中侦察与监视平台的首次集中演练，战争期间，各类侦察机出动总数超过20000架次，是仅次于卫星的第二大情报来源。在航空侦察中，多国部队首次使用机载实时传输技术和信息自动处理系统，把获得的情报数据实时地传输给地面的情报分析处理中心，进行自动化的信息处理。同时，多国部队还采用了地面侦察系统，但主要侧重于战术情报。在伊拉克战争期间，仅单独考察空战一项，也能充分表明监视与侦察系统的重要性。联军约80架特殊用途飞机出动1000余架次以执行情报、监视与侦察任务。这些飞机共搜集了约4.2万幅战场图像，提供了2400任务小时的信号情报覆盖、3200小时的全战斗任务录像、1700小时的运动目标指示覆盖。

（二）空前规模的战区通信网络

在海湾战争中，美军建立的战区通信体系，主要由战略通信网络系统与三军联合战术通信系统两部分组成。前者包括美军全球性国防通信系统的自动电话网、自动数字网、国防交换网与国防卫星通信系统以及北约参战国的部分战略通信系统等。整个系统有7万条线路，遍及五大洲75个国家和地区的3100个军事基地和台站。后者主要供军以上单位使用，海湾战争首次投入使用，供美军四军种和盟国部队之间的协同通信。它能与美军的全球自动数字通信网及国防数据网等战略网络互通，它能把卫星照片和其他保密目标数据从美国本土直接传至战区作战部队。与此同时，美军还使用了其他先进的通信手段。在伊拉克战争期间，20万联军使用的卫星通信容量约为海湾战争中50万部队的15倍。而且，除了使用军事卫星通信系统外，为满足对伊作战的需要，战前美国政府购买或租用了一些商业卫星的使用权。据报道，在伊拉克战争中，美军80%以上的通信服务是由商业卫星提供的。在战争爆发前后，商业卫星通信终端增加 560%，平均商业带宽增加 47%，军事卫星通信终端增加 120%，平均军事带宽增加 68%。

（三）统一健全的指挥体系

海湾战争中，美军在海湾前线建立了前方指挥中心，同时也作为多国部队的联合司令部的指挥中心。该中心下辖陆军、海军、空军、陆战队及信息系统司令部，对参战部队实行统一指挥与控制。指挥中心有上千名高级参谋以及先进的设备，并依靠这些设备和与其相连的战区内战术通信网络，指挥控制各军种和多国部队的联合作战行动。信息系统指挥部担负战区信息管理和维护任务，拥有 1500 名工作人员，掌握几千套由大型机、小型机和微机构成的系统。在伊拉克战争中，仅空战指挥与控制一项，其数据基础就包括约 1800 项空域控制措施，其中约 1200 项是每天都要实施的。如此庞大数据的快速处理只有依靠统一的指挥控制系统才能得以完成。

总之，在海湾战争、伊拉克战争中，美军和多国部队的指挥信息系统在作出战略决策、拟定作战计划、选定攻击目标等方面发挥了重要作用，极大地提高了部队快速反应能力和总体作战能力。

第八节　核化生武器技术

一、核武器

（一）核武器的定义

核武器是指利用自持核裂变或核聚变反应（或两者兼有）瞬间释放出的巨大能量，产生爆炸，造成大规模杀伤或破坏效果的武器。

（二）核武器系统构造及工作原理

1．裂变核武器（原子弹）

重核分裂成两个中等质量原子核的过程，叫做重核裂变。例如用慢中子轰击铀 235 核时，铀核分裂成质量相近的两个中等质量的新原子核，同时放出 2～3 个快速中子，并放出大量能量。利用铀 235 或钚 239 原子核的自持裂变链式反应原理制成的核武器，称为裂变核武器，通常称为原子弹。原子弹一般由外壳、引爆系统、化学炸药、反射层、核装料和中子源等部分组成。

2．聚变核武器（热核武器、氢弹）

轻原子核相遇，聚合成为较重的原子核，称为核聚变。聚变反应必须在极高温度（几千万摄氏度）下才能发生，因此又称热核反应。聚变反应释放的能量高于裂变反应，例如 1 千克氘混合物完全聚合释放的能量是 1 千克铀 235 裂变能量的四倍多。

利用氢的同位素氘、氚等轻原子核的聚变反应原理制成的核武器称为热核武器或聚变武器，通常称为氢弹。目前热核反应的条件（极高的温度）只能由原子弹爆炸来提供，因此目前氢弹都用原子弹作为引发核聚变的“扳机”。氢弹（由内向外）一般由小型原子弹、热核装料、反射层、弹壳等组成。

在氘氚进行热核反应时，除放出极其巨大的能量外，还会产生大量的快速中子。这些快速中子轰击到铀 238 核上，可使大量的铀 238 核发生裂变。因此为了进一步提高氢弹爆炸的威力，可制造这样一种炸弹：中心是铀 235 或钚 239 做成的原子弹，周围是氘化锂，再外面是用铀 238 制成的一层外壳。靠铀 238 发生裂变的链式反应，来提高氢弹的威力。这种炸弹叫氢铀弹。氢铀弹是裂变—聚变—裂变弹，又称三相弹。而氢弹是裂变—聚变弹，又称双相弹。原子弹是裂变弹，又称单相弹。

3．中子弹（增强辐射弹）

以高能中子为主要杀伤因素而相对减弱冲击波和光辐射效应的核武器，称为中子弹，或称为“增强辐射弹”，或“弱冲击波强辐射弹”。

中子弹是一种小型、低当量氢弹（一般当量为千吨级）。它以氘和氚为聚变装料，以尽可能低的核裂变当量为“扳机”，使中子数量大大增加，中子辐射大大增强，冲击波、光辐射和放射性沾染均相对减弱。这就要设法增加武器中的聚变与裂变之比值，即使聚变的贡献大大超过裂变的贡献。这也就是中子弹的基本原理。同等威力的中子弹和原子弹相比较，中子弹的核辐射杀伤大大增强，冲击波杀伤却大大减弱。

中子弹是一种战术核武器，能有效地杀伤人员和对付装甲集群目标，而对建筑物和武器装备的破坏作用很小，放射性沾染也很轻，适合于本土防御作战使用。

（三）核武器的杀伤破坏作用

核武器是迄今人类制造的杀伤破坏威力最大的武器。核武器的杀伤破坏作用是其爆炸瞬间释放的巨大能量及其转化为不同的杀伤破坏因素造成的。这些杀伤因素分为两类。第一类作用时间仅为数十秒，称为瞬时杀伤因素，包括光辐射、冲击波、早期核辐射、核电磁脉冲4 种。第二类作用时间可持续几天甚至更久，主要是爆炸产物的放射性沾染。核爆炸时上述各种杀伤破坏因素几乎同时发生，因此，其对人员和武器装备的杀伤破坏往往是多种因素综合作用的后果。

核武器的杀伤破坏作用与其威力直接相关。经常使用 TNT 当量和TNT 当量 / 千克两种参数来描述核武器的威力。前者指爆炸时释放的总能量，它表示产生同样能量所需的 TNT 炸药的重量，常用吨、千吨或百万吨 TNT 当量表示，有时简称“当量”；后者指核武器的威力与弹重的比值，单位是吨 TNT 当量 / 千克（或简称吨 / 千克），这是核武器的比威力，是核武器研制水平的标志，该值越高，表征其研制水平越高。比如 1989 年美国生产的三叉戟 IID5 / MK5S 潜射导弹的 W88 型核弹头，当量为 4.75 百万吨，比威力达 2.35 千吨 / 千克。

目前，某些核武器已具有当量可调性，即同一枚核弹，其威力可在一定范围内变动，可根据战术需要直接在载机上灵活调节。例如美国的 B61 核航弹，其当量有 4 种，调节范围为 0.5～345 千吨。

二、化学武器

化学武器是利用化学毒剂的毒害作用杀伤、疲惫敌有生力量，迟滞、困扰其军事行动的各种武器、器材的总称。主要包括化学炮弹、化学航弹、化学手榴弹、化学枪榴弹、化学地雷、化学火箭弹、导弹化学弹头及化学航空布撒器等。

（一）毒剂

毒剂又称化学毒剂、化学战剂、军用毒剂，是军事行动中以毒害作用杀伤人畜的化学物质。它是化学武器的基础，对化学武器的性能和使用方式起着决定作用。目前外军装备的毒剂主要有 6 类 14 种。

第一类，神经性毒剂（含磷毒剂），这是毒性最大的毒剂，包括 V 类：VX；G 类：塔崩（GA）、沙林（GB）、梭曼（GD）。是速杀性致死剂，用于破坏神经系统。

第二类，糜烂性毒剂，包括芥子气（H）、路易氏气（L）。以糜烂皮肤为主，兼有全身中毒作用。

第三类，全身中毒性毒剂（血液性毒剂），包括氢氰酸（AC）、氯化氰（CK）。损伤人体细胞和组织内的呼吸酶系统，造成全身性缺氧，可速杀致死。

第四类，窒息性毒剂，主要为光气（CG）。破坏肺组织，造成窒息死亡。

第五类，失能性毒剂，主要为华兹（BZ）。造成思维和躯体功能障碍，使人暂时丧失战斗力。

第六类，刺激性毒剂，包括西埃斯（CS）、西阿尔（CR）、苯氯乙酮（CN）、亚当氏剂（DM）。刺激人员眼、鼻、喉、皮肤，造成喷嚏流泪。近年来，许多国家已使用 CS、CR、CN 作为防暴（控暴）武器装药。

（二）毒剂的分散方式

化学武器按不同的毒剂分散方式可分为三种基本类型：

1．爆炸分散型。利用炸药爆炸使毒剂成气雾状或滴液状分散。主要有化学炮弹、航弹、火箭弹、地雷等等。

2．热分散型。利用烟火剂、火药的化学反应产生的热源或高速热气流使毒剂蒸发，形成毒烟（气溶胶）、毒雾。主要有装填固体毒剂的手榴弹、炮弹及装填液体毒剂的毒雾航弹等。

3．利用高压气流将容器内的固体粉末毒剂、低挥发度液态毒剂喷出，使空气、地面和武器装备染毒。主要有毒烟罐、气溶胶发生器、布毒车、航空布撒器和喷撒型弹药等。

（三）化学武器的特点

化学武器是一种大规模杀伤武器。与常规武器相比，它有以下特点：

1．杀伤范围广、扩散速度快、威力大。据统计，作战使用5吨神经性毒剂沙林，其杀伤范围可达260平方千米，与一枚当量为100万吨的热核武器相当。

2．杀伤途径多。毒剂一般以气溶胶、滴液形式使用，可通过皮肤、呼吸道、伤口直接杀伤人畜，也可经由水、食物间接造成伤害。多数爆炸型化学弹药还有破片杀伤作用。

3．作用持续时间长。杀伤作用可延续几分钟、几小时，甚至几天、几十天。

4．种类多，可根据需要选择使用，达到不同的战略、战役企图和战术效果。例如进攻时使用非持久性速杀毒剂，可造成敌军在数秒钟至数十秒内死亡、瘫痪、暂时或永久丧失战斗力。防御时可使用持久性毒剂，较长期地阻止和抵御敌人。

5．只杀伤人员和生物，不破坏武器装备和军事设施。被染毒的这些装备经洗消后仍可使用。

6．与研制生产核武器相比，化学武器所需的技术水平、设备及经费均大大降低，更易于大规模生产、装备。据统计，当量为400万吨级的氢弹，按弹重计算，每吨生产费约为100万美元，而沙林毒剂弹每吨仅需1万美元。一些无力发展核武器的国家，为维护其本国利益常发展化学武器。因此，化学武器被人称为“穷国的原子弹”。另一方面，其作战效费比高。按每平方千米面积上造成大量杀伤的成本费计算，常规武器为2000美元，核武器为800美元，神经性毒剂化学武器仅为600美元。

7．受气象、地形条件限制较大。大风、大雨、大雪和近地层空气的对流，都会严重削弱毒剂的杀伤效果。使用中风向的变化还可能造成毒剂对己方人员的危害。

（四）当今世界前沿的化学武器

1．子母弹型化学弹头

这种弹头不同于最初的导弹弹头整体型的设计，而是在母弹（弹头）里装有许多子弹，母弹爆炸后，子弹被散布到目标区着地爆炸，毒剂分散成蒸气、气溶胶或液滴，构成空气、地面、物体表面的毒污染，从而扩大了化学导弹的杀伤范围。

2．二元化学武器

二元化学武器与传统化学武器的区别是：二元化学武器内装填的不是毒剂，而是可以合成毒剂的两种或两种以上低毒的化学物质。在发射式投掷过程中，各种组分充分混合，发生反应，生成毒剂。

二元化学武器改善了毒剂和化学武器在生产、装填、储存及运输过程中的安全条件；避免了化学弹药泄漏的危险和过期毒剂销毁处理的困难，扩大了毒剂来源，使某些储存性质不稳定的化合物有可能以二元方式用作毒剂；增强了生产的隐蔽性，使之易于和民品生产相结合。二元化学武器还处于发展和完善阶段，但它作为一种新型结构的化学武器已引起世界各国的普遍重视。

3．分散与使用技术不断创新

对于化学武器来说，要使其中的毒剂发挥杀伤作用，必须将它分散成大小适当的微粒。为把毒剂分散成最好的状态，现在人们已经研究出许许多多行之有效的分散技术，加上毒剂使用技术上的一些进步，从而极大地增强了化学武器的威力。在毒剂使用上的具体措施主要有：

（1）弹药逐渐趋于小型化：在采用爆炸分散法施放毒剂时，若炸药量过多，则大量毒剂可能会失效；若炸药量过少，毒剂分散不开，杀伤作用得不到发挥。为此，国外现在已广泛采用了集束炸弹的装置，即用许多小弹来代替一个大弹。每个集束装置内装有几十个到几百个这样的小炸弹，每个小炸弹内装有几百克毒剂。这样，就既能改进每个小弹的分散状态，又可以扩大毒剂的分布区域。

（2）低温燃烧蒸发剂：在采用热分散法施放毒剂时，若温度太高，就很容易使毒剂因热分解而失去毒性。为解决这个缺陷，低温燃烧剂和低温燃烧的方法被研发出来，使毒剂在相对较低的温度下蒸发。

（3）微胶囊技术：把单个的微滴或微粒用极小的胶囊包起来，可小至1微米以下。微胶囊技术是未来化学武器发展的一个重要方向，它可以减少毒剂蒸发带来的损失，提高有效利用率，确保分散质量，扩大布毒面积，延长作用时间，简化武器结构，并提供了多种途径中毒的可能性。

（4）毒剂混合使用：各种毒剂都存在某些固有的缺点，比如芥子气潜伏期较长、熔点太高，VX挥发度过低且储存稳定性稍差等等。将两种以上合适的毒剂加以混合或往毒剂中加入某些添加剂，就可使毒剂互相“取长补短”，制造出相对“完美”的毒剂。这样可以使毒剂的凝固点降低；使毒剂更持久地污染地面，增加消毒难度，阻止敌方部队通过；可促进毒气的皮肤渗透等。

此外，为某些特殊的用途，还研究了特定的毒剂。如污染水面的配方——芥子气的煤油溶液等，以阻止敌人越过某段水域。此外还有提高毒剂作用速度的配方，增加治疗困难的配方，改善毒剂稳定性的配方，提高毒剂毒性的配方等等。

（五）化学武器的发展趋势

未来的化学武器将主要向两个方面发展：一是寻找更有效的条约以外的新毒剂，二是改进化学武器的使用方法和工具。

1．寻找新毒剂

在新毒剂方面，一个重要的方向就是发展第三代战剂——生化毒剂。第一代战剂主要指工业品氯气、光气和专用毒剂芥子气等；第二代则是指20世纪40年代以后发展起来的有机磷神经性毒剂；第三代毒剂是生化毒剂。这类毒剂毒性极高，它要求比目前最毒的有机磷毒剂的毒性高出30～300倍，要能够在战场浓度下吸一口气即可致死，使敌方来不及戴上面具就能造成伤亡。

新毒剂研究的第二个方向是新的二元化学武器。二元化是美国武器现代化的重要标志之一。与美国传统的二元化概念不同，俄罗斯和东欧国家提出的二元毒剂的概念意义更广泛,其二组分可以是无毒的，也可以是有毒的，生成一种或两种性质不同而又在中毒途径上相互补充的毒剂。甚至，有可能发展出二元毒剂的新概念——前体毒剂，即一些无毒或低毒的化合物进入人体后，经过生物转化生成毒剂。

新毒剂研究的第三个方向是继续寻找新的失能剂，重点是研究使用性能好、廉价的躯体性失能剂。

2．改进化学武器的使用方法和工具

在改进化学武器的使用上，国外仍将十分重视分散技术的研究，特别是毒剂的微胶囊化，以充分提高毒剂的使用效果，在使用方法和技术上进一步研究更实用的毒剂混合使用的配方，以加大化学武器的杀伤威力。

在化学武器施放系统的研制方面，目前已经达到通用化、系列化，即几乎可以用一切现有的常规武器来发射化学弹药，如大炮、火箭、飞机投射系统等。今后将会继续保持这一趋势，并向密集化、远程化和精确化方向发展。发射速度极快的多管火箭炮将更加受到重视，因为它能大面积造成杀伤浓度。随着信息化战争作战方式的变革，一些远程的和精确制导的化学武器投射系统也越来越受到重视。

目前，虽然《禁止化学武器公约》已经签订，各大国已同意销毁化学武器，化学武器的发展也将受到很大制约，但是，销毁进程相当缓慢，而且大多为一元化学武器。由于公约本身存在的漏洞和某些国家的“不自觉”，化学武器仍在不断地研究和生产，而且正以惊人的速度扩散着，许多第三世界国家已经拥有化学武器，或者正在具有研制、生产化学武器的能力，以便在未来的战争中投入使用。化学武器不可能因为一纸国际公约就永远退出战争舞台，除非人们找到比它更经济、更有效的大规模杀伤性武器。

三、生物武器

（一）生物武器的含义

生物武器是指利用生物战剂杀伤有生力量和毁坏植物的各种武器、器材的总称，旧称细菌武器。生物武器是一种大规模杀伤破坏性武器。目前，可以作为生物武器的致病微生物有160余种之多。

（二）生物战剂

可用作生物战剂的致病微生物一般应具备下列条件：致病力强、传染性大，能大量生产；所致疾病较难防治；储存、运输和施放以后比较稳定等。生物战剂有多种分类方法：

1．按形态和病理划分可分为六类。

细菌是在显微镜下才能看见的单细胞生物。作为生物战剂的细菌属于异氧菌，即需要利用植物或动物获取其生存和繁殖所需的营养物质，如炭疽杆菌、土拉杆菌等。在战争中最早使用的生物战剂就是细菌。

病毒是已知最小的生物，病毒广泛存在于自然界，可感染一切动、植物及微生物，如黄热病毒、脑炎病毒、出血热病毒、肝炎病毒、天花病毒等。应用生物工程技术可以人工复制病毒，用作生物战剂。日本731部队曾在中国军民身上做过天花病毒感染人体试验。

毒素是动、植物和微生物产生的有毒化学物质，也可用生物技术制造。故毒素战剂又称为生物—化学战剂。已报道可能作为战剂的毒素有A型肉毒毒素和葡萄球菌肠毒素等。

真菌是有完整细胞核，并有核膜而无叶绿素的一类菌藻植物。可作为生物战剂的真菌，有粗球孢子菌和荚膜组织胞浆菌等，可经呼吸道引起全身病变。

衣原体比细菌小、比病毒大，如鸟疫衣原体等。衣原体引起的常见疾病为沙眼。

立克次体是原核细胞型微生物，其大小和生理特性介于细菌和病毒之间。自然界中对人类有致病性的立克次体有十多种，如Q热立克次体等。

2．按对人员的危害程度可划分为失能性战剂和致死性战剂两种。前者可使人员暂时丧失战斗力，死亡率低于10%，如布氏杆菌、委内瑞拉马脑类病毒、Q热立克次体等。后者可使人患严重疾病，死亡率高于10%，甚至达到50%～90%，如鼠疫杆菌、肉毒杆菌毒素、黄热病毒、炭疽杆菌、霍乱弧菌、野兔热杆菌、伤寒杆菌、天花病毒、黄热病毒、东方马脑炎病毒、西方马脑炎病毒、斑疹伤寒立克次体、肉毒杆菌毒素等。

3．按所致疾病有无传染性可划分为传染性战剂（如天花病毒、流感病毒、鼠疫杆菌和霍乱弧菌等）和非传染性战剂（如土拉杆菌、肉毒杆菌毒素等）两类。传染性战剂多用于敌后方战略目标，潜伏期短的非传染性战剂可用于攻击敌方战役、战术目标。

（三）生物战剂的撒布方式

根据军事上的需要和战场上想要达到的目的，生物战剂可以使用火箭发射，飞机布洒，也可以通过带菌昆虫及特务投放；既可单独使用，也可混合使用，甚至可以与放射性物质、化学武器同时使用。主要施放方式包括：

第一种是施放生物战剂气溶胶。这是现代生物武器的主要施放方式。在攻击目标的上方，用飞机、军舰或其他运载工具装载气溶胶发生器，直接喷洒形成生物战剂气溶胶。气溶胶颗粒的大小，既要有利于顺风传播，保持稳定性，又要使人吸进后迅速吸收。

第二种是散布带菌的媒介物。可以携带致病微生物的媒介物有：小昆虫，比如蚤、蚊、蝇、虱、螨、蜱、蜘蛛、黑跳虫、喇吐等；小动物，如老鼠、青蛙、蛤蜊等；杂物，如树叶、羽毛、食品、玩具、棉花、纸片等。

此外，还有其他生物战剂投放方式，如派遣特务潜入对方领地施放病毒，在战场上遗弃受污染物品、尸体，释放受染的战俘等。

（四）生物武器的效能及对作战的影响

同常规武器及核、化武器相比，生物武器的杀伤破坏作用有其独特之处：

1．具有传染性，传染途径多，杀伤范围广，危害作用大。大多数生物战剂具有传染性，易造成部队大量非战斗减员、死亡。生物战剂可通过多种途径，如吸入、食入、昆虫叮咬、伤口污染、皮肤接触、粘膜感染、饮用受污染的水等，造成杀伤。由于污染区被封锁，妨碍部队机动；由于人员穿戴防护器具，使部队战斗力明显下降；由于水源、食物被污染，影响部队供给。生物战剂造成的传染性疾病若在后方流行，将引起社会混乱，造成生产停顿、交通瘫痪等严重后果。据美国测算，若有 1 枚带炭疽菌的“飞毛腿”导弹落到华盛顿，可夺去 10 万人的生命。

生物武器是各种武器中面积效应最大的武器。据世界卫生组织测算，1 架战略轰炸机对完全无防护的人群进行（假想）袭击所造成的杀伤面积是：100 万吨当量核武器为 300 平方千米，5 吨神经性化学毒剂为 260 平方千米，而 10 吨生物战剂可达 10 万平方千米。

2．不易侦察、检测。生物战剂多选择在黄昏、午夜、清晨、多雾天气秘密施放，而且生物气溶胶无色、无味，所携毒昆虫、动物也无异常外观，因此很难被及时发现。

3．危害时间长。生物战剂危害人畜的时间，一般为白天 2 小时，夜晚 8 小时左右。但部分细菌，如霍乱弧菌在水中可存活几十天，Q 热立克次体在毛、棉、布、沙、泥土中可存活数日，炭疽杆菌的芽胞在土壤中能存活几十年。侵袭昆虫、动物的生物战剂，能形成自然疫源地，长期威胁人畜安全。

4．无立即杀伤作用，潜伏期时间长。生物战剂侵入人体后都要经过潜伏期（数小时至10多天）才能发病，不像核、化学武器能立即使人员丧失战斗力。这使生物武器作为战术武器使用受到一定限制，给对方发现、诊断、及时防治提供了时间和可能性。但同时，生物战剂长时间的潜伏期，也可能为其造成的传染性疾病的大范围流行，提供有利条件。

5．杀伤效果受自然条件影响较大。强烈的阳光（紫外线）持续照射能杀死大多数微生物生物战剂，大风和大气涡流能使生物战剂迅速扩散衰减，气温、雨、雪及地形也会影响生物战剂的使用。

近年来，随着科技的进步，基因工程、发酵工程、细胞工程和蛋白质工程等新技术相继出现，微生物的致病力、对外界的耐受力和对各种药物的抵抗力都得到了增强，甚至还可能生产出传统方法所无法大量生产的致命微生物。同时，还利用微生物遗传学和遗传工程的研究成果，运用基因重组技术进行遗传物质重组，定向控制和改变微生物的性状，从而获得新的、符合生物战要求的、致病力更强的生物战剂。今后，生物武器发展的总趋向是：利用生物技术研制基因武器，寻找新的病原体用作生物战剂，继续完善已有的生物战剂。

第九节　新概念武器

新概念武器是指与传统武器相比，在基本原理、杀伤破坏机理和作战方式上都有本质区别，是尚处于研制或探索之中的一类新型高技术武器。高技术的发展，正在引起军队武器装备的巨大变革。不久的将来，这些新概念武器的研制成功和陆续投入战场，必将对现代战争的军事理论、作战方式、军队体制编制等产生一系列革命性的影响，也将为发展全新的非核武器开辟广阔的前景。

一、激光武器

激光武器是利用激光的能量直接摧毁目标或使其失去战斗力的

定向能武器，它直接利用激光的巨大瞬时能量来进行作战。具体而言，在激光武器发射的强光束照射下，对目标加温使其达到熔化或汽化的温度，使目标的敏感元件毁坏；对人则造成致盲或烧伤等伤害，甚至致死。

根据激光武器所在位置的不同，可以分为陆基、海基、空基和天基激光武器系统。根据激光功率大小和用途的不同，激光武器还可分为激光干扰与致盲武器、战术激光武器、战区激光武器和战略激光武器。激光干扰与致盲武器是低能激光武器，在武器装备的分类中属光电对抗装备。后三者为高能激光武器，也就是通常意义上的激光武器。高能激光武器又叫强激光武器或激光炮。高能激光武器的杀伤破坏效应，主要是烧蚀效应、激波效应、辐射效应。

其中，激光干扰与致盲武器采用中、小功率器件，平均功率在万瓦级以下，但脉冲峰值功率可达 10 万至百万瓦级，它可以破坏观察器材、武器的引导装置，毁伤观察人员的眼睛；战术防空激光武器的平均功率需达 10 万瓦以上，射程在 10 千米左右；战区防御激光武器的平均功率需达百万瓦以上，有效射程大于 100 千米；战略反导激光武器功率需达到 107～108 万瓦，射程在数百千米到数千千米；战略反卫星激光武器的作用距离一般为 200 千米，最高平均功率需达到几百万瓦。大功率的激光武器能够加强低空防空系统的能力，使光学电子仪器和战场上的重要设施失灵、瘫痪，或烧穿弹道导弹的外壳并将其摧毁，并能破坏位于飞行轨道上的低空航天器。正在研制的机载激光武器，可以保证进行 200 次射击，经空中加油后，还能够追加 140 次射击，用于摧毁拦截在助推加速阶段的弹道导弹，以及在 300～600 千米的距离范围内，摧毁高度在 11500～12000 米的高空轨道上飞行的低空航天器。目前，战术激光武器已经研制出武器样机并已具备了作战能力。

激光武器具有反应速度快、转移火力快、作战效费比高、可在电子环境中工作等特性和优点。激光武器发射的激光束，以近每秒 30 万千米的速度前进，比目前世界上任何一种其他武器装备的速度都要快得多，打击战术目标不需要计算射击提前量，瞬发即中。激光束发射时无后坐力，不会影响射击精度，可连续射击，并且能在很短时间内转移射击方向，配以计算机控制系统，将成为拦截多目标的理想武器。化学激光武器仅耗费燃料，每次发射费用为数千美元，远低于防空导弹的费用。激光传输不受外界电磁波的干扰，目标难以利用电磁干扰手段避开激光武器的射击。目前，激光武器正在向小型化、轻量化、提高机动性和灵活性的方向发展。

二、粒子束武器

粒子束武器是用高能加速器将粒子（电子、质子、离子或中性粒子等）加速到接近光速，并用磁场把它们聚集成密集的束流，直接或去掉电荷后射向目标，靠束流的动能或其他效应使目标失效的定向能武器。其杀伤破坏作用是辐射与热机械综合性的结果。粒子束武器具有快速、高能、灵活、干净、全天候使用等特点。同时，该类武器同激光武器类似，也具有反应速度快、转移火力快的优点，是打击空间飞行器、洲际导弹和其他高速运动点状目标的理想武器。

高能粒子束主要有三种破坏作用：一是使目标物质结构材料汽化或熔化。二是提前引爆目标中的引爆炸药或破坏目标中的热核材料。三是使目标的电路被破坏、电子装置失灵。因此，粒子束武器能够摧毁低空飞行的飞机、直升机和巡航导弹的外壳，能通过使机载电子装备失灵的方法毁伤弹道导弹和航空器。此外，钢和钢筋混凝土构筑的地表工事，如果位于高能粒子束直视视距内时，会被瞬间击穿，其内部的人员也会被放射性照射杀伤。

三、微波武器

微波武器又称射频武器，是将自身产生的高功率微波通过特殊天线，聚焦在特定方向和区域以摧毁敌方电子设备或攻击敌方作战人员的一种定向能武器。微波是一种能在真空或空气环境中沿直线传播的电磁波，其本质与雷达发射的雷达波类似，但其功率远大于后者。微波武器所用微波的辐射频率一般在 1～30 GHz，输出脉冲功率在 GW 级。它能以极高的强度或密度照射和轰击目标，利用强大高温、电离、辐射等综合效应，通过毁坏电子元器件、干扰电子设备来消除对方武器的作战能力，破坏敌方的通信、指挥与控制系统，并造成人员的伤亡。它的主要作战对象是雷达、战术导弹（特别是反辐射导弹）、预警飞机、卫星、通信设备、军用计算机、隐身飞机、车辆点火系统和人员等。

由于微波的传播速度和光速相近似，为 30 万千米 / 秒，因此，与激光武器一样，微波武器的一个最大优势就是其攻击速度极快。而且，与激光武器和粒子束武器相比，微波武器受天候影响小。此外，微波武器有很多独特优势。由于其属于电磁波武器，因此它不受掩体限制，可以轻易穿透厚重的掩体杀伤其内部人员和电子系统，这是极难防御的。

微波武器的作战效能主要包括：

干扰作用。当发射的微波束在目标区的功率密度达 0.01～1 μW / cm^2 时，能干扰在相应频段上工作的雷达、通信设备和导航系统等电子系统，使其无法正常工作；当功率密度达到 0.01～1 W / cm^2 时，可导致雷达、通信和导航设备等的电子器件性能下降或失效。

“软杀伤”作用。当使用功率密度为 10～100 W / cm^2 的强微波束照射目标时，会使电路功能产生混乱、出现误码、中断数据或信息传输，抹掉计算机存储或记忆信息等，甚至会烧毁电路中的元器件，使电子装备和武器系统失效。

“硬杀伤”作用。当发射的微波束在目标区的功率密度达 1～10 kW / cm^2 时，能在瞬间摧毁目标、引爆炸弹、导弹、核弹等武器。

对隐身目标的杀伤。由于隐身武器是通过外壳采用吸波材料来吸收雷达波而达到隐身的目的，而微波的本质与雷达波类似，都是电磁波，只是微波武器发射微波的功率远大于雷达波。因此，隐身武器一旦受到高功率微波照射，就会主动地吸收微波，最终受损或烧毁。

对人员的杀伤。高功率微波武器对人员的杀伤分为“非热效应”和“热效应”两类。前者是由较弱的微波能量照射引起的，后者是由较强的微波能量照射引起的。当人员受到 3～13 mW / cm^2 的微波束照射时，会产生神经混乱、行为错误、烦躁、致盲、心肺功能衰竭等症状；功率密度达 10～50 mW / cm^2，频率在 10 GHz 以下时，人员会发生痉挛或失去知觉，飞机驾驶员受到照射后会发生坠机事件；当功率密度达到 0.5 W / cm^2 时，可造成人员皮肤的轻度烧伤；功率密度达到 20～80 W / cm^2 时，仅需照射 1 秒钟，即可造成人员死亡。

四、动能拦截弹

动能拦截弹是以火箭发动机增速获得巨大动能，然后通过精确地直接碰撞方式毁伤目标的动能武器。动能拦截弹与目标碰撞时的相对速度理论上可达 5～10 千米 / 秒，在碰撞时产生的能量可高达数亿焦耳，将会形成摄氏几百万度甚至几千万度的高温高压等离子体，产生汽化效应，其瞬间的爆炸威力足以彻底摧毁现有任何类型的目标。

动能拦截弹具有命中精度高、体积小、质量轻、机动性好、杀伤力强等特点。它可用来摧毁弹道导弹所携带的核、化、生弹头，并且能够消除化学和生物弹头可能造成的污染。由于动能拦截弹采用直接侧向力控制，因此可在大气层内外作战。而且动能拦截弹拦截弹道导弹时，是利用碰撞产生的巨大动能来摧毁目标，故不需要引战配合。

五、电炮

电炮是利用脉冲能源提供的电能或利用电能与化学能相结合，使弹丸或其他有效载荷达到的速度或动能大大超过传统发射方式的一种发射装置。电炮可分为电磁炮和电热炮（化学炮）。

电磁炮是利用运动电荷或载流导体在磁场中切割磁力线，产生的电磁力（洛仑兹力）来加速弹丸，是完全依赖电能和电磁力加速弹丸的一种超高速发射装置。与常规火炮相比，电磁炮炮口初速大、质轻形小、隐蔽性好、射击速率高、可控性好。电磁炮可广泛用于反装甲、反舰、反飞机、反巡航导弹、反弹道导弹甚至反卫星作战。例如，炮口动能15兆焦以上的电磁炮可以击毁常规火炮难以击毁的装甲目标。

电热炮是利用放电方法产生的等离子体，在封闭的放电管或炮膛内做功来推动弹丸。电热炮又分为直热式和间热式两种。高功率脉冲电源放电会产生高温高压的等离子体，利用等离子体膨胀做功直接推动弹丸前进的，称为直热式电热炮，又称纯电热炮；利用等离子体去加热化学物质，产生高温高压燃气膨胀做功来推动弹丸的，称为间热式电热炮，又称电热化学炮。

六、等离子武器

等离子武器是利用超高频电磁能或激光发生器的射束聚焦于大气层，产生大量等离子，形成高电离空气云，飞机、导弹弹头等飞行体与这种等离子云遭遇时，将偏离飞行轨道，在巨大的超负荷作用下毁坏。这种情况的出现是由于飞行体表面压强急剧下降及飞行物的惯性力所致，实际上，目标是被自身的动能所摧毁的。这相当于在大气层中，构建了能发现并毁伤战斗机、直升机、弹道导弹、巡航导弹的“等离子盾牌”。等离子武器能够以最高的精度同时摧毁对方单个突击、集群突击和密集突击的多个目标，可以保证对来自太空或空中的各类目标进行攻击，但其并不能对目标进行敌我识别和选择。

七、环境武器

环境武器是指通过利用或改变自然环境状态所产生的巨大能量来打击目标的武器。交战双方可以利用环境武器让“人造”的环境灾难降临到敌人头上。环境武器主要包括：气象武器、地震武器和生态武器。

气象武器是利用大气中的不稳定性因素，人为地制造出大雾、闪电、冰雹、暴雨、洪水、干旱、飓风、龙卷风以及台风等自然灾害，进而对人和生物等造成危害。典型的气象武器是用火炮或飞行器在云中播撒硝酸银、碘化银或碘化铅等化学物质，从而诱发某一特定地区出现暴雨洪水灾害。在形成灾害的同时，还能够限制敌方兵力兵器的机动。气象武器可以引起地区性的气象变化，甚至能够造成中纬度地区的年平均温度低于 1℃，破坏该地区内的生态平衡，造成粮食颗粒无收而导致饥荒。气象武器还能制造出严寒、热风暴，以影响敌方的人员行动和设备使用；制造出浓云，以使敌方飞机无法正常活动；在敌方阵地下起毛毛细雨，影响其雷达的正常工作等。

地震武器是利用地壳中隐藏的热应力分布不均等极强的不稳定性，通过人为激发，诱发“人造地震或海啸”，破坏敌方环境，给敌人带来巨大灾难。在某些地壳脆弱地区爆炸核武器后，就能人为地制造出地震。

生态武器是通过向敌方地区撒播化学物质，如除草剂、能阻止地球表面热量散发的化学物质等，使地面上的草木死亡，生物灭绝，使能够生长庄稼的田园变成不毛的荒地，使敌方的大地变成干燥的沙漠，从而改变敌方的生态环境。此外，可以把大量的溴或氯释放到敌方上空，破坏臭氧层，使之形成“空洞”，让大量的紫外线辐射到敌国地面。反之，还可使敌方上空臭氧层中臭氧含量增加，引起人体中毒，起到杀伤作用。与臭氧相对应的是一种吸氧武器，它可以吸收空气中的氧气，使一定区域范围内形成缺氧空间，使在那里活动的人员、生物因缺氧窒息而死亡。如果生态平衡被破坏，人类生存将面临危机。因此，生态武器在未来战场上很有可能成为一种杀伤破坏性武器。

八、次声武器

次声波是一种振动频率极低的声波。通常，人耳能听到的是频率在 20～20000Hz 的声波，低于 20Hz 的便是次声波（10^{-4}～20Hz）。

由于人体内部各器官的固有振动频率均在次声频率范围内，次声武器便是利用低于 20Hz 的低频声波在短时间内使人体器官、各类武器装备以及工事设施产生强烈的共振，从而使人头昏、恶心、肌肉痉挛、神经错乱、呼吸困难、惶惶不安，甚至造成器官损坏或死亡，使工事、掩体、飞机、舰艇、坦克等武器装备的外壳产生结构共振，从而解体，丧失战斗力，甚至成为一堆废铁。次声武器对敌有生力量和设施形成损伤和破坏，其效能并不亚于立体爆炸武器。次声武器包括次声炸弹、次声炮弹、次声发生器等，它具有传播速度快、不易被察觉便于突袭、不易被吸收传播距离远、穿透力强不易防护等特点。因此，它可能成为具有“地区作用”的强大武器。

九、基因武器

在生物遗传工程技术的基础上，用人为的方法，按照军事上的需要，利用基因重组技术，复制大量致病微生物的遗传基因，并制成生物战剂，将其放入施放装置内，就构成了基因武器。如“内分泌系统毁伤武器”，其作用是损害生殖系统，导致内分泌系统器官的功能严重紊乱，且作用时间长，能够较快地使其丧失战斗能力甚至死亡。又如，据报道，某些军事专家正致力于研制一种叫做“种族武器”的基因武器。意图是通过对具有群体遗传特点的人的细胞、组织器官和机体系统，施加目标明确的化学和生物影响，从而达到有选择地损害某种民族和种族的武器。

由于每一种基因就像一把特制的锁，只有研制者才知道它的遗传密码，对方是很难窥破其秘密并加以控制和防治的。这使得基因武器比其他武器具有更好的保密性。一旦使用，对方将束手无策，坐以待毙。有人声称，只需 20 克超级热毒基因武器，就足以使全球 60 多亿人死于非命。

基因武器若在和平时期使用，可能引发居民中出现一些不知名且不知来源的流行病。发展基因武器可能产生一些人类在已有技术条件下难以对付的致病微生物，从而给人类带来灾难性的后果。目前，使用这种武器的障碍是现行的一些国际协议。

十、非致命武器

非致命武器是指为达到使人员或装备失能，并使附带破坏最小化而专门设计的武器系统，又称失能武器或非杀伤武器。它不以杀伤人员和毁坏装备、设施为目的，而是针对人员、装备、基础设施的薄弱环节，使其失去作战能力或不能正常发挥作用，从而来达到作战目的。按照用途，非致命武器基本上可分为反装备非致命武器和反人员非致命武器两大类。

（一）反装备非致命武器

反装备非致命武器，主要是通过破坏装备本身的材料结构或外部条件，使其无法正常发挥作用，通常以阻止装备快速实施机动为主要目的。主要包括强力黏结剂武器、特种润滑油武器、超级腐蚀剂武器、金属致脆剂武器、动力系统熄火弹等。

强力黏结剂武器是通过飞机或炮弹（航空炮弹、火箭弹等）将一些具有极强黏合力的以聚合物为基础的雾状黏结剂喷洒或投放在预定目标上，使飞机粘在机场跑道上而无法起飞，使车辆粘在公路上而不能行驶，使枪炮、通信设施或其他装备粘住而不能操作。这些物质如果在空中飘浮，还能破坏飞机、坦克发动机的运转；如果由士兵携带的喷洒器布撒，能在120～200米的距离上粘住敌方人员，使其无法行动。

特种润滑油武器技术方案正好与强力黏结剂武器相反。它是将一类极细微的高性能润滑粉剂，用飞机或炮弹洒播在地面，使飞机跑道、公路、铁路等表面异常光滑，导致飞机无法起飞或降落、车辆失控、列车脱轨，从而达到破坏部队行动的目的。

超级腐蚀剂具有极强的腐蚀性，可造成飞机和车辆的轮胎、人员的鞋底变质，破坏沥青路面和光学系统等装备。超级腐蚀剂可制成液体、粉末、凝胶或雾状，也可制成二元混合物，以便于安全使用。它可由飞机投放、用炮弹抛洒或由士兵施放在地面。

金属致脆剂是用化学方法使金属或合金的分子结构发生改变，从而使其强度大幅度降低。它几乎可以使所有金属变脆，破坏飞机、舰船、车辆、桥梁、建筑物钢结构部件等。金属致脆剂一般是清澈透明的液体状物质，几乎不含任何杂质，可以用飞机从空中喷洒，也可装在炮弹内发射到敌军上空，还可装在喷雾器内喷洒。

动力系统熄火弹是利用阻燃剂来污染或改变燃料性能，使发动机不能正常工作而熄火的武器。将特殊性能的化学添加剂，投射到敌阵地后弥漫在空气中。如果敌人的坦克发动机吸入后，将使燃料改变黏滞性和其他性能，阻滞燃料的正常工作而使发动机发生故障。美国将这种新概念武器视为遏制敌方坦克装甲车集群的有效手段之一。

（二）反人员非致命武器

反人员非致命武器可使敌方战斗减员。目前，国外正在研究开发几种专门的反人员非致命武器，包括：用于控制骚乱的非致命能力，使人员失能的能力，阻止人员进入某一（地面、海上和空中）区域的能力等，主要有激光武器、次声武器、化学失能剂、刺激剂和黏性泡沫等。

十一、智能机器人

机器人不是人，是一种拟人功能的电子机械装置。它可取代人从事笨重的体力劳动和危险作业，在战场上可执行各种任务。目前，军用机器人包括遥控式和自主式两类。前者操纵人员在远处通过某种装置进行控制,后者依靠其自身的人工智能系统完成预定的动作和任务。主要包括：反坦克机器人、侦察巡逻机器人、扫雷与排爆机器人、战斗保障机器人、“飞碟”机器人、多用途机器人等。

机器人可以预先为部队探测和清扫雷场、标志车道；机器人可以充当哨兵，全天候守卫在边远地区和部队外围，取代士兵起到安全保卫的作用，使士兵得到更多休息时间；机器人可以代替人工装卸军用物资，从而减少后勤支援部队的数量；机器人还可代替士兵驾驶和操作步兵战车，从而大大减少步兵战车乘员的数量等。此外，机器人战车还能通过自带电脑分析战场情况，懂得如何隐藏自己，识别敌我，消灭敌方目标。

智能机器人正在成为21世纪战场的一种重要的高科技武器。

十二、心理武器

心理武器是指对人的心理和意识进行程序设计或控制的方法。其内容主要有：对异常感觉的感知、心理感应、先见之明、心理干扰、遥控干扰等。被施加心理程序的人，会改变原来的信仰，从事有损于国家或民族的活动。

心理武器发展的目标是达到能够控制人的行为的水平，并进一步来控制或操纵集体人的行为。目前，能够以光（粒子）束定向杀伤人体的致命器官，如呼吸系统、心血管系统、神经传输系统的战斗心理发生器已经问世，并在一些国家开始装备部队。这种战斗心理发生器能够渗入人的知觉意识，准确地诊断人的心理和身体状况并进行调节。

第十节　高技术与新军事变革

20 世纪 80 年代以来，在以信息技术为核心的高技术推动下，世界军事领域正在兴起一场新的深刻变革。这是一场具有划时代特征的新军事变革，其实质是军事领域的信息化革命，信息化成为其主要特征。这场新军事变革与高技术的发展紧密相联，随着高技术的进步，它将发展成为一场遍及全球、涉及几乎所有军事领域的深刻革命，并将对世界军事形势、战略格局乃至战争形态产生深远的影响。

一、新军事变革概述

军事变革在历史上已经出现过多次。当前，对变革的认识也是多种多样。俄罗斯军事学家斯里普琴科就曾提出六代战争说，即不使用火器的步兵战和骑兵战、简单火器战争、大规模火器战争、机械化战争、核战争和智能化战争。但无论对变革如何认识，总有一点是不变的，那就是人类社会的不断演进促使了军事领域的不断变革。因此，军事变革作为军事运动发展的一种特殊表现形式，是社会发展的一种必然的历史现象。它由科技进步在军事领域中的反映所引起，并与社会发展相联系。当今世界正进行的新军事变革的概念是1979年由前苏军总参谋长奥加尔科夫元帅首先提出。当前，它涉及军事理论、军事战略、军事形态、作战思想、指挥体制、部队结构、军备发展、国防工业等各个方面，其核心是国防和军队的信息化。这次新军事变革除信息化外的另一个显著特点是持续周期较短，革新速度较快。从概念的提出至今不过30年的时间，就已取得了显著的进展。各种武器装备的科技含量尤其是信息化程度大大提高，数字化部队和战场建设已初见成效，自动化指挥系统得到愈来愈广泛的运用并成为军队行动的中枢神经。这种发展速度是历次军事变革所无法比拟的，从世界各主要国家的发展计划和趋势看，到本世纪中叶即可基本完成这次军事变革。

二、新军事变革的主要内容

这场新军事变革是高技术特别是信息技术在军事领域的反映，变革的本质与核心是信息化，目的是推动国防和军队的信息化建设，打赢信息化战争。

（一）武器装备信息智能化，信息系统武器化

武器装备的更新换代，是军事领域出现变革的一个重要标志。这场新军事变革主要是应用信息技术为主的高技术成果对现有的武器装备进行升级换代，同时研制新型的信息化武器系统，实现武器装备的信息化和智能化。其标志之一就是各类精确制导武器成为战场的主角。在越南战争中，所用精确制导弹药占总弹药数的比例仅为0.02%，在1991年的海湾战争中，美军为首的多国部队使用的精确制导弹药只占所使用弹药总量的8%，而这一比例在1999年的科索沃战争和2001年阿富汗战争期间分别上升到35%和56%，在2003年3月爆发的伊拉克战争中则上升到68%，超过前几场局部战争所使用的精确制导弹药的总和。此外，在侦察监视、伪装隐身、电子对抗、导航定位、网

络通信、航空航天等军事领域中大量应用信息技术，装备了各种各样的先进电子信息设备，使武器装备对信息的获取、处理、传输及对抗能力大为提高，增强了战场感知、远距离精确打击和对抗等作战能力。

同时，这种在信息领域的激烈对抗，也促使了信息系统的武器化。信息对抗成为现代战争中的重要内容，对制信息权的争夺成为战争必不可少的重要组成部分。传统的信息技术或其装备及其组成的系统，被用于信息战，成为信息战武器系统的组成部分，如计算机病毒可以彻底摧毁敌方武器装备及指挥信息系统，使敌方武器系统失效，使战场指挥系统瘫痪，为己方夺取制信息权创造有利条件，以争取更大的战场主动权。因此，武器化的信息系统在现代战争中发挥着不可比拟的重要作用。

（二）指挥系统自动化，指挥体系现代化

现代军事高技术的发展和应用，使武器装备的性能几乎达到了极限，交战双方的差别，在很大程度上取决于双方对作战的指挥控制水平上。在战役和战术级，信息战的表现样式是以电子战为核心的指挥控制战，夺取制信息权的核心是使拥有信息密集型武器的部队取得信息能力的优势。由于战争手段的信息化，使军队的侦察、预警、机动、反应及突击能力都大为提高，战争规模更大、强度更高、节奏更快，也更加具有突然、立体、协同的特性，战场态势瞬息万变。因此指挥系统就变得空前的复杂，这也就对指挥系统提出了更高的要求。

高效能的指挥取决于及时而准确的情报，安全而通畅的联络，正确的分析、判断和决策。传统指挥手段很难满足以上需要，因而必须求助于指挥控制的自动化、现代化。正是随着信息技术，尤其是计算机的不断发展和广泛应用，使得指挥控制自动化水平不断提高，弥补了传统指挥手段的缺陷，成为军队战斗力的倍增器，使得指挥信息系统的战场地位日益突出。目前，数据链的发展已成为整个指挥自动化的“神经中枢”。C^4I 系统的应用，便可以快速有效地处理大量有效的信息，以提出决策建议和行动方案供指挥员选择参考，做出最佳抉择。同时，传统自上而下的“树状”指挥体系将被扁平型的“网状”指挥

体系所取代。这种“网状”体系的信息传输速度快，保密性能好，失真率低，抗干扰能力强，生存率高，使尽可能多的作战单元同处于一个信息流动层次，减少指挥层次，缩短信息流程，充分发挥横向网络的作用。

（三）军队组织结构重组，编制体制精干化

军事变革的目的之一就是实现军队建设的变革，具体来说，就是实现军队的信息化。因此，这场变革的完成也必将以军队编制体制、组织结构更新调整的最终实现为标志。为适应新军事变革的需求，军队体制编制及组织结构总的变化趋势是，实现人与武器的有机结合，提高作战效能，以满足打赢信息化战争的需求。由于军事高技术的广泛应用，军队作战效能的大小更加取决于武器装备的高技术含量和作战人员的军事高技术素质，军队的数量将逐渐减少，质量将上升至主导地位，促使军队由人力密集型向技术密集型转变。这也就对军人的素质、品格、能力和学历等提出了更高的要求，军官的比例将上升，士兵的比例缩小；技术军官的比例有所增加，一般军官及士兵的比例缩小；技术保障、尤其是信息技术保障人员增多，勤务保障人员减少，等等。军兵种结构将被优化，组成一些新的军兵种和部队，如计算机防护兵、天军、机器人部队等。同时，军兵种的比例也将发生变化，天军、空军、深海及一些信息类部队的比例将逐渐增大，陆军的比例将缩减。此外，为满足多维一体的联合作战需求，军队规模将更趋精干，具有一体化、小型化、多能化的特征，军兵种之间的界限将逐渐变得淡化，以便指挥、控制、协调及信息的流动和共享，使战斗力普遍增强。

（四）作战方式复杂多样，适应新的战争形态

信息技术装备的武器化，创造了软、硬杀伤相结合的电子对抗，构成了日臻完善的作战“神经系统”，信息能力作为现代战争手段的核心，成为一种最重要的作战能力。兵力兵器远距离作战能力空前提高，武器装备的分布高度增大，使作战空间向大纵深的、高低结合的空间

立体化发展，使诸军兵种的协同作战向诸兵种的联合作战发展，作战行动向着“空地一体”、“海空一体”及“陆海空天一体”联合作战发展。这其中的关键是信息技术使诸军兵种之间形成完整体系的联系。例如21世纪初的防空作战将包括低空、超低空、中低空、中空、高空和太空防御，依靠各军兵种的火炮、导弹、侦察预警系统、C^4I系统、电子战装备等联合作战。同时，非接触、非线式作战成为重要作战方式，网络中心战、太空攻防战等也将逐渐登上战场，例如空袭的手段和兵器性能发生了质的飞跃，战略空袭不仅仅是战斗支援手段，已成为影响战争胜负的最重要的作战样式，如科索沃战争；各种精确制导导弹的应用成为重要作战方式，各种作战平台都将适应导弹战的需要；军用卫星的使用使反卫星成为新的作战任务和方式。此外，众多新概念武器的研制成功并用于实战，也正改变着传统的作战方式，需要新的作战方式与之相适应，等等。信息技术为核心的高技术正在改变着现代和未来战争的作战样式。

（五）军事理论创新发展，满足现代战争的需要

正如核武器的出现推动了“核威慑论”的产生一样，高技术武器装备的发展，在使传统的军事理论随之发生变化的同时，必然产生一些建立在新的物质基础之上的新军事理论与之相适应，并推动军事理论向着更新、更深、更细、更精的方向发展。首先，促使战略新概念不断出现，如高边疆战略、多层次威慑战略、地区防务战略等。其次，促使传统作战观念发生变化，如作战空间的大纵深和高立体性，传统战场的前后方概念趋于淡化，取而代之的是“多维”战场的空间观；战争持续时间由过去的几个月、几年，变为现在的以天计算，改变了作战的时间观；对军事力量的观念，由传统的军队数量，逐步转变为军队的质量、军队的高技术实力；高技术条件下，不再是简单的兵力、兵器和作战物资的集中，而是以信息优势为主的战斗效能的集中，改变了传统的集中观，等等。第三，不断孕育出新的作战理论，如信息化战争理论、非接触作战理论、联合作战理论、精确战理论、非对称作战理论、网络中心战理论、太空攻防战理论等。

三、新军事变革的主要动因

新军事变革的主要动因，包括国际军事形势的需要、科学技术的迅猛发展以及军事理论创新的引领等等。

（一）国际军事形势的需求成为新军事变革产生的内在动因

辩证唯物主义认为，内因是事物存在的基础，它规定着事物运动和发展的基本趋势；外因是事物的变化，只能加速或延缓事物的发展进程，但不能改变事物的根本性质和发展的基本方向。就军事变革而言，国际安全形势的演变，军事战略环境的需求便是变革的内在动因，同时也成为影响变革进程和结局的重要因素。就当前这场军事变革而言，正是冷战时期美苏两国对抗的需要。冷战结束给两极对抗画上了句号，国际安全形势发生了变化，爆发世界大战的可能性减小，信息化作为新的战争形态逐步登上历史舞台。与此同时，那些积累多年的地区性矛盾、危机、冲突、战乱则相继爆发，连绵不断，国际恐怖主义成为当今世界的重要威胁，国际安全态势出现了大战不打、小战不断的新局面。冷战时期那种准备打大规模战争，准备打核战争的军事斗争形式难以适应新的安全需求。此外，美国超级大国的地位不断增强，其他国家为了自身的利益，必然加大对国防和军队建设的投入，研制新的作战工具，采取新的作战样式，追求新的、更有效的军事能力。正是这种国际安全形势和军事战略环境的内在需要，引发了新的军事变革。

（二）科学技术的迅猛发展成为新军事变革产生的外在动因

科学技术是推动社会进步和军事变革的强大动力。当今以信息技术为核心的高新技术的迅猛发展，特别是诸多成熟的高新技术在军事领域的广泛应用，催生了军事变革。这次军事变革的驱动力不是个别的传统领域的单一技术进步，而是以信息技术为核心的一批高技术群，包括微电子技术、新材料技术、新能源技术、航空航天技术、生物技术、微型制造技术和海洋开发技术等的进步发展。这些军用高技术群体的跨时代跃升和裂变产生出巨大的驱动力，成为了世界新军事变革最有力的杠杆，使这场新军事变革的深度和广度都大大超过以往任何一次军事变革。同时，新军事变革又必然要求武器装备的不断更新，从而促进军事高技术的深入发展。

（三）军事理论的创新引领新军事变革的产生与发展

军事理论的创新既是新军事变革的重要内容之一，又是新军事变革的先导。任何一次军事变革，不仅意味着军事技术的进步、武器装备的更新、战斗形态的演进和军队体制编制的调整等等，更是一场思想理论的解放。在新军事变革中，军事理论率先变革，并且不断创新和发展，引领着新军事变革沿着正确的方向快速发展。军队建设理论的创新推动了军队组织结构和编制体制的革命性变革与发展，使军队由人力密集型向技术密集型转变。作战理论的创新引导了作战方式的变革，信息作战理论、联合作战理论等相继提出，催生出如精确打击、“陆海空天”联合作战等许多新的作战方式，极大地改变了现代战争的形态。

四、新军事变革的重要影响

（一）世界战略力量对比的不平衡性进一步加剧

新军事变革不仅促使武器装备发生了根本性的变化，还使国际战略力量对比发生了明显的倾斜，造成一种强者愈强的不平衡态势。两极格局的结束，本身就使世界战略力量对比失衡。这场军事变革领跑者的美国，拥有当今世界最雄厚的经济实力、最先进的科学技术和最强大的军事力量，在这样一个高起点上推行新军事变革，也就加重了其称霸世界的筹码，与其他国家相比其优势更加明显。这必将导致世界军事力量的严重失衡。俄罗斯预测，到 2020 年，世界发达国家与发展中国家基于新军事变革的影响，双方差距将拉大到数十年，使世界各国存在的差距不但不容易缩小，反而有可能扩大。为了寻求安全的战略环境，世界各国势必会开始新一轮的军备竞赛。

（二）世界各国军事战略的调整强度加大

新军事变革的浪潮极大地冲击着传统战争理念，改变了现代战争的面貌，促使各国重新审视安全环境和战略策略，并依据新的客观环境和主观需求，积极主动地进行战略调整。20 世纪 90 年代以来，美国出于维护其霸权战略的需要，已经四次对其军事战略进行调整。此外，俄、英、法、德、日等世界强国出于国家利益，为寻求在国际舞台上的有利地位，也不甘落后，纷纷进行战略的全面调整。新军事变革对发展中国家的国防建设有一定的促进作用，可以借鉴发达国家新军事变革的经验，使本国的军事改革少走弯路；但是，发展中国家在积极推进本国的军事变革的同时，如果把主要力量用在军事发展上，就会影响国家经济建设，从根本上削弱国家的综合竞争能力。因此，新军事变革使发展中国家在战略选择上的难度进一步增大。可以预见，随着新军事变革的深入发展，各国还会进行新的战略调整，从而促进国际战略格局发生新的变化。

（三）世界各国军队武器装备性能和作战能力的差距进一步增大

以信息技术为核心的高技术在军事领域的广泛应用，使得世界各国军队的武器装备性能和作战能力都有不同程度的提高，但是由于各国经济、科学技术、人口素质等方面的差异和不平衡，会使其军队的武器装备性能和作战能力的差距进一步拉大，会产生“代差”，甚至有可能会出现“强者能看见弱者，弱者看不见强者；强者能打到弱者，弱者打不到强者；强者随心所欲，弱者束手无措”的局面。

（四）对世界和平与地区安全将产生消极作用

新军事变革使强国在短时间内变得越来越强，弱国相对变得越来越弱，两者的差距越来越大，战略力量的不平衡性进一步加剧。同时，各国武器装备性能和作战能力的差距也进一步拉大。并且，这种差距一旦形成，在短时间内难以消除。这就会因失衡而导致战争的危险增加，强国对于战争的可控性增强，可以运用军事手段，达到其政治、经济目的。这也会对抑制恐怖主义抬头产生负面影响，会使发生局部战争的可能性和概率大大增加，甚至可能会引发世界大战。因此，新军事变革在推动世界各国武器装备、作战方式、指挥方式、体制编制、军事理论变革与发展的同时，也给世界和平与地区安全带来了新的威胁和挑战。

复习题

1．军事高技术的概念、特点、内容是什么？它对现代战争带来哪些影响？

2．什么是精确制导武器？它的制导方式有哪些？它的特点及发展趋势如何？

3．侦察监视技术的主要手段有哪些？

4．伪装与隐身技术有哪些主要措施？

5．什么是电子对抗?它的主要内容有哪些？

6．航天技术在军事上有哪些应用？它的发展对现代战争有何影响？

7．指挥控制技术有哪些特点？军队指挥信息系统如何构成？

8．核武器主要有哪几种？它们的工作原理是什么？

9．化学毒剂主要有哪些？它们有何特点？

10．生物战剂主要有哪些？它们对作战有哪些影响？

11．什么是新概念武器？主要包括哪些类型？

12．试述新军事变革的主要内容、动因及其影响。

第五章　信息化战争

【教学目标】

了解信息化战争的形成、发展趋势和与国防建设的关系，熟悉信息化战争的特征，树立打赢信息化战争的信心。

第一节　信息化战争概述

20 世纪 70 年代以来，随着信息技术的迅猛发展，人类战争形态开始由机械化向信息化转变。信息化战争作为一种全新的战争形态，开始登上现代战争的舞台。20 世纪 90 年代初发生的海湾战争，标志着信息化战争时代的开始。

一、信息化战争的基本内涵

（一）信息化战争的基本概念

1993 年，钱学森院士在国防科工委首届科学技术交流大会上首次提出“信息化战争”这一概念。2004 年我国政府发表的“中国的国防白皮书”中，正式明确这一提法。那么，到底什么是信息化战争？我国学术界这样认为：信息化战争是信息时代的基本战争形态，是信息化军队在陆、海、空、天、信息、认知、心理等七维空间，运用信息、信息系统和信息化武器进行的战争。它的特点之一就是通过取得信息上的优势，以保障在物质空间实现局部或全局的优势，并将战争附带杀伤破坏减至最低限度。

（二）界定信息化战争的因素

1．战争的时代性。如前所述，科学技术水平是战争时代性的典型特征。信息时代也有多种战争，但是，信息化战争形态最基本的界定条件是以信息技术为核心的信息时代的战争。

2．交战双方或者至少有一方的军队是信息化军队。机械化军队或者是半信息化军队是打不了信息化战争的。自20世纪90年代以来发生的历次局部战争，从严格意义上讲，都不能称其为信息化战争，充其量只能称其为高技术局部战争，即介于机械化战争与信息化战争之间的一种过渡型战争。原因很简单，就是因为迄今为止世界上任何国家（包括美国）都还没有完全建成信息化军队。

3．要在七维战场空间进行，其中在航天空间、信息空间、认知空间和心理空间占相当大的比例。

4．在物质、能量、信息构成作战力量的诸要素中，信息起主导作用，信息能够严格控制物质和能量的应用与释放。

5．精确打击成为战争中的主要打击手段，战争的破坏性和附带性伤亡依然存在，但附带性破坏将降至最低限度。

显然，根据上述五点判断标准，迄今为止发生的所有战争都不是完全意义上的信息化战争。要实现信息化战争，必须首先实现武器装备的信息化、军队的信息化和战场的信息化。三者缺一不可。武器装备的信息化是以其信息技术的含量作为主要标准。信息技术含量越大，则武器装备现代化程度就越高。据有关资料分析，目前，美军装备的F-117隐形战机的信息技术含量已超过了60%；现代舰艇的信息技术含量也大大增加，电子信息系统的成本所占比重已达25%～30%；现代火炮和主战坦克等地面武器系统的信息技术含量也已接近35%；导弹中的信息技术含量已超过48%，今后还将进一步提高。

军队的信息化是指用信息化武器和信息装备武装起来的、接受信息化作战思想、经过信息化作战训练的军队，其一体化程度空前提高。

信息化军队更加强调作战的协同能力和优化组合，各军兵种都只是联合作战力量的一部分，整体作战能力更为强大。由于兵力规模小型化，编组灵活多样化，指挥体制扁平化和网络化，作战部队可以最大限度地做到信息资源的共享，缩短信息的流程，满足实时化的指挥决策等要求。

由上述分析可以看出，信息化战争并不等同于信息战，对此应有清醒的认识。信息战仅仅是一种战争形式。《军语》中将信息战的作用和目的定义为“为遏制或打赢战争创造条件”。其实，在传统的战争中，对信息的争夺和控制一直是战争的重要组成部分。现代信息战是传统战争中对情报的争夺和控制的延伸与发展，只不过范围更广，时间更长，手段更多，技术更复杂，斗争更激烈。信息战在现代战争中的作用日益突出，但其作为达成战争目的的一种手段的地位没有改变。

信息化战争与机械化战争相比，也有其自身的特点，即：打击范围扩大到七维空间；打击目标不只是军事目标，还包括信息目标和经济目标；指挥体制不是单纯的纵向树状结构，而是扁平式网络指挥结构；指挥手段更加先进和可靠，是集指挥、控制、通信、计算机、情报、监视以及侦察等分系统于一体的综合电子信息系统。

二、信息化战争的形成与发展

一种新战争形态的出现，依赖于一定的环境和条件。信息化战争的形成与发展，是20世纪中后期国际政治、经济、科技、军事等因素相互作用的必然产物。

（一）信息化战争孕育阶段

20世纪60年代以来，集成电路、电子计算机、基因工程、激光等大批高新技术迅猛发展，为军事技术的发展与应用开辟了广阔的前景，目标侦察、监视技术与先进的制导弹药紧密结合，为机械化战争向信息化战争演变起到了巨大的推动作用。

20世纪六七十年代，美军在越南战争中先后投放了25000余枚激光制导炸弹和电视制导炸弹，命中率达60%以上，圆概率（或称圆公算偏差）的误差提高到了5米，作战效能比传统的普通炸弹提高了上百倍。

1967年10月，埃及海军的导弹快艇发射苏制“冥河”反舰导弹，一举击沉以色列海军的“埃拉特”号驱逐舰，创造了用导弹击沉大型军舰的首例，揭开了海上导弹战时代的序幕。

1973年10月6日爆发的第四次中东战争，交战双方大量使用导弹，如埃及使用的苏制SA-6地空导弹和AT-3反坦克导弹，以色列使用的美制“小牛”空地导弹和“陶”式反坦克导弹，从而使作战效能空前提高。

高新技术的发展，推动了世界范围内的军事变革。美国是较早顺应军事技术发展的需要，大胆创新军事理论的国家之一。1976年，美国提出了高技术局部战争的理念：第一，核武器威力巨大，仍然具有不可替代的威慑作用，但难于用于实战，因此，武器装备发展重点应逐渐转向精确制导武器，加大巡航导弹、战术导弹、灵巧炸弹等的研制和发展。第二，机械化武器装备的技术潜力基本发展到了物理极限，而以信息技术为核心的一大批军用高技术正处在萌芽状态，应加速发展和尽快物化为武器装备，抢占军事制高点。因此，要侧重发展侦察卫星、通信卫星、导航卫星、预警机、侦察机、C^3I系统、电子战装备和隐身飞机等。第三，在核威胁以及东西方冷战的阴影下，要尽量避免诱发大规模战争，尽量利用高技术武器装备进行一些能够控制的小型战争，来实现既定的战略目标，因此，美国“发现——打击——摧毁”、“技术融合”、“低强度冲突”等新的军事理论应运而生。

1982年以色列与叙利亚在贝卡谷地的速战速决，使人们第一次认识到了C^3I系统和电子战在战争中的巨大威力，也促使前苏联开始考虑军事技术革命的进一步深化与发展，而美军则更加坚定了大力推进军事变革的决心。

1982年5月，英阿马岛战争是一场典型的高技术局部战争。交战双方大规模使用精确制导武器，种类多达17种以上。战后统计，两军损失战机的84%是被导弹击落的，尤其是阿军用一枚价值20万美元的法制“飞鱼”空舰导弹，击沉了英军价值2亿美元的“谢菲尔德”号驱逐舰，建立了精确制导武器将成为战场主宰的理念。

美军分别在1983年10月、1986年3月和4月先后对格林纳达、利比亚发动了3次“外科手术式”打击，充分发挥了精确制导武器的威力，取得了显著的作战效果。这种高技术、低强度、快速交战、快速撤离的作战样式，对信息化战争的产生与发展起到巨大推动作用。

（二）信息化战争萌芽阶段

军事理论的创新、科学技术的推动，为高技术局部战争的发展奠定了良好基础。1991年爆发的海湾战争，虽然战争基本形态仍以机械化战争为主，但以精确制导武器和电子信息装备为代表的信息化武器装备的广泛使用，使人类看到了信息化战争的雏形。应该说，海湾战争是机械化战争向信息化战争过渡的一个重要转折点。

海湾战争验证了美国的高技术局部战争理论，促使战争形态从机械化战争向信息化战争转型。在战争中，美国的C^3I系统、电子战装备系统以及巡航导弹、F-117隐身飞机、“爱国者”导弹等高新技术武器发挥了关键性的作用。战争中，尽管精确制导弹药只占总弹药量的8%，却摧毁了80%以上的目标。美国的“空地一体战”理论及其远距离精确打击、非线式作战、空地一体联合作战、大规模电子战、全球战略机动等一系列新的作战理论和战法，也得到了实战检验；把火力毁伤与电子信息有机地结合起来，显现出信息战的端倪。

海湾战争结束后，美军确立了以国家信息基础设施为核心的信息化建设目标、建设信息化军队的长远目标和打赢信息化战争的战略目标。在新的战略思想指导下，美军全力推进军事变革，大力加强军队信息化建设。一是结合未来战争的需要，创立新的军事理论。提出了信息战争、联合作战、非接触作战、非线式作战、精确作战、网络中心战、系统集成、横向一体等许多创新的军事理论和观点。二是以未来作战为牵引，大力加强信息化武器装备建设。美军投资4000亿美元建设国家信息高速公路，各军种全面启动指挥自动化系统建设，同时合力打造相互贯通、相互兼容、高度集成、互通性和互操作性良好的

“勇士 C^4I”系统。三是着眼未来，夯实军事发展的技术基础。在武器装备发展战略上，首次确立了信息技术的主导地位，提出了全球监视与通信、精确打击、空中优势和防御、水面控制和水下优势、先进的地面战、模拟环境、降低费用等七大军事需求技术。

1998 年 12 月，美英联军对伊拉克发动了代号为“沙漠之狐”的空袭作战，这是美国精心策划的一场战争，也是历史上第一次信息化战争的预演。在这次战争中，美国一是抛开了联合国，侵犯一个主权国家，助长了单边主义，巩固了其“一超独霸”的地位；二是验证了新军事变革的阶段性成果，成功地进行了跨军种联合作战；三是试验了信息高速公路的作战效能，尤其是全球网络化、信息化和一体化能力，并对一大批信息化武器装备进行了实战检验。

（三）信息化战争发展阶段

1999 年爆发的科索沃战争，2001 年爆发的阿富汗战争，标志着战场信息战初具规模，信息化战争形态逐渐显现。2003 年伊拉克战争的爆发，使人们认识到了联合作战的巨大威力，看到了 C^4ISR 系统在作战指挥中的巨大效能，见识了陆、海、空、天、电一体化的作战模式，信息化战争特征更加明显。

1999 年 3 月，以美国为首的北约抛开联合国授权，打着“人权高于主权”的旗号对一个主权国家发动战争。在科索沃战争中，夺取信息优势、控制机动、精确打击成为战争的主导，战争形态开始向信息化转变。在整个战争中，美军信息化建设成果得到了综合运用，C^4ISR 系统实现了全球网络化、一体化；各军种通过 C^4ISR 实现了无缝隙链接；最高指挥官通过 C^4ISR 对单兵实施实时、远程控制。同时，北约还首次使用了微波炸弹、计算机病毒、石墨炸弹等信息战装备；综合验证了大规模信息战和联合作战理论，创新了全纵深精确打击理论和不对称作战理论等；首次使用了“联合直接攻击弹药”等新式武器，精确制导弹药占全部弹药的比例达 35%。

2001 年 10 月 7 日，美国发动了阿富汗战争。这场战争规模不大，强度也不高，但信息化程度和联合作战水平却超过了以往任何一场战争。其主要表现是：首次使用了无人侦察攻击机、单兵数字化装备等新型信息化武器装备；验证了网络中心战理论；创新了信息化战争中无人作战、特种作战等新战法；试验了传感器引爆武器、风力修正子母弹等一批新型信息化武器装备。

2003 年的伊拉克战争，是美军建设初步完成信息化转型后发动的第一场具有鲜明信息化特征的战争。战争中，美国成功地验证了“先发制人”战略和“震慑”理论，创新了夺取信息优势、实施全频谱控制、联合对地攻击、网络中心战、精确闪击作战和快速决定性作战等新的作战理论。创新了接触与非接触相结合、空地一体与地面快速推进相结合的战法，为信息化战争发展奠定了坚实的理论和实践基础。

第二节　信息化战争的特征与发展趋势

作为一种战争形态，信息化战争与以往战争形态相比，具有不同的特征。认真分析和研究信息化战争的基本特征，从中找出战争发展的基本规律，对推动我国国防建设，加速实现我军信息化，具有极其重大的现实指导意义。

一、信息化战争的基本特征

信息化战争除了包括信息战之外，还包括精确战、网络中心战、特种战、太空战、心理战等作战样式。这些作战行动，在信息化战争中交织出现，使信息化战争呈现出许多特征。

（一）信息资源主导化

信息对战争影响的关键是要准确获得战场信息并把信息及时用于决策和控制。机械化战争起主导作用的是物质和能量，打的主要是“钢铁仗”和“火力仗”。在信息化战争中，信息是核心资源，是决定战争胜负的关键因素。信息化战争是以争夺战场“制信息权”为主要行动的战争。信息成为部队战斗力的核心要素。

在未来战争中，对信息的争夺将发挥核心作用，可能会取代以往冲突中对地理位置的争夺。攻城掠地已经成为机械化战争的历史，在信息化战争中，地理目标将日趋贬值，信息资源将急剧升值。制信息权必然成为凌驾制空权、制海权和制陆权之上的战场对抗的制高点。拥有信息资源，握有信息优势，是取得战争胜利的先决条件。

急剧升值的信息资源，决定了争夺制信息权的斗争将在全时空进行，决定了战争中交战双方将倾全力去争夺“信息优势”。海湾战争，争夺信息优势的斗争，贯穿于战争全过程，渗透于所有作战空间。美军利用了世界上最先进的计算机系统所提供的大型智能平台和 C^4KISR 指挥信息系统，完成了超大容量信息处理，赢得了战场信息优势。在科索沃战争和阿富汗战争中，由于美军夺取和保持了全时空的信息优势，因而以很小的代价夺取了战争的胜利。战争的实践，不仅使人们越来越充分地认识到物质、能量和信息在战争中的作用将发生革命性变化，而且使人们清晰地看到了信息、信息系统和信息化武器装备的巨大作用，感受到了未来信息化战争的无限前景。传统的火力、防护力和机动力仍是战斗力的重要组成部分，但已经不处在核心位置，取而代之的是信息系统和信息化武器装备系统。

（二）武器装备信息化

科学技术在军事领域的运用，尤其物化为战争“手臂”，是引起战争形态发生深刻变革的根本原因。工业时代的战争，以机械化武器装备为物质基础；而信息时代的战争，则是以信息化武器装备系统为物质基础。信息化的武器装备系统，又是以计算机技术为核心、以信息技术为基础的一体化的武器装备系统。其构成主要包括信息武器、单兵数字化装备和 C^4KISR 系统。

信息武器系统，包括软杀伤型信息武器和硬杀伤型信息武器。软杀伤型信息武器，是指以计算机病毒武器为代表的网络攻击型信息武器和以电子战武器为代表的电子攻击型信息武器。这类武器已在海湾战争中开始使用。硬杀伤型信息武器，主要是指精确制导武器和各种信息化作战平台。信息化作战平台，装有大量的电子信息传感设备，并与 C^4KISR 系统联网。它们集侦察、干扰、欺骗和打击功能于一体，既可实施战场探测，为精确打击和各种战场行动提供目标信息，还可实施信息攻防作战，是信息化战争的重要物质基础。

单兵数字化装备，是指士兵在数字化战场上使用的个人装备，也称信息士兵系统（它由单兵计算机和无线电分系统、综合头盔分系统、武器分系统、综合人体防护分系统和电源分系统 5 个部分组成）。信息化的士兵装备，既是战场网络系统的一个终端，也是基本的作战单元，具有人机一体化的远程传感能力、攻击和生存能力，能够实时实地为炮兵和执行空地作战任务的飞机提供数字化的目标信息。阿富汗战争中，美空军准确无误地对地面目标实施攻击，就是得益于特种作战部队装备的信息士兵系统将整个战场数字化网络连为一体，为其提供了及时准确的目标数据。单兵数字化装备的出现和运用，意味着陆军作战效能将出现革命性变化。

C^4KISR 系统，是战场指挥、控制、通信、计算机、杀伤、情报、监视和侦察系统的简称，它把作战指挥控制的各个要素、各个作战单元黏合在一起，是军队发挥整体效能的“神经和大脑”。在信息化战争中，C^4KISR 系统是敌对双方的主要作战目标，围绕着 C^4KISR 系统展开的攻击和防护成为战争的重要作战行动。海湾战争具有划时代的意义。在人类战争史上，它是工业时代向信息时代过渡时期发生的一场战争，尽管还称不上完整意义上的信息化战争，但是它所显示的信息化战争的特征，在尔后的科索沃战争、阿富汗战争、伊拉克战争中，已经表现得十分清楚。

（三）战场空间多维化

随着人类认知领域的不断扩展，战争空间也在不断扩大。信息化战争与机械化战争相比，其战场空间已由陆、海、空向外层空间、电磁空间、网络空间以及心理空间等领域扩展，使信息化战争的战场空间呈现出多维化特征。

透过近期发生的几场局部战争可以看出，在信息化战争中，战场监控、信息传输、导航定位、精确制导等主要依赖于外层空间的卫星来支持。在伊拉克战争中，美军为了夺取信息优势，在600～800千米的外层空间，部署了多达116颗各类卫星。在未来信息化战争中，太空所具备的独特优越性将得到进一步扩展和强化。

电磁战场又被称为“第五维战场”，它是继陆、海、空、天之后人类进行争夺的又一个重要作战空间。近年来发生的历场高技术局部战争表明，战争一旦爆发，两军对抗往往首先从无形的电磁空间里展开。在信息化战争中，电子目标星罗棋布，无论是电台、雷达、通信卫星等各种电子装备，还是坦克、舰艇、战机等各种作战兵器，它们都能成为电磁波的发射源，使各种电磁波纵横交错，在广阔的空间中形成密集的电磁频谱网，确保了对各军兵种部队的指挥控制。信息化战争中电磁空间的极端重要性，使得敌对双方在电磁空间里的对抗更加激烈。

网络空间是人类进入信息社会的必然产物。网络空间的出现，使地理上的距离概念和国家之间的地理分界线变得越来越模糊，也给信息化战争带来了新的作战空间，出现了网络空间战这一全新的作战样式。在网络空间里，通过计算机病毒、芯片攻击和网络“黑客”入侵等手段，可对以计算机为核心的信息网络实施攻击，达到瘫痪敌指挥控制系统、削弱甚至使敌方整个部队丧失战斗力的目的。1999年科索沃战争中，网络“黑客”曾使美国白宫服务器瘫痪数小时；北约空袭开始后，总部的网站每天都收到来自攻击者的数以万计的电子邮件，严重阻塞了网络连线；巴尔干地区的一台电脑每天向北约总部发出2000封电子邮件，其中包含各种大大小小的电脑病毒。

心理战自古有之，但时代发展到以信息化为主的今天，心理空间已成为战争中的一个重要的作战领域。近期几场局部战争表明，通过对敌实施有效的心理战，可以取得意想不到的作战效果。伊拉克战争前夕，美军心理战专家专门分析了伊拉克甚至阿拉伯世界的意识形态和文化特点，将各军兵种所属的多支富有实战经验的心理战部队，部署到伊拉克周边地区，对伊拉克军民实施广泛的心理战行动，专门设立了“倒萨广播电台”，并以各种手段向伊境内散发“倒萨”宣传品，极力宣扬美军的强大武力，企图以强大的心理攻势瓦解伊军民的抵抗信心和士气。与此同时，伊拉克也竭尽所能地进行了反心理战，进行全民动员，激励士气，号召全国军民抵抗侵略；针对联军担心大规模的人员伤亡，伊军大肆宣扬要与美军进行巷战，使巴格达成为美军的坟墓等，从心理上对美军士兵施压。

（四）作战系统一体化

信息化战争是体系与体系的对抗。为了赢得战争的胜利，作战双方都竭尽所能，通过调动一切积极因素，实现作战指挥一体化、作战力量一体化、作战行动一体化、综合保障一体化，从而发挥出系统的最大作战效能，以最小代价，取得最大战果。

信息化战争中，先进的 C^4KISR 系统为作战指挥提供了准确的战场情报、快速的通信联络、科学的辅助决策、实时的反馈监控，从而使树状的指挥体制被扁平网络化的指挥体制所代替，使作战指挥实现了一体化。这种一体化主要表现为三个方面：一是战略指挥、战役指挥和战术指挥一体化；二是情报、决策和控制一体化；三是诸军兵种作战指挥一体化。

信息网络和信息技术的发展，处于不同空间位置的各种作战能力联结成为一个有机的整体，从而形成作战力量的一体化。信息化战争中的作战力量一体化主要包括：武器装备一体化，诸军种联合一体化，诸兵种合成一体化。

信息化战争中，各种作战力量的传统分工趋于模糊，攻击战术目标，有时要运用战略手段；打击战略目标，有时仅需要战术力量。进攻和防御界线趋于模糊，在加强对敌人进攻作战的同时，十分重视对己方作战力量的防护，攻防节奏转换很快；软打击和硬摧毁融为一体，软打击是实施硬摧毁的重要保障，硬摧毁必须在软打击行动的支持下才能顺利实施。这些变化说明，单一军种的独立作战正在逐渐消失，空地一体、海空一体、陆海空天一体的多军兵种联合作战已成为作战的基本样式，信息化战争已呈现出十分鲜明的一体化特征。

军队保障可分为作战保障、后勤保障、装备保障、政治工作保障等不同类型。在机械化战争中，各种保障行动是相对独立的，而在信息化战争中，各种保障由分离走向了一体化。以后勤保障和装备保障为例，为适应信息化战争的联合作战要求，各军兵种后勤和装备保障，必须统一组织，统一计划，统一行动，实行联合一体化保障，这样才能发挥出后勤和装备保障的整体效能。

（五）作战行动精确化

信息化战争中，在多层次、全方位、全时空的情报、侦察和监视网络的支持下，使用大量的精确制导武器，使各种作战行动的精确化程度越来越高。

首先是打击精确化。精确打击是信息化战争精确化的核心内容，它是靠提高命中精度来保证作战效果，而不是通过增加弹药投射的数量去增强作战效果。从理论上讲，武器的命中精度提高一倍，其对目标的毁伤力可提高四倍。随着探测、高速信号处理、自动控制等技术的发展，精确制导武器的命中精度将进一步提高。同时，在 C^4KISR 系统的支持下，信息化武器装备将实现一体化，形成一个完善、精确、灵巧的侦察——指挥——打击系统，使精确打击成为信息化战争的基本作战样式。

其次是侦察、定位和控制精确化。精确侦察、定位和控制是实现精确打击的前提和基础。信息化战争中，大量先进的侦察、监视、预警等探测系统，可对目标实施全天候、全时辰的侦察监视，从不同侧面反映目标的特征，并对获取的信息进行相互印证，从而得到全面、准确的战场情报，实现侦察精确化。通过建立精确的大地坐标系、建立地形数据库和目标特征数据库等各项技术，使用 GPS 等天基导航定位系统，使全球精确定位成为了现实。在 C^4KISR 系统的支持下，作战指挥与控制实现了互联、互通、互操作，指挥员可以直接对一线作战部队甚至作战兵器进行有效的指挥、控制和协调，使指挥控制更加精确化。

第三是保障精确化。所谓保障精确化，是指充分运用以信息技术为核心的高技术手段，精细而准确地筹划、实施保障，高效运用保障力量，使保障的时间、空间、数量、质量要求尽可能达到精确的程度，最大限度地节约保障资源。在信息化战争中，通过建立采用模块化程序和标准化数据构成的信息管理系统，把后勤领域连接成一个巨大的无缝隙后勤信息网络，从而使后勤具备了三种至关重要的能力，即准确知道后勤拥有什么；确切知道差在哪里，以及把兵力物资投向何地；提高了部队高效应用战场物资的能力，实现后勤保障的精确化。

（六）战争呈现快速化

在信息化战争中，信息技术广泛运用于战场侦察监视设备和信息快速传输网络，实现了信息的实时获取、实时传输、实时处理，使得信息流动速度空前加快，空间因素贬值，时间因素急剧增值，作战指挥得以快速进行。在信息化战场上，尽管基本作战指挥程序和信息流程没有发生根本变化，同样要经过发现目标、进行决策、下达指令、部队行动等环节，但这些环节几乎可以同步进行。

作战指挥快，部队行动同样需要快。2003 年 3 月 20 日伊拉克战争爆发，次日凌晨，驻扎在科威特的美军第 3 机械化步兵师便高速挺进，不与伊南部的部队纠缠，开战仅 5 天，就长驱直入 400 多千米，直逼巴格达，创造了日行 170 千米的开进速度，这等于海湾战争时期美军开进速度的 3 倍，创造了战争史上大纵深突击的新记录。当前，美陆军要求，在 96 个小时内向世界任何地方部署一个作战旅，120 小时内部署一个作战师，30 天内在战区部署 5 个作战师。

信息化战争中，除了部队行动快速，各种信息化武器也具有快速打击能力，使得作战行动快速，时效性明显提高。如美国空空导弹从发现目标到击中目标只需 3～4 秒，防空系统从发现目标到发射导弹拦截只需几秒钟。由各种飞机、导弹等武器组成的快速火力打击系统，可以在 1 小时内对上千千米外的目标进行战略空袭，使远距离快速精确打击成为信息化战争的重要手段。

（七）作战样式非接触化

战争实践表明，非接触作战能充分发挥高技术武器装备的威力；

易于隐蔽作战企图，达成战争的突然性；能提高生存能力，减少伤亡；可实施全纵深同时攻击，增大作战效能；可减少战争的政治风险，增强战争的可控性。从近期几场局部战争实践看，非接触作战已经走上战争舞台，信息化战争已经呈现出非接触的特征。

作战样式非接触化，在战场上的主要表现就是远距离攻击、隐身攻击、无人攻击和信息攻击等。远距离攻击是提高生存能力、减少伤亡的最有效途径之一。科索沃战争中，以美国为首的北约部队充分利用高技术兵器的优势，从远离战区的本土、盟国或海上出动飞机或发射导弹，同时对南联盟战略、战役目标实施精确的防区外打击。如在1000千米以外的军舰上发射舰载巡航导弹，从2000千米外出动B-52H和B-1B战略轰炸机在离战区800千米外发射巡航导弹，从1.2万千米外出动B-2A隐身战略轰炸机实施轰炸等等。为了实施远距离攻击，美军还组建了十多支“航空航天远征部队”，以实现其“全球警戒、全球到达和全球力量”的战略构想。组建的航空航天远征部队可以在20～70小时内完成一切战斗准备并遂行战斗任务，能得到多种航空航天态势感知系统的不间断保障，实时掌握战区空中和地面的全面情报。其突击手段以使用精确制导武器为主，并且具有实施防区外打击能力。在作战中可以不断得到战略与战术空运部队的保障，因此可在遥远战区持续遂行作战任务。

隐身攻击虽然距作战区域较近，但由于其难以被发现，不容易受到直接的火力打击，因而也被看作是一种非接触作战样式。目前，美军正加紧打造一支由F-117、F-22、JSF、B-1、B-2隐身无人机等组成的隐身空中力量，并试图将这支力量作为信息化作战的核心。为与美国竞争，俄罗斯也在加紧研制具有超机动性能、超音速巡航能力和隐身性能的新一代战机。除大力发展隐身飞机之外，一些国家还在尝试研制隐身坦克和隐身舰艇，力图将隐身武器运用于陆战场和海战场。

无人攻击也是一种非接触作战样式。目前，已经在战场上投入使用的主要是无人机，它的作战功能正在从战场侦察向压制敌防空火力和实施精确打击转变。2001年10月7日，美国对阿富汗发动了战争。

在空袭第 11 天后，美军首次在实战中使用了 RQ-l“捕食者”无人机对地面实施攻击。“捕食者”无人机长 8.23 米，翼展 14.84 米，重量 1035 千克，有效载荷 204 千克。该型无人机于 1994 年首飞成功，1997 年批量生产。2001 年 2 月在美国内华达州内利斯空军基地的沙漠靶场上首次发射空对地导弹攻击地面目标并大获成功。该无人机装备有一套具有全天候侦察能力的 TESAR 雷达系统，其分辨率为 1 英尺，还有激光定位仪、激光测距仪、电子战设备、两部电视摄像机和全方位红外侦察系统。经实战检验，RQ-l 成为美国空军打击地面目标的首架遥控飞机，同时开创了人类战争史上无人攻击的先河。

信息攻击是指利用电磁频谱和网络空间对敌信息系统实施打击的一种作战样式。实施信息攻击的一方，可以在上百千米之外实施电子干扰，也可以在上千千米甚至上万千米之外实施网络攻击。攻防双方虽然可以通过电子信息实施激烈的交战，但却互不接触，甚至不知道对方身在何处，不能进行直接的火力打击。信息攻击虽然不会造成人员伤亡，但信息攻击的成败却对夺取战争胜利有着十分重要的作用，因此信息攻击将会在未来信息化战争中占据越来越重要的位置。

二、信息化战争的发展趋势

机械化战争和信息化战争是两种不同的战争形态，二者既不能相互替代，也不能截然分开，它们将经历漫长的转型和过渡时期。20 世纪 90 年代初的海湾战争，使人们看到了信息化战争的萌芽；2003 年的伊拉克战争，向人们展示了信息化战争的雏形。目前人类的战争形态仍处于一个由机械化战争向信息化战争过渡的转型期。信息化战争将经过实践、理论、再实践的过程而不断趋于成熟。中外一些未来学家和军事专家认为，只有当敌对双方完全使用信息化武器装备进行战争时，才能认为真正进入到了信息化战争时代，而要完成这一转变过程大约需要 50 年左右的时间，即到 21 世纪中叶才能最终实现。从目前情况看，信息化战争将呈现出以下一些趋势：

（一）战争内涵将进一步拓展

传统的战争概念，主要指阶级、民族、政治集团和国家之间为达到一定的政治和经济目的而进行的武装斗争。而未来的信息化战争将在战争主体、战争目的、战争的暴力性以及战争层次等方面发生重大变化。

首先是战争主体将呈现出多元化。在未来信息化战争中，由于信息战和反恐战所具有的特点，战争的主体除了军队之外，还包括恐怖组织、贩毒集团、工商集团、民族组织、宗教组织、犯罪团伙等。随着科学技术的发展，一些社会团体和组织，不仅可以掌握和使用常规武器，而且也有可能掌握和使用核生化武器、掌握和使用计算机病毒等信息武器。因此，战争不仅会在国家与国家之间展开，而且也可能会在社会团体与社会团体之间、社会团体与国家之间、少数个人与社会团体或国家之间展开。战争主体的多元化，使国家安全面临着更加严峻和复杂的挑战，为了应对这种挑战，仅仅依靠军队力量将远远不够，还必须依靠社会的各种力量。

其次是战争目的将发生变化。夺取经济资源是战争最重要的目的。但是，当人类社会进入到信息化时代后，知识经济不仅依赖于有形的物质资源，更依赖于无形的知识和信息资源。联合国教科文组织曾做过调查，各国知识占有量上的差距，已经成为最终导致国与国之间竞争力和经济实力差距的主要因素。因此，未来信息化战争的目的将发生变化，将不再主要是明火执仗地攻城掠地、赤裸裸地抢夺自然资源，而是通过争夺和控制知识与信息资源，包括控制敌对国领导层和民众的精神、意识与价值观，进而控制有形的物质资源，最终维护和发展国家与集团的政治利益和经济利益。

第三是战争的暴力性将减弱。在信息化战争中，信息和信息系统既是武器，也是交战双方攻击的主要目标。进攻一方可以不动用大量的军队，不实施传统意义上的大规模火力交战，而只需通过网络攻击、“黑客”入侵和利用新闻媒体实施的大规模信息心理战等“软打击”方式，破坏敌方的计算机信息网络，瘫痪敌方指挥系统以及敌国经济，制造敌方社会动乱，把战争意志强加给敌方，以不流血的方式换取最大的政治和经济利益。即使在使用各种“硬摧毁”手段的战争中，进攻一方也不再以剥夺敌国的生存权力，或完全夺占敌方的领土等作为最终目标，而是注重削弱对手的意志，尽可能地减少战争的伤亡，力争以最小的代价换取最大的胜利，战争的暴力性将会明显减弱。

第四是战争的层次将会更加模糊。在未来信息化战争中，作战行动将主要在战略级展开，不再是从战术突破到战役突破再到战略突破层层递进，而是战争一开始就把敌方的军事、政治和经济等重要战略目标作为打击对象。战略信息战和超视距非接触式的精确打击，使得战争在全纵深内展开，战役或战术行动具有战略意义，使战略、战役和战术融为一体，各层次之间的界线将日益模糊。

（二）战争各要素将进一步智能化

信息化发展的高级阶段是智能化阶段，因此，信息化战争的发展趋势之一就是实现战争要素的智能化。战争要素的智能化主要表现为作战武器平台的智能化、作战指挥手段的智能化以及作战行动实施的智能化。

在未来信息化战争中，随着人工智能技术的发展，将会出现大量的智能化武器平台。如人工智能制导武器；无人驾驶的智能化坦克、飞机和舰艇；智能电子战系统以及众多类型不同、功能各异的机器人等。特别值得注意的是，目前世界许多发达国家都在制定发展机器人的计划，仅美国正在研制的机器人就有100多种，英国也有30多种。随着纳米技术的发展，军用微型机器人将大量投放战场，执行侦察探测、信息传递、破袭敌电子设备和武器系统以及杀伤敌作战人员等任务。

作战指挥手段的智能化是未来计算机技术发展的直接结果。未来计算机的功能，将在运算、存储、传递、执行命令的基础上，大大扩展其智能，将会由信息处理转向知识处理，不仅可以代替人的记忆和计算功能，而且可以代替人的思维功能。以这种高度智能化计算机为核心的 C^4KISR 系统，不仅能够实现实时的战场侦察监视、情报搜集和通信联络，而且可以辅助指挥员定下决心和制定计划，将会为作战指挥提供更加先进的智能化手段，使作战指挥真正进入到智能化时代。

在未来的信息化战争中，许多作战行动将发生在智能化领域。由于信息战的广泛运用，智能化领域必将会发生激烈的对抗。知识、信息和思维等智能化的范畴，既有可能是作战所使用的手段，也有可能是作战所要打击的目标，因此在智能化领域将会发生大量的直接对抗的作战行动。为扰乱敌方，不仅需要采用谋略行动欺骗敌人，而且更需要采取信息攻击手段，直接打击敌方的 C^4KISR 系统，破坏敌人的决策程序。

（三）掌握全谱优势将成为实现战争目标的主要手段和途径

掌握全谱优势，就是要夺取陆、海、空、天、电等各战场空间的优势，获得制空、制海和制信息权，其中最重要的是夺取制信息权，谋取信息优势。信息优势具有以下含义：一是信息优势是信息化军队的核心能力，只有具备这种能力，才能使军队具有“交互式作战空间态势感知与共享能力”。二是比敌方更全面地掌握战场空间状况，包括敌对双方的态势和企图。三是拥有比敌方更先进的天基信息系统，有阻止敌方利用太空实施威慑的能力。四是有比敌方更强的情报搜集与评估能力、侦察与监视能力、信息传输能力和信息处理能力。五是拥有很强的信息防护能力，能确保传感器、通信和信息处理网络系统不被敌方干扰、破坏和利用。六是有很强的信息进攻能力，能使用“软”、“硬”手段，影响、干扰、削弱、破坏或摧毁敌方的信息系统。

美军在《备战 2020——美军 21 世纪初构想》中指出：“信息优势只有在其有效地转化为知识优势和决策优势时才能给联合部队带来竞争优势。联合部队必须能够利用转化为知识优势的信息优势来夺取‘决策优势’，即在对手未做出反应前做出决策并使决策付诸实施，如果是非战斗性行动，就要以快节奏做出决策的落实决策。”为了充分发挥信息优势的作用，提高信息的有效性和信息使用的效率，美军正在努力建造全球信息栅格，力图将信息优势转化为决策优势。

（四）更加重视军事威慑作用

未来信息化战争基本以局部战争为主。在这种局部战争中，为了以最小的代价获得所需要的政治、经济和军事利益，就必须高度重视军事威慑的作用，力争以速决的方法赢得战争的胜利。在伊拉克战争中，美军所运用的“震慑”理论，就代表了未来信息化战争的一种发展趋势。这种作战理论的核心思想是：“战争发动者通过广泛使用政治、经济、战略、战役、战术层次的全方位力量，形成一种综合力量，向敌人发出要么毁灭、要么投降、抵抗是毫无意义的信号。它所打击的要害目标是国家，特别是国家领导层以及该国军民的抵抗意志，以最经济的手段达成最大的政治利益，从而达到‘不战而屈人之兵’的理想境界。这其中，‘震慑’是手段，‘迅速制胜’是目的。”

（五）更加强调迅速制敌

信息化战争是国家综合国力的较量，任何国家都难以承受长期的战争消耗。战争决策者通常都力求速战速决，在最短的时间内夺取战争的胜利。美军在伊拉克战争中，运用的“迅速制胜”作战理论，就代表了未来信息化战争的一种发展趋势。美军认为，在“迅速制胜”理论中，“迅速”意味着在敌人能做出反应前进行快速机动，“制胜”意味着在物质和精神上能够影响和主导敌人意志的能力。“迅速制敌”将会夺取环境控制，而且瘫痪敌人对事件的看法和理解力，或者使敌人的看法和理解力成为负担，从而迫使敌人无法在战术和战略层次上形成抵抗。信息化战争中的“迅速制敌”主要包含六个方面的内容：第一，“迅速制敌”旨在通过“震慑与畏惧”的应用来左右和影响敌人的意志和看法，因此要求部队必须具备几乎接近于即时投入使用的能力，必须具备同时攻击所有必要目标以产生足够“震慑与畏惧”的能力，必须具备可持续不懈地行动的能力。第二，“迅速制敌”可通过四个主要特性得到界定：对自己、敌人和环境的全面认知，“迅速性”，卓越的行动能力，对作战环境的控制。第三，“迅速制敌”基于美国人性格中的创业精神之上，基于工商领域和一系列信息技术、与信息相关技术、材料技术和其他一些技术方面正在取得的巨大进步之上。第四，“迅速制敌”可应用于从和平、危机到战争的整个过程。第五，“迅速制敌”可用于对多种目标进行一系列“打击波次”的持续不懈的有力打击。这种打击将综合使用海上、空中、地面和太空部队，而不管美国和盟国部队是否部署在前沿都将如此。同时，如果有必要，“迅速制敌”还包括对领土的有形夺取和占领。第六，“迅速制敌”部队应具有的许多能力可在未来5～15年内形成和投入使用。

第三节　信息化战争与国防建设

信息化战争是时代发展的产物，是人类最先进科学技术成果在军事领域的反映。信息化战争的到来，加剧了世界各国战略力量对比的不平衡性，增大了发展中国家战略选择的难度，特别是对我国国防建设与发展提出了严峻挑战。对此，我们必须立足当前，着眼未来，从发展的角度搞好国防和军队的信息化建设，以求在未来信息化战争中立于不败之地。

一、树立信息时代国防建设的新理念

机械化战争的制胜理念是消耗敌人、摧毁敌人，大量歼灭敌人的有生力量，而信息化战争的制胜理念是控制敌人、瘫痪敌人，通过破击敌人作战体系，达到巧战而屈人之兵的目的；机械化战争中，万炮轰鸣的火力倾泻为主要打击手段，而在信息化战争中，实施精确打击为首要选择。国防建设是军队打赢信息化战争的重要基础。因此，我们在考虑国防建设和经济建设时，从宏观规划到人力、物力和财力的动员，从经济基础建设到国防工程、交通信息、防汛和医疗卫生等建设，都必须同打赢信息化战争通盘考虑、规划和建设。

战争形态的发展变化，给我们带来的挑战首先是观念上的影响和冲击，强烈要求我们必须适应这种不可抗拒的变化，树立与打赢信息

化战争相适应的观念，为国防现代化提供有效的建设理念和指导方法。认识只有跟上时代变化才能占据主动，理念只有适应形势才能把握先机。应对信息化战争形态带来的挑战，只有确立与打赢信息化战争相适应的思维方式，强化信息制胜意识，用源于实践高于实践的先进理论指导实践，用创新的观念谋求国防和军队的建设发展，树立与信息化战争相适应的新的战争观，才能使国防建设适应军队的信息化建设。

二、大力加强国家信息基础建设

在信息时代，国家的信息基础建设是国家战略能力的重要组成部分。国家战略能力，是指一个国家在需要进行战争或应对突发事件时，所能调动的各种力量的总称。

完善的国防信息基础设施是国防信息化的基础，如果没有快速、准确和高效的国防信息基础设施，就不可能真正实现国防和军队的信息化。加强国防信息基础设施建设，要促使传统的军事通信网向一体化指挥控制平台过渡，逐步实现综合、智能和“无缝”国防信息网络；支持各级指挥员在任何时间、任何地点获取作战指挥信息；满足信息战争需求提供支撑和保障。

国家的信息基础建设是军队信息化建设的基石，是打赢未来信息化战争的重要支撑。因此，必须把加强国家的信息基础建设作为应对信息化战争的首要举措。当前，我国信息基础设施建设，已取得了长足的发展。虽然在交通、金融和通信等主要行业的信息化水平上已经接近发达国家，在数字地球领域与发达国家处在同一起跑线上，但确切地讲与发达国家相比，在许多方面我国仍存在相当差距。因此，必须下大力加强我国的信息基础建设，努力提升我国的国家战略能力。

信息基础建设的重点应主要放在三个方面：一是努力发展以微电子技术、计算机技术和通信技术为主体的信息技术，这是一个国家信息基础建设的基础。二是加快国家大型网络系统建设。三是大力开发各种软件技术。目前，我国软件技术的研制、开发能力远远落后于发达国家，与一些发展中国家相比也不占优势。此外，国家信息安全的防护，在相当程度上是由先进的软件技术来保障的。因此，应加大研制和开发软件技术的资金、技术和人力投入，使我国在软件技术上跻身于世界先进行列。因此，必须把加强国家的信息基础建设作为应对信息化战争的首要措施。

三、努力培养国防信息化人才队伍

人才是强国兴军之本，决定未来信息化战争胜负的是高素质国防和军队信息化人才。随着信息技术的飞速发展和在社会各领域的广泛运用，信息科技人才的紧缺已经成为一个世界性问题。必须加大力度，努力培养新型国防信息化人才，为我军打赢信息化战争提供强大的智力支撑。为此，我们必须把国防信息化人才队伍的培养工作作为国防信息化建设的根本大计，树立超前意识，构建我军新型的国防信息化人才培养体系，抓紧培养复合型人才，尽快缩小与发达国家军队在人员素质上的“知识差”，以适应国防信息化建设和未来信息化战争的需要。

我国信息技术人才的匮乏突出。必须下大力采取多种有效措施加强国防信息技术人才的培养、引进与保留，建设一支雄厚的信息人才队伍，确保我国的信息基础建设能够持续不断的发展。一方面，要依托国民教育进行信息化人才的双向培养；另一方面，军事院校教学中要加大高新技术知识的比重，提高部队信息化条件下的训练水平，创造良好的信息化环境和信息化文化氛围。

四、加速推进国防和军队信息化建设的进程

我军在加强军队机械化建设的同时，必须乘国家加快经济和社会信息化发展之势，跨越式加快国防和军队信息化建设。如果按部就班地在完成机械化建设后再进行信息化建设，就会坐失良机，无法赶上西方发达国家和军队建设的步伐。推进国防和我军信息化建设的进程，必须解决好两个问题：

（一）树立以信息为主导的思想

观念是行动的先导，一是必须要确立信息化在军队建设中的主导地位，全面推进国防和军队的信息化建设。二是要打牢“系统集成观”，用“大系统”的观念来筹划军队建设。在“作战力量”建设上，强调加强空间预警、C^4KISR 和精确制导武器；在战场准备上，建设数字化战场；在部队建设上，建设数字化部队；在装备发展上，积极推行“横向技术一体化”。三是要树立“虚拟实践观”。虚拟现实技术的发展，为人们“虚拟实践”提供了条件。人们可以面向未来，创造一种“人工合成环境”，在实验室里“导演”战争。为此，美、英等国军队建立了许多“战斗实验室”、“作战模拟实验室”和“作战仿真实验中心”等等。

（二）实现我军信息化建设的跨越式发展

国防和军队的信息化建设是一项十分复杂的系统工程。为此，我军信息化建设应抓住以下三个重点：一是要大力发展信息化武器装备。我军一方面要致力发展信息化武器装备；另一方面要在信息化弹药、信息化作战平台、专用信息战武器三个方面取得突破性进展，这样才能缩小与发达国家的时代差。二是要大力推进数字化部队建设。在建设思路上要突出我军的特色，走出一条投入少、周期短、见效快的发展路子。三是要大力加强数字化战场建设。数字化部队和数字化战场是信息化战争的两大支柱，有了数字化战场数字化部队才有可靠依托。我军数字化战场建设，应充分运用空间基础数据建设成果，将导航定位、天基立体测绘和时间基准、地球中心坐标系统相统一，建设成能够覆盖整体作战空间的多维信息获取系统，形成平战结合、诸军一体的战场信息系统，推进我军的国防和信息化建设。

（三）夯实信息化条件下的后备力量建设

战事未起，动员先行，这是战争进行的基本程序。虽然目前我国并没有处于战争迫在眉睫的状态，但是维护国家权益和实现祖国统一的任务依然很艰巨。快速高效地实行战争动员，将战争潜力迅速转变为战争实力，是赢得战争主动权的关键所在。江泽民同志指出“国防动员建设要在体制和机制上认真解决好战争潜力的动员问题，提高快速动员能力。”信息化条件下的战争，节奏快、持续时间短、作战空间多维化、后备力量动员复杂。在这种条件下，只有将科技型、“一体化”的后备力量由“粗放型”向“精确型”快速、灵活地转变并迅速完成动员，并投入到战场，才能为赢得战争胜利提供强有力的保障。

因此，我们按照实行“三结合”武装力量体制的要求，突出“军民融合式发展”。我们既要大力加强常备军“三化”的建设，又要高度重视后备力量的常态化建设。在后备力量建设上，要遵循质量为主、合理够用的原则，压缩数量规模，加强高新技术军兵种后备力量的建设。

要充分利用新军事革命的成果，将新观念、新技术、新方式融入后备力量建设之中。加快后备力量的信息化建设，努力构建一支结构合理、布局得当、编制科学、规模适度、科技密集、素质优良、指挥灵便、动员迅速、能够遂行各种保障任务和适应信息化战争需要的新型后备力量。

新世纪、新阶段，要求我们必须从国情、军情出发，根据复杂多变的国际战略环境，在加强军事斗争准备的同时，紧紧抓住人类社会战争形态由机械化向信息化转变的历史机遇，加快国防科技和武器装备发展，把实现武器装备信息化放在军队建设的突出位置，尽快使我军主战装备迈上一个新台阶，尽快缩短与世界先进水平的差距，从而更好地担负起党和人民赋予我军的新的历史使命。

复习题

1. 信息化战争的含义是什么？
2. 信息化战争具有什么特征？
3. 信息化战争的发展趋势如何？
4. 信息化战争给国防建设提出了什么要求？

第六章　条令条例教育与训练

【教学目标】

了解中国人民解放军共同条令的主要内容，掌握队列动作的基本要领，养成良好的军人作风，增强组织纪律观念，培养集体主义精神。

第一节　共同条令概述

一、什么是共同条令

中国人民解放军的《内务条令》、《纪律条令》、《队列条令》统称共同条令，是关于军队训练、生活、勤务活动的行为准则。

我军的共同条令是我军在长期革命战争和军队建设实践中逐步形成的，并随着武器装备、作战和训练任务的发展变化而发展起来的。我军现行的《内务条令》、《纪律条令》和《队列条令》，是中央军委于2010年6月15日由中央军委主席胡锦涛签署并颁发全军施行的。这次新颁发的共同条令，是深入贯彻党的十七大精神、推动军队建设科学发展的重大举措，对于在新的历史起点上推进我军革命化、现代化、正规化建设，巩固和提高部队战斗力，确保部队高度集中统一和安全稳定，具有十分重要的意义。

新的共同条令，深入贯彻毛泽东军事思想、邓小平新时期军队建设思想、江泽民国防和军队建设思想、胡锦涛关于新形势下国防和军队建设重要论述，着眼更加牢固地确立科学发展观在国防和军队建设中的重要指导地位，紧贴新世纪、新阶段我军使命任务，坚持依法治军、从严治军，坚持以人为本，加强科学管理，继承和发扬我军优良传统，反映了信息化条件下和社会主义市场经济环境中治军带兵的特点规律，吸纳了部队近年来总结的成功经验，创新发展了我军内务建设、纪律建设和队列生活的若干制度规定，增强了时代性、科学性和规范性，是新的历史条件下军队建设的基本法规和全体军人的共同准则。

二、共同条令的地位和作用

（一）共同条令是依法治军的重要依据

当今时代，军事高技术武器装备迅猛发展，特别是随着高技术局部战争不断升级，从客观上对军队的训练、管理、后勤保障等方面提出了更高要求。在这种新的形势下，只有大力推进依法治军，才能确保各项工作的正常运转，才能进一步提高部队战斗力，更好地适应打赢高技术条件下的人民战争的客观要求。正是基于这种客观实际的需要，走依法治军之路已成为当今世界各国的共同选择。因此，坚持依法治军，最基本的要求就是在一切工作、一切活动中严格按照共同条令办事，舍此而别无他途。我军作为一支由上百万人组成的诸军兵种合成化军队，只有按照共同条令的要求，依法规范军队组织和人员的行为，坚定不移贯彻依法治军基本方针，加强我军革命化、正规化、现代化建设，使各项工作走上法制化建设之路，才能真正适应现代高技术战争的客观要求。

（二）共同条令是落实从严治军原则的重要保证

从严治军，同依法治军一样，也是我军现代化建设的重要原则，是全面加强军队建设的必然途径。在依法治军的大背景下，从严治军，就是要按照共同条令和有关条例管理部队。共同条令是治军的依据，要把从严治军的原则真正落到实处，关键在于严明法度，严格认真地按照共同条令的要求行事。

军队之所以强调严格，是由其特殊职能和任务决定的。严的程度和方法要与履行职能、完成任务的客观要求相适应。同时，军队又是由广大官兵组成的，严的程度不能超出人的生理和心理承受能力。这就要求军队在严的问题上，必须把需要与可能统一起来，切实把握好严的度，既讲严格，又讲科学。对于军队来说，共同条令就是全军统一的规矩。共同条令是从严治军的有效手段，只有依据条令治军，才能把部队管好，把兵带好，才能更好地巩固我军的纪律，加强我军的纪律建设，提高部队的战斗力。

（三）共同条令是保障和推进军队“三化”建设的有力武器

大力推进革命化、现代化、正规化建设，是我军当前和今后一个相当长的历史时期内的总目标。要顺利实现这个总目标，共同条令等军事法规的规范和调节作用是不可缺少的基本保证。

首先，“三化”建设的内容和标准，只有用共同条令加以规范，才能便于操作和落实。革命化主要是指：保证党对军队的绝对领导，保持人民军队的性质、宗旨，坚持我军的建军原则，继承发扬我军的优良传统等；现代化主要包括：军队指挥现代化，武器装备、编制体制现代化，教育训练现代化，后勤保障现代化，国防科技现代化，同时还有广大官兵素质现代化；正规化主要是指：实行统一的指挥，统一的制度、统一的编制、统一的纪律、统一的训练，加强组织性、计划性、准确性和纪律性，建立和维护正规的战备、训练、工作、生活秩序等。为此，全军必须要有统一的“规格”，确保全军上下对“三化”形成共识，以实现“三化”建设的总目标。其次，“三化”建设中的一系列关系和矛盾，只有通过共同条令的调节，才能正确地得到解决。在实施过程中，不仅涉及军队内部的每个单位、每个部门和每个官兵，而且许多工作还涉及国家的经济、政治、文化、教育等各个领域，不可避免地会遇到许多新矛盾、新问题，有了共同条令这把尺子，就会更好地协调和处理军队的内外关系，为军队的“三化”建设提供有力的法规支持。

（四）共同条令是培养“四有”新人的重要教材

适应改革开放、发展社会主义市场经济的新形势，大力培养有理想、有道德、有文化、有纪律的革命军人，是我军性质、宗旨及使命的应有之义，也是新的历史条件下我军建设的一个重要方面。在新的历史时期，执行和落实好共同条令是我军实现现代化、正规化建设战略目标的重要措施之一。只有全面认真地贯彻执行共同条令，才能更好地维护我军内部良好的上下级关系、军内外关系和正规的工作秩序、生活秩序，才能严格履行职责，搞好行政管理，才能培养优良作风，增强组织纪律性，树立良好形象，巩固和提高战斗力，提高我军质量建设的水平。

同时，共同条令也是我国普通高校学生军训生活必须遵守的基本准则。按照2007年9月教育部、总参谋部、总政治部新修订颁发的全国《普通高等学校军事课教学大纲》要求，依据共同条令精神，加强青年学生管理教育和军事技能训练，对于培养学生严格的组织性、纪律性，塑造健康向上的人格品德，激发学生的团队精神和爱国主义精神，树立良好形象，提高军事素质，加强高校后备力量建设，最终为培养新时代的“四有”新人具有重要战略意义。

第二节 共同条令简介

一、《内务条令》

内务，从一般词义上讲，泛指国内事务或集体生活的内部事务。在军事用语中，内务是指军队建设中的经常性事务，即内务卫生、内外关系、人员职责、日常活动、勤务保障等。

我军历来重视内务管理。1936年，《中国工农红军暂行内务条令》

颁布施行，这是我军最早的《内务条令》。1942 年 2 月，在抗日战争十分艰苦的条件下，中央革命军事委员会针对当时部队建设的特点需要，重新修改颁发了《内务条令》和《内务制度》，重申了古田会议决议确立的我军管理的基本思想和原则，反映了人民军队的本质，并对部队的生活秩序和行政管理制度作出明确规定。这部条令一直沿用到全国解放。从 1936 年颁布第一部内务条令，至今中央军委已颁布 11 部《内务条令》。新修订的《内务条令》内容包括总则，军人宣誓，军人职责，内部关系，礼节，军人着装，军容风纪，与军外人员的交往，作息，日常制度，值班，警卫，零散人员管理，日常战备和紧急集合，后勤日常管理，装备日常管理，营区管理，野营管理，常见事故防范，国旗、军旗、军徽的使用，附则共 21 章 62 节 420 条。新的《内务条令》，在总则中增写了把科学发展观作为国防和军队建设的重要指导方针、全面履行新世纪新阶段我军历史使命、发扬“听党指挥、服务人民、英勇善战”的优良传统、大力培育当代革命军人核心价值观、实施科学管理、坚持安全发展理念等重要内容。针对我军内务建设和管理教育工作面临的新情况新问题，对军人誓词、着装规定、仪容举止、与军外人员的交往、保密守则、警卫制度、财务管理、装备日常管理和常见事故防范等作了修改与完善，增加了心理疏导、士官留营住宿、军人居民身份证使用、移动电话和国际互联网使用管理、军事交通运输管理等新内容。充分体现了从严治军的基本特点和规律；突出了以军事训练为中心，以管理工作为重点，以正规化建设为目标的各项工作；贯彻了建立正规的内务制度和良好的战备、训练、工作、生活秩序，加强装备物资和军事设施的管理，努力提高军队打赢高技术条件下局部战争能力的内务建设原则。它是我军在新的历史条件下，建立维护良好内外关系和正规内务制度，履行职责，进行管理教育，培养优良作风的依据，是军队生活的准则。

二、《纪律条令》

纪律，是各种组织要求其成员共同遵守的行为准则。军队纪律简称军纪，它是由军队的最高领导机关制定、要求全军所有成员共同遵守的行为规则。我军的纪律是共产党和人民意志的体现，是与广大官兵根本利益相一致的，是建立在官兵全心全意为人民服务思想基础上的自觉的纪律。

《纪律条令》是中国人民解放军维护纪律、实施奖惩的基本依据。其基本精神是：强调军队纪律的严肃性，体现从严治军的基本特点，贯穿了以教育为主、奖励为主和在纪律面前人人平等的思想。颁发《纪律条令》的目的在于培养军人高度的组织性、纪律性，巩固和提高部队战斗力，保证军队高度集中统一和训练、战备、作战等任务的顺利进行。

中国人民解放军在创建初期就制定了《三大纪律六项注意》，后发展为《三大纪律八项注意》。1930 年 10 月，颁布《中国工农红军纪律条令草案》。1933 年 8 月 1 日，由中华苏维埃共和国中央革命军事委员会制定和颁发的《工农红军纪律暂行条令》，是我军第二部《纪律条令》。当时的纪律条令指出："军队纪律的要素就在服从"，军纪是"军队的命脉"，"白军的纪律是建筑于反动统治阶级利益之上"，"我军纪律是建筑于工农群众自己利益之上"。1935 年 9 月，红军在艰苦的长征途中，在与敌人疯狂围追堵截的战斗中，为了严整部队纪律，巩固提高战斗力，根据《工农红军纪律暂行条令》规定，由司令员彭德怀、政治委员毛泽东签发了《奖惩条例》。在抗日战争期间，我军于 1939 年 5 月、1942 年 2 月、1943 年 10 月，又先后 3 次修订和颁布《纪律条例》或《纪律条令》。从 1930 年我军颁布第一部纪律条令，至今已颁布 15 部《纪律条令》。

2010 年 6 月由中央军委颁布实施的《纪律条令》是我军的第 15 部纪律条令。新的纪律条令由原来的 7 章 12 节 96 条，修改为 7 章 15 节 179 条。其内容共有总则，奖励，处分，特殊措施，控告和申斥，首长责任和纪律监察以及附则等。新修订的纪律条令，对我军奖励制度进行了必要的改革，把个人荣誉称号奖章调整为个人荣誉称号勋章，在保持现有奖励项目的基础上增设了 5 类纪念章，并把军地重要表彰纳入个人奖励条件；为突出奖励作战、训练服务的导向作用，一些科研评比和文体比赛奖项不再与奖励项目直接挂钩。同时，为进一步增强处分的针对性、操作性和严肃性，增加了10种新的处分条件，规范了“除名”处分项目的条件、权限和程序，调整了对军官、文职干部的部分处分权限，取消了“取消士官资格”处分项目。

该条令继承了我军维护和巩固纪律的优良传统，指出：“中国人民解放军的纪律，是建立在政治自觉基础上的严格的纪律，是军队战斗力的重要因素，是坚持人民军队性质、宗旨，团结自己，战胜敌人和完成一切任务的保证。”“军人在任何情况下，都必须严格遵守和自觉维护纪律。”条令通篇贯穿了依法治军的思想，规定了中国人民解放军的纪律的基本内容和要求，反映了人民军队的本质，既体现了赏罚严明，以教育为主，惩处为辅的原则，又体现了党的十一届三中全会以来的路线、方针、政策，以及国家宪法、法律的有关精神，完全符合新时期军队建设的要求。

三、《队列条令》

自从产生了军队，也就有了队列。队列有广义和狭义之分，从广义上讲，泛指排成行列的队伍；从狭义上讲，特指军人进行集体活动时按一定的顺序列队的组织形式。在军队的训练、工作和生活中，凡是集体活动大都离不开队列。冷兵器时代，队列直接表现为作战的阵式。当时军队交战双方均使用长矛大刀，队列的组织形式就是作战的阵式。操场上队列怎么列，作战的阵式就怎么布，队列与阵式是一致的。

中华人民共和国成立后，于1951年颁发了第一部《中国人民解放军队列条令（草案)》。我军《队列条令》是规定队列动作、队列队形和队列指挥的法规，是全军及预备役人员队列训练的依据。颁发《队列条令》的目的在于：培养良好的军姿、严整的军容、过硬的作风、严格的纪律性和协调一致的动作，促进军队正规化建设，不断提高部队战斗力。从1951年我军颁布第一部队列条令至今已颁布8部《队列条令》。

2010年6月15日中央军委新修订颁布的《队列条令》，其内容包括：总则，队列，指挥，队列队形，队列动作，分队乘坐汽车，敬礼，国旗的掌持、升降和军旗的掌持、授予与迎送，阅兵，附则等。新的队列条令适应了军队建设发展的新变化新要求，适用性、规范性明显增强，主要增写了军人宣誓、新式轻武器操作和纪念仪式中礼兵行进的“礼步”等队列动作，以及晋升（授予）军衔、授枪、纪念仪式等新的内容，修改了坐姿脱（戴）帽和放帽、分队乘坐交通工具、车辆行进中的调整指挥等队列动作和一些过时的称谓。队列条令由原来的9章2节65条，修改为11章71条。

第三节　单个军人队列动作

单个军人队列动作，是部队训练、队列和日常生活的基础动作，是加强部队作风纪律建设,培养战斗力的必要形式。其内容主要包括：立正、稍息、跨立、停止间转法、行进、立定、步法变换、行进间转法、坐下、蹲下、起立等。

一、立正

立正是军人的基本姿势，是队列动作的基础。通过对站立特别是对立正的训练和养成，可以表现出端正庄严、威武矫健的军人姿态，可以磨炼军人的意志，可以增强人的耐力，可以锻炼人的自控力。

军人在宣誓、接受命令、进见首长和向首长问话、升降国旗和军旗、奏国歌和军歌等庄重的时机和场合，均应当自行立正。

口令：立正。

要领：两脚跟靠拢并齐，两脚尖向外分开约60度；两腿挺直；小腹微收，自然挺胸；上体正直，微向前倾；两肩要平，稍向后张；两臂下垂自然伸直，手指并拢自然微曲，拇指贴于食指第二关节，中指贴于裤缝；头要正，颈要直，口要闭，下颌微收，两眼向前平视（见图 6-1）。

携枪（筒）立正的要领：肩冲锋枪、自动步枪、40 火箭筒时，右手在右胸前握背带（拇指由内顶住），右大臂轻贴右肋，枪（筒）身垂直，枪口（筒尾）向下（见图 6-2）。

持班用机枪、狙击步枪、81 式自动步枪（打开枪托）时，右臂自然下垂，左手将背带挑起、拉直，由右手拇指在内压住，四指并拢在外将枪握住，同时左手放下，托底钣在右脚外侧全部（81 式自动步枪托前踵）着地，托后踵同脚尖齐（见图 6-3）。

图 6-1　徒手立正姿势

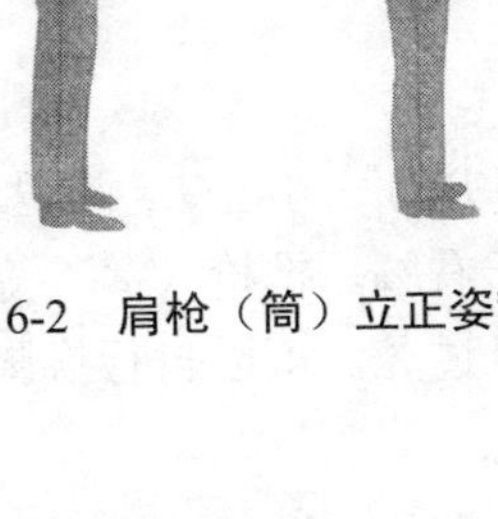

图 6-2　肩枪（筒）立正姿势

图 6-3　持枪立正姿势

二、跨立（即跨步立正）

跨立主要用于军体操，执勤和舰艇上分区列队等场合，可以与立正互换。

口令：跨立。

要领：左脚向左跨出约一脚之长，两腿挺直，上体保持立正姿势，身体重心落于两脚之间。两手后背，左手握右手腕，拇指根部与外腰带下沿（内腰带上沿）同高，右手手指并拢自然弯曲，手心向后。携枪时不背手（见图 6-4）。

（1）徒手跨立　　（2）背面　　（3）持枪跨立

图 6-4　跨立姿势

三、稍息

口令：稍息。

要领：左脚顺脚尖方向伸出约全脚尖的三分之二，两腿自然伸直，上体保持立正姿势，身体重心大部落于右脚。携枪（筒、炮）时，携带的方法不变，其余动作同徒手。稍息过久，可以自行换脚。

四、停止间转法

转法是军人变换方向的一种队列动作。它分为停止间和行进间两类，均有向右转、半面向右转、向左转、半面向左转和向后转五种转法。

（一）向右（左）转

口令：向右（左）——转。
半面向右（左）——转。

要领：以右（左）脚跟为轴，右（左）脚跟和左（右）脚掌前部同时用力，使身体协调一致向右（左）转 90 度，重心落在右（左）脚，左（右）脚取捷径迅速靠拢右（左）脚，成立正姿势。转动和靠脚时，两腿挺直，上体保持立姿势。半面向右（左）转，按照向右（左）转的要领转 45 度。

（二）向后转

口令：向后——转。

要领：按照向右转的要领向后转 180 度。

持枪转动时，除按照徒手动作要领外，听到预令，将枪稍提起，拇指贴于右胯，使枪随身体平稳转向新方向，托前踵（95 式班用机枪托底）轻轻着地，成持枪立正姿势。

五、行进

行进的基本步法分为齐步、正步和跑步，辅助步法分为便步、踏步、移步和礼步。这些步法的作用和使用时机，因其要领和特点的不同而有所区别。

（一）齐步

齐步是军人行进的常用步法。

口令：齐步——走。

要领：左脚向正前方迈出约 75 厘米，按照先脚跟后脚掌的顺序着地，同时身体重心前移，右脚照此法动作；上体正直，微向前倾；手指轻轻握拢，拇指贴于第二关节；两臂前后自然摆动，向前摆臂时，肘部弯曲，小臂自然向里合，手心向内稍向下，拇指根部对正衣扣线，并与最下方衣扣同高（着夏季作训服时，与第四衣扣同高；着冬季作训服时，与第五衣扣同高；着水兵服时，与腰带同高），离身体约 25 厘米；向后摆臂时，手臂自然伸直，手腕前侧距裤缝线约 30 厘米（见图 6-5）。

（二）正步

正步主要用于分列式和其他礼节性场合。

口令：正步——走。

要领：左脚向正前方踢出约 75 厘米（腿要绷直，脚尖下压，脚掌与地面约 25 厘米），适当用力使全脚掌着地，同时身体重心前移，右脚照此法动作；上体正直，微向前倾；手指轻轻握拢，拇指伸直贴于食指第二关节；向前摆臂时，肘部弯曲，小臂略成水平，手心向内稍向下，手腕下沿摆到高于春秋常服最下方衣扣约 15 厘米处（着夏常服、水兵服时，高于内腰带扣中央约 15 厘米处；着作训服时，高于外腰带扣中央约 10 厘米处），离身体约 10 厘米；向后摆臂时（左手心向右，右手心向左），手腕前侧距裤缝线约 30 厘米（见图 6-6）。行进速度每分钟 110～116 步。

图 6-5　齐　步

图 6-6　正　步

（三）跑步

跑步用于快速行进。

口令：跑步——走。

要令：听到预令，两手迅速握拳（四指蜷握，拇指贴于食指第一关节和中指第二关节），提到腰际，约与腰带同高，拳心向内，肘部稍向里合。

听到动令，上体微向前倾，两腿微弯，同时左脚利用右脚掌的蹬力跃出约 85 厘米，前脚掌着地，身体重心前移，右脚照此法动作；两臂前后自然摆动，向前摆臂时，大臂略垂直，肘部贴于腰际，小臂略平，稍向里合，两拳内侧各距衣扣线约 5 厘米；向后摆臂时，拳贴于腰际（见图 6-7）。行进速度每分钟 170～180 步。

图 6-7　跑　步

（四）便步

便步用于行军、操练后恢复体力及其他场合。

口令：便步——走。

要领：用适当的步速、步幅行进，两臂自然摆动，上体保持良好姿态。

（五）踏步

踏步用于调整步伐和整齐。

停止间口令：踏步——走。

行进间口令：踏步。

要领：两脚在原地上下起落（抬起时，脚尖自然下垂，离地面约 15 厘米；落下时，前脚掌先着地），上体保持正直，两臂按照齐步或者跑步摆臂的要领摆动（见图 6-8）。

图 6-8 踏 步

（六）移步（5 步以内）

移步用于调整队列位置。

1．右（左）跨步

口令：右（左）跨×步走。

要领：上体保持正直，每跨 1 步并脚一次，其步幅约与肩同宽，跨到指定步数停止。

2．向前或向后退

口令：向前×步——走。

向后×步——走。

要领：向前移步时，应当按照单数要领进行（双数步变为单数步）。向前 1 步时，用正步，不摆臂；向前 3 步、5 步时，按照齐步的要领进行。向后退时，从左脚开始，每退 1 步靠脚一次，不摆臂，退到指定步数停止。

持枪时，听到行进口令的预令，将枪提起，使枪身略直，拇指贴于右胯，使枪身稳固。其余要领同徒手。

（七）礼步

礼步用于纪念仪式中礼兵的行进。

口令：礼步——走。

要领：左脚向正前方缓慢抬起（腿要绷直，脚尖上翘，与腿约成90度，脚后跟离地面约30厘米），按照脚跟、脚掌顺序缓慢着地，步幅约55厘米，右脚照此法动作；上体正直，两臂下垂自然伸直、轻贴身体（抬祭奠物除外）；手指并拢自然微曲，拇指尖贴于食指第二节，中指贴于裤缝。行进速度每分钟24～30步。

（八）携枪行进

持枪时，听到行进口令的预令，将枪提起，使枪身略直，拇指贴于右胯，使枪身稳固，其余要领同徒手。

背枪、肩枪、挂枪、托枪、提枪时，听到行进口令，保持携枪姿势，其余要领同徒手。

（九）携便携式折叠写字椅行进

携折叠写字椅行进时，左手提握支脚上横杠，左臂下垂自然伸直，写字板面朝外。

六、立定

口令：立——定。

要领：齐步、正步和礼步时，听到口令，左脚再向前大半步着地（脚尖向外约30度），两腿挺直，右脚取捷径迅速靠拢左脚，成立正姿势。跑步时，听到口令，再跑2步，然后左脚向前大半步（两拳收于腰际，停止摆动）着地，右脚靠拢左脚，同时将手放下，成立正姿势。踏步时，听到口令，左脚踏1步，右脚靠拢左脚，原地成立正姿势（跑步的踏步，听到口令，继续踏2步，再按上述要领进行）。

持枪立定时，在右脚靠拢左脚后，迅速将托钣（95式班用机枪托底）轻轻着地。其余要领同徒手。

七、步法变换

步法变换是军人、分队、部队在行进中各种步法互换的一种队列动作。主要是指齐步与正步、跑步、便步、踏步的互换。步法变换，均从左脚开始。

齐步、正步互换，听到口令，右脚继续走 1 步，即换正步或者齐步行进。

齐步换跑步，听到预令，两手迅速握拳提到腰际，两臂前后自然摆动；听到动令即换跑步行进。

齐步换踏步，听到口令，即换踏步。

跑步换齐步，听到口令，继续跑 2 步，然后换齐步行进。

跑步换踏步，听到口令，继续跑 2 步，然后换踏步。

踏步换齐步或者跑步，听到“前进”的口令，继续踏 2 步，再换齐步或者跑步行进。

八、行进间转法

（一）齐步、跑步向右（左）转

口令：向右（左）转——走。

要领：左（右）脚向前半步（跑步时，继续跑 2 步，再向前半步），脚尖向右（左）约 45 度，身体向右（左）转 90 度时，左（右）脚不转动，同时出右（左）脚按照原步法向新方向行进。

半面向右（左）转，按照向右（左）转走的要领转动 45 度。

（二）齐步、跑步向后转走

口令：向后转——走。

要领：左脚向右脚前迈出约半步（跑步时，继续跑 2 步，再向前半步），脚尖向右约 45 度，以两脚的前脚掌为轴，向后转 180 度，出左脚按照原步法向新方向行进。

转动时，保持行进时的节奏，两臂自然摆动，不得外张；两腿自然挺直，上体保持正直。

九、坐下、蹲下、起立

（一）坐下

1．徒手坐下

口令：坐下。

要领：左小腿在右小腿后交叉，迅速坐下（坐凳子时，听到口令，左脚向左分开约一脚之长；女军人着裙服坐凳子时，两腿自然并拢），手指自然并拢放在两膝上，上体保持正直。

2．携枪坐下

口令：枪靠右肩——坐下。

要领：携枪坐下时，两腿按照徒手坐下的要领进行，尔后枪靠右肩（枪面向右），右手自然扶贴护木，左手手指自然并拢，放在左膝上。肩冲锋枪、81 式自动步枪坐下时，听到预令，右手移握护木，使背带从肩上滑下，将枪取下。

携 95 式自动步枪坐下时，听到“右手扶枪——坐下”的口令，两腿按照徒手坐下的要领进行，同时将枪置于右小腿前侧，枪身与地面垂直，枪面向后；右手自然扶握上护盖前端，左手手指自然并拢，放在左膝上。肩枪坐下时，听到预令，右手移握下护手前端，使背带从肩上滑下，将枪取下。

3．携 40 火箭筒坐下

口令：筒靠右肩——坐下。

要领：携 40 火箭筒坐下时，两腿按照徒手坐下的要领进行，尔后筒靠右肩（筒面向左），右手自然扶握护板，左手手指自然并拢，放在左膝上。肩筒坐下时，听到预令，用右手腕的旋转力，迅速将筒转到右肩前，同时左手接握护板，右手移握提把，将筒取下。

4．携便携式折叠写字椅坐下

要领：当听到“放凳子”的口令，左手将折叠写字椅提至身前交于右手，右手反握支脚上横杠，左手移握写字板和座板上沿，两手协力将支脚拉开；尔后上体右转，两手将折叠写字椅轻轻置于脚后，写字板扣手朝前，恢复立正姿势；当听到“坐下”的口令，迅速坐在折叠写字椅上。

使用折叠写字椅的靠背或者写字板时，应当按照“打开靠背”或者“打开写字板”的口令，调整折叠写字椅和坐姿；组合使用写字板时，根据需要确定组合方式和动作要领。

5．背背囊（背包）坐下

要领：听到“放背囊（放背包）”的口令，两手协力解开上、下扣环，握背带；取下背囊（背包），上体右转，右手将背囊（背包）横放在脚后，背囊口向右（背包口向左）；按照口令坐在背囊（背包）上。携枪（筒）放背囊（背包）时，先置枪（架枪、筒），后放背囊（背包）。

（二）蹲下

口令：蹲下。

要领：右脚退半步，前脚掌着地，臀部坐在右脚跟上（膝盖不着地），两腿分开约60度（女军人两腿自然并拢），手指自然并拢保持正直（见图6-9）。蹲下过久，可以自动换。

持枪时，右手移握护木（95式班用机枪，握上护盖前端；冲锋枪、自动步枪和40火箭筒的携带方法不变），左手手指自然并拢，放在左膝上。

图6-9 蹲下时的姿势

（三）起立

口令：起立。

要领：全身协力迅速起立，成立正姿势或者成持枪、肩枪（筒）立正姿势。

班用机枪架枪和40火箭筒架筒时，起立后取枪、筒。

携背囊（背包）起立时，当听到“取背囊（背包）——起立”的口令后，按照放背囊（背包）的相反顺序进行。

携便携式折叠写字椅起立时，当听到“取凳子——起立”的口令后，按照放折叠写字椅的相反顺序进行。

十、脱帽、戴帽

（一）脱帽

口令：脱帽。

要领：立姿脱帽时，双手捏帽檐或者帽前端两侧，将帽取下，取捷径置于左小臂，帽徽朝前，掌心向上，四指扶帽檐或者帽墙前端中央处，小臂略成水平，右手放下（见图 6-10）。

坐姿脱帽时，双手捏帽檐或者帽前端两侧，将帽取下，置于桌（台）面前沿左侧或者膝上（帽顶向上，帽徽朝前），也可以置于桌斗内。

戴贝雷帽脱帽不便放置时，将帽左右向内折叠，左手将左肩袢提起，右手将帽插入左肩袢下，帽顶向上，帽徽朝前。

图 6-10　徒手脱帽姿势

（二）戴帽

口令：戴帽。

要领：双手捏帽檐或者帽前端两侧，取捷径将帽迅速戴正。

携枪（筒）时，用左手脱帽、戴帽。

需夹帽时，双手捏帽檐或者帽前端两侧，取捷径将帽取下，左手握帽墙（女军人戴卷檐帽时，将四指并拢，置于下方帽檐与帽墙之间），小臂夹帽自然伸直，帽顶向左，帽徽朝前。

十一、宣誓

口令：宣誓。

宣誓完毕。

要领：听到“宣誓”的口令，身体保持立正姿势，右手握拳取捷径迅速抬起，拳心向前，稍向内合；拳眼约与右太阳穴同高，距离约10厘米；右大臂略平，与两肩略成一线；高声诵读誓词。

听到“宣誓完毕”的口令，将手放下。

十二、整理着装

整理着装，通常在立正的基础上进行。

口令：整理着装。

要领：双手（持81式自动步枪、60迫击炮时，将枪炮夹于两腿之间）从帽子开始，自上而下，将着装整理好。必要时，也可以相互整理。整理完毕，自行稍息。听到“停”的口令，恢复立正姿势。

十三、冲锋枪手、81式自动步枪手、95式自动步枪手的操枪

（一）肩枪、挂枪互换

1．肩枪换挂枪

口令：挂枪。

要领：右手移握护木（79 式冲锋枪，握导气箍），右臂前伸将枪口转向前，左手掌心向下在右肩前握背带；两手协力将背带从头上套过，落在左肩，使枪身在胸前约成 45 度（表尺中央部位位于衣扣线）；右手移握枪颈（折叠式冲锋枪，握复进机盖后端），左手放下（阅兵等时机左手可握护木），成挂枪立正姿势（见图 6-11）。

图 6-11　携冲锋枪挂枪姿式

95 式自动步枪手，右手移握上护盖前端，右臂前伸将枪口转向前，左手掌心向下在右肩前握背带；两手协力将背带从头上套过，落在左肩，使枪身的下护手销对正衣扣线，枪身在胸前约成 60 度；右手移握枪托中间部位，左手放下（阅兵等时机左手可握下护手前端），成挂枪立正姿势。自动步枪，挂枪时不上刺刀。

2．挂枪换肩枪

口令：肩枪。

要领：右手移握护木（95 式自动步枪，移握上护盖前端），左手移握背带；两手协力将背带从头上套过，落在右肩，枪口向下，枪身垂直；右手移握背带（拇指由内顶住），左手放下，成肩枪立正姿势。

（二）肩枪、背枪互换

1．肩枪换背枪

口令：背枪。

要领：左手在右肩前握背带，右手掌心向后移握准星座（95 式自动步枪，握准星座与上护盖连接部位）；两手协力将枪上提，左手将背带从头上套过，落在左肩；两手放下，成背枪立正姿势。

2．背枪换肩枪

口令：肩枪。

要领：右手掌心向后握准星座（95 式自动步枪，握准星座与上护盖连接部位）；左手在左肩前握背带；两手协力将背带从头上套过，落在右肩；右手移握背带（拇指由内顶住），左手放下，成肩枪立正姿势。

（三）挂枪、背枪互换

1．挂枪换背枪

口令：背枪。

要领：右手握准星座（95 式自动步枪，握上护盖前端），稍向上提，左手在左肩前握背带；两手协力将枪转到背后；两手放下，成背枪立正姿势。

2．背枪换挂枪

口令：挂枪。

要领：右手掌心向前移握准星座，稍向上提，左手在右肋前握背带；两手协力将枪转到胸前；右手移握枪颈（折叠式冲锋枪，握复进机盖后端），左手放下或者握护木，成挂枪立正姿势。

95 式自动步枪手，右手掌心向前移握上护盖前端，稍向上提，左手在右肋前握背带；两手协力将枪转到胸前；右手移握枪托中间部位，左手放下或者握下护手前端，成挂枪立正姿势（见图 6-12）。

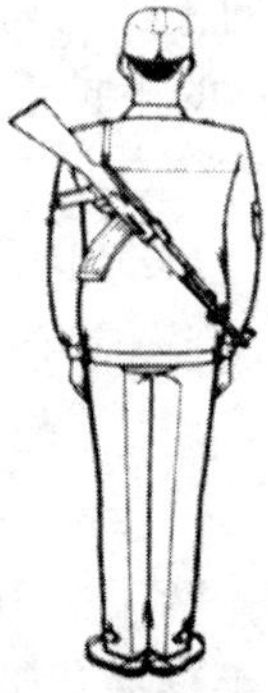

图 6-12　携冲锋枪背枪动作

（四）81 式自动步枪（打开枪托、上刺刀）的提枪、枪放下

1．提枪

口令：提枪。

要领：右手将枪提到右肩前，枪身垂直，距身体约 10 厘米，枪面

向后，手约同肩高，大臂轻贴右肋，同时左手握护木；右手移握握把，右臂伸直；将枪轻贴右侧，枪身要正，并与衣扣线平行；右大臂轻贴右肋，左手迅速放下，成提枪立正姿势。

2．枪放下

口令：枪放下。

要领：右手将枪向前稍向下推出，右臂伸直，同时左手迅速握护木，右手移握准星座附近；左手放下的同时，右手将枪放下，使托前踵轻轻着地，成持枪立正姿势。

（五）81 式自动步枪的提枪、端枪互换

1．提枪换端枪

口令：端枪。

要领：行进时，听到“端枪”的口令，继续向前 3 步，于左脚着地时，右手将枪移至右肩前，同时左手接握护木（准星同肩高）；右脚再向前 1 步的同时，右手移握枪颈；于左脚着地时，两手将枪导向前，枪面向上，左手掌心转向右，枪颈紧贴右胯，右臂与两肩约在同一平面，刺刀尖约与下颌同高，并在右肩的正前方（见图 6-13）。

图 6-13　携半自动步枪的端枪姿势

2．端枪换提枪

口令：提枪。

要领：听到“提枪”的口令，继续向前 3 步，于左脚着地时，左手收至右胸前，右手向前下方推枪；右脚再向前1步，右手移握握把；于左脚着地时，将枪收至提枪位置，左手放下。

第四节 分队队列动作

一、集合、离散

（一）集合

集合，是使单个军人、分队、部队按照规范队形聚集起来的一种队列动作。

集合时，指挥员应当先发出预告或者信号，如“全连（或者×排）注意”，然后，站在预定队形的中央前，面向预定队形成立正姿势，下达“成××队——集合”的口令。所属人员听到预告或者信号，原地面向指挥员成立正姿势；听到口令，跑步到指定位置面向指挥员集合（在指挥员后侧的人员，应当从指挥员右侧绕过），自行对正、看齐，成立正姿势。

1．班集合

口令：成班横队（二列横队）——集合。

要领：基准兵迅速到班长左前方适当位置，成立正姿势；其他士兵以基准兵为准，依次向左排列，自行看齐。

成班二列横队时，单数士兵在前，双数士兵在后。

口令：成班纵队（二路纵队）——集合。

要领：基准兵迅速到班长前方适当位置，成立正姿势；其他士兵以基准兵为准，依次向后排列，自行对正。

成班二路纵队时，单数士兵在左，双数士兵在右。

2．排集合

口令：成排横队——集合。

要领：基准班在指挥员前方适当位置，成班横队迅速站好；其他班成班横队，以基准班为准，依次向后排列，自行对正、看齐。

口令：成排纵队——集合。

要领：基准班在指挥员右前方适当位置，成班纵队迅速站好；其他班成班纵队，以基准班为准，依次向右排列，自行对正、看齐。

3．连集合

口令：成连横队——集合。

要领：队列内的连指挥员或者基准排，在指挥员左前方适当位置，成横队迅速站好；各排和连部成横队，以连指挥员或者基准排为准，依次向左排列，自行对正、看齐。

口令：成连纵队——集合。

要领：队列内的连指挥员或者基准排，在指挥员前方适当位置，成纵队迅速站好；各排和连部成纵队，以连指挥员或者基准排为准，依次向后排列，自行对正、看齐。

口令：成连并列纵队——集合。

要领：队列内的连指挥员或者基准排，在指挥员左前方适当位置，成纵队迅速站好；各排和连部成纵队，以连指挥员或者基准排为准，依次向左排列，自行对正、看齐。

4．营集合

营集合，通常规定集合的时间、地点、方向、队形、基准分队以及应当携带的武器、器材和装具等事项。

各连按照营的规定，由连长整队带往营的集合地点，随即向基准分队取齐，然后，跑步到距主持集合的指挥员5～7步处报告人数。例如："营长同志，×连应到××名，实到××名，请指示。"

营长以口令指挥集合时，参照本节"（一）集合"的有关规定实施。

5．团集合，参照营集合的规定实施。

（二）离散

离散，是使列队的单个军人、分队、部队各自离开原队列位置的一种队列动作。

1．离开

口令：各营（连、排、班）带开（带回）。

要领：队列中的各营（连、排、班）指挥员带领本队迅速离开原列队位置。

2．解散

口令：解散。

要领：队列人员迅速离开原列队位置。

二、整齐、报数

（一）整齐

整齐，是使列队人员按照规定的间隔、距离，保持行、列平齐的一种队列动作。整齐分为向右（左）看齐和向中看齐。

口令：向右（左）看——齐。

向前——看。

要领：基准兵不动，其他士兵向右（左）转头（持枪时，听到预令，迅速将枪稍提起，看齐后自行放下），眼睛看右（左）邻士兵腮部，前四名能通视基准兵，自第五名起，以能通视到本人以右（左）第三人为度。后列人员，先向前对正，后向右（左）看齐。听到“向前——看”的口令，迅速将头转正，恢复立正姿势。

口令：以×××为准，向中看——齐。

向前——看。

要领：当指挥员指定“以×××为准（或者以第×名为准）”时，基准兵答“到”，同时左手握拳高举，大臂前伸与肩略平，小臂垂直举起，拳心向右。听到“向中看——齐”的口令后，其他士兵按照向左（右）看齐的要领实施。听到“向前——看”的口令后，基准兵迅速将手放下，其他士兵迅速将头转正，恢复立正姿势。

一路纵队看齐时，可以下达“向前——对正”的口令。

（二）报数

口令：报数。

要领：横队从右至左（纵队由前向后）依次以短促洪亮的声音转头（纵队向左转头）报数，最后一名不转头。数列横队时，后列最后一名报“满伍”或者“缺×名”。连集合时，由指挥员下达“各排报数”的口令，各排长在队列内向指挥员报告人数，如“第×排到齐”或者“第×排实到××名”。

必要时，连也可以统一报数。

要领：连实施统一报数时，各排不留间隔，要补齐，成临时编组的横队队形。报数前，连指挥员先发出“看齐时，以一排长为准，全连补齐”的预告，尔后下达“向右看——齐”口令，待全连看齐后，再下达“向前——看”和“报数”的口令，报数从一排长开始，后列最后一名报“满伍”或者“缺×名”。

三、出列、入列

单个军人和分队出列、入列通常用跑步（5 步以内用齐步，1 步用正步），或者按照指挥员指定的步法执行；然后，进到指挥员右前侧适当位置或者指定位置，面向指挥员成立正姿势。

（一）单个军人出列、入列

1．出列

口令：×××（或者第×名），出列。

要领：出列军人听到呼点自己姓名或者序号后应当答“到”，听到“出列”的口令后，应当答“是”。

位于第一列（左路）的军人，按照本条上述规定，取捷径出列。

位于中列（路）的军人，向后（左）转，待后列（左路）同序号的军人向右后退 1 步（左后退 1 步）让出缺口后，按照本条的上述规定从队尾（纵队时从左侧）出列；位于“缺口”位置的军人，待出列军人出列后，即复原位。

位于最后一列（右路）的军人出列，先退1步（右跨1步），然后，按照本条有关规定从队尾出列。

2．入列

口令：入列。

要领：听到“入列”口令后，应当答“是”，然后，按照出列的相反程序入列。

（二）班（排）出列、入列

1．出列

口令：第×班（排），出列。

要领：听到“第×班（排）”的口令后，由出列班（排）的指挥员答“到”，听到“出列”的口令后，由出列班（排）的指挥员答“是”，并用口令指挥本班（排），按照本条的有关规定，以纵队形式从队尾（位于第一列的班取捷径）出列。

2．入列

口令：入列。

要领：听到“入列”的口令后，由入列班（排）指挥员答“是”，并用口令指挥本班（排），以纵队形式从队尾（位于第一列的班取捷径）入列。

四、行进、停止

横队和并列纵队行进以右翼为基准，纵队行进以左翼为基准（一路纵队行进以先头为基准）。

（一）行进

指挥员应当下达“×步——走”的口令。

听到口令，基准兵向正前方前进，其他士兵向基准翼标齐，保持规定的间隔、距离行进。纵队行进时，排、连通常成三路纵队，也可以成一、二路纵队。行进中，需要时，用“一二一”（调整步伐的口令）、“一二三四”（呼号）或者唱队列歌曲，以保持步伐的整齐和振奋士气。

（二）停止

指挥员应当下达“立——定”的口令。

听到口令，按照立定的要领实施，分队的动作要整齐一致。停止后，听到“稍息”的口令，先自行对正、看齐，再稍息。

五、队形变换

队形变换，是由一种队形变为另一种队形的队列动作。

（一）横队和纵队的互换

横队变纵队：

停止间口令：向右——转。

行进间口令：向右转——走。

纵队变横队：

停止间口令：向左——转。

行进间口令：向左转——走。

要领：停止间，按照单个军人向右（左）转的要领实施。行进间，按照单个军人向右（左）转走的要领实施。分队动作要整齐一致。队形变换后，排以上指挥员应当进到规定的列队位置。

（二）停止间班横队和班二列横队，班纵队和班二路纵队互换

1．班横队变班二列横队

口令：成班二列横队——走。

要领：变换前，先报数。听到口令，双数士兵左脚后退 1 步，右脚（不靠拢左脚）向右跨 1 步，左脚向右脚靠拢，站到单数士兵之后，自行对正、看齐。

2．班二列横队变班横队

口令：间隔 1 步，向左离开。

成班横队——走。

要领：听到“间隔 1 步，向左离开”的口令，取好间隔；听到“成班横队——走”的口令，双数士兵左脚左跨 1 步，右脚（不靠拢左脚）向前 1 步，左脚向右脚靠拢，站到单数士兵左侧，自行看齐。

3. 班纵队变班二路纵队

口令：成班二路纵队——走。

要领：变换前，先报数。听到口令，双数士兵右脚右跨 1 步，左脚（不靠拢右脚）向前 1 步，右脚向左脚靠拢，站到单数士兵右侧，自行对正、看齐。

4. 班二路纵队变班纵队

口令：距离 2 步，向后离开。

成班纵队——走。

要领：听到“距离 2 步，向后离开”的口令，取好距离；听到“成班纵队——走”的口令，双数士兵右脚后退 1 步，左脚（不靠拢右脚）站到单数士兵之后，自行对正。

（三）连纵队和连并列纵队的互换

1. 连纵队变连并列纵队

停止间口令：成连并列纵队，齐步——走。

行进间口令：成连并列纵队——走。

要领：连指挥员或者基准排踏步，其他排和连部逐次进到连指挥员或者基准排左侧踏步并取齐，然后，听口令前进或者停止。

连、排指挥员位置的变换方法：听到口令，连长左脚继续踏 1 步，右脚向右前 1 步，进到政治指导员前方仍踏步，政治指导员继续踏步，副连长向前 2 步（未编有副政治指导员时，副连长向左前 2 步），进到连长左侧，副政治指导员向左前 1 步，进到政治指导员左侧，排长、司务长进到预定列队位置，继续踏步并取齐。

2. 连并列纵队变连纵队

停止间口令：成连纵队，齐步——走。

行进间口令：成连纵队——走。

要领：连指挥员或者基准排照直前进，其他排和连部停止间和行进间均踏步，待连指挥员或者基准排离开原位后，各排按照排长、连部和炊事班按照司务长的口令依次跟进。

连、排指挥员位置的变换方法：听到口令，连长向左前1步，进到副连长前方踏步，政治指导员向前2步，进到连长右侧继续踏步，副政治指导员向右前1步，进到副连长右侧继续踏步（未编有副政治指导员时，副连长右跨半步并踏步），排长、司务长进到预定列队位置继续踏步，取齐后照直前进。

（四）营横队（营并列纵队）和营纵队互换

1．营横队（营并列纵队）变营纵队

停止间口令：成营纵队，齐步——走。

行进间口令：成营纵队——走。

要领：营指挥员或者营部照直前进，各连按照连长的口令变为连纵队，依次跟进。营并列纵队变为营纵队，营指挥员或者营部照直前进，各连按照连长的口令依次跟进。

2．营纵队变营横队（营并列纵队）

停止间口令：成营横队（营并列纵队），齐步——走。

行进间口令：成营横队（营并列纵队）——走。

要领：营指挥员或者营部踏步，各连依次进到营部左侧变为连并列纵队踏步，并向基准分队取齐，然后，听口令前进或者停止。营纵队变为营并列纵队，营指挥员或者营部踏步，各连依次进到营部左侧踏步，并向基准分队取齐，然后，听口令前进或者停止。

3．营指挥员位置的变换方法，按照本节“（三）连纵队和连并列纵队的互换”的有关规定实施。

（五）团的队形变换

参照营队形变换的规定实施。

六、方向变换

方向变换，是改变队列面对的方向的一种队列动作。

（一）横队和并列纵队方向变换

停止间，通常是左（右）转弯或者左（右）后转弯，必要时可以向后转。

停止间口令：左（右）转弯，齐（跑）步——走，或者左（右）后转弯，齐（跑）步——走。向后——转，齐（跑）步——走（当需要向后转走时，应当先下“向后——转”的口令，待方向变换后，再下“齐步——走”或者“跑步——走”的口令）。

行进间口令：左（右）转弯——走，或者左（右）后转弯——走。

要领：一列横队方向变换时，轴翼士兵踏步，并逐渐向左（右）转动；外翼第一名士兵用大步行进并同相邻士兵动作协调，逐步变换方向（愈接近轴翼者，其步幅愈小），其他士兵用眼睛的余光向外翼取齐，并保持规定的间隔和排面整齐，转到 90 度或者 180 度时踏步并取齐，听口令前进或者停止。

数列横队和并列纵队方向变换时，第一列轴翼士兵停止间用踏步、行进间用小步，外翼士兵用大步行进，保持排面整齐，边行进边变换方向，转到 90 度或者 180 度后，听口令前进或者停止；后续各列按照上述要领，保持间隔、距离，取捷径进到前一列转弯处，转向新方向跟进。

（二）纵队方向变换

停止间，通常是左（右）转弯，或者左（右）后转弯，必要时可以向后转。

停止间口令：左（右）转弯，齐（跑）步——走，或者左（右）后转弯，齐（跑）步——走。向后——转，齐（跑）步——走（按照横队和并列纵队向后转走的方法实施）。

行进间口令：左（右）转弯——走，或者左（右）后转弯——走。

要领：一路纵队方向变换，基准兵在左（右）转弯时，按照单个军人行进间转法（停止间，左转弯走时，左脚先向前1步）的要领实施，在左（右）后转弯时，用小步边行进边变换方向，转到90度或者180度后，照直前进；其他士兵逐次进到基准兵的转弯处，转向新方向跟进。

数路纵队方向变换时，按照数列横队和并列纵队方向变换的要领实施。

七、指挥员列队位置的变换

连（营、团）长出列指挥后，其列队位置，应当由副连（副营、副团）长替补。

队列内指挥员列队位置的变换方法：

横队、并列纵队时，副连长（副营长、参谋长）右跨1步（编有副政治教导员时，副政治教导员向前1步；编有副政治委员时，参谋长向前1步），副政治指导员（副团长）向前1步（未编有副政治指导员时，政治指导员左跨1步，与副连长对齐）。

纵队时，副连长（副团长）向前1步（未编有副政治指导员时，副连长左跨半步，政治指导员后退1步；编有副政治教导员时，副营长向前1步，副政治教导员左跨半步；编有副政治委员时，参谋长向前1步），副政治指导员（副营长、参谋长）左跨半步，教导员后退1步。

八、敬礼

敬礼分为举手礼、注目礼和举枪礼。

（一）敬礼、礼毕

1．敬礼

举手礼

口令：敬礼。

要领：上体正直，右手取捷径迅速抬起，五指并拢自然伸直，中指微接帽檐右角前约 2 厘米处（戴无檐帽或者不戴军帽时微接太阳穴，与眉同高），手心向下，微向外张（约 20 度），手腕不得弯曲，右大臂略平，与两肩略成一线，同时注视受礼者（见图 6-14）。

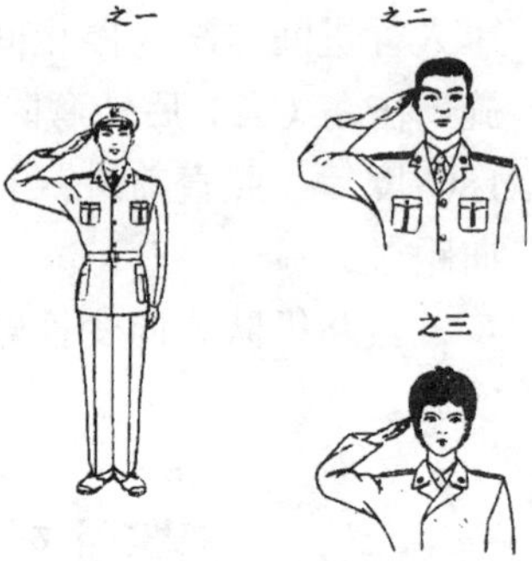

图 6-14　停止间徒手敬礼

注目礼

要领：面向受礼者成立正姿势，同时注视受礼者(转头角度不超过 45 度)。

举枪礼

举枪礼用于阅兵式或者执行仪仗任务。

口令：向右看——敬礼。

要领：右手将枪提到胸前，枪身垂直并对正衣扣线，枪面向后，离身体约 10 厘米，枪口（半自动步枪准星护圈）与眼同高，大臂轻贴右肋同时左手接握表尺上方（持半自动步枪时对准枪虎口面并与标尺上沿取齐），小臂略平，大臂轻贴左肋；同时转头向右，注视受礼者，并目迎目送（右、左转头角度不超过 45 度）（见图 6-15）。

图 6-15　半自动步枪举枪礼

图 6-16　行进间敬礼

2．礼毕

口令：礼毕。

要领：行举手礼者，将手放下；行注目礼者，将头转正；行举枪礼者，将头转正，右手将枪放下，使托前踵（半自动步枪托底钣）轻轻着地，同时左手放下，成持枪立正姿势。

（二）单个军人敬礼

要领：单个军人在距受礼者 5～7 步处，行举手礼或者注目礼。徒手或者背枪时，停止间，应当面向受礼者立正，行举手礼，待受礼者还礼后礼毕；行进间（跑步时换齐步），转头向受礼者行举手礼（手不随头转动），并继续行进左臂仍自然摆动，待受礼者还礼后礼毕。携带武器（除背枪）等不便行举手礼时不论停止间或者行进间注目礼，待受礼者还礼后礼毕（见图 6-16）。

（三）分队、部队敬礼

1．停止间敬礼

要领：当首长进到距本分（部）队适当距离时，指挥员下达“立正”的口令，跑步到首长前 5～7 步处敬礼。待首长还礼后礼毕，再向首长报告。例如：“团长同志，步兵第×连止在进行队列训练，全连应到×××名，实到×××名，请指示，连长×××。”报告完毕，待首长指示后，答“是”，再敬礼。待首长还礼后礼毕，尔后跑步回到原来位置，下达“稍息”或者继续操练的口令。

2．行进间敬礼

要领：由带队指挥员按照单个军人行进间敬礼的规定实施，队列人员按照原步法行进。

第五节 国旗的掌持、升降和军旗的掌持、授予与迎送

一、国旗的掌持、升降

（一）国旗的掌持

国旗由一名掌旗员掌持，两名护旗兵护旗，护旗兵位于掌旗员两侧。掌旗员和护旗兵应当具备良好的军政素质和魁梧匀称的体形。

掌持国旗的姿势为扛旗。

扛旗要领：右手将旗扛于右肩，旗杆套稍高于肩，右臂伸直，右手掌心向下握旗杆，左手放下。听到“齐步——走”的口令，开始行进。

（二）国旗的升降

要领：升旗时，掌旗员将旗交给护旗兵，由两名护旗兵协力将国旗套（挂）在旗杆绳上并系紧，掌旗员将国旗抛展开的同时，由护旗兵协力将旗升至旗杆顶。

降旗时，由护旗兵解开旗杆绳并将旗降下，掌旗员接扛于肩。

下半旗时，先将国旗升至旗杆顶，然后徐徐降至旗顶与旗杆顶之间的距离为旗杆全长的三分之一处；降旗时，先将国旗升至旗杆顶，然后再降下。

升、降国旗时，掌旗员应当面向国旗行举手礼。

二、军旗的掌持

军旗由部队首长指派一名掌旗员掌持，两名护旗兵护旗。护旗兵携自动步枪（冲锋枪）成挂枪姿势，位于掌旗员两侧。

掌旗员通常由连、排级军官或者士官充任，护旗兵由士兵充任。掌旗员和护旗兵应当具备良好的军政素质和魁梧匀称的体形。

（一）掌旗姿势

掌持军旗的姿势分为持旗、扛旗和端旗。

持旗要领：立正时，右臂自然下垂，右手持旗杆，使旗杆垂直立于右脚外侧。稍息时，持旗姿势不变。

扛旗要领：听到“齐步——走”的预令后，左手握旗杆套下方约10厘米处，两手协力将旗上提，扛于右肩，旗杆套稍高于肩，右臂伸直，右手掌心向下握旗杆，左手放下。听到动令，开始行进。

端旗要领：右手握旗杆套下约10厘米处，右臂向前伸直，右手约与肩同高，左手握旗杆下部，左小臂斜贴于腹部。

（二）扛旗、端旗互换

1．扛旗换端旗

口令：正步——走。

要领：听到“正步——走”的口令后，在左脚落地时，左手在右手腕处握旗杆；在右脚落地时，右手移握距旗杆套约10厘米处；再出左脚的同时，右臂向前伸直，左手向后压，两手协力转换成端旗姿势，继续行进。

2．端旗换扛旗

口令：齐步——走。

要领：听到“齐步——走”的口令后，在左脚落地的同时，收右臂，左手前推，将旗扛于右肩；在右脚落地时，右手移握旗杆下部，右臂伸直；再出左脚的同时，左手放下，换齐步行进。

3．掌旗员、护旗兵其他动作要领

掌旗员、护旗兵行进中变换方向时，以掌旗员为轴。迎送军旗时，其行进、转弯、步法变换和停止的口令由掌旗员下达。

三、军旗的授予

团以上部队和院校被授予军旗时，应当组织部队列队举行授旗仪式，由上级首长授旗。

要领：授旗前，应当将旗套在旗杆上，由一名掌旗员持旗，护旗兵位于掌旗员两侧，成横队立于授旗台左侧适当位置，面向部队。当听到授旗仪式主持人宣布“授旗”时，掌旗员、护旗兵右转弯面向授旗首长持旗正步向前，将旗交给授旗首长；然后掌旗员、护旗兵按照相反方向正步撤至预定位置。被授旗单位首长带领掌旗员、护旗兵正步走到授旗首长面前（掌旗员位于首长后面，护旗兵在掌旗员两侧成横队），被授旗单位首长向授旗首长行举手礼。

当授旗首长将旗授予被授旗单位首长时，被授旗单位首长双手接旗，然后面向部队；此时，授旗仪式主持人下达“向军旗敬礼”的口令，在场全体军人向军旗敬礼。当下达“礼毕”口令后，被授旗单位首长将军旗交给掌旗员，掌旗员持旗与护旗兵正步行至授旗台右侧适当位置，然后面向部队，成持旗立正姿势。

四、迎军旗

将展开的军旗持入队列时，部队应当整队举行迎军旗仪式。摩托化步兵团迎军旗时，通常成营横队的团横队。特殊情况下，可以由机关和指定的分队参加，按照部队首长临时规定队形列队。

摩托化步兵团迎军旗时，主持迎军旗的指挥员下达“立正”、“迎军旗”的口令，听到口令后，掌旗员（扛旗）、护旗兵齐步行进，当由正前或者左前方向本团右翼进至距队列40～50步时，主持迎军旗的指挥员下达“向军旗——敬礼——”的口令，听到口令后，位于指挥位置和阅兵台的军官行举手礼，其余人员行注目礼；掌旗员（由扛旗换端旗）、护旗兵换正步，取捷径向本团右翼排头行进，当超过团机关队形时，主持迎军旗的指挥员下达“礼毕”口令，部队礼毕；掌旗员（由端旗换扛旗）、护旗兵换齐步，军旗进至团指挥员右侧 3 步处时，左后转弯立定，成立正姿势。

五、送军旗

将军旗持出队列时，部队应当整队举行送军旗仪式。摩托化步兵团送军旗时，参加人员和队形与迎军旗同。

摩托化步兵团送军旗时，主持送军旗的指挥员下达“立正”、“送军旗”的口令。听到口令后，掌旗员（成扛旗姿势）、护旗兵按照迎军旗路线相反方向齐步行进。军旗出列后行至团机关队形右侧前时，主持送军旗的指挥员下达“向军旗——敬礼——”的口令。听到口令后，掌旗员（由扛旗换端旗）、护旗兵换正步，全团按照迎军旗的规定敬礼。当军旗离开距队列正面 40～50 步时，主持送军旗的指挥员下达“礼毕”的口令，部队礼毕；掌旗员（由端旗换扛旗）、护旗兵换齐步，返回原出发位置。

其他部队和院校迎送军旗，参照摩托化步兵团迎送军旗的规定组织实施。

第六节　阅　兵

阅兵，是对国家武装力量进行检阅的仪式。通常在国家规定的重大节日、军队出征、凯旋、授旗、大型军事演习、部队开训动员等时机举行。目的是为了展现部队军事训练成就、科研装备水平和精神风貌，振军威、鼓士气。

一、阅兵权限

阅兵，由党和国家领导人，中央军事委员会主席、副主席、委员及团以上部队军政主官或者被上述人员授权的其他领导和首长实施。通常由 1 人检阅。

二、阅兵形式

阅兵，分为阅兵式和分列式。通常进行两项，根据需要，也可以只进行一项。

三、阅兵程序

阅兵，分为上级首长检阅和本级首长检阅。当上级首长检阅时，由本级军事首长任阅兵指挥；当本级军政主要首长检阅时（由 1 人检阅，另 1 名位于阅兵台或者队列中央前方适当位置面向部队），由副部队长或者参谋长任阅兵指挥。

摩托化步兵团阅兵的程序是：

（一）迎军旗

迎军旗，在阅兵式开始前进行。

（二）阅兵式

团阅兵式的队形，通常为营横队的团横队，或者由团首长临时规定。列队时，各枪手、炮手分别持枪（95 式自动步枪手、冲锋枪手挂枪）、持炮，40 火箭筒手肩筒。必要时，可以架枪、架炮。

阅兵程序：

1．阅兵首长接受阅兵指挥报告

当阅兵首长行至本团队列右翼适当距离时或者在阅兵台就位后

（当上级首长检阅时，通常由团政治委员陪同入场并陪阅），阅兵指挥在队列中央前下达“立正”的口令，随后跑到距阅兵首长5～7步处敬礼，待阅兵首长还礼后礼毕并报告。例如：“师长同志，摩托化步兵第×团列队完毕，请您检阅。”报告后，左跨1步，向右转，让首长先走，尔后在其右后侧（当上级首长检阅时，团政治委员在团长右侧）跟随陪阅。

2．阅兵首长向军旗敬礼

阅兵首长行至距军旗适当位置时，应当立正向军旗行举手礼（陪阅人员面向军旗，行注目礼）。

3．阅兵首长检阅部队

当阅兵首长行至团机关、各营部、各连及后勤分队、装备分队队列右前方时，团机关由副团长或者参谋长、各营部由营长、各连由连长、后勤分队和装备分队由团指定的指挥员下达“敬礼”的口令。听到口令后，位于指挥位置的军官行举手礼，其余人员行注目礼，目迎目送首长（左、右转头不超过45度）；阅兵首长应当还礼，陪阅人员行注目礼。当首长问候：“同志们好！”或者“同志们辛苦了！”队列人员应当齐声洪亮地回答：“首——长——好！”或者“为——人民——服务！”当首长通过后，指挥员下达“礼毕”的口令，队列人员礼毕。

4．阅兵首长上阅兵台

阅兵首长检阅完毕后上阅兵台，阅兵指挥跑步到队列中央前，下达“稍息”口令，队列人员稍息。当上级首长检阅时，团政治委员陪同首长上阅兵台，然后跑步到自己的列队位置。

（三）分列式

团分列式队形由团阅兵式队形调整变换，或者由团首长临时规定。

团分列式，应当设4个标兵。一、二标兵之间和三、四标兵之间的间隔各为15米，二、三标兵之间的间隔为40米。标兵应当携带自动步枪，并在枪上插标兵旗。

班用机枪手、狙击步枪手托枪，81式自动步枪手提枪，95式自动步枪手、冲锋枪手挂枪，40火箭筒手托筒，重机枪手、高射机枪手扛枪，迫击炮手、无坐力炮手扛炮（通常成结合状态）。

分列式程序：

1．标兵就位

分列式开始前，阅兵指挥在队列中央前，下达“立正”、“标兵，就位”的口令。标兵听到口令，成一路纵队持（托）枪跑步到规定的位置，面向部队成立正姿势。

2．调整部（分）队为分列式队形

标兵就位后，阅兵指挥下达“分列式，开始”的口令，尔后，跑步到自己的列队位置。听到口令后，各分队按照规定的方法携带武器（掌旗员扛旗），团、营指挥员分别进到团机关和营部的队列中央前，各分队指挥员进到本分队队列中央前，下达“右转弯，齐步——走”的口令，指挥分队变换成分列式队形。

3．开始行进

变换成规定的分列式队形后，团机关由副团长或者参谋长下达“齐步——走”的口令。听到口令后，团指挥员、团机关人员齐步前进，其余分队依次待前一分队离开约 15 米时，分别由营长、连长及后勤分队、装备分队指挥员下达“齐步——走”的口令，指挥本分队人员前进。

4．接受首长检阅

各分队行至第一标兵处，将队列调整好。进到第二标兵处，掌旗员下达“正步——走”的口令，并和护旗兵同时由齐步换正步，扛旗换端旗（掌旗员和护旗兵不转头）。此时，阅兵首长和陪阅人员应当向军旗行举手礼。副团长或者参谋长和各分队指挥员分别下达“向右——看”的口令，队列人员听到口令后（可以呼喊“一、二”），按照规定换正步（81 式自动步枪手换端枪）行进，并在左脚着地的同时向右转头（位于指挥位置的军官行举手礼，并向右转头，各列右翼第一名不转头）不超过 45 度注视阅兵首长，此时，阅兵台首长应当行举手礼。

进到第三标兵处，掌旗员下达“齐步——走”的口令，并与护旗兵由正步换齐步，同时换扛旗；其他分队由上述指挥员分别下达“向前——看”的口令，队列人员听到口令后，在左脚着地时礼毕（将头转正），同时换齐步（81 式自动步枪手换提枪）行进。

当上级首长检阅时，团长和团政治委员通过第三标兵后，到阅兵首长右侧陪阅。各分队通过第四标兵，换跑步到指定的位置。待最后一个分队通过第四标兵，阅兵指挥下达“标兵，撤回”的口令，标兵按照相反顺序跑步撤至预定位置。

（四）阅兵首长讲话

分列式结束后，阅兵指挥调整好队形，请阅兵首长讲话。讲话完毕，阅兵指挥下达“立正”口令，向阅兵首长报告阅兵结束。当上级首长检阅时，由团政治委员陪同阅兵首长离场。

（五）送军旗

送军旗，在阅兵首长讲话后或者分列式结束后进行。

复习题

1．什么是共同条令？

2．内务条令的基本精神有哪些？

3．纪律条令的基本内容是什么？

4．单个军人动作有哪些？

第七章　轻武器射击

【教学目标】

了解轻武器的战斗性能和基本射击理论，掌握半自动步枪射击的动作要领，完成第一练习实弹射击。

轻武器是指枪械及其他各种由单兵或班组携行战斗的武器，又称“轻兵器”。主要装备对象是步兵，也广泛装备于其他军种和兵种。其主要作战用途是杀伤有生力量，毁伤轻型装甲车辆，破坏其他武器装备和军事设施。

轻武器主要包括枪械和手榴弹、枪榴弹、榴弹发射器、火箭发射器和无坐力发射器，此外还有轻型燃烧武器和单兵导弹等。轻武器的主体是枪械。

轻武器重量轻、体积小、便于携带、使用方便，特别适用于近战，是军队中装备数量最多的武器。

第一节　轻武器常识

自动步枪、冲锋枪、班用机枪是步兵分队在近战中歼敌的主要武器，手枪是近距离歼敌的自卫武器。它们构成了轻武器的主要系列。

一、战斗性能和主要诸元

（一）战斗性能

半自动步枪和全自动步枪均称自动步枪，其主要区别在于：前者是射手每扣动一次扳机只能射出一发子弹，后者只要射手扣住扳机不放，就可连续射击。56 式半自动枪已在部队陆续淘汰，现部队装备的一般为 81-1 式全自动步枪。81-1 式全自动步枪与 81 式轻机枪组成班用枪族，活动机件和弹匣、弹盒可以互换，并能发射枪榴弹，使射手具有全面杀伤和反装甲的能力，是近战中消灭敌人有生力量的自动武器。冲锋枪逐渐被自动步枪所替代。这些武器在 400 米（机枪 500 米、手枪 50 米）内对单个目标射击效果最好，集中火力可以射击 500 米内敌人的飞机、伞兵和杀伤 800 米内的集团目标，弹头飞行到 1500 米（手枪 500 米）仍有杀伤力。

射击方法：半自动步枪实施单发射；自动步枪和冲锋枪、班用机枪主要实施短点射（2~5 发），还可实施长点射（6~10 发），必要时，自动步枪和冲锋枪可实施单发射，班用机枪可实施连续发射。

战斗射速每分钟：半自动步枪 35～40 发；自动步枪和冲锋枪单发射 40 发，点射 90～110 发；班用轻机枪点射 150 发，连续发射 300 发子弹后，应冷却枪管；54 式手枪战斗射速 30 发。

使用普通弹，在 100 米距离上能射穿 6 毫米厚的钢板、15 厘米厚的砖墙、30 厘米厚的土层和 40 厘米厚的木板。

（二）主要诸元（见表 7-1）

表 7-1　轻武器主要系列诸元表

数量＼枪种 区分	自动步枪	半自动步枪	冲锋枪	班用轻机枪（56-1）	五四式手枪
口径（mm）	7.62	7.62	7.62	7.62	7.62
枪全重（kg）	3.5	3.85	3.81	7.4	0.85
装满子弹的弹夹（匣、盒）重（kg）	0.92	0.18	0.92	2.44	0.16
枪全长（m）	0.955 1.105 （装刺）	（剑）1.26 （棱）1.32 （折回枪刺 1.02）	1.1 （折回枪刺 0.878）	1.037	0.195
理论射速（发/min）	680～750		600	650	
表尺距离（m）	1000	1000	800	1000	
弹头最大飞行距离（m）	约	约 2000	约 2000	约 2000	约 1630
普通弹重（g）	16.4	16.4	16.4	16.4	10
普通弹头重（g）	7.9	7.9	7.9	7.9	5.5
普通弹初速（m/s）	710	735	710	735	420
瞄准基线长（mm）	315	480	378	596.5	156

二、自动步枪各部件的名称、用途、自动原理及分解结合

（一）主要机件名称和用途

自动步枪由刺刀（匕首）、枪管、瞄准具、活塞及调节塞、机匣、枪机、复进机、击发机、弹匣和枪托十大部分组成（见图 7-1），另有一套附件。

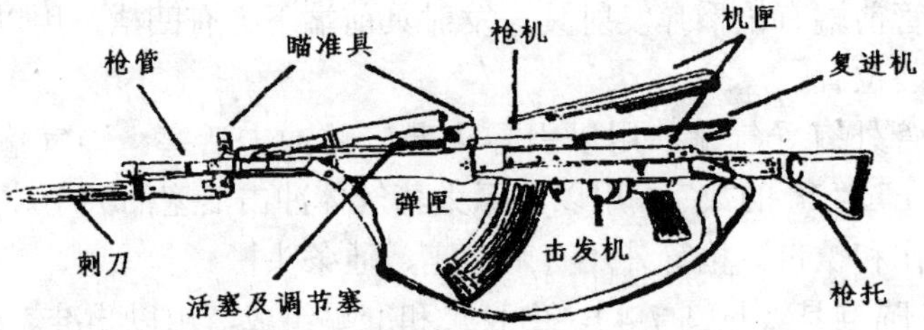

图 7-1　自动步枪的十大部机件

1．刺刀（见图 7-2）。用以刺杀敌人。刺刀上有刺刀柄、连接环、限制凸笋及卡笋，平时作匕首用，并装入刀鞘挂在腰带上，战时结合在枪上。

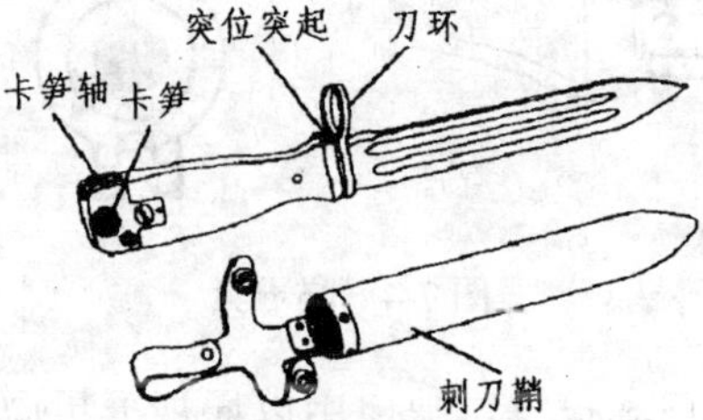

图 7-2　刺刀

2．枪管（见图 7-3）。用以赋予弹头及枪榴弹的飞行方向。枪管内是枪膛，枪膛分为弹膛和线膛。弹膛用以容纳子弹，线膛能使弹头在前进时旋转运动，以保持飞行的稳定性。线膛有四条右旋膛线（阴膛线），两条膛线间的凸起部分叫阳膛线，两条相对的阳膛线间的距离是枪的口径。

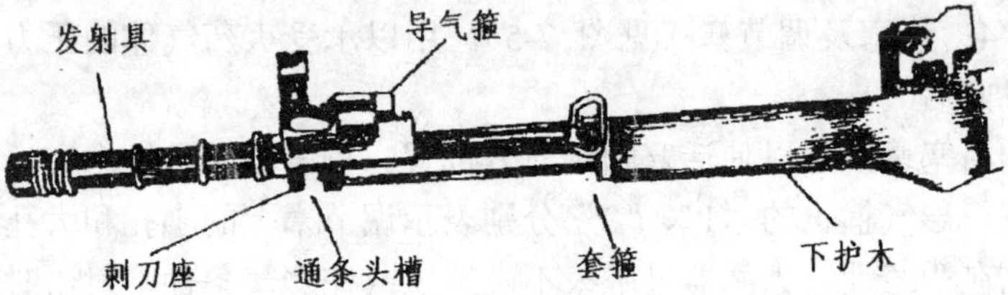

图 7-3　枪管

枪管前端有枪榴弹发射具。发射具前端下方有凹槽，用以控制刺刀的安装位置。

枪管外有导气箍，用以引导火药气体冲击活塞。导气箍上刻有“0”、“1”、“2”的数字，用以表示火药气体冲击活塞的大小。下护木，便于操作和携带。枪管外还有刺刀座、通条头槽。

3．瞄准具（见图 7-4）。由表尺和准星组成，用以瞄准。

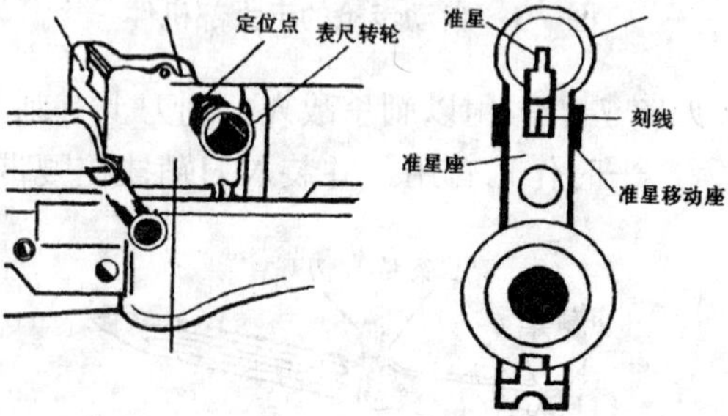

图 7-4 瞄准具

表尺板上有缺口和护铁。缺口用以通视准星向目标瞄准，护铁用以保护缺口。表尺转轮，用以装定所需的表尺分划和固定活塞护盖，转轮上刻有 0～5 的分划，“0”分划用以分解结合护盖用，“1～5”的分划，每一分划相应 100 米。表尺座侧面圆点为表尺定位点，用以指示所装定的分划。

准星可拧高、拧低，准星移动座可左右移动，准星移动座和准星座上各刻有一条刻线，用以检查准星位置是否正确。准星座上还有护圈。

4．活塞及调节塞（见图 7-5）。用以承受火药气体的压力，推压枪机向后。

活塞簧，用以使活塞回到前方位置。护盖上有上护木和活塞定位凸笋。导气箍上的“1”、“2”分别表示调节塞上的小孔和大孔，通常装定在“1”上，当武器过脏来不及擦拭或在严寒条件下射击时装定在“2”上。变换调节塞位置可用弹壳底部卡入“弹底槽。

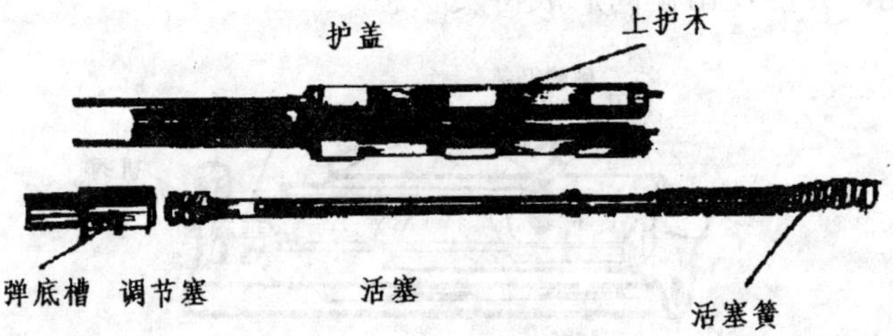

图 7-5　活塞及调节塞

当发射枪榴弹时，必须将调节塞转动到“0”的位置，以防损坏活动机件。

5．机匣（见图 7-6）。用以容纳枪机、复进机、固定击发机和弹匣。

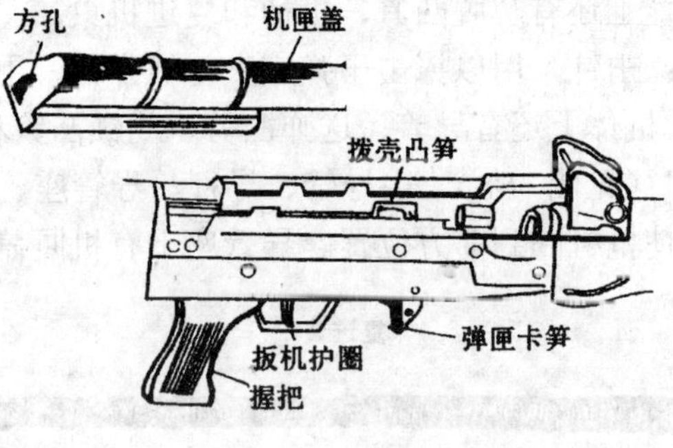

图 7-6　机匣

机匣外有机匣盖，用以保护机匣内部免沾污垢，机匣外还有握把、扳机护圈和弹匣卡笋。

机匣内有闭锁卡槽，能保证枪机闭锁枪膛。枪机阻铁，当弹匣内无子弹时，能使枪机停在后方位置。凹槽用以容纳复进机导管座。拨壳凸笋用以拨出弹壳（子弹）。机匣下方还有弹匣结合口，用以结合弹匣。

6．枪机（见图 7-7）。由机栓和机体组成。用以送弹、闭锁、击发和退壳，并能使击锤向后成待发状态。

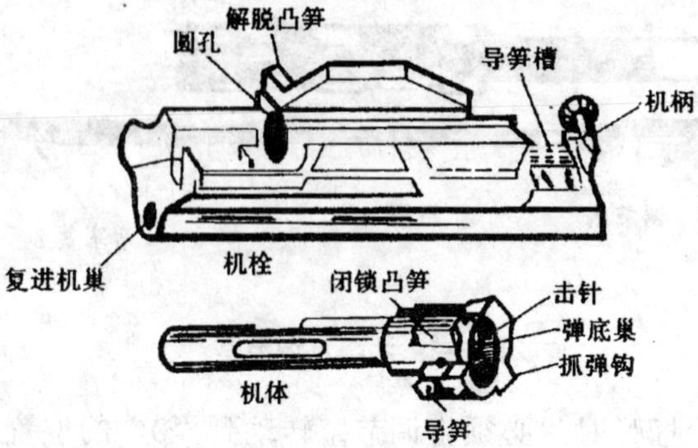

图 7-7 枪机

机栓上有圆孔和导笋槽，用以容纳机体，并引导机体旋转形成闭锁和开锁。机栓上还有解脱凸笋、机柄和复进机巢。

机体上有：击针，用以撞击子弹底火；抓弹钩，用以从膛内抓出弹壳（子弹）。机体上还有导笋、送弹凸笋、闭锁凸笋和弹底巢。

7．复进机（见图 7-8）。由导管、导杆、导管座、复进簧和支撑环组成。用以使枪机回到前方位置。导管座上有机匣盖卡笋。

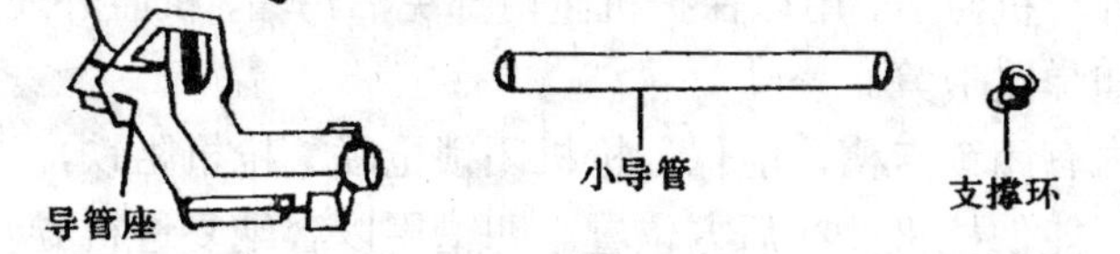

图 7-8 复进机

8．击发机（见图 7-9）。用以与枪机相互作用形成待发和击发。

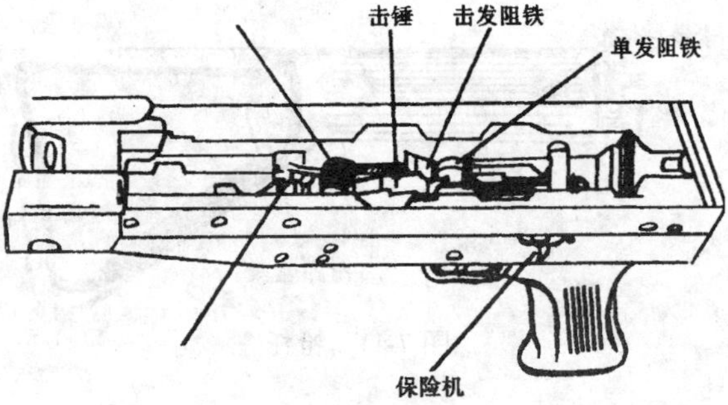

图 7-9　击发机

击发机上有：击发控制机，能在枪机闭锁枪膛前防止击发；保险机用以保险和控制单发射、连发射（“1”、“2”、“0”分别为单发射、连发射、保险）。击发机上还有击发阻铁、单发阻铁、击锤和扳机。

9．弹匣（见图 7-10）。用以容纳和托送子弹。可装 30 发子弹。

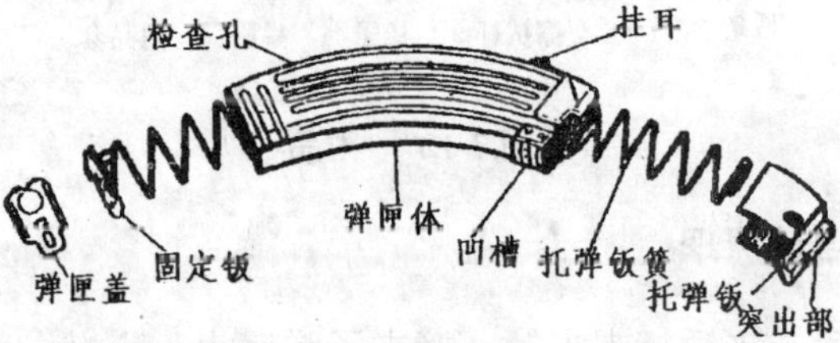

图 7-10　弹匣

弹匣由弹匣体、托弹钣、托弹钣簧、固定钣、弹匣盖组成。弹匣体上有：凹槽和挂耳，用以将弹匣固定在枪上；检查孔，当看到子弹时，则已装满子弹。

10．枪托（见图 7-11）。便于操作。

枪托上有枪颈、托底钣、附品盒巢和枪托卡笋组成，平时打开状态，必要时可折叠。

附品（见图 7-12）。用以分解结合、擦拭上油、携带和排除故障。附品包括擦拭杆、鬃刷、铳子、附品盒、通条、油壶、背带和弹匣袋。

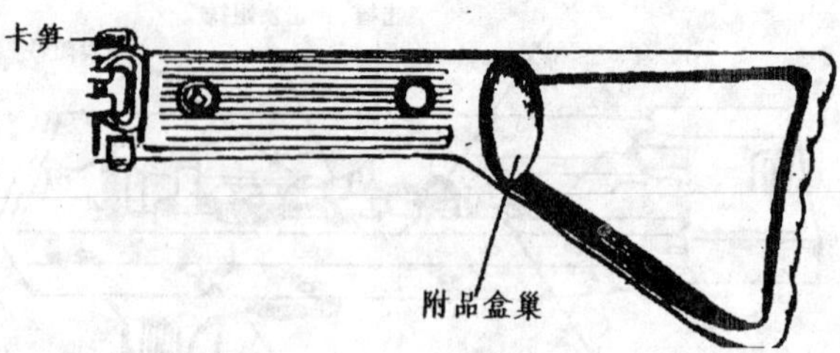

图 7-11　枪托

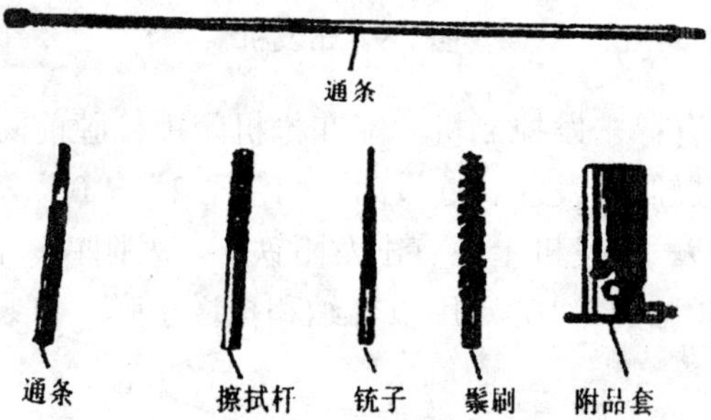

图 7-12　附品

（二）自动原理

扣扳机后，击锤打击击针，撞击子弹底火，点燃发射药，产生火药气体，推送弹头沿膛线向前运动；弹头一经过导气孔，部分火药气体通过导气孔，涌入导气箍，冲击活塞，推动枪机向后，压缩复进簧，完成开锁、抛壳，并使击锤向后成待发状态；枪机退到最后方时，由于复进簧的伸张，使枪机向前运动，推送下一发子弹入膛、闭锁。此时，如保险机定在连发位置，扳机未松开，击发阻铁不能卡住击锤，击锤再次打击击针，形成连发；如保险机定在单发位置，击锤被单发阻铁卡住不能向前，若再次发射，必须松开扳机，再扣扳机。

（三）分解结合

1．分解结合的目的和要求

分解结合是为了擦拭、上油、检查和排除故障。

（1）分解前必须验枪。

（2）分解结合应按顺序和要领进行，不要强敲硬卸。

（3）分解下来的机件应按次序放在干净的物体上。

（4）除所讲的分解内容外，未经许可，不准分解其他机件。

（5）结合后，应拉送枪机数次，检查机件结合是否正确。

2．分解的要领

（1）卸下弹匣。左手握护木，枪面稍向左，右手握弹匣，拇指按压弹匣卡笋（也可右手掌心向上握弹匣，以手掌肉厚部分推压弹匣卡笋），前推取下。

（2）拔出通条和取出附品盒。左手握护木，右手向外向上拔出通条。然后，用中、食指顶压附品盒底部，使卡笋脱离圆孔，取出附品盒，并从附品盒内取出附品。

（3）卸下机匣盖。左手握枪颈，以拇指按压机匣盖卡笋，右手将机匣盖上提取下。

（4）抽出复进机。左手握枪颈，右手向前推导管座，使其脱离凹槽，向后抽出复进机。

（5）取出枪机。左手握枪颈，右手拉枪机向后到定位，向上向后取出，左手转压机体向后，使导笋脱离导笋槽，再向前取出机体。

（6）卸下护盖。右手握上护木，左手将表尺转轮定到“1”上，再向左拉转轮装定在“0”上，然后，左手握护木，右手向上向后卸下护盖。

（7）卸下活塞及调节塞。左手握护木，右手将活塞向右（左）转动到定位，压缩活塞杆簧，使调节塞前端脱离导气箍，向前卸下活塞及调节塞，并将活塞及调节塞分开。

3．结合的要领

结合时，按分解的相反顺序进行。

（1）装上活塞及调节塞。将调节塞套在活塞上，左于握下护木，右手将活塞杆插入表尺座的圆孔内，压缩活塞簧，使调节塞前端进入导气箍，并向左转动调节塞，使解脱凸笋进入凹槽。

（2）装上护盖。左手握下护木，右手将护盖前端两侧卡在导气箍上，按压护盖后部到定位。左手将表尺转轮装定到“1”上。

（3）装上枪机。右手握机栓，使导笋槽向上。左手将机体结合在机栓上，使导笋进入导笋槽并转到定位。左手握枪颈，右手将枪机从机匣后部装人机匣，前推到定位。

（4）装上复进机。左手握枪颈，右手将复进机插入复进机巢内，向前推压，使导管座进入凹槽内。

（5）装上机厘盖。左手握枪颈，右手将机匣盖前端对正半圆槽，使后部的方孔对正机匣盖卡笋，向前下方推压机匣盖，使卡笋进入方孔内。

（6）装上附品盒和通条。将附品装入附品盒内，左手握护木，右手将附品盒装入附品盒巢内，用中、食指顶压附品盒底部，并使附品盒卡笋进入圆孔。然后，将通条插入孔内，并使通条头进入通条头槽。

此时，拉送枪机数次检查机件结合是否正确，扣扳机，关保险。

（7）装上弹匣。左手握护木，枪面稍向左，右手握弹匣，将弹匣口前端插入结合口内，扳弹匣向后，听到响声为止。

三、半自动步枪各部件的名称、用途、半自动原理及分解结合

56 式半自动步枪在部队已经淘汰，主要用于民兵和学生军事训练，所以，本教材讲武器射击时以 56 式半自动步枪为重点。

（一）主要机件名称和用途

半自动步枪由枪刺（刺刀）、枪管、瞄准具、活塞及推杆、机匣、枪机、复进机、击发机、弹仓、木托十大部件组成（见图 7-13）。另有一套附品。

1．枪刺（刺刀）。用以刺杀敌人。

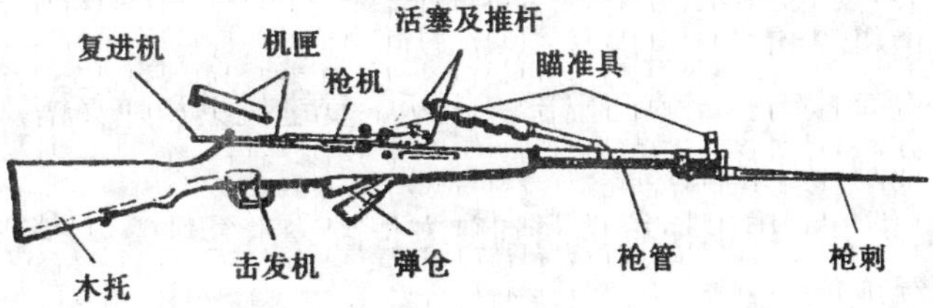

图 7-13　半自动步枪的十大部机件

2．枪管。用以赋予弹头的飞行方向。

枪管内是枪膛，枪膛分为弹膛和线膛。弹膛用以容纳子弹，线膛能使弹头在前进时旋转运动，以保持飞行的稳定性，线膛有四条右旋膛线（阴膛线），两条膛线间的凸起部分叫阳膛线，两条相对的阳膛线间的距离是枪的口径。

枪管外有导气箍，用以引导火药气体冲击活塞。还有枪刺座、通条头槽。

3．瞄准具。用以瞄准。由表尺和准星组成。

表尺板上有缺口和游标，并刻有 1～10 条分划，每一分划相应 100 米。缺口，用以通视准星向目标瞄准。游标，用以装定需要的表尺分划；游标卡笋，用以固定游标在所需位置上。表尺座上有固定栓以及固定栓扳手，用以固定活塞筒和推杆。

准星可拧高、拧低，准星移动座可左右移动。准星移动座和准星座上各有一条刻线，用以检查准星位置是否正确。准星座上还有准星护圈。

4．活塞及推杆。活塞装在活塞筒内，用以传导火药气体压力，推压推杆向后。活塞筒上有上护木。推杆和推杆簧装在表尺座内，推杆能将活塞的推力传送到机栓上。推杆簧能使推杆和活塞回到前方位置。

5．机匣。用以容纳枪机和复进机，固定击发机和弹仓。

机匣外有机匣盖和连接销。机匣内有枪机阻铁、闭锁卡槽和拨壳凸笋。

6．枪机。用以送弹、闭锁、击发和退壳，并能使击锤向后成待发状态。由机栓和机体组成。

机栓上有挂钩、闭锁凸出部、机柄、复进机巢和弹夹槽，机体上有击针、抓弹钩和挂钩。

7．复进机。用以使枪机回到前方位置。由复进簧、导管、导杆和支撑环组成。

8．击发机。用以与枪机相互作用形成待发和击发。

击发机上有击发控制杆，能在枪机闭锁枪膛前防止击锤松回。保险机，可限制扳机向后，保险机扳到前方为保险。还有击锤、击锤簧、击发阻铁、弹仓盖卡笋和扳机等。

9．弹仓。用以容纳和托送子弹。可装10发子弹。

10．木托。便于操作。有下护木、枪颈、枪托、托底钣和附品筒巢。

附品。用以分解结合、擦拭上油、携带及排除故障。包括擦拭杆、鬃刷、铳子、附品筒、通条、油壶、背带以及子弹袋。

（二）半自动原理

扣扳机后，击锤打击击针，撞击子弹底火，点燃发射药，产生火药气体，推送弹头沿膛线向前运动；弹头经过导气孔，部分火药气体通过导气孔，涌入导气箍，冲击活塞，推动推杆，使枪机向后，压缩复进簧，完成开锁、抛壳，并使击锤成待发状态；枪机退到后方时，由于复进簧的伸张，使枪机向前运动，推送下一发子弹人膛，闭锁；此时，由于击锤已被击发阻铁卡住，不能向前打击击针，若再次发射，必须松开扳机，再扣扳机。

（三）分解结合

1．分解结合的目的和要求

分解结合是为了擦拭、上油、检查和排除故障。分解前必须验枪。分解结合应按顺序和要领进行，不能强敲硬卸。分解下来的机件应按顺序放在干净的物体上。除所讲的分解内容外，未经许可，不准分解其他机件。结合后，应拉送枪机数次，检查机件结合是否正确。

2．分解结合的要领

（1）分解

①拔出通条和取出附品筒。左手握上护木，右手向下向外拉开枪刺约成45度，拔出通条，折回枪刺。然后，用食指顶开附品筒巢盖，取出附品筒，并从附品筒内取出附品。

②卸下机匣盖。左手握枪颈，拇指抵住机匣盖后端，右手扳连接销扳手向上成垂直状态，再向右拉到定位，向后卸下机匣盖。

③抽出复进机。右手向后抽出复进机。

④取下枪机。左手握下护木，使枪面稍向右，右手拉枪机向后取出；然后，将机栓和机体分开。

⑤卸下活塞筒。左手握下护木，右手扳固定栓扳手向上，使固定栓平面垂直，向上卸下活塞筒（将固定栓扳手扳回或保持不动，以防推杆弹出），然后，从筒内取出活塞。

（2）结合

结合时，按分解的相反顺序进行。

①装上活塞筒。将活塞插入活塞筒内，左手托握下护木，右手将活塞筒前端套在导气箍上，使活塞筒后部对正固定栓垂直面按下，再将固定栓扳手向下扳到定位。

②装上枪机。左手握下护木，使枪面稍向右，右手将机栓和机体结合好，从机匣后部放进机匣内，左手拇指向下按压托弹板，右手前推枪机到定位。

③装上复进机。右手将复进机（弯曲部向前）插入机栓上的复进机巢内。

④装上机匣盖。左手握枪颈，右手将机匣盖放在机匣上，左手拇指将其向前推到尽头，右手将连接销推入后向前扳到定位。

⑤装上附品筒和通条。将附品装入附品筒并盖好，左手握下护木，右手将附品筒（筒盖向外）装入附品筒巢内，然后，拉开枪刺，插入通条并使其头部进入通条槽内。折回枪刺。

结合后，打开弹仓盖，拉送枪机数次，检查机件结合是否正确。关上弹仓盖，打开保险，扣扳机，关保险。

四、子弹

子弹由弹头、弹壳、底火和发射药组成。弹头，用以杀伤敌人的有生力量；弹壳，用以容纳发射药，安装弹头和底火；底火，用以点燃发射药；发射药，用以产生火药气体，推送弹头前进。

子弹分为普通弹、曳光弹、燃烧弹和穿甲燃烧弹。普通弹，用以杀伤敌人有生力量；曳光弹，主要用以试射、指示目标和发信号，弹头头部为绿色；燃烧弹，主要用以引燃易燃物体，弹头头部为红色；穿甲燃烧弹，主要用以射击飞机和轻装甲目标（在 200 米距离上穿甲厚度为 7 毫米），并能在穿透装甲后引燃汽油，弹头头部为黑色并有一道红圈。

另外，还有空包弹、教练弹。空包弹用以演习，没有弹头，弹壳口收口压花并密封；教练弹用以练习装弹、退弹、击发等动作，外形和重量与普通弹相似，弹壳上有三道凹槽，未装发射药，底火为橡皮制成。

五、擦拭保养

（一）爱护武器的要求

1．爱护武器是军人的重要职责，必须做到勤检查、勤擦拭、不碰摔、不生锈、不损坏、不丢失，使武器、子弹经常保持完好状态。

2．使用武器必须按操（携）枪要领进行，不得违章操作。

3．行军、作战和训练时，应尽量避免碰撞和沾上污物，注意防止机件和子弹生锈，防止灰沙进入枪内。

4．严禁随意拆卸武器各部件和强敲硬卸。

5．使用武器后，应折回枪刺，松回击锤，关上保险，游标定在常用表尺分划上。

（二）检查

1．检查外部。主要检查金属部分是否有污垢、锈痕和碰伤，木质部分有无裂缝和碰伤，各部机件号码是否一致，准星是否弯曲和松动等。

2．检查枪膛。检查枪膛是否有污垢、生锈和损伤。

3．检查机能。装上数发教练弹，拉送枪机数次，检查送弹、闭锁、击发、退壳及保险时各部件机能是否正常。

4．检查附品和子弹。检查附品是否齐全完好，子弹有无锈蚀、凹陷、裂缝，弹头是否松动。

（三）擦拭上油

1．训练、演习、实弹射击后，应适时地用干布和油布进行擦拭上油。

2．擦拭前，应有组织地进行验枪、验弹，并应分解武器，准备擦拭用具。

3．擦拭时，应先擦拭枪膛和其他细小部件，后擦拭枪表面，擦拭干净后，用布条或鬃刷涂油。

4．擦拭后，应拉送枪机数次，检查是否结合正确，并松回击锤，关上保险。

六、排除故障的方法

射击中，若发生故障，通常拉枪机向后，重新装弹继续射击。如仍有故障，应迅速查明原因予以排除。如排除不了，应迅速向指挥员报告。半自动步枪可能发生的故障、原因及排除方法见表 7-2。

表 7-2　半自动步枪故障、原因及排除方法

故障现象	发生原因	排除方法
不送弹	1．弹仓过脏或损坏 2．机件过脏，枪机后退不到位	擦拭过脏机件或弹仓
不发火	1．子弹底火失效 2．击锤簧弹力不足或击针损坏	1．更换子弹 2．更换击针或击锤簧
不退壳	1．子弹、枪机、机匣、弹膛及火药气体通路过脏，枪机后退不到位 2．抓弹钩过脏或损坏	1．捅出膛内弹壳 2．擦拭过脏机件 3．更换抓弹钩
枪击未前进到位	1．弹膛、机匣、枪机和复进机过脏或枪油凝结 2．子弹变形	1．推枪机到定位 2．擦拭过脏机件 3．.更换子弹
不抛壳	1．火药气体通路过脏 2．机件过脏，枪机后退不到位	擦拭过脏机件

第二节　简易射击学理

一、发射与后坐

（一）发射及其过程

火药气体压力将弹头从膛内推送出去的现象，叫发射。其过程：击针撞击子弹底火，使起爆药发火；火焰通过导火孔引燃发射药，产生大量火药气体，在膛内形成强大压力，迫使弹头脱离弹壳，沿膛线旋转加速前进，直至推出枪口。

（二）后坐

发射时，武器向后运动的现象，叫后坐。

1．后坐的形成

发射药燃烧时，产生的气体同时作用于各个方向，作用于膛壁周围的压力被膛壁所抵消；向前作用于弹头后部的压力推送弹头前进；向后作用于弹壳底部的压力经过枪机传给整个武器，使武器向后运动，形成后坐。武器的后坐和弹头的运动是同时开始的。在弹头脱离枪口瞬间，大量的火药气体随弹头后部从腹内向外喷出，形成了反作用力，使武器后坐更加明显。

2．后坐对命中的影响

后坐对单发（连发首发）射击的命中影响极小。因为弹头在膛内运动的时间极短（约千分之一秒），并且枪比弹头重得多（冲锋枪、半自动步枪 400 倍以上），所以弹头在脱离枪口以前，枪的后坐距离只有 1 毫米多。而且是正直向后运动，加之衣服和肌肉的缓冲，射手是感觉不出来的。射手感觉到的后坐，主要是弹头在脱离枪口的瞬间，火药气体猛烈向枪口外喷出形成的反作用力造成的。此时，弹头已脱离枪口。因此，后坐对单发（连发首发）射击的命中影响极小。

后坐对连发射击的命中有一定的影响。因为连发射击时，第一发子弹发射后，由于枪的明显后坐变动了原来的瞄准线，所以对第二发以后的射弹命中有一定的影响。但只要射手据枪要领正确，掌握连发武器射击时后坐的规律，就能减小后坐对连发命中的影响，提高射击精度。

二、弹道形状及实用意义

（一）弹道

1．弹道及其形成

弹头运动过程中，其重心所经过的路线，叫弹道。

弹头脱离枪口之后，如果没有地心引力和空气阻力的作用，它将保持其所获得的速度，沿着发射线无止境地匀速直线飞行。

实际上，弹头在空气中飞行，一面受到地心引力的作用，逐渐下降；一面受到空气阻力的作用，越飞越慢。因此，形成了一条不均等的弧线。升弧较长较直。降弧较短较弯曲。

2．弹道基本要素（见图 7-14）

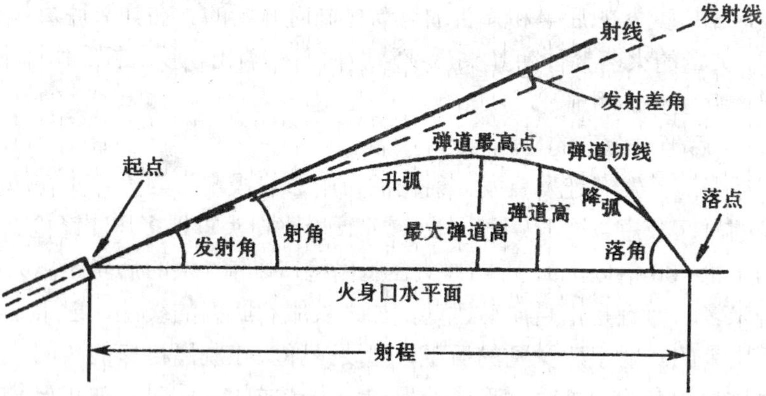

图 7-14　弹道要素

火身口水平面——通过起点的水平面；
射线——发射前火身轴线的延长线；
射角——射线与火身口水平面所夹的角；
发射线——发射瞬间火身轴线的延长线；
发射角——发射线与火身口水平面所夹的角；
升弧——由起点到弹道最高点的弹道；
降弧——由弹道最高点到落点的弹道；
弹道高——弹道上任何一点到火身口水平面的垂直距离；
最大弹道高——弹道最高点到火身口水平面的垂直距离；
射程——起点到落点的水平距离。

（二）直射

1．直射和直射距离

瞄准线上的弹道高在整个表尺距离上不超过目标高的射击，叫直射。这段表尺距离叫直射距离。

2．直射距离的求法

直射距离的大小，决定于目标的高低和弹道的低伸程度。目标越高，弹道越低伸，直射距离就越大；目标越低，弹道越弯曲，直射距离就越小（见表 7-3）。

表 7-3　各种枪对主要目标射击的直射距离（概略值）

直射距离（米）＼目标＼枪种	人头目标高（30 厘米）	人胸目标高（50 厘米）	半身目标高（100 厘米）	跃进目标高（150 厘米）
冲锋枪、半自动步枪、班用轻机枪	200	300	400	500
重机枪	300	400	500	600
附　注	40 火箭筒对坦克射击的直射距离为 300 米			

3．直射的实用意义

对在直射距离内的目标进行射击时，瞄准目标下沿，不变更表尺分划即可进行连续射击，以增大战斗射速，提高射击效果。

直射可以弥补测量距离的误差对命中的影响。如人胸目标距离 250 米处，半自动步枪手误测为 300 米，装定表尺“3”射击，在 250 米处的弹道高 0.18 米，没有超过目标高，目标仍能被杀伤。

指挥员运用直射的原理，组织侧射、斜射、短兵射击和夜间标定射击，均能获得良好的射击效果。例如，短兵射击是以人胸目标的直射距离为依据的，因此短兵射击的距离不超过 300 米，目标在此距离内都可被杀伤；侧射是以跃进目标为依据的，因此侧射的距离不超过

500 米，在此距离上可杀伤向我冲击的跃进目标。

（三）危险界、遮蔽界和死角

1．危险界

危险界分为表尺危险界和实地危险界。瞄准线上的弹道没有超过目标高的部分，称为表尺危险界；在实际地形上，弹道高没有超过目标高的一段距离，称为实地危险界。

决定实地危险界大小的条件：

（1）弹道低伸程度。对同一地形上的同一目标射击时，弹道越低伸，实地危险界就越大；反之越小。

（2）目标高低。用同一武器对同一地形上的不同目标射击，目标越高，实地危险界越大；反之越小。

（3）目标所在位置的地貌。用同一武器对同一种目标射击，目标所在位置的地貌与弹道形状越相一致，实地危险界越大；反之越小。

2．遮蔽界和死角（见图 7-15）

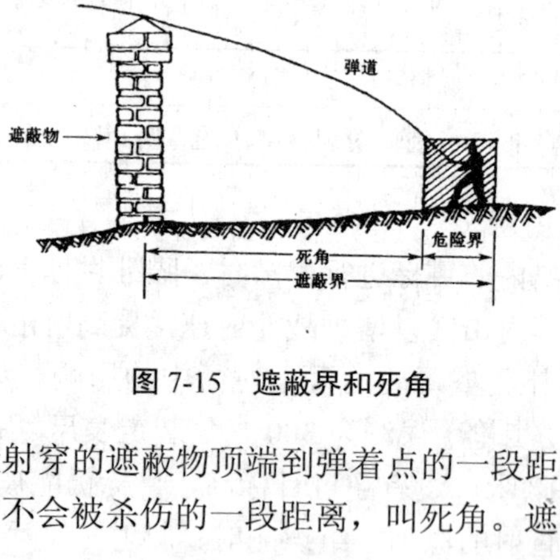

图 7-15　遮蔽界和死角

从弹头不能射穿的遮蔽物顶端到弹着点的一段距离，叫遮蔽界。目标在遮蔽界内不会被杀伤的一段距离，叫死角。遮蔽界内包括死角和危险界。

遮蔽界和死角的大小是由遮蔽物的高低和落角的大小决定的。死角的大小还决定于目标的高低。（见图 7-16）。

同一弹道，同一目标，遮蔽物越高，遮蔽界和死角就越大；反之越小。

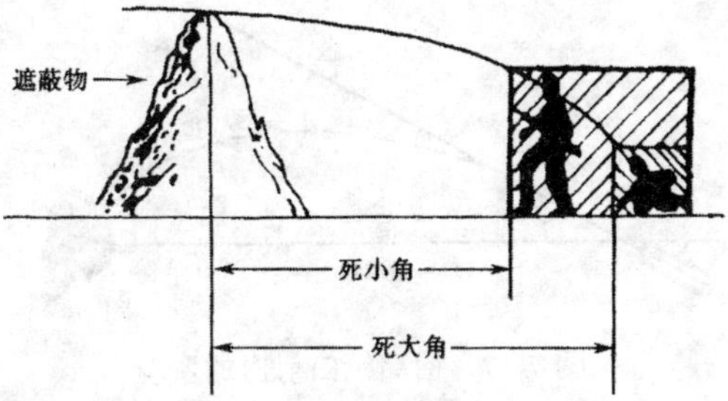

图 7-16　目标高低与死角的关系

同一遮蔽物，同一目标，落角越小，遮蔽界和死角就越大；反之越小。

同一遮蔽物，同一弹道，目标越高，死角越小；反之越大。

了解危险界、遮蔽界和死角的实用意义，是为了在战斗中更好地隐蔽身体，发扬火力，灵活地利用地形地物，隐蔽地运动、集结和转移，以避开或尽量减少敌火力的杀伤。在组织火力配系时，就能正确选择射击位置和组织火力，千方百计地增大危险界和减少射击地带内的遮蔽界和死角，并善于运用弯曲弹道和各种武器的侧射、斜射火力消灭隐蔽在遮蔽界和死角内的敌人。

三、选择表尺分划和瞄准点

（一）瞄准具的作用

由于地心引力和空气阻力的作用，如果用枪管瞄向目标射击，射弹就会打低打近。

为了命中目标，必须将枪口抬高，使火身轴线与瞄准线之间形成一定的角度，即瞄准角（见图 7-17）。

瞄准角的大小，是根据射弹在不同距离上的降落量来确定的。距离越远，降落量越大，所需要的瞄准角也就越大；距离越近，降落量越小，所需要的瞄准角也就越小（见图 7-18）。

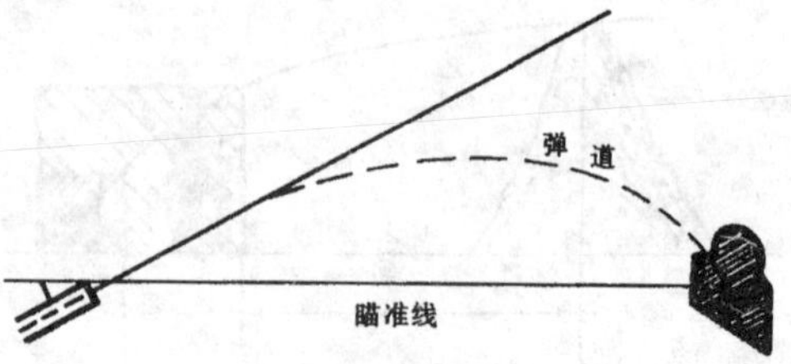

图 7-17　抬高枪口射击的景况

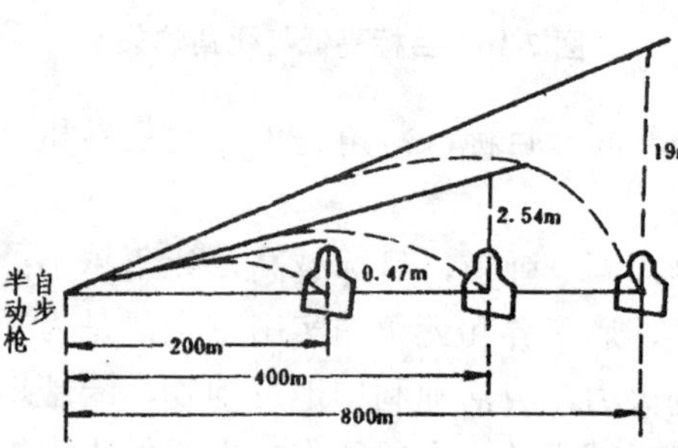

图 7-18　射击距离与瞄准角的关系

瞄准具就是根据上述原理设计而成的。由于缺口上沿到火身轴线的高度大于准星尖到火身轴线的高度，射击时，是通过缺口上沿中央和准星尖的平正关系来对目标进行瞄准的。因此，用瞄准具瞄准时，就抬高了枪口，使火身轴线与瞄准线之间构成了一定的瞄准角（见图 7-19）。表尺位置高，瞄准角就大，相应的射击距离就远；表尺位置低，瞄准角就小，相应的射击距离就近。各种枪的表尺上都刻有不同的表尺（距离）分划。装定表尺（距离）分划，就是改变表尺的高低位置，实际上也就是装定瞄准角。

由此可见，瞄准具的作用，就是对一定距离上的目标射击时赋予武器相应的瞄准角和射向。射击时，只要按照目标的距离装（选）定相应的表尺分划瞄准射击，就能命中目标。因此，正确地选定表尺分划，对准确命中目标有着决定性意义。

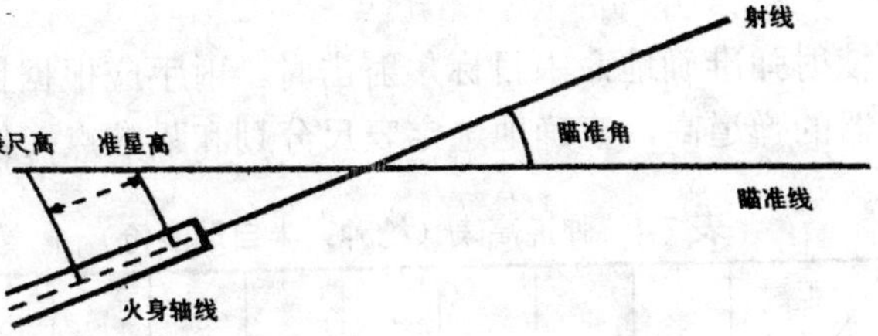

图 7-19 瞄准角的构成

（二）瞄准基本要素（见图 7-20）

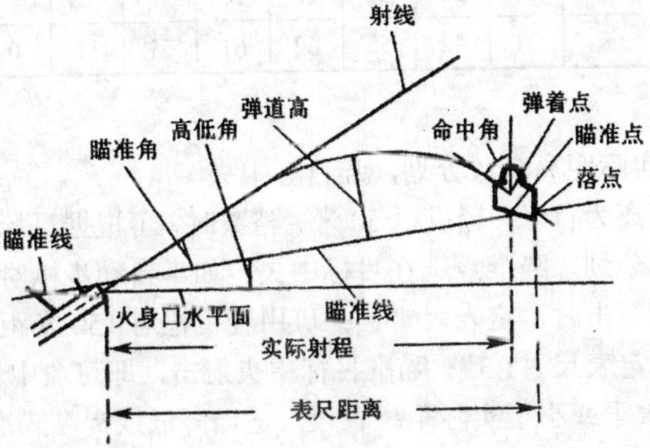

图 7-20 瞄准要素

瞄准基线——缺口的上沿中央到准星尖的直线线段；
瞄准线——视线通过缺口上沿中央和准星尖的延长线；
瞄准点——瞄准线所指向的一点；
瞄准角——射线与瞄准线的夹角；
瞄准线上弹道高——弹道上任何一点到瞄准线的垂直距离；
弹着点——弹道与目标表面或地面的交点。

（三）选择表尺分划和瞄准点

为了使射弹准确地命中目标，射击时，射手应根据目标的距离、大小和武器的弹道高，正确地选定表尺分划和瞄准点（见表 7-4）。其方法如下：

表 7-4　弹道高表（枪种：半自动步枪）

弹道高(cm) \ 距离(m) \ 表尺	50	100	150	200	250	300	350	400	450	500
1	1	0	−7							
2	6	11	9	0	−16					
3	13	25	29	28	18	0	−29			
4	21	42	55	62	61	51	31	0	−48	

1．定实际距离表尺分划，瞄目标中央

目标距离为百米（轻机枪 50 米）整数时，可根据目标的距离装定相应的表尺分划，瞄准点选在目标中央。如半自动步枪对 100 米距离上人胸目标射击时，定表尺“1”；班用轻机枪对 150 米距离上半身目标射击时，定表尺“1.5”。瞄准目标中央射击，即可命中目标。

2．定大于或小于实际距离表尺，适当降低或提高瞄准点

目标距离不是百米（轻机枪 50 米）整数时，通常选定大于实际距离的表尺分划。根据武器在该距离上的弹道高，相应降低瞄准点射击。如半自动步枪对 250 米距离上人胸目标射击时，定表尺“3”，在 250 米处的弹道高为 18 厘米，这时，瞄准目标下沿中央射击，即可命中目标。

也可选定小于实际距离的表尺分划。根据武器在该距离上的负弹道高，相应提高瞄准点射击。如半自动步枪对 250 米距离上的人头目标（高 30 厘米）射击时，定表尺“2”，在 250 米处的弹道高为−16 厘米，这时，瞄准目标头顶中央射击，即可命中。

3．定常用表尺分划，小目标瞄下沿，大目标瞄中央

战斗中，对300米距离以内的目标射击时，通常定常用表尺（表尺“3”）分划，小目标瞄下沿，大目标瞄中央射击，即可命中。如半自动步枪定常用表尺对300米以内人胸目标（高50厘米）射击时，瞄目标下沿，则整个瞄准线上最大弹道高为31厘米，没有超过目标高，目标在300米距离内，都会被杀伤。

在战场上，目标出现突然，大小暴露不一，且距离不断变化。用此种方法，对300米以内的目标不需要变更表尺分划即可实施射击，可以争取时间，提高战斗射速，增大射击效果。因此，该方法在实战中有着重要的实用意义，是战斗中常用的一种方法。

（四）观察弹着和修正偏差

射击时，由于测距、瞄准的误差和外界条件对射击的影响，以及射手操作不正确等原因，会使射弹产生偏差。因此，射手应注意观察弹着，及时修正偏差，以提高射击效果。

1．观察弹着

观察弹着时，应根据射弹击起的尘土、水花的位置，曳光迹和目标状况的变化等情况，判断射弹是否命中目标或偏差量的大小。各种枪对草地、湿地、硬土地上的目标射击时，弹着不易观察，可用曳光弹射击，确定其偏差量。

2．修正方法

发现偏差时，应认真分析，找出原因，正确地进行修正。如是武器、风造成的偏差，偏差多少就修正多少。修正时，应以预期命中点为准，向偏差相反的方向修正。

（1）修正方向偏差。用改变瞄准点的方法进行修正。射弹偏右，瞄准点向左修；射弹偏左，瞄准点向右修。

（2）修正高低偏差。用提高、降低瞄准点或增减表尺分划的方法进行修正。射弹偏高时，降低瞄准点或减少表尺分划；射弹偏低时，提高瞄准点或增加表尺分划。

四、风、气温、阳光对射弹的影响及修正

（一）风对射弹的影响及修正

风是一种具有速度和方向的气流，它能改变射弹的飞行方向和距离。在各种外界条件中，风对射弹的飞行影响最大。因此，必须准确地判定风向和风力，根据风对射弹的影响进行修正，以保证射弹准确命中目标。

1．风向和风力的判定

（1）风向的判定。按风吹的方向和射击方向所形成的角度可分为：横风、斜风和纵风。

横风：从左或右与射向成 90 度角吹的风。

斜风：与射向成锐角（小于 90 度）吹的风。射击时，通常按与射向成 45 度角的风计算。

纵风：从后或前与射向平行吹的风。顺射向吹的风为顺风，逆射向吹的风为逆风。

（2）风力的判定。风力按其大小分为强风、和风和弱风。风力的大小可用测风仪等器材测出，也可根据人的感觉和常见物体被风吹动的景况来判定（见表 7-5）。

表 7-5　风力（风速）判定表

风力			人的感觉	常见的物体现象				
区分	级别	速度		草	树	旗帜	烟	海面、渔船
弱风	2 级	2～3 米/秒	面部和手稍感到有风	微动	灌木丛、细树枝、树叶微动，并沙沙作响	微动并稍离开旗杆	微被吹动	有小波，船身摇动，船帆基本正直

续表

风力			人的感觉	常见的物体现象				
区分	级别	速度		草	树	旗帜	烟	海面、渔船
和风	3～4级	4～7米/秒	明显地感到有风，吹过耳边时呜呜响，面对风可睁开眼	被吹弯	灌木摆动，树上的细枝被吹弯，树叶剧烈地摆动	展开飘动	被吹斜约成45度	有轻浪，船身摇动明显，船帆倾向一侧
强风	5～6级	8～12米/秒	迎面站立或行走，明显地感到有阻力，尘土飞扬，面对风感到睁眼困难	倒在地面	树干摆动，粗枝被吹弯	飘成水平状态，并作哗哗响	被吹成水平状态并被吹散	有大浪，浪顶的白色泡沫很多，船身常被风吹离浪顶

2．风对射弹的影响及修正

（1）横（斜）风对射弹的影响及修正。横（斜）风能对弹头的侧面施以压力，使射弹偏向一侧，产生方向偏差（斜风还能使射弹产生距离偏差，因偏差很小，故不考虑）。风力越大，距离越远，偏差就越大。风从左吹来，射弹偏右；风从右吹来，射弹偏左。

在射击时，为了使射弹准确地命中目标，必须根据射弹受风影响的偏差量，将瞄准点向风吹来的方向修正。修正时，以横方向的和风修正量为准，强风加一倍，弱风减一半。斜方向的强（和或弱）风，应按横方向的强（和或弱）风的修正量减一半。修正量从预期命中点算起，偏差多少，就修正多少。

为运用方便，将在横、和风条件下，对400米内的目标射击时的瞄准景况归纳为："一百不用修，二百瞄耳线，三百瞄边沿，四百边接边。"

（2）纵风对射弹的影响及修正。纵风能影响射弹的飞行距离。顺风时，空气阻力减小，使射弹打远（高）；逆风时，空气阻力增大，使射弹打近（低）。

但在近距离内，风速为 10 米 / 秒以下时，纵风对射弹影响很小，一般可不修正。

（二）阳光对瞄准的影响及克服方法

1．阳光对瞄准的影响

在阳光下瞄准时，由于阳光照射作用，缺口部分产生虚光，形成三层缺口：上层为虚光部分，中层为真实缺口，下层为黑实部分（见图 7-21）。如不注意辨清真实缺口位置，就容易产生误差，使射弹产生偏差。

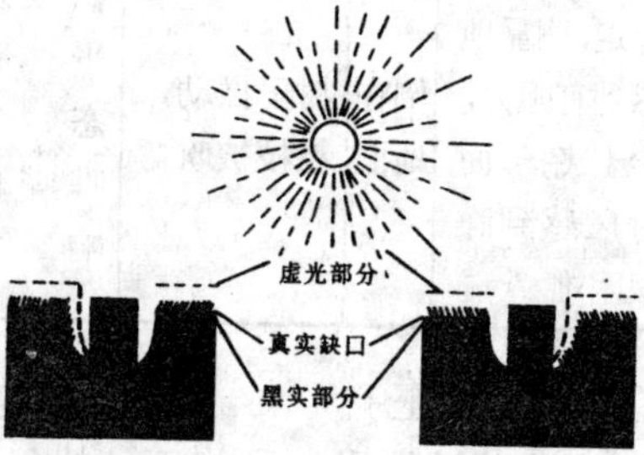

图 7-21　缺口部分产生虚光形成三层缺口

若用虚光上沿瞄准，射弹偏向阳光照来的方向（见图 7-22）。

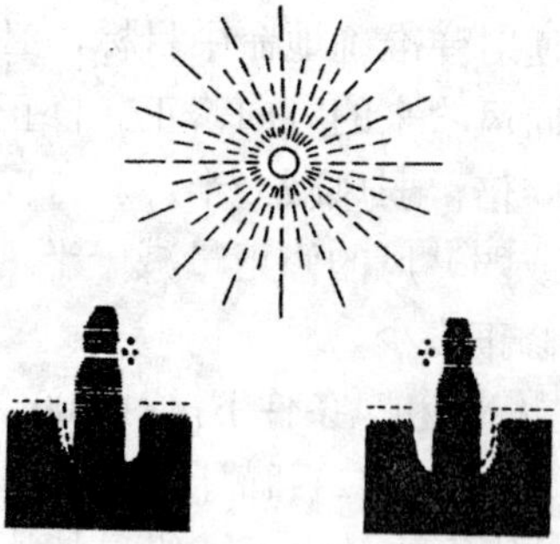

图 7-22　用虚光上沿瞄准时的影响

阳光从右上方照来时，缺口左边和上沿产生虚光，用虚光部分瞄准，准星实际上偏右高，因此，射弹偏右上。阳光从左上方照来时，射弹则偏左上。

若用黑实部分进行瞄准，射弹偏向阳光照来的相反方向（见图7-23）。

图 7-23 用黑实部分瞄准时的影响

阳光从右上方照来时，用黑实部分瞄准，准星实际上偏左低。因此，射弹偏左下。阳光从左上方照来时，射弹则偏右下。

在阳光照射下，缺口和准星尖同时产生虚光时，若用虚光上沿瞄准，射弹偏低；若用黑实部分瞄准，射弹偏高。

2. 克服的方法

（1）辨清真实缺口的位置和正确瞄准景况。可在不同方向的阳光照射下练习瞄准，采取遮光瞄准不遮光检查，或不遮光瞄准遮光检查的方法，反复练习，确实辨清真实缺口的位置和正确瞄准景况。辨别真实缺口的简易法：不用黑，不用白，真实缺口是灰白。

（2）缩短阳光下瞄准的时间。在阳光下瞄准的时间不宜过长，以免眼花而产生误差。

（3）注意保护瞄准具。平时要保护好瞄准具，不使其磨亮而反光。

（三）气温对射弹的影响及修正

1．气温对射弹的影响

气温升高时，空气密度减小，射弹飞行中受到的空气阻力就小，射弹就打得远（高）。

气温降低时，空气密度增大，射弹在飞行中受到的空气阻力就大，射弹就打得近（低）。

2．修正方法

由于各地区和各季节的气温的不同，很难与标准气温（+15°C）条件相符。因此，应在当地的气温条件下校正武器的射效，并以校正射效时的气温条件为准。射击时，若气温差别不大，在 400 米内对射弹命中的影响较小，不必修正。若气温差别很大或对远距离目标射击时，应适当提高或降低瞄准点射击。气温降低时，提高瞄准点或增加表尺分划；气温升高时，降低瞄准点或减小表尺分划。例如，半自动步枪在 200 米距离上，气温每相差 10°C，距离误差为 4 米，高低误差为 0.01 米。

第三节　射击动作和方法

一、验枪

验枪是一项保证安全的重要措施。使用武器前后及必要时，均应验枪，认真检查弹膛和教练弹中有无实弹。验枪时，严禁枪口对人。

口令：验枪、验枪完毕。

动作要领：听到“验枪”口令后，右手将枪提起，以右脚掌为轴，身体半面向右转，左脚顺势向前迈出一步（两脚约与肩同宽），同时右手将枪向前送出；左手接握下护木，左大臂紧靠左肋，枪托贴于胯骨，枪刺尖约与眼同高；右手打开弹仓盖，移握机柄。

当指挥员检查时，拉枪机向后，验过后，自行送回枪机，关上弹仓盖，打开保险，扣扳机，关保险，移握枪颈。

听到“验枪完毕”口令后，右手移握上护木，身体半面向左转，在右脚靠拢左脚的同时，恢复持枪姿势。

二、装退子弹及定复表尺

（一）卧姿装退子弹及定复表尺

口令：卧姿——装子弹、退子弹——起立。

动作要领：听到“卧姿—装子弹”口令后，右手将枪提起稍向前倾，左脚向右脚尖前迈出一大步（也可右脚顺脚尖方向迈出一大步），左手在左（右）脚尖前支地，顺势卧倒，以身体左侧、左肘支撑全身；右手将枪向目标方向送出；左手接握表尺下方，枪托着地，右手拉枪机到定位。解开弹袋扣，取出一夹子弹，插入弹夹槽，以食指或拇指将子弹压入弹仓（单发装填时，不应将第一发子弹压在右侧），取出弹夹，送弹上膛，将弹夹装入弹袋并扣好。右手拇指和食指捏压游标卡笋，移动游标，使游标前切面对正所需要的表尺分划。右手移握枪颈，全身伏地，两脚分开约与肩同宽，身体与射向成30度角，枪刺离地，目视前方，准备射击（见图7-24）。

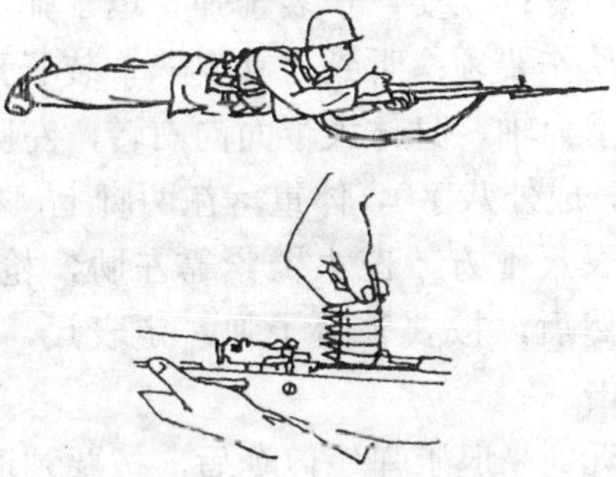

图7-24　卧姿装子弹（56式半自动步枪）

听到“退子弹——起立”口令后，稍向左侧身，右手解开弹袋扣，打开弹仓盖，接住落下的子弹，装入弹袋，拇指拉机柄向后，食指和中扣夹住从膛内退出的子弹，送回枪机，将子弹装入弹袋并扣好，关上弹仓盖，打开保险，扣扳机，关保险，复表尺，移握上护木，将枪收回；同时左小臂向里合，屈左腿于右腿下。以左手和两脚撑起身体，右脚向前一大步，左脚再向前一步，在右脚靠拢左脚的同时，恢复持枪姿势。

（二）跪姿装退子弹及定复表尺

口令：跪姿——装子弹、退子弹——起立。

动作要领：听到“跪姿——装子弹”口令后，右手将枪提起，左脚向右脚前方迈出一步，右手将枪向目标方向送出；左手接握表尺下方，同时右膝向右跪下，臀部坐在右脚根上，左小腿略垂直，两腿约成90度角，左小臂放在左大腿上。枪刺尖约与眼同高，然后，按要领装子弹，定表尺，右手移握枪颈，目视前方，准备射击。

听到“退子弹——起立”口令后，按要领退出子弹，打开保险，扣扳机，关保险，复表尺，右手移握上护木，左脚尖向外打开的同时起立，在右脚靠拢左脚的同时，恢复持枪姿势。

（三）立姿装退子弹及定复表尺

口令：立姿——装子弹、退子弹。

动作要领：听到“立姿——装子弹”口令后，右手将枪提起，以右脚掌为轴，身体大半面向右转，左脚顺势向前迈出一步（两脚与肩同宽，成外八字），体重落在两脚上，右手将枪向目标方向送出；左手接握表尺下方，左大臂紧靠左肋，枪托贴于胯骨，枪刺尖约与眼同高。然后，按要领装子弹，定表尺，右手移握枪颈，目视前方，准备射击。

听到“退子弹”口令后，按要领退出子弹，打开保险，扣扳机，关保险，复表尺，右手移握上护木，身体大半面向左转，在右脚靠拢左脚的同时恢复持枪姿势。

第四节　对固定目标实弹射击

一、射击动作

（一）依托物的利用

为了取得更好的射击效果，应力求利用地物和构筑依托物实施射击。依托物的高度应按射手的身体而定，一般为25～30厘米，依托物内侧应陡些。在紧急情况下，还应善于利用不同高度的依托物进行射击（见图7-25）。

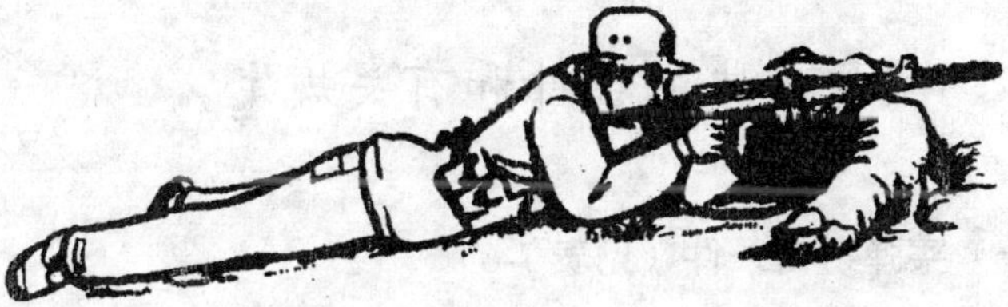

图7-25　卧姿有依托据枪（81式自动步枪）

（二）卧姿有依托据枪、瞄准、击发

据枪、瞄准、击发是相互联系和相互影响的动作，稳固持久的据枪，正确一致的瞄准，均匀正直的击发，三者正确地结合，是准确射击的关键。因此，必须刻苦练习，熟练掌握。

1．据枪

下护木在依托物上，左肘向里合；右手握枪颈，食指第一节靠在扳机上，大臂略成垂直；两手协同将枪托确实抵于肩窝，头稍前倾，自然贴腮。

2．瞄准

首先使瞄准线自然指向目标。若未指向目标，必须调整姿势，不可迁就而强扭身。需要修正方向时，可左右移动身体或两肘。需要修正高低时，可前后移动整个身体或两肘里合、外张，也可适当调整依托物。

3．击发

用右手食指第一节均匀正直地向后扣压扳机（食指内侧与枪应有不大的空隙），余指力量不变。当瞄准线接近瞄准点时，开始预压扳机，并减缓呼吸。当瞄准线指向脑准点时，应停止呼吸，继续增加对扳机的压力，直至击发。击发瞬间应保持正确一致的瞄准。若瞄准线偏离瞄准点或不能继续停止呼吸时，应既不增加也不放松对扳机的压力，待修正或换气后，再继续扣压扳机（决不允许猛扣扳机，猛扣扳机会使身扭动，射弹就会产生偏差）。

二、实弹射击的条件和有关规定

（一）实弹射击条件（见表 7-6）

表 7-6　半自动步枪实弹射击条件

名　称	第一练习
枪　种	半自动步枪
目　的	锻炼射手对不动目标准确射击的技能
目　标	胸环靶
距　离	100 米
姿　势	卧姿有依托
使用弹数	5 发
成绩评定	优等：命中 40 环以上；良好：命中 35 环以上；及格：命中 25 环以上
实施方法	1．表尺、瞄准点自选。自下达装子弹的口令起，10 分钟内射击完毕。 2．每发射一次后报靶，并指示弹着点。

（二）实弹射击的有关规定

1．实弹射击的有关规定

实弹射击时，射手应使用手中武器，如不能使用手中武器射击，须经领导批准，使用校正合格的武器射击。

射击中如发生故障，射手应自行排除，继续射击。如因武器、子弹不良发生故障，可重行射击。

跳弹命中靶子，不计算成绩。对环靶射击，命中环线算内环。

打错靶算脱靶。被打错靶者如无法判明错弹时，可重行射击。

不及格者可补射一次。补射成绩不算单位成绩。

2．单位实弹射击成绩评定

优等：80%以上射手的成绩在及格以上，并有 40%以上射手的成绩为优秀。

良好：70%以上射手的成绩在及格以上，并有 40%以上射手的成绩为良好和优秀。

及格：60%以上射手的成绩在及格以上。

3．射击场的组织和主要人员职责

（1）射击指挥员。负责组织设置场地，派遣勤务，督促全体人员遵守射击场的各项规定和安全措施，指挥射击。

（2）警戒组。负责射击场的警戒和观察任务。射击前应严密搜索并保证警戒区内无人员和牲畜，射击时严禁人员和牲畜进入警戒区。警戒区人员应携带警戒旗，发现险情应立即发出信号，向指挥员报告。

（3）示靶组。负责设靶、示靶和报靶。

（4）信号（观察）员。根据射击指挥员的指示发出各种信号，并认真观察射击场的安全情况，发现险情立即报告。

（5）发弹员。按照指挥员的命令发给射手规定的子弹，收回剩余子弹。

此外，还应有记录员、医务人员等。

4．射击场的安全措施

射击场必须有安全可靠的靶挡和示靶壕。

射击场应区分出发地线和射击地线。无关人员不得越过出发地线。

射击前，应向全体人员明确规定各种信号，如戒严、开始射击、停止射击（报靶）和射击终止等信号。

开始射击信号发出后，示靶人员应迅速、确实地隐蔽好，严禁向外探望或外出。如需要外出时，应用信号向指挥员报告，经许可后方可外出。

射击前后必须验枪。不准将实弹和教练弹混在一起，没有指挥员的口令不准装填实弹，禁止将已装实弹的武器留在任何地方或交给任何人。报靶时严禁无关人员进入射击地线。

附录 1　用报靶杆报靶

报靶杆圆头（直径 15～20 厘米，一面红或黑，一面白），放在靶板（靶子）的不同位置表示环数（见图 7-26）。

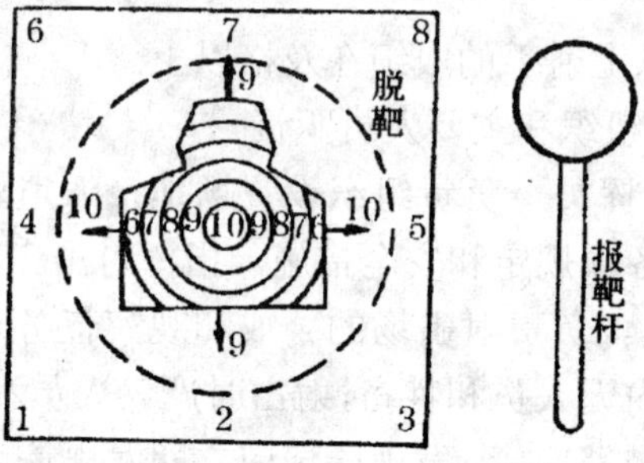

左下角为 1 环　正下方为 2 环

右下角为 3 环　左中间为 4 环

右中间为 5 环　左上角为 6 环

正上方为 7 环　右上角为 8 环

图 7-26

在靶板（靶子）中央上下移动为 9 环，在靶板（靶子）中央左右摆动为 10 环，围绕靶子画圆圈为脱靶。为了报出弹着点的偏差，报出环数后，将报靶杆圆头放在靶子中央（白面朝外），再慢慢向偏差方向（弹着点）移出靶板（靶子）2 次。

附录 2　基本射击场设置示意图（见图 7-27）

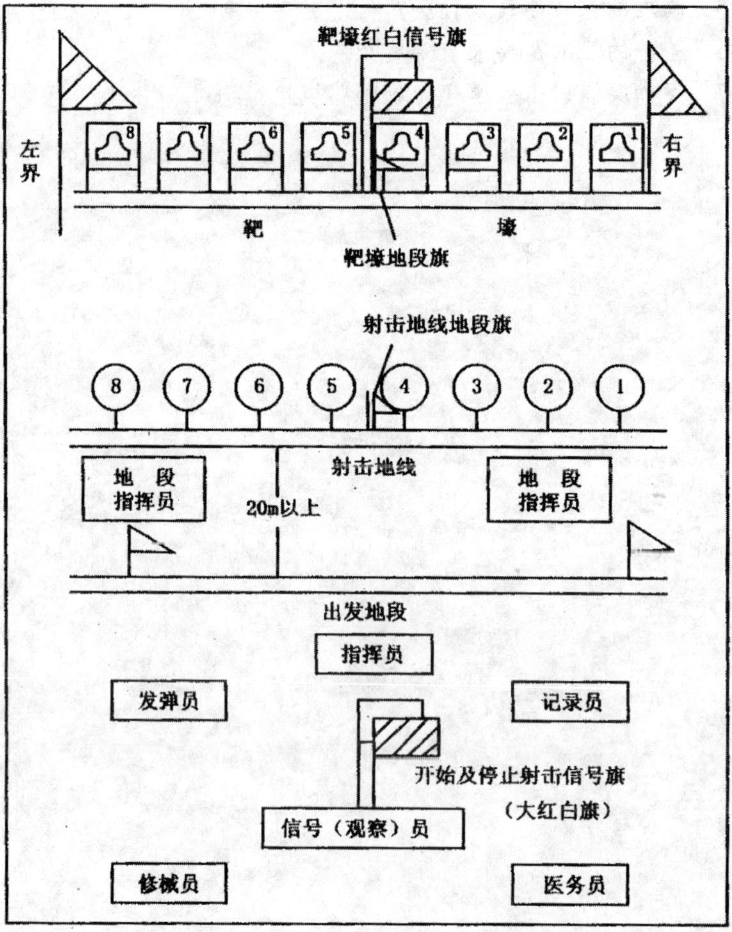

图 7-27　射击场设置示意图

复习题

1．什么是轻武器？

2．哪些枪械属于轻武器？它们有什么特点？

3．56 式半自动步枪由哪十大部件组成？

4．爱护武器有什么要求？

5．瞄准的基本要素是什么？

6．验枪的目的及要求有哪些？

7．参加实弹射击应遵守靶场哪些规定？

第八章　战　术

【教学目标】

了解战斗的基本类型和基本样式，掌握战术基本原则的主要内容，学会单兵战术的基本动作要领。

战术是指导和进行战斗的方法，其主要内容包括战斗基本原则以及兵力部署、战斗指挥、协同动作、战斗行动的方法和各种保障措施等内容。战术基础，是军人在战斗中消灭敌人、保存自己的最基本理论和战斗动作的统称，它属于战术学研究的范畴，是军人必须完成的基本训练科目。

第一节　战斗类型和战斗样式

战斗，是敌对双方的兵团、部队和分队，为了达到一定的战术目标，在较短的时间和较小的空间内所进行的有组织的作战行动。这种作战行动,在于实现一定的战术目的,消灭或击溃敌方的战术集团(部、分队)，攻占或扼守某些重要地区和目标。战斗活动的时间和空间，要受战术集团的编制装备、战斗能力和行动目的及对象的制约，它是一种内容极其纷繁复杂的战争现象。

按照战斗行动的性质对各种战斗所作的基本分类叫战斗类型，它通常分为进攻战斗和防御战斗两大类。进攻战斗是主动攻击敌人的战斗行动，目的是歼灭敌人，攻击重要地区或目标。进攻战斗有选择攻击方向、目标、时机和方法的主动权，便于达成战斗的突然性；能够预先进行战斗准备，便于形成有利的兵力、兵器对比；能够实施广泛机动，便于利用火力突击效果和有利态势；如果难以利用良好的阵地条件，易遭敌火力杀伤。防御战斗是抗击敌人进攻的战斗行动，目的是大量杀伤、消耗敌人，扼守阵地，争取时间，为转入进攻或保障其他方向的进攻创造条件。现代条件下的防御战斗，通常在地面、空中、前沿和纵深同时展开；战斗突然性增大，组织准备的时间缩短；电子对抗激烈；提高生存能力更加重要；攻势行动更加广泛；情况变化急剧，指挥协同复杂。

按敌情、地形、气候等不同情况，对战斗类型的具体划分称为战斗样式。如按敌情分，可具体划分为对预有准备防御之敌、立足未稳之敌、运动之敌等的战斗；按防御的目的和防御准备程度分，防御战斗可具体划分为阵地防御、运动防御、机动防御、仓促防御等战斗。按地形、气候等条件分，对进攻、防御战斗还可具体划分为山地、荒漠草原地、水网稻田地、热带山岳丛林地、高寒地、城市、江河等战斗。

第二节 战术基本原则

战术基本原则又称战斗基本原则，它是从军事斗争活动中抽象出来的一般规律，是战斗实践经验的科学总结，是战斗行动所依据的法则或标准。我军步兵分队在战斗中遵循的战术基本原则主要是：

一、现场勘察，知彼知己

正确的战斗指挥，是保证战斗胜利的基本条件之一。熟识敌情我情，找出其行动规律，并且应用这些规律于自己的行动，使主观指导与客观情况相符合，是实现正确指挥的基本方法。

步兵分队指挥员应熟悉本分队的人员、武器、弹药等数量、质量和战备的状况，深知部属的战斗能力、特点和战斗情绪，随时了解他们在战斗中的具体位置和战斗情况，确切了解上级的意图及对本分队的支援，了解友邻的情况，做到“明于知己”。对敌人，除根据上级的情报进行研究外，在受领战斗任务后，必须迅速组织并亲自进行侦察（现地观察、潜听、询问俘虏、火力侦察等），切实查明当面敌人的兵力、部署，判明敌人的行动性质、企图及其可能采取的战斗行动样式，找出敌人的强点和弱点，力求“明于知彼”。要切实查明战斗地域内的地形状况和特点，判明其对敌我战斗行动的影响。然后，将敌我情况和地形、天气情况等联系起来综合判断，比较完成任务的有利条件和不利条件，制定出克敌制胜的战斗行动方案。战斗中，应不断掌握当前敌我情况的变化，适时修正或定下新的决心，力求使自己的战斗行动符合战场变化着的客观情况，以争取战斗的胜利。

二、保存自己，消灭敌人

保存自己、消灭敌人，是战斗的基本目的，也是战斗的基本原则。一切战斗行动，都是为保存自己、消灭敌人而进行的。不消灭敌人就不能最终保存自己，保存自己最有效的手段就是消灭敌人。因此，消灭敌人是主要的，保存自己是第二位的。为了消灭敌人，分队必须发扬勇敢战斗、不怕牺牲的精神，运用技术、战术去积极战胜敌人，绝不允许借口保存自己而消极避战。由于敌我兵力对比和战斗的环境条件不同，在不同的战斗行动和时节中，为了寻求有利的战斗条件及环境条件和时机，有时则以保存自己为主。此时，分队应采取各种可能的防护措施，极力使自己不受或少受损失，以便在另一种场合或时节有力量去消灭敌人。不论在哪种场合或时节，分队的一切战斗行动，都应力求以尽可能少的损失，消灭尽可能多的敌人。特殊情况下，当战斗全局需要时，分队则应不惜牺牲一切，以换取全局的胜利。

三、集中兵力火力，各个歼灭敌人

集中兵力火力，各个歼灭敌人，是分队克敌制胜的基本战斗方法。

无论进攻或防御，分队都应集中自己的兵力、火力，打击一个主要目标，求得先打击或消灭当前敌人的一部分，钳制其另一部分；然后再转移兵力、火力打击另一部敌人，以达到各个歼灭敌人的目的。进攻时，要对攻击目标的全部或一部形成兵力、火力优势，保证攻击的胜利；防御时，应集中兵力、火力扼守主要阵地，各个击破敌坦克、步兵战车（装甲输送车）和步兵的攻击。

当上级的支援火力在分队正面形成对敌优势时，分队兵力、火力使用仍要区分主要目标和次要目标，或一个目标的主要部分和次要部分，或区分对目标打击的先后次序，以便恰当地分配打击目标的兵力、火力，切忌平分兵力以及分散火力。

火力是消灭敌人的主要手段。无论进攻或者防御，分队均应以集中、准确、突然、猛烈的火力打击敌人。

四、周密组织，随时应战

周密的组织和准备，是保证战斗胜利的基本条件之一。现代战争的突然性大，准备时间短，组织工作复杂。分队必须经常保持随时进入战斗的精神准备和物质准备，做到一声令下，立即行动。

为保证战斗组织准备的迅速周密，分队应根据上级的预先号令，科学地计算和分配时间；根据任务和当时的情况，抓住准备的重点；干部分工负责，同时分别组织实施，保证在上级规定的时间内，迅速、隐蔽地完成战斗准备。在计划组织战斗时，要预计战斗中可能出现的情况，准备几套方案，特别是要有在最困难情况下的战斗行动准备。

在情况和任务需要时，分队的战斗准备即使不够充分，也要按时投入战斗，不得借口准备不足而贻误战机。此时，应边打边组织，边打边准备，以弥补战前准备的不足。

五、疏散隐蔽，速战速决

现代高科技兵器、器材在作战中的使用，要求分队在战场的一切行动必须极为迅速、隐蔽，队形必须尽量疏散，以便降低敌人的各种侦察手段的发现率，减少敌人各种兵器的杀伤率。为了能在需要的时间和地点集中兵力歼灭敌人，分队又必须能迅速、秘密地集中兵力、火力给敌人以突然打击。因此，分队在未进入战斗前，必须迅速隐蔽、疏散，保存战斗力；在进入战斗时，必须突然集中兵力、火力猛烈击敌，速战速决。当行军和隐蔽机动时，分队应采取便于迅速机动和展开、便于保持战斗力的行军队形。当在敌航空兵、炮兵火力威胁下向敌前进时，应采取疏散开的连（排）纵队或横队或左右梯形或三角形的临战队形。

为达到迅速疏散、隐蔽和集中，分队必须预先有战斗行动方案和准备，养成行动迅速的作风，熟练夜间操作，善于伪装，能随地形和敌情的变化迅速疏散和变换队形，有正确的指挥和各种保障措施。

六、勇猛顽强，近战夜战

勇猛顽强，近战夜战，是我军步兵的优良传统、作风和战法，在战斗中仍是战胜敌人的重要因素。

现代战斗激烈、紧张、艰苦，对人的精神、意志提出很高的要求。步兵分队必须发扬勇猛顽强，不怕牺牲，不怕疲劳，连续作战，独立战斗的作风。在任何情况下，都能勇往直前，压倒一切敌人，即使只有一个人，也要顽强地坚持战斗到底。

夜战、近战，不仅能限制和减弱敌军技术装备优势的发挥，而且适宜发挥我军步兵的特长。夜间进攻时，步兵分队善于利用夜暗和地形，借助夜视器材，隐蔽迅速地接近敌人，突然发起冲击，以近战火力和爆破器材摧毁敌坦克，消灭敌步兵。防御时，步兵分队应善于利用地形、工事，严密伪装，隐蔽人员和火器，减少敌火力对我方的损伤，保存战斗力；待敌迫近时，以突然猛烈的近战火力和勇敢的反冲击，击毁敌坦克，消灭敌步兵，顽强地守住阵地，挫败敌人的进攻。

七、紧密协同，积极配合

协同动作，就是诸兵种在统一计划下，为完成同一任务，按战斗目的（目标）、时间、地点，协调一致地打击敌人。步兵各分队与诸兵种之间严格、准确的协同动作，是取得战斗胜利的重要条件。

协同动作的原则：诸兵种之间的协同，以步兵为主；步兵各分队之间的协同，以执行主要任务的分队为主；进攻时要积极支援最前出的分队，防御时要积极支援处于要害地位的或处境最困难的分队。

指挥员必须根据上级指示（计划）和自己的决心，周密组织协同动作，树立高度整体观念，严格遵守协同动作规定，保持不间断的通信联络，坚决按计划完成所受领的任务，并主动配合，互相支援。战斗中，指挥员应根据情况变化，适时协调各分队行动。协同动作一旦遭到破坏，应及时恢复。

八、审时度势，主动灵活

善于观察战场情况与态势，主动、灵活地指挥分队的战斗行动，是指挥战斗的基本要求。

现代战斗战场情况复杂，变化迅速。分队指挥员必须以敏锐的观察判断力，不断地观察战场情况，判断敌我形势，及时发现、利用敌人的弱点和错误，在上级总的意图下，积极大胆地机动兵力、火力，不失时机地打击敌人。当情况急剧变化，又与上级中断联络时，应勇于负责采取适应当时情况的战术行动，克敌制胜。当处于被动地位时，应及时果断采取有效措施，迅速摆脱被动，恢复主动。

九、组织各种保障，保证战斗顺利

分队的战斗行动，除由上级采取措施予以保障外，还要自身组织好战斗保障、物资技术保障。

分队的战斗保障包括：侦察（观察），警戒，防核、化、生、燃烧武器装备，通信联络，工程作业和伪装等。分队的物资技术保障包括：供给（给养、弹药、油料、武器、器材的补给），卫生和技术维修勤务。

分队指挥员应周密地组织各种保障。组织侦察，及时获得战斗行动所需的情报；组织对地面、空中的环状警戒，及时发现和抗击敌人的袭击；建立对核、化、生、燃烧武器袭击的观察、报知勤务；组织构筑工事，并利用地形隐蔽人员和装备；根据战斗需要构筑和设置反坦克障碍物；组织实施伪装，积极与敌人的光电器材侦察作斗争；组织战斗勤务，保障分队战斗所需弹药、油料、器材和给养，开展自救互救，及时抢救伤员，并注意收集和利用战场缴获敌人的物资器材。

十、利用战斗间隙，抓紧整顿休息

现代兵器杀伤破坏力大，分队的兵力、兵器易遭损伤；战斗激烈、紧张，易使人员疲劳。指挥员应善于利用一切可以利用的战斗间隙，抓紧时间，进行战斗动员，整顿组织，补充弹药、器材、给养和兵员，抢救伤员，组织人员休息，保证连续执行战斗任务。情况允许时，还应总结战斗经验，改进战术技术，以利再战。

第三节　单兵战术动作

战士在攻防战斗中，通常在班（组）内行动，以手中武器和爆破器材，打、炸敌坦克、战斗车，消灭敌步兵。因此，必须坚决执行命令、贯彻近战歼敌的思想，发扬英勇顽强、不怕牺牲和连续作战的战斗作风，巧妙地利用地形地物，以勇敢沉着、机智灵活的战斗动作，积极主动地与友邻战士密切协同，坚决完成战斗任务。

一、在敌火下运动

在敌火下运动，就是在敌人的各种火力（航空兵、炮兵、坦克、装甲车、机枪及步枪火力等）的威胁和拦阻下，灵活地采取不同的运动姿势，隐蔽迅速准确地接近敌人的行动。在敌火下运动时，应根据敌情、任务，善于利用地形，灵活地采用不同的运动姿势和方法，正确处理各种情况，适时迅速隐蔽地接近敌人或实施机动。

（一）运动的时机和要求

时机：应按班（组）长的口令、信（记）号，利用我火力掩护或敌火力中断、减弱、转移的瞬间，迅速隐蔽地前进。

要求：选择好运动的路线和暂停位置，运动中不断观察敌情、地形、班（组）长的指挥和邻兵的行动，保持前进方向，发现目标后，应按班（组）长的口令或自行射击。

（二）敌火下运动的姿势与方法

1. 卧倒、起立

（1）卧倒

卧倒是隐蔽身体、减少敌火杀伤的一种最低姿势。其要领：左脚向右脚尖前迈出一大步，左腿弯屈，上体前倾，两眼注视前方，左手顺左脚方向伸出。掌心向下，手指稍向右，以左膝、左手、左肘顺序着地，迅速卧倒，左小臂横贴于地面上，右手腕压在左手腕上；两手握拢，手心向下，两腿伸直，两脚分开与肩同宽，脚尖向外。

携枪卧倒时，右手提枪并握背带，其余要领同徒手；卧倒后，右手将枪轻贴于身体右侧，枪面向右，枪管放在左小臂上。

（2）起立

要领：转身向右，两眼注视前方，左腿自然微弯，左小臂稍向里合，以左手、左膝、左脚支撑力将身体支起，同时右脚向前迈出一大步，左脚再迈出一步，右脚靠拢左脚，成立正姿势。

携枪时，在转身向右的同时，右手提枪并握背带，然后按徒手要领起立，成持枪或肩枪立正姿势。

2．直身前进

在距敌较远，地形隐蔽，敌观察、射击不到时采用。其要领：目视前方，右手持枪，大步或快步前进（见图 8-1）。

图 8-1　**直身前进**

图 8-2　**屈身前进**

3．屈身前进

在遮蔽物略低于人体时采用。其要领：目视前方，右手持枪，上体前倾，头部不要高出遮蔽物，两腿弯屈（屈身程度视遮蔽物高低而定），大步或快步前进（见图 8-2）。

4．匍匐前进

在通过敌步兵火力封锁较短地段或利用较低的遮蔽物前进时采用。根据遮蔽物的高低分为低姿匍匐、高姿匍匐、侧身匍匐和高姿侧身匍匐四种。

低姿匍匐：在遮蔽物高约 40 厘米时采用。其要领：腹部贴于地面，屈回右腿，伸出左手，用右脚内侧的蹬力和右手的扒力使身体前移，依次交替前进。携枪时，右手心向上枪面向右、虎口卡住机柄，握住背带，枪身紧靠右臂内侧，也可右手虎口向上，握枪的上背带环处，食指卡住枪管，将枪置于右小臂上（见图 8-3）。

图 8-3 低姿匍匐

高姿匍匐：在遮蔽物高约 60 厘米时采用。其要领：用两小臂和两膝支撑身体前进。携枪方法同低姿匍匐。有时可将枪托向右，两手托枪（见图 8-4）。

图 8-4 高姿匍匐

侧身匍匐：在遮蔽物高约 60 厘米时采用。其要领：身体左侧及左小臂着地，左大臂向前倾斜支撑身体，左腿弯屈，右腿收回，右腿靠近臀部着地，右手握枪，用左臂的支撑力和右脚的蹬力使身体前移（见图 8-5）。

图 8-5 侧身匍匐

高姿侧身匍匐：通常在遮蔽物高 80～100 厘米时采用。其要领：左手和左小腿外侧着地，右手提枪，以左手的支撑力和右脚掌的蹬力使身体前移（见图 8-6）。

图 8-6　高姿侧身匍匐

5．滚进

在卧姿时，为避开敌人观察、射击而左右移动或通过棱线时采用。其要领：将枪关上保险，左手握枪表尺上方，右手握枪颈附近或两手握上护木，枪面向右，顺置于胸、腹前抱紧，两臂尽量向里合，两脚腕交叉或紧紧并拢，全身用力向移动方向滚进。其要领：左（右）脚向前一大步，左手在左（右）脚前着地，身体尽量下塌，右手将枪挽于小臂内，身体向右（左），枪面向右，在右（左）肩臂着地的同时，向右（左）滚进。滚进时，右（左）腿伸直，左（右）腿微屈，滚进距离长时可两腿夹紧。（见图 8-7）

图 8-7　滚进

6．沿壕运动

跳入壕内时，应根据壕的深浅，采用不同的跳入方法。在壕内运动时，根据情况通常采取直身或屈身姿势，目视前方，隐蔽迅速前进。运动中做到姿势低、速度快，不断观察敌情和前进路线。同时还应防止枪托碰撞壕壁。两人壕内相遇通过时，靠近掩体或堑壕交通壕交叉处的一方战士，应迅速利用其隐蔽，待另一方战士通过后继续前进。当无掩体或无交叉处可利用时，两人可面对面，侧身向各自的方向转动通过。在壕内运动，接近拐弯处时，应减慢速度，接近后隐蔽观察，迅速拐弯。跃出堑壕应尽量利用残缺部位或掩体跃出，也可以支撑跃出。

7．跃进

跃进是在敌火下迅速通过开阔地时采用的运动方法。跃进是要做到跃起快、前进快、卧倒快。跃进前，应先观察前方地形，选择好前进路线和暂停位置，尔后，迅速突然地前进。前进时，右手持枪目视敌方，屈身快跑。跃进的距离和速度应根据敌火和地形而定，敌火越烈，地形越开阔，跃进的距离应越短，速度应越快，每次跃进距离通常为 15～30 米。当跃进到暂停位置遭敌猛烈射击时，应迅速隐蔽或卧倒。卧倒后，如无射击任务，则不据枪，做好继续前进的准备。

（三）近迫作业

近迫作业就是当逼近敌人时，在敌火下进行的土工作业。进攻战斗中，在开阔地敌火下停留时，为了保存自己、消灭敌人，就必须进行近迫作业。近迫作业可根据班（组）长的口令或自行进行。其要领：将枪放在身体右侧或上方一臂处。机柄向下，侧身取下圆锹，先从一侧由前向后掘，将土投向前方堆成胸墙，一侧挖好后，翻身侧卧于坑内，继续挖另一侧，直到能掩护全身为止。作业时，姿势要低，动作要快，并不断观察敌情和班（组）长的指挥，随时准备射击或前进。

二、利用地形

（一）利用地形的目的和要求

利用地形是战术训练的重要基础，它贯穿于各种战斗的始终。其目的在于“隐蔽身体，发扬火力”，前者是为了保存自己，后者是为了消灭敌人。只有充分地发扬火力，消灭敌人，才能有效地保存自己。

因此，在利用地形时，应首先着眼于发扬火力，同时注意隐蔽身体。利用地形应做到：

三便于：便于观察、射击和隐蔽身体；便于接近和离开；便于防敌地面和空中火力杀伤。

三不要：不要妨碍班（组）长指挥、邻兵的动作和火器射击；不要几个人拥挤在一起，以免增大伤亡；不要在一地停留过久，视情况灵活地变换位置。

一尽量：尽量避开独立、明显的物体和难以通行的地段。

火箭筒手利用地形射击时，应考虑到尾翼张开时不受影响和喷管后的安全距离。如，在火箭弹飞行的路线上不得有草木等障碍；筒后30米不能有人，以免其受到伤害。

（二）对各种地形的利用

利用地形时，应根据敌情和遮蔽物的高低、大小取适当姿势，迅速隐蔽地接近，由下而上地占领，认真细致地观察，不失时机地出枪。对不便于射击的位置，应加以改造。在一地不要停留过久，视情况灵活地变换位置。其要领可归纳为：接近、占领、改造、转移。

接近：右手持枪并抓住背带，当地物高约60厘米时，在距地物3～5步处卧倒，可采取侧身或高姿匍匐接近；当地物高约40厘米时，可采取低姿匍匐接近；当地物低于40厘米时，视情况也可直接占领。

占领：接近后应由下而上地占领。隐蔽地观察和出枪。双手出枪时，左手握护木，左肘前伸，并调整好位置，右手握枪颈（打开保险），两手协力将枪送出，迅速指向目标实施射击。单手出枪时，右手将枪向目标方向送出，左手接握表尺下方，右手移握枪颈，打开保险，瞄准射击。

改造：若占领的地形不便于射击，应对其加以改造。改造时，将枪收回（关上保险），置于身体右侧一臂处，取下小锹，由后向前进行。改造时，应将新土放于地物后侧，不要扬起灰尘，以免暴露目标，并不断观察敌情和班（组）长的指挥，随时准备射击和前进。

转移：根据上级的指挥或视情况需要变换位置时，应迅速收枪（关保险），同时身体下移，采取向左（右）移动或滚动的方法迷惑敌人，突然离开。运动中注意抓好枪背带。

1．对堤坎、田埂的利用

堤坎、田埂有横向、斜向、纵向和高低之分。横向和斜向的，通常利用背敌斜面的顶端、残缺部、弯曲部和右侧末端；纵向的，利用其弯曲部或顶端。根据坎（埂）的高度，取适当姿势。当坎（埂）高于人体时，应挖踏脚孔或阶梯。如利用坎（埂）对空射击，通常利用顶端，并根据其高度取不同姿势。

2．对土（弹）坑的利用

通常利用其前沿。根据敌情，坑的大小、深度，用跳、滚、匍匐等方法进入，并取适当姿势。对空射击时，以坑沿作依托或背靠坑壁进行射击。

3．对堑壕、交通壕（沟通渠）的利用

对堑壕、交通壕的利用在防御战斗中较多。通常利用其掩体、壕壁或拐弯处隐蔽身体，依其上沿或拐角做射击依托。

4．对树木（线杆）的利用

通常利用其右侧，根据树的大小取适当姿势。大树（直径 50 厘米以上）可采取各种姿势，较小的树通常采取卧姿。如取立姿时，应尽

图 8-8　利用树木射击

量将身体左侧和左大臂或左小臂和左膝紧靠树木右后侧，右脚稍向后蹬，进行射击。跪姿时，应将左脚、左小腿的外侧紧靠树木的右后侧，跪下的同时或跪下后出枪。取卧姿时，应将左小臂紧靠树木右后侧或者以树的根部作依托（见图 8-8）。

5．对高苗地、丛林地的利用

应尽量利用靠近敌方的边缘内侧，按其高低、稠密度等情况取适当姿势。

6．对墙壁、墙角、门窗的利用（见图 8-9、8-10、8-11）

图 8-9　利用墙壁射击

图 8-10　利用门跪姿射击

图 8-11　利用窗口跪姿射击

墙壁、墙角、门窗易被敌炮火击毁和坦克撞塌，造成间接伤亡，因此，利用时在一地不能停留过久。

按其高度取适当姿势。矮墙可利用顶端或残缺部；墙高于人体时，可将脚垫高或挖射击孔。墙角通常利用右侧，取适当姿势。门通常利用左侧。窗可利用左下角或左侧。

三、准备冲击与冲击

战士冲击时，必须具有压倒一切敌人的英雄气概，勇猛冲入敌阵地，坚决消灭敌人。

（一）冲击准备

战士占领冲击出发阵地后，应根据情况构筑（加修）工事，注意观察和伪装，看清冲击目标、冲击路线、通路位置，记住班（组）、自己的任务和信号、记号。听到“准备冲击”的口令，迅速做好如下工作：装满子弹，准备好手榴弹和爆破器材；整理好装具，系好鞋带，扎好腰带和子弹带，装具尽量靠后，以免妨碍冲击动作；做好跃起或跃出工事的准备，遮蔽物较高时，应挖好踏脚孔。

做好准备后，向班（组）长报告，报告方法：“×××冲击准备完毕。”也可用规定信号报告。

（二）冲击

1．通过通路时的动作

战士听到“冲击前进”的口令或看到冲击信号时，应迅速跃起或跃出工事。最大限度地利用我火力效果，迅猛地向指定目标冲击前进。接近通路时，应按班（组）长规定的顺序，迅速进入通路。如通路纵深较小时，应利用我炮火准备的效果，快跑通过；通路纵深较大时，应在我炮火掩护下分段逐次跃进通过。

2．向敌步兵冲击时的动作

通过通路后，进至投弹距离时，应自行或按班（组）长的口令，向敌堑壕内投弹，乘手榴弹爆炸的瞬间，勇猛冲入敌阵地，以抵近射击，拼刺消灭敌人，并不停地向指定目标冲击前进。

当几个敌人同时向自己逼近时，应首先消灭威胁大的敌人，尔后各个消灭；当敌人与友邻战士格斗时，应主动支援；如敌逃跑时，应以火力追歼。

四、担任观察员

（一）观察员的任务和要求

观察员的任务：观察敌坦克、步兵及敌机的活动情况，观察和判明敌核、化、生物武器袭击的征候，观察上级发出的信（记）号、本分队和友邻的行动等。

观察员应熟记方位物、观察地境和主要观察方向，熟悉观察地境内的地形特征和景况，掌握敌核、化、生物武器袭击的时机与景象，熟记上级规定的信（记）号、指挥员的位置及发现情况时的报告方法。

（二）观察位置的选择

观察位置通常由上级指定，有时也可在规定的地段内自行选择。其条件是：视界开阔，隐蔽良好，便于进出和报告情况，能监视敌人的行动，不易被敌人发现，并要严密伪装。

（三）对地面观察的要领和报告方法

观察要领：一是将观察地境分成若干地段，由近至远、由右至左反复不断观察。二是迅速而全面地扫视搜索明显目标。三是先由右至左观察近地段，再由左至右观察中间地段，然后由右至左观察远地段。

报告方法：一是口头报告。指明目标的位置、距离、名称及活动情况。二是信号报告。如信号旗、手势、音响器材、信号弹等。情况紧急时，可以鸣枪报告。

复习题

1．什么叫战斗类型？通常分为几大类？

2．单兵在战斗中可利用哪些地形地物？

3．利用地形的目的和要求是什么？

4．单兵卧倒、起立、前进时的动作要领是什么？

第九章　军事地形学

【教学目标】

了解各类地形及其对作战行动的影响，掌握地形图基本知识，学会现地使用地图的基本方法。

军事地形学是从军事（作战、训练）需要出发，研究、识别和利用地形的一门应用性学科。其主要任务是：研究地形，揭示地形对作战行动的制约与影响规律，阐述地形分析理论、方法和手段，为军队作战行动与实际利用地形提供依据。

军事地形学是战争的产物，起源于作战行动对地形的利用，并随战争实践而不断发展。

随着科学技术的发展，战争进入热兵器时代，战场上涌现大量火炮、坦克、飞机等现代化武器，参战兵种增多，战场范围扩大，地形对作战行动的影响不仅表现在机动、观察、射击、隐蔽、工程构筑等基本战斗动作和武器装备运用方面，还包含地形对战术运用的影响。而军事测绘技术的发展，又为地形资料的获取、表示，提供了新的方法和手段，并使地图更加科学化、规范化，使利用地图研究地形成为可能，遂使军事地形学发展成为一门独立的学科，并相继有许多专著和军队统一编写的《军事地形学》、《地形分析》等专著问世。

核、化武器和高技术兵器的出现，使战争进入以计算机网络和信息技术为支撑的信息时代。战争可以在短时间内以连续的作战行动直接达成战役或战略目的。地形对作战的制约因素增多，地形分析的范围和深度更加扩大和深化，地形研究由战术范畴扩展至战役层次。军事地形学，已成为部队和部队院校军事训练的一门必修课目，成为指挥员和参谋人员运筹帷幄、因地用兵必须具备的知识和技能。

本章主要介绍地形对作战行动的影响、地形图基本知识和现地使用地图等内容。

第一节　地形及其对作战行动的影响

地形是各种作战行动的天然平台,它对于作战行动的影响是无时不有,无处不在。不论是古代战争、近代战争，还是现代战争，不管其作战规模有多大、作战的样式有多少，地形始终伴随着作战行动发生、发展全过程。地形对作战行动的影响是多方面的，也是持久和深远的。

一、地形的分类和作用

（一）地形的分类

地形是地貌和地物的统称。地貌是指地面高低起伏的状态，如山地、平原、丘陵、谷地等。地物是指分布在地面上人工建造或自然形成的固定性物体，如居民地、道路、江河、森林等。不同的地貌与地物的错综结合，形成了各种不同类型的地形。为研究地形对作战行动的影响，军事上通常将其分为以下几种类型：

1. 依地貌状态划分

依地貌状态，可分为平原、丘陵、山地和高原。

地面平坦宽广，海拔在200米以下，高差在50米以下的地区叫平原，如华北、东北等平原地区。我国平原面积约占全国总面积12%。地面起伏较缓，高差（从底部到顶点的高度）在200米以下的高地叫丘陵，许多丘陵连绵的地区叫丘陵地。我国丘陵地分布较广，约占全国总面积的10%。较大的丘陵地有东南丘陵地、胶东丘陵地和辽西丘陵地等。地面起伏显著，高差一般在200米以上的高地叫山，群山连绵交错的地区叫山地。我国的山地约占全国总面积的33%。地势高而地面比较平缓宽广，海拔一般在500米以上的地区叫高原。它以较大的高差别于平原，又以比较平缓的地面和较小的起伏区别于山地，如青藏、云贵高原等。

2．依地物的分布和土壤性质划分

依地物的分布和土壤性质，可分为居民地、水网稻田地、江河与湖泊、山林地、石林地、黄土地、岛屿和海岸、沙漠与戈壁、草原、沼泽等。

人们生产和生活需要而聚集定居的地域叫居民地，根据性质和人口多少分为城市、集镇、村庄等。江河、沟渠纵横交错，湖泊、池塘众多及遍布水稻田的地区叫水网稻田地。江河指较大的河流，又为所有河流的总称。我国大江大河较多，流域面积1000平方千米以上的有1500多条。湖泊是陆地上积水的洼地。我国湖泊分布甚广，面积在1平方千米以上的有2800多个。树木聚生的山地叫山林地，我国山林地约占全国总面积的20%。石灰岩受水溶蚀形成石峰交错林立的地区叫石林地，它是一种特殊地形，属石灰岩地貌。由黄土塬、梁、峁构成的千沟万壑地区叫黄土地形，它是有黄土层覆盖的松软地面，经流水作用而形成的特殊地貌。岛屿是散列于海洋、江、湖中的陆地，面积大小不一，通常大的叫岛，小的叫屿。海岸是陆地与海水相互接触和相互作用的狭长地带。以土质中的沙砾覆盖广阔地表为特征特殊地形叫沙漠与戈壁，它是由干旱的气候条件造成的。以生长繁茂草类和一些灌木为主要景观的地形叫草原。地势低洼，土壤长期被水浸透，苔草丛生的泥泞地区叫沼泽。沼泽又分为长年沼泽和季节性沼泽。

3．依对军队战斗行动的影响划分

依对军队战斗行动的影响，可分为开阔地、隐蔽地和断绝地等。

开阔地，是指地表面起伏不大，妨碍观察的地物较少的地形，如平原，沙漠、草原等；隐蔽地，是指地面起伏明显，妨碍观察的地物较多的地区，如山地、森林地和大的居民地等；断绝地，指江河、湖泊、沼泽、断崖等所隔绝而不能通过或通过困难的地形，它可能是开阔地，也可能是隐蔽地。

（二）地形的作用

1．地形是军队行动的客观基础之一，也是各级指挥员组织指挥战斗的重要因素之一

军队的活动，都是在一定的地形条件下实施的，都要受到地形条件的影响和制约。如军队的机动、观（侦）察、工事构筑、隐蔽伪装、技术兵器的运用、防原子和化学武器以及后勤保障等，都和地形有着密切的关系。战争经验证明，无论进攻和防御，在其他条件都具备的情况下，善于利用地形，可以减少损失，取得战斗的胜利；不善于利用地形，会给战斗增加困难，甚至遭受挫折或失败。所以，古今中外军事家，无不重视了解地形，研究地形对军队战斗行动的影响，趋利避害，使自己立于不败之地。

古代军事家孙武在《孙子兵法》地形篇中指出：“夫地形者，兵之助也。料敌制胜，计险隘远近，上将之道也。知此而用战者必胜，不知此而用战者必败。”又说：“知彼知己，胜乃不殆，知天知地，用乃不穷。”古代另一个军事家孙膑说：“天时、地利、人和，三者不得，虽胜有殃。”伟大的军事家毛泽东也曾指出：“作战时选择突击方向和突击点要按照当前的敌情，地形和自己兵力的情况去规定。”又说：“不得其时，不得其地，不得部队之情况，都将不能取胜。”毛泽东的话是告诉我们：一个指挥员指挥打仗的时候，必须熟知敌情、我情和地形三种情况；如果捉不住有利战机，不能熟知地形情况，不了解部队的情况，仗是打不胜的。西方军事理论的鼻祖克劳塞维茨也讲道：“地形对军事行动的发生影响有三个方面，妨碍通行、妨碍观察和对火力的防护。”通过这些著名军事家的论述，我们可以看出，地形对作战行动的影响作用是极其重要的，是各级指挥员拟军作战计划、定下决心的重要依据。

2．研究、分析判断地形对作战行动的影响，是正确利用地形遂行作战任务的基础

现代战争是高技术战争。随着科学技术的发展，武器装备日趋电子化、隐形化、智能化；战争的突然性和破坏力增大；战场广阔，情

况变幻莫测，部队机动性强。在以劣势装备对付敌人优势装备的情况下，对付敌人的高技术侦察、远程精确打击，空袭、空降以及机械化部队的进攻，将成为我军主要的作战内容。因此，更要充分利用有利地形，以减弱其现代化武器装备的作用。我军可以在敌人进攻方向上充分利用有利地形，有计划地改造地形，可以削弱敌人的进攻优势。特别是山地、山林地、丘陵地、沟壑、沟谷等是我军进攻和防御作战比较理想的地形。在这些地形上，我军可以利用地形，有计划地预设战场，做到战前有效地保存自己，隐蔽作战意图，战斗中以突然猛烈的行动打击和歼灭敌人。而且合理的利用地形，在一定范围内可以减轻或避免核爆炸对人员和武器的损伤，还可避开或削弱敌人各种现代侦察器材的侦察探测，达成“保存自己，消灭敌人”作战目的。

二、几种主要地形及其对作战行动的影响

（一）平原

1．平原地的地形特点

平原地一般地面平坦，人口稠密，居民地多，交通发达，大部分为耕种地，物产丰富。但其所在的地理位置不同，特点也不相同。

南方平原多为水网稻田，河流纵横交错，池塘星罗棋布，道路窄，交通不便，居民地稠密，且多建在地势较高处；北方平原多为旱地，地形平坦开阔，交通方便，江河较少，居民地稠密，夏秋季展望不良，冬春季展望良好。华北地区有两大平原：河套平原位于内蒙古自治区西南部，地势较高，黄河流经其中部，地势平坦开阔，物产丰富，但南北交通被黄河所阻，冲沟较多，交通受到一定的限制；河北平原位于河北省东南部，地势较低，平均高度在 30 米以下，北起燕山山脉，西接太行山，东濒渤海湾，河流多由西向东流入渤海，交通便利，居民地稠密，物产丰富。

2．平原对作战行动的影响

平原便于部队行动，尤其是北方平原更能发挥坦克和机械化部队

的机动性能，但雨季时江河有较大的阻碍作用，南方平原的水塘、水沟、小溪对部队机动有一定的影响。隐蔽、观察受季节影响，一般冬、春两季展望良好，射界开阔，但隐蔽伪装困难，部队行动易暴露企图，尤其是炮兵不易选择良好的发射阵地，秋夏两季田野高秆作物茂盛，便于隐蔽伪装，但视界、射界受一定限制。作战需有大量工程设施，一般北方平原利于构筑工事，南方平原则因水稻田多，地下水位高，不便于构筑地下工事。平原地区遭受空袭、原子、化学袭击时危害范围较大，但利用土堆、小丘、土坑、沟渠都可起到一定的防护作用。使用化学武器易受风向、风速等影响，除居民地、凹地、沟渠外一般不易滞留毒剂。

一般来说，平原地形是一种易攻难守的地形，但只要善于利用和改造地形，注意战场建设，就可以弥补防御的不足。如抗日战争时期，冀中军民利用和改造冀中平原地形，开展游击战、地道战，为改造和利用平原地形树立了光辉典范。解放战争时期名震中外的辽沈、平津、淮海三大战役，其主战场均是在平原地区进行的。

（二）山地

1. 山地的地形特点

山地一般谷深坡陡，多断绝地形和天然屏障。山背、山脊纵横起伏，道路少且质量差，河床窄，水位涨落急剧，人烟稀少，物质缺乏，地形断绝，山顶高耸，山脊纵横起伏，道路网不发达，质量差，弯多坡大；居民地多为沿河谷分布，密集的大居民地稀少；高山地区空气稀薄，气象多变，山顶与山脚以及昼夜之间温差较大。

2. 山地对作战行动的影响

军队机动受限，大兵团行动较困难，坦克和机械化部队仅能沿公路或平坦地行动；判定方位较困难，视界和射界死角多，通信联络和指挥协同均受影响，但便于选择良好的制高点、观察所、指挥所，便于隐蔽；便于构筑坚固的坑道工事，但石质山地，不易挖掘，作业效率低，后勤保障较困难；对核、生、化武器的袭击有良好的天然防护作用，但谷地、凹地、隘路等地段和丛林易滞留毒剂，洗消困难；山地地形对攻防战斗各有利弊，但一般是易守难攻，进攻时便于隐蔽、穿插、迂回、包围和设置埋伏，防守时，便于凭险固守，利用山洞、坑道等隐蔽部队和储备物资。

从总体上看，山地是一种易守难攻的地形。如抗美援朝战争中的上甘岭战役，就是一次著名的山地坚守防御。敌逐次投入兵力达六万余人，动用三千架飞机，一百二十辆坦克，一千五百余门火炮，向我上甘岭地区之 597.9 高地和北山实施猛烈的攻击,在约 3.7 平方千米的阵地上,每天发射炮弹三十余万发,山头被削低 2 米,表面工事全部被摧毁，在严重缺粮、缺水、缺弹、缺药和缺新鲜空气的极端艰难困苦的条件下，我军依据有利地形条件，扼守坑道工事，以坚忍不拔的战斗精神，与敌顽强战斗 43 天，先后击退敌人九百余次进攻，毙伤敌人二万五千余人，敌人未能夺取寸土，我志愿军取得了战役全胜。

（三）丘陵地

1．丘陵地的地形特点

丘陵地高差不大，山顶圆浑，谷宽岭低，坡度平缓，断绝地较少。山脚附近多为耕地、梯田和谷地，它是界于山地和平原之间的过渡地形。

2．丘陵地对作战行动的影响

丘陵地对军队的机动和各种兵器装备的使用一般限制很小，因地形的起伏而具有一定的隐蔽条件；展望良好、射界开阔，便于选择良好的制高点、指挥所、观察所和各种兵器的射击阵地，便于通信联络和诸兵种协同作战；土层较厚，便于构筑野战工事；物产丰富，便于军队后勤补给；地形起伏，对核武器袭击有较好的防护作用，但山谷和凹地容易滞留毒剂。

丘陵地是一种攻防兼备的地形，与平原地一样战场容量大，适合于大兵团作战。攻者便于隐蔽地接近敌人，防者可利用纵深高地组织多层次、支撑点式环形防御。所以军队演习大都在丘陵地上进行。丘陵地的战例也较多，如辽沈战役中的黑山阻击战，就是在丘陵地区进行的。1948 年 10 月我东北野战军第十纵队第二十八师在黑山地区阻击由沈阳西犯之敌，历时三天两夜，敌人在大量飞机、火炮支援下，用重兵多次向我黑山城北及东北两高地进行猛攻，我军依托高地有利地形，构筑了坚固的防御攻事，顽强阻止了敌人的前进，经过激烈的战斗，共毙敌 3414 人，为我军主力全歼廖耀湘兵团争取了时间，创造了条件。

（四）岛屿

1．岛屿的地形特点

岛屿是散列于海洋、江湖中的陆地，面积大小不一，通常大的叫岛，小的叫屿。岛屿四面环水，面积狭小，多数为列岛或群岛，少数为孤岛。一般岛上多山，坡度陡峻，地形复杂；岸线弯曲，岸陡滩狭；道路少，且曲折狭窄；居民少，物产有限，淡水缺乏；多数岛上土壤贫乏，植被较少，但热带地区的岛上多茂密丛林；岛屿气象复杂多变，夏季台风威胁较大；有些岛屿之间水浅、礁多，航道狭窄。

2．岛屿对作战行动的影响

主要取决于岛屿的位置、形状、大小、岛上地形以及港湾、交通和给水条件等。一般来说，岛屿作战利于防御而不利于进攻。防守时，由于岛上多山，地形险要，登陆地段少，便于依托有利地形，构筑以坑道为骨干、组成完整坚固的防御阵地，凭险固守；但由于四面环水，军队机动和补给受限制，岛与岛之间不便于通信联络，协同和指挥困难，且易四面受敌，战斗独立性大。进攻时，由于岛屿内多为险峻山地，沿海海岸岸陡滩狭，登陆和发展战斗都受到限制；航渡时，战斗队形暴露于海面，易遭受来自空中、海上和岛屿上的袭击；海洋气候多变，风浪和海潮会影响部队的航渡和增加疲劳；敌前上陆，背水攻击，敌逸我劳，增加了进攻战斗的艰巨性。

（五）居民地

1．居民地的地形特点

大型城市居民地，通常是某一地区的政治、经济和文化中心，又多是交通枢纽；一般依山、临江河或海而筑；人口众多，房屋密集，建筑物高大而坚固；机场、港口、铁路、公路等运输设施较完善；中小城市通常都有公路或铁路相通；集镇是一种比较大的居民地，房屋较多，山地集镇的街道比较曲折，房屋分布分散；平原上的集镇一般靠近道路或江河两侧，江河两侧有公路、乡村路或水路相通，交通发达；村庄是较小的居民地，人口不多，房屋结构多为土坯或砖混结构。

2．居民地对作战行动的影响

大型居民地通常是攻、防要点，是敌人航空兵、炮兵、原子、导弹和化学武器袭击的重点目标。城市居民地地形上建筑物密集，易于设置障碍，使机动困难，房屋参差错落，观察受限，不便于指挥，但由于房屋密集，易隐蔽、掩护，便于立体防御。高层现代建筑，结构坚固，有一定的防护能力，但战时房屋易于倒塌和起火燃烧，水管和煤气管道易于破裂而引起水患、爆炸和中毒。

在现代战争条件下，由于城市居民地战争潜力大，战略地位凸显，成为战争焦点。改革开放30多年来，我国经济飞速发展，特别是东部沿海城市成为改革开放的前沿地带，现代化的城市密布，在高技术武器攻击之下其抗击能力显得极其脆弱。因此，发挥城市居民地的优势，做好未来反侵略战争的防空袭和反空袭作战准备，将成为城市特别是重要城市的一项长期战略任务。

分析以上五种地形对作战行动的影响，为分析其他地形对作战行动的影响奠定了基础。如分析山林地形对作战行动的影响，只需考虑森林覆盖对作战行动的影响就可以了。山林地形有利于部队隐蔽，但不利于判定方位、通行、观察、射击、协同和指挥，有利于防核武器、化学和生物武器的袭击，但容易引起火灾，滞留毒剂和放射性物质。再如沙漠戈壁地形，植被极为稀少，视界、射界开阔但却缺乏方位物，易于迷失方向。土质疏松，影响通行，工事易于滑塌，水源缺乏，昼夜温差大，影响部队的生存能力。沙漠地形对核、生化武器的防护能力差，且消除沾染和卫生处理较困难。

地形对作战有着广泛的、重要的影响，了解地形对作战行动的影响，有利于作战行动中趋地形之利，避地形之害，并根据需要，能动地改造地形以赢得战争的胜利。

三、研究地形的基本方法

在遂行战斗任务时，认真研究和善于改造、利用地形是取得作战胜利的一项重要保证。研究地形通常有以下几种方法：

（一）现地侦察地形

现地侦察地形是研究地形最基本的方法。在现地可以真实地了解地形状况，判断其对战斗行动的影响，使自己的意图符合客观实际，实施正确的组织指挥。在条件允许时，现地侦察可进行多次。

（二）利用地图研究

利用地图（包括电子地图）研究地形是常用的一种方法。通常在现地侦察前或不易进行现地侦察时采用，地形图能较准确、详细地显示地形的起伏状态。利用地图研究地形，不受敌情、天气和时间的限制。在现代条件下作战，战场广阔、情况多变，应随时利用地图研究地形，以保证实施正确的和不间断的指挥。

（三）利用航空相片研究

利用航空相片研究地形，是现代广泛使用的方法。航空相片能及时获得新颖、详细、真实的地形情况，能准确判明敌人的火器配置、工程设施、兵力和技术兵器的集结区域，以及敌人进攻或防御的态势。总之，摄影时所发生和存在的情形，都能在相片上显示出来，若使用红外线等摄影方法，还可以透过敌人的一般伪装，获得真实的情况。但相片不能显示高地、江河的名称和地面点的高程、河流的深浅等情况，故仍需结合地图进行分析判断。

（四）利用沙盘进行研究

沙盘能形象地显示实际地形的高低起伏状态，标示敌我工事、兵力和兵器配置情况。利用沙盘研究地形，直观形象，能给人以明确的立体感。沙盘既是平时战术训练，又是战时指挥员研究和判断地形、敌情，定下决心，组织协同和战前练兵的好工具。

（五）利用电视显示系统研究

由于电子技术的发展，利用电视技术显示地形，传输地形图或利用小型发射机直接观察战斗进展，把战场地形和敌情变化及时转播到指挥所里，是近年军队研究地形的新方法，它可以快速提供指挥员定下决心所需要的地形以及敌情资料。

第二节　地形图基本知识

一、地图概述

（一）地图的定义

地图是地球表面的缩写。将地面的自然地理要素和社会经济要素，按一定的投影方法和比例关系，用规定的符号、颜色和注记，综合测绘于平面图纸上的图叫地图。

（二）地图的分类和用途

地图的分类是根据地图的某些特征，把它们分成各自不同的种类。按内容可分为普通地图和专题地图，按比例尺可分为大、中、小比例尺地图，按用途可分为教学图、政区图、军用图、飞行图、航海图、交通图、游览图等。

1．普通地图

普通地图是综合反映地表自然现象和社会经济现象的地图。主要包括：自然地理要素，如地貌、水系、土壤、植被等；社会经济要素，如居民地、行政区划、工矿、交通网等。普通地图又分为地形图和地理图，它们是编绘专题地图的基础。

通常大于 1:100 万比例尺的地图叫地形图。地形图的显著应用特点是它的可判读性、可测量性和可分析性。在地形图上可以进行长度（距离）、高度、坡度、水平角度、坐标和面积的量读、计算。因此地形图是军事上研究、分析地形、指挥作战的重要工具，也是国家经济建设、国防建设不可缺少的主要地形资料。我国地形图比例尺系列为：1:1 万、1:2.5 万、1:5 万、1:10 万、1:20 万、1:50 万、1:100 万等 7 种。

2. 专题地图

专题地图又称专门地图，是在地形图上简明、突出地显示一种或几种要素，具有专门化的内容和用途，如地貌图、交通图、地质图、水文图、人口图、植被图、气象图等。

军用地图除地形图外，还有海图、航空图等专用地图。海图主要供舰船在海上航行、作战和训练时使用，它突出标示海洋水深、沿海地形以及各种助航行设备等。航空图和普通地图的内容较接近，是在普通地图的基础上着重显示供飞机导航的各种专门内容，如为确保飞行的安全和判定方位，特别着重标示地面起伏高程和超高建筑等内容。

二、地图比例尺

地图比例尺是说明该图所表示的地面被缩小的尺度。它不仅是测图、编图的依据，也是用图时进行点的坐标、点间距离量读的依据。

（一）比例尺的概念

地图上某线段长与相应实地水平距离之比，叫地图比例尺。即：地图比例尺＝图上长÷相应实地水平距离。例如，图上两点间长度为 1 厘米，相应实地两点间的水平距离为 50000 厘米，这幅地图的比例尺则为五万分之一或叫做一比五万（1:50000 或 1:5 万），就是说这幅地图是将实地水平距离缩小 5 万倍绘制的。

地图比例尺绘注在地图图廓外，以图形结合文字和数字表示。其中以数字表示的为数字比例尺，以图形表示的为直线比例尺。地形图比例尺的大小是按其比值来衡量的，比值越大，比例尺越大，图上显示的地形就越详细；比值越小，比例尺越小，图上显示的地形就越简略，但同一幅面图中所包含的实地范围就越大。

（二）比例尺的形式

为了适应在地图上直接量读的需要，在地图上用得最多的比例尺有以下三种形式：

1．数字比例尺

它是用比例式或分数式表示的。如：1:5 万或 1 / 50000。

2．文字比例尺

用文字叙述缩小的比率，如“百万分之一”、“二万五千分之一”或“图上 1 厘米相当于实地 500 米”等。

3．直线比例尺

直线比例尺是用直线（单线或双线）表示的。如图 9-1 为 1:5 万直线比例尺，从“0”向右为尺身，图上 1 厘米代表 0.5 公里，2 厘米代表 1 公里，从“0”向左为尺头，图上 1 个小格代表 50 米，10 个小格代表 500 米。

图 9-1　直线比例尺

（三）图上距离的量算

1．用厘米尺量读

用厘米尺量读图上任意两点间的距离时，先用厘米尺量取所求两点间的图上长（厘米数），然后通过换算求出相应的实地水平距离（米数或公里数）。图上长与实地长的换算，通常使用地图比例尺的单位值

（即图上每厘米长相应的实地水平距离的米数）。

2．用直线比例尺量读

在直线比例尺上用两脚规（或直尺）量取图上两点间的距离时，先用两脚规（或直尺）量出两点间的长度（间隔），保持其长度（间隔）不变，将两脚规（或直尺）的一头落在尺身一个整公里数位置上，再使另一头落于尺头，则整公里数值加上尺头上的米数就是两点间的水平距离（见图 9-2）。

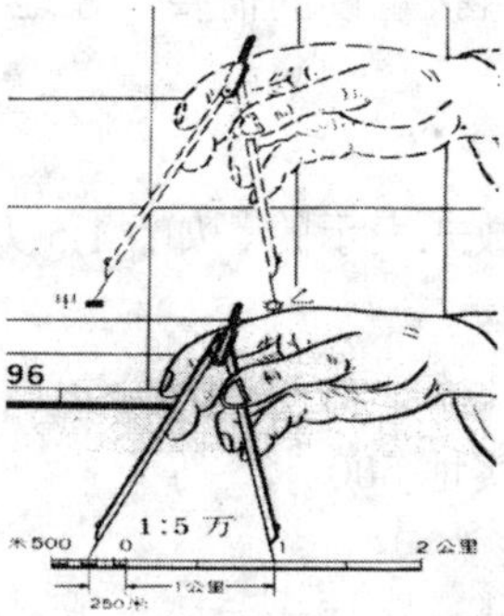

图 9-2 用两脚规量算距离

3．用里程表量读距离

在地形图上量取弯曲路段或曲线距离时，使用指北针上的里程表比较方便。里程表有表盘、指针及滚轮三部分组成，表盘上的外分划圈上有 1:100000、1:50000、1:25000 等比例尺注记和公里数注记，每个数字均表示相应实地水平距离的公里数，量读时先将指北针上的里程表指针归“0”，然后手持指北针，将里程表滚轮垂直放在所量线路的起点上，沿线路顺时针方向滚至终点，此时里程表指针所指的相应比例尺分划（公里数）即为所求实地水平距离（见图 9-3）。

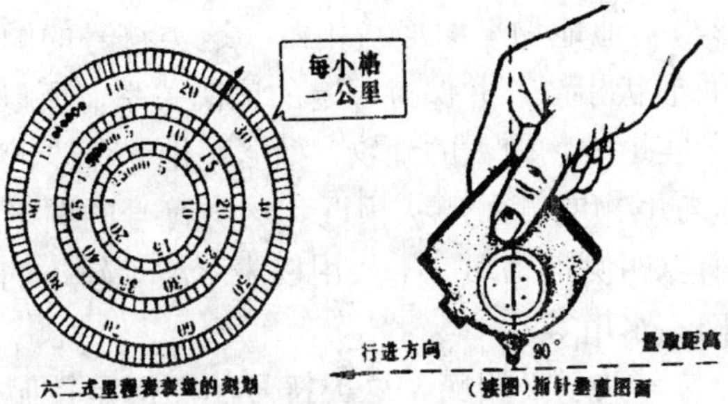

图 9-3　用里程表量读距离

三、地物符号

表示地形要素的空间位置、大小、质量和数量的特定图式记号或文字，称为地物符号，又叫地形图符号。它是构成地图的重要要素，是地图的语言。

（一）地物符号的图形特点

地物符号依其形状，主要有以下三个特点（见图 9-4）：

图形特点	符号及名称		
与平面形状相似	居民地	河流、苗圃	公路、桥梁
与侧面形状相近	突出阔叶树	烟囱	水塔
与有关意义相应	变电所	矿井	气象站

图 9-4　地物符号的特点

1．图形与实地地物平面形状相似。这类符号的图形与地物正射投影后的平面形状相似，并保持一定的比例关系，所以叫正形图形。一般用于表示实地地物较大的地物，如居民地、森林、河流、湖泊等。

2．图形与地物的侧面形状相近。这类符号的图形与地物的侧面形状相近，所以叫侧形图形。一般用以表示实地较小的独立地物，如突出树、烟囱、水塔等。

3．图形与有关意义相应。这类符号的图形是按照会形、会意的方法构图的，所以叫象征图形。它具有形象和富有联想的特点，如变电所、矿井、气象台（站）等。

（二）地物符号的分类

地物符号按与实地地物的比例关系，通常分为以下四类：

1．依比例尺符号

用于表示实地面积较大的地物，如大的居民地、湖泊、森林等。它的外部轮廓是按比例尺缩绘的，拐弯点位置准确，面积可以量算，拐弯点常用以判定方位、确定位置和指示目标（见图 9-5）。

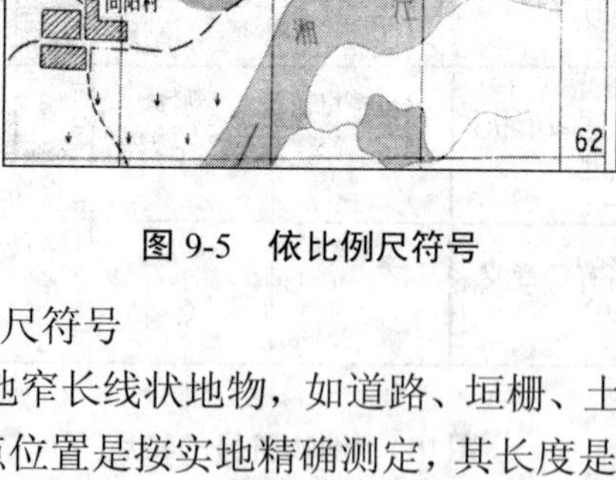

图 9-5　依比例尺符号

2．半依比例尺符号

用来表示实地窄长线状地物，如道路、垣栅、土堤、通信线路等。其转折点、交叉点位置是按实地精确测定，其长度是按比例尺缩绘的，而宽度不是按比例尺缩绘的（见图 9-6）。

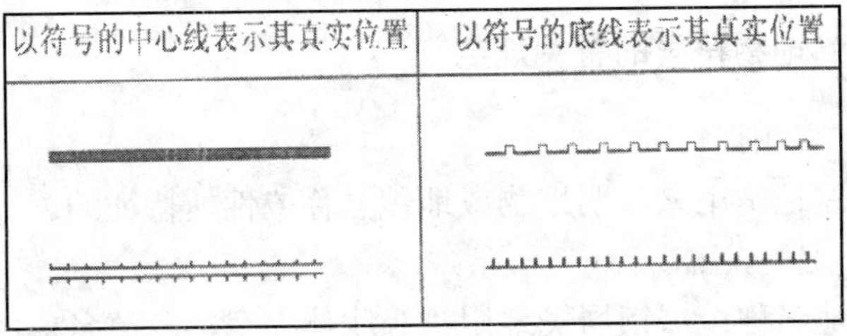

图 9-6　半依比例尺符号

3．不依比例尺符号

用来表示实地一些对部队战斗行动有影响或有方位意义的地物，如突出树、亭、塔、油库等。因其实地面积较小，不能按比例缩绘，只能用规定的符号表示。通过不依比例尺符号，可了解实地地物的性质和位置，但不能量取其大小。其定位点的规定见图 9-7。

4．说明和配置符号

说明和配置符号主要用来说明、补充上述三种符号不能表示的内容，说明符号是用来说明地物某种情况的，如表示街区的晕线，表示江河流向的箭头等。

配置符号是用来表示某些地区的植被及土质分布特征的，如草地、果园、疏林、道旁行树、石块地等。

说明和配置符号只表示实地地物的分布情况，并不表示其真实位置和数量（见图 9-8）。

定位点	符号举例		
图形中有一点的，在该点上	三角点	亭子	窑
几何图形，在图形的中心	油库	水车、风车	发电厂
底部宽大的，在底部中点上	水塔	古塔	纪念碑
底部为直角的，在直角的顶点	路标	突出阔叶树	突出针叶树
组合图形，在主体图形的中心	石油井	泉	小面积树林
其他图形，在图形的中心	桥	矿井	水闸

图 9-7　不依比例尺符号图

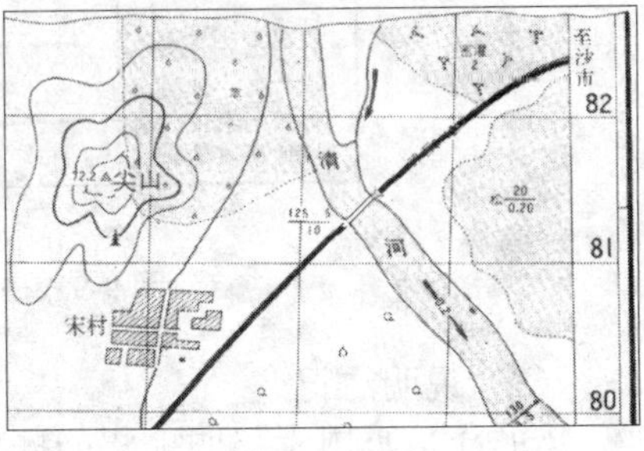

图 9-8　说明和配置符号

（三）地物符号的有关规定

1．文字注记

文字注记是用来说明地物或地貌名称或性质特征的。

（1）名称注记

居民地名称：城镇居民地用“等线体”字，乡镇名称用“中等线体”字，农村居民地用“仿宋体”字注出。注记，一般用水平字列，必要时才用垂直、雁行字列。

山和山脉名称：独立高地、山隘等一般用“长中等线体”字，并以水平字列注在相应位置的上方；山岭，山脉走向等用“耸肩等线体”字（字的竖划垂直南图廓），注在山脉、山脉走向的中心线上。

水系名称：包括海洋、海峡，海港、海湾、江河、沟渠、湖泊、水库、池塘等，都用蓝色的“左斜宋体”字，按地物的面积和分布均匀注出。

地理单元名称：岛屿、草原、沙漠、滩礁、海角等，均用“宋体”字；群岛名称则用“扁等线体”字，按地形的面积和长度适当注出（见图 9-9）。

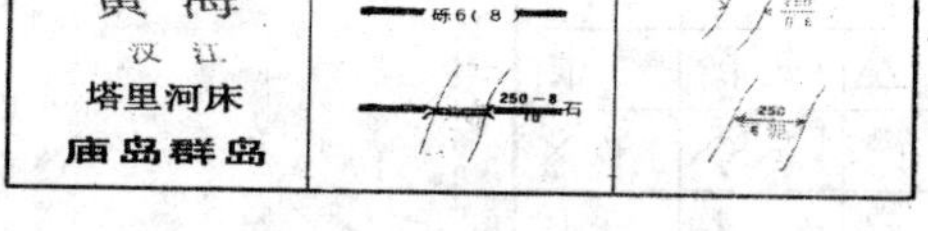

图 9-9　注记形式字

（2）说明注记

说明注记是用来说明地物的性质和特征的，如水的咸、淡，公路路面质量，徒涉场底质，塔形建筑物的性质等，均用“细等线体”简注在符号内或一旁（见图 9-9）。

2．数字注记

数字注记是用来说明地物的数量特征的。图上注记分为分数式和单个数字两种形式。分数式注记中，分子一般表示地物的长度、宽度和高度；分母表示地物的深度、粗度和载重量。单个数字注记，一般表示地物的高度、深度、比高、流速、里程、界碑编号、山隘通行和时令河有水的月份等，里程碑、公里数及界碑、界桩编号等用“斜宋体”，其他数字用“正等线体”字，各种数字注记的颜色，均与相应的符号颜色一致（见图 9-9）。

3．颜色规定

为了提高地图的表现力，丰富地图内容，使地图层次分明，清晰易读，地图符号采用不同的颜色。目前我军出版的地图为四色图，其中：黑色代表的是人工物体——居民地、独立地物、管线、垣栅、道路、境界及其名称与数量注记等；绿色代表的是植被要素——森林、果园等的普染；棕色代表的是地貌要素——等高线及其高程注记、地貌符号及其比高注记、土质特征、公路普染；蓝色代表的是水系要素——河岸线、单线河及其注记和普染、雪山地貌等。

四、地貌判读

地表的起伏形态，称为地貌。地形图上主要用等高线来表示。所谓等高线，是地面上高程相等的各点连接而成的曲线。

（一）等高线显示地貌的原理

假想把一座山从底到顶按照相等的高度，一层一层的水平切开，这样，在山的表面就出现许多大小不同的截口线，再把这些截口线垂直投影到同一平面图纸上，便形成一圈套一圈的曲线图形，因为同一条曲线上各点的高度都相等，所以叫等高线。地图就是根据这个原理来显示地貌的（见图 9-10）。

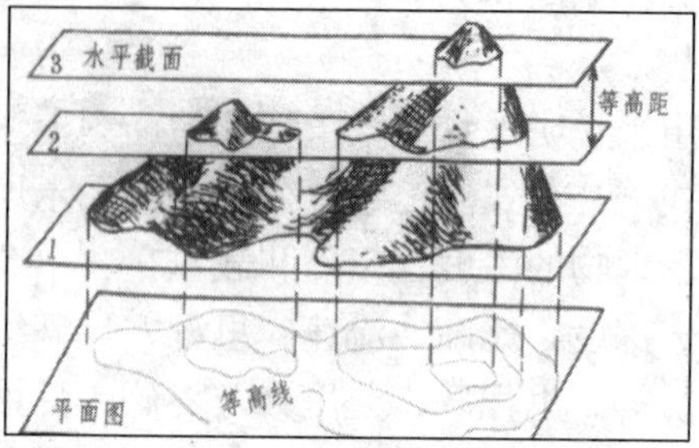

图 9-10 等高线显示地貌的原理

（二）等高线显示地貌的特点

1．同一条等高线上各点的高程相等，每条等高线都是闭合曲线。

2．同一幅地图上，等高线多山就高，等高线少山就低；凹地相反。

3．同一幅地图上，等高线间隔密，实地坡度陡；等高线间隔稀，实地坡度缓。

4．图上等高线的弯曲形态与相应实地地貌相似。

（三）等高距的规定

相邻两条等高线之间的垂直距离叫等高距。即指两条相邻等高线间的高差。从等高线显示地貌的原理可知：同一幅图上，等高距愈小，等高线愈多、愈密，图面愈不清晰，但地貌显示愈详细；等高距愈大，等高线愈少、愈稀疏，图面清晰，但地貌显示愈简略。各种比例尺等高距如下：1:2.5 万为 5 米，1:5 万为 10 米，1:20 万为 40 米，1:50 万为 100 米，1:100 万为 200 米。

（四）等高线的种类和作用

1．首曲线

又称基本等高线，是按规定的等高距，由平均海水面起算而测绘的细实线，线粗 0.1 毫米，用以显示地貌的基本形态。如在 1:5 万图上的首曲线，依次为 10 米、20 米、30 米。

2．计曲线

又称加粗等高线，规定从高程起算面起，每隔四条首曲线（即五倍等高距的首曲线）加粗的一条粗实线，线粗 0.2 毫米，用以数计图上等高线和判读高程。如在 1:5 万图上的计曲线，依次为 50 米、100 米、150 米。

3．间曲线

又称半距等高线，是按二分之一等高距描绘的细长虚线，线粗 0.1 毫米，用以显示首曲线不能显示的局部地貌，如小山顶、阶坡或鞍部等。

4．助曲线

又称辅助等高线，是按四分之一等高距描绘的细短虚线，线粗 0.1 毫米，用以显示间曲线仍不能显示的地貌。

间曲线和助曲线共用于局部地区，显示局部地貌，所以它不像首曲线那样一定要每条闭合，除表示山顶和凹地的曲线要闭合外，表示鞍部时，一般只对称描绘，终止于适当位置；表示斜面时，一般终止于山背或山谷两侧适当位置（见图 9-11）。

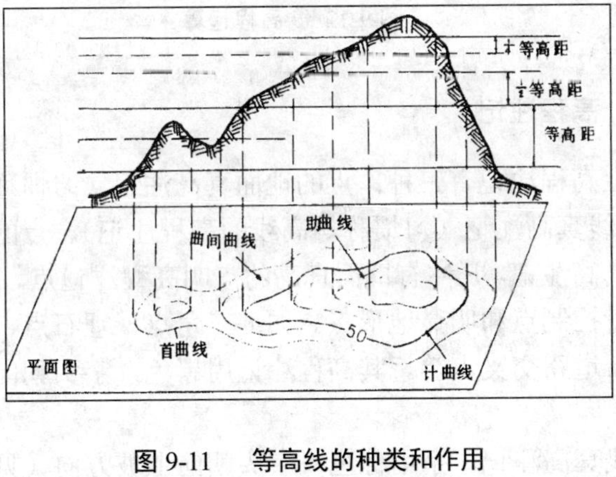

图 9-11　等高线的种类和作用

（五）高程起算和注记

1985年以前，我国高程起算采用的是“1956年黄海高程基准”，1985年后，改用“1985国家高程基准”。以国家规定的高程基准面为起算面，高于高程基准面的为正，低于该面为负（负值要加“-”号）。以该面起算的高程，叫真高，也叫海拔或绝对高程。以假定水平面起算的高程，叫假定高程或相对高程。地物、地貌由所在地面起算的高度，叫比高，它是相对高程的一种。起算面相同的两点间高程差，叫高差（见图9-12）。

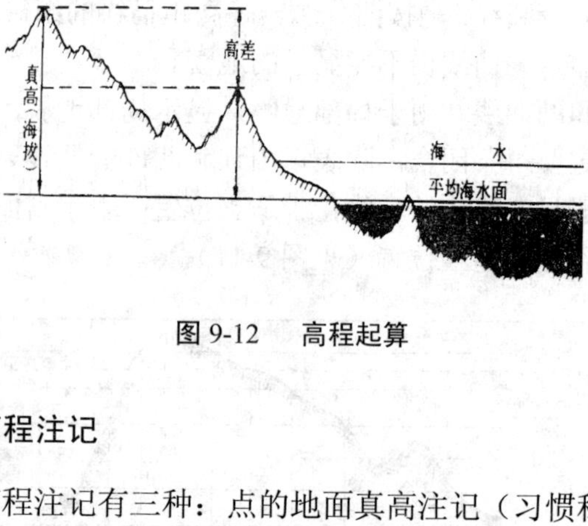

图9-12 高程起算

（六）高程注记

地图上高程注记有三种：点的地面真高注记（习惯称点的高程注记）、等高线真高注记（习惯称等高线的高程注记）、点的比高注记。

点的真高注记。凡注有地面真高的点叫高程注记点，简称高程点。它包括测量控制点和明显地形点。如：三角点、埋石点、水准点、山头定位点、道路交叉点等。其高程注记用黑色，字头朝向北图廓（见图9-13）。

等高线真高注记。字用棕色，字头朝向上坡方向（见图9-13）。

点的比高注记。与其所属要素的颜色一致，字头朝向北图廓（见图9-13）。

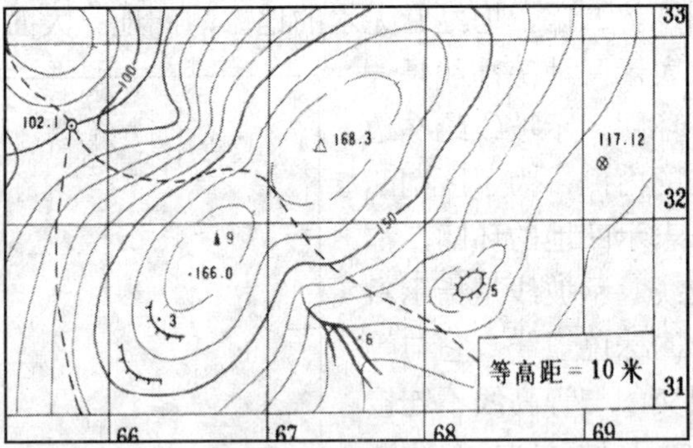

图 9-13　高程注记

（七）地貌识别

1．山的各部形态

地貌虽然千差万别，多种多样，但它们都是由某些基本形态所组成。这些基本形态是：山顶、凹地、山背、鞍部、山脊和斜面等。

（1）山顶

山的最高部位叫山顶。图上表示山顶的等高线呈小的闭合曲线。山顶依其形状可分为尖顶、圆顶和平顶三种（见图 9-14）。

图 9-14　山 顶

（2）凹地

比周围地势凹陷，但经常无水的地方叫凹地。大面积的凹地称为盆地。图上表示凹地等高线是一个或数个小环圈，示坡线绘在边缘和最低处的内侧，为了区别凹地与山顶，表示凹地的环圈，都要加绘示坡线。示坡线是指示斜坡降落方向的棕色短线，它与等高线垂直相交，与等高线不连接的一端指向下坡方向（见图9-15）。

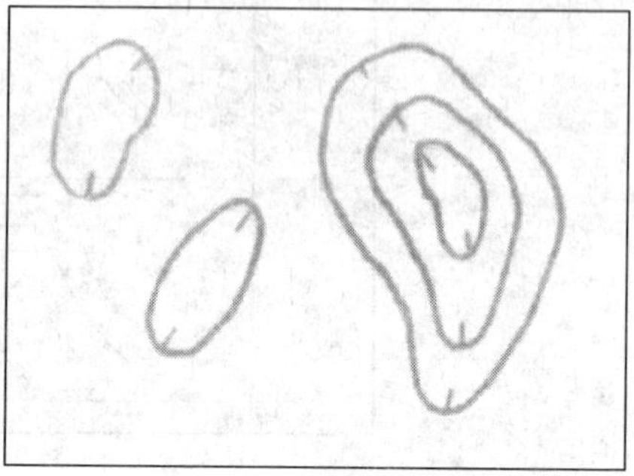

图 9-15 凹 地

（3）山背

山背，是从山顶到山脚的凸起部分，很像动物的脊背。雨水落在山背上向两边分流，所以最高凸起的棱线，叫分水线。

图上表示山背的等高线以山顶为准，等高线外凸出，各等高线凸出部分顶点的连线，就是分水线（见图 9-16）。

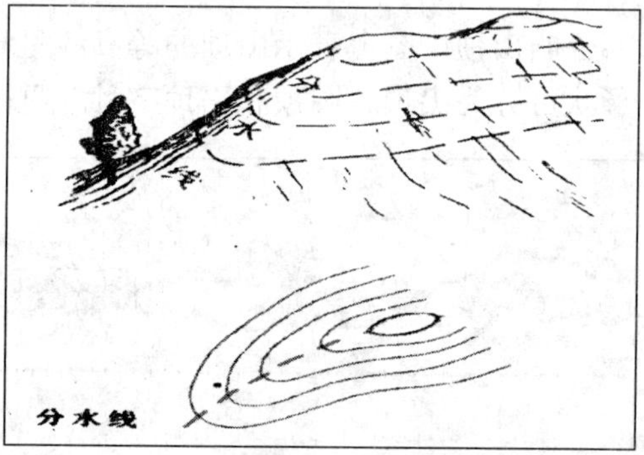

图 9-16 山 背

依山背的外形分，有尖的、圆的和平齐的三种山背。尖山背，等高线依山背延伸方向呈尖状回头；圆山背，等高线依山背延伸方向呈弧状回头；平齐山背，等高线依山背延伸方向呈平齐状回头。

（4）鞍部

鞍部是相连两山顶间的凹下部分，其形如马鞍状。图上是由一对表示山背和一对山谷的等高线显示。表示两山背的一对等高线高程相等，表示两山谷的一对等高线高程相等（见图 9-17）。

（5）山谷

山谷，是相邻山背、山脊之间的低凹部分。由于山谷是聚水的地方，所以最低凹入部分的底线叫合水线。图上表示山谷的等高线与山背相反，以山顶或鞍部为准，等高线向里凹入（或向高处凸出），各等高线凹入部分顶点的连线就是合水线（见图 9-18）。

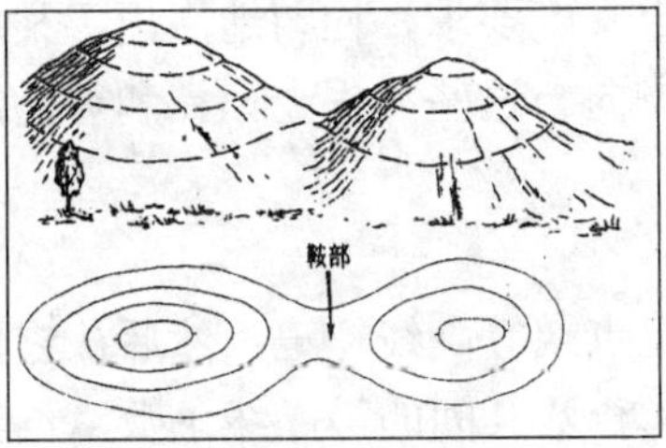

图 9-17　鞍　部

图 9-18　山　谷

（6）山脊

山脊，是由数个山顶、山背、鞍部相连形成的凸棱部分。山脊的最高棱线叫山脊（见图 9-19）。

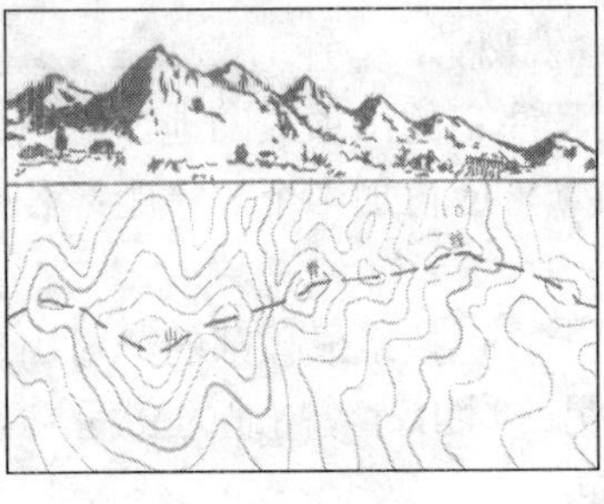

图 9-19　山　脊

（7）山脚、山腰

山脚：山体最下部位，下接平地或谷地。山脚是等高线由密变疏的明显部位。

山腰：指山顶到山脚步的中间部分。

（8）斜面

斜面是指从山顶到山脚的倾斜部分又叫斜坡或山坡。

军事上以敌对双方占领地区为准，把朝向敌人的斜面称为正斜面，背向敌方的称反斜面。斜面按其起伏纵断面的形状分为四种。

2．高程与高差的判定

地形图上用黑色注出高程的点，称为高程注记点。通常一幅图有80～200 个。此外，地形图上还按一定密度要求，均匀地注出了某些等高线的高程，并规定字头朝向山顶方向。这些高程注记点和等高线注记即是判定任意点高程的依据。

（1）高程的判定

首先在欲判定点近旁寻找高程注记点或等高线注记；然后按它们与欲判定点的关系位置向上（或向下）查数其间的等高线条数，再依南图廓外注出的等高距算出最邻近的一条等高线的高程，最后加上（或减去）目估或内插出的欲判定点至该曲线的高，即得欲判定点的高程。

欲判定点在等高线上。则该点的高程等于所在等高线的高程。

欲判定点在两等高线之间。应先判明上下相邻两条等高线的高程，再按点位所在两条等高线间的比例关系和等高距，估判出对于下（或上）方等高线的高差，然后加（或减）到下（或上）方等高线的高程上，即为欲判点的高程。

欲判定点在无高程注记的山顶或凹地。应先判明最邻近的一条等高线的高程，若是山顶，应再加半个等高距；若是凹地，应再减半个等高距。

欲判定点在鞍部上。可按组成鞍部的一对山谷等高线的高程，再加半个等高距；或以另一对山背等高线的高程，减去半个等高距求得。

（2）高差的判定

判定两点的高差，应先分别判明两点的高程，然后两高程数相减，即得高差。

3．地面起伏与坡度的判定

（1）地面起伏的判定

在图上判定行进方向的起伏状态时，首先应根据等高线的疏密情况、高程注记、河流的位置和流向，判明各山脊的分布状况和地形总的下降方向，再具体分析山顶、鞍部、山脊、山谷的分布，详细判明起伏状况。其判定根据如下：

①根据等高线的疏密。在地形图上，一般是高处，坡陡，等高线密；低处，坡缓，等高线稀。

②根据高程注记。高程点高程递增的为上坡方向，递减的为下坡方向；等高线的高程注记，字头朝向上坡方向。

③根据示坡线。示坡线与等高线相连接的一端是上坡方向，另一端指向下坡方向。

④根据河流符号。地形图上河流符号多数由细渐粗，大的河流还绘有流向符号，从而能判定出河的上下游，明确倾斜方向；当一组等高线在河流一侧时，靠近河流的等高线低，远离河流的等高线高；当一组等高线横穿河流时，上游的等高线是上坡方向，下游的等高线是下坡方向。

⑤根据山的各部形态。山顶高，鞍部低；山背高，山谷低；山脊高，山脚低；山地高，平原洼地低等。通过图上各部形态的等高线图形，就能判定其高低或上下坡方向（见图9-20）。

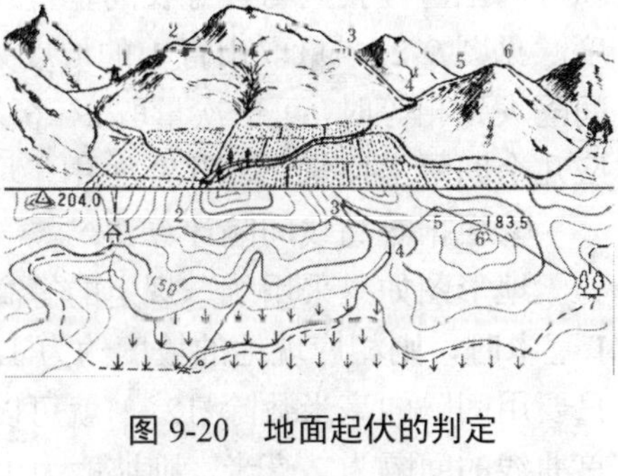

图 9-20　地面起伏的判定

（2）坡度的判定

坡度，通常指斜面对水平面的夹角，但有时也指斜面上某指定方向对于水平面的夹角。坡度的大小通常用度数表示。图上判定坡度通常用以下两种方法：

①用坡度尺量。

地形图南图廓的下方绘有坡度尺，如图 9-21，坡度尺的底线上注有从 1° ～30° 的坡度数值和 3.5%～58%的百分数，从下至上有六条线（一条直线，五条曲线），用坡度尺在图上判定坡度时，可以分别量取 2～6 条等高线间的坡度。

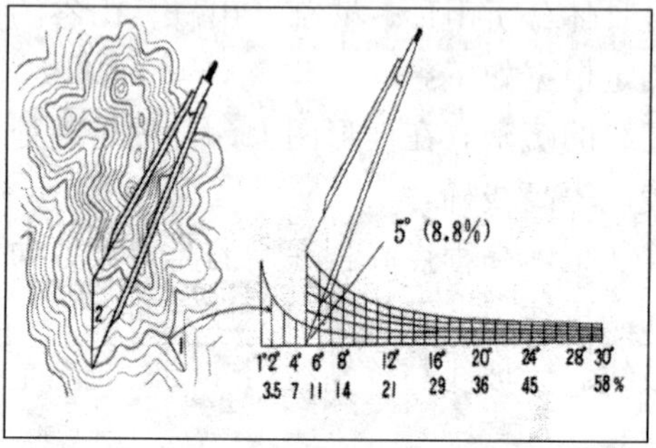

图 9-21 用坡度尺量坡度

量取两条等高线间的坡度时，先用两脚规（或纸条、草棍等）量取图上两条等高线间的宽度；然后到坡度尺的第一条曲线与底线间的纵方向上量，找到与其等长的垂直线段，即可在底线上读出相应的坡度。见图 9-21，量取山背 1 的坡度为 2°（或 3.5%）。如几条等高线的间隔大致相等时，可一次量取 2～6 条等高线的间隔；然后在坡度尺相应几个间隔上比量。如图 9-21 中量取山背 2 的坡度为 5° （或 8.8%）。

②根据等高线间隔计算。

地形图如果采用统一规定的等高距，当两条相邻首曲线的间隔为 1 毫米时，则相应现地的坡度约为 12°。如果间隔大于或小于 1 毫米，只要用间隔的毫米数除 12°，就可以得出实地坡度。例如：相邻两条首曲线的间隔为 2 毫米，则坡度为 12°÷2=6°。但若坡度超过 30°时，则因估算误差较大，不宜采用此法。

（八）坐标

确定平面或空间某点位置的一组数值，叫该点的坐标。使用坐标，便于迅速准确地确定点位，指示目标，实施组织指挥。军事上常用的有地理坐标和平面直角坐标。

1. 地理坐标

确定地面上某点位置的经纬度数值，叫该点的地理坐标。地球表面任意一点，都有一条经线和纬线通过。因此可以用相应的一组经、纬度数值指示和确定。

地理坐标通常用度、分、秒表示。在空军、海军和外交事务中，常用地理坐标指示目标位置。

（1）地理坐标网的构成

地理坐标网是由经线和纬线构成。它的构成和起算全世界是统一规定的。纬度以赤道为零起算，向南、向北各 90°；经度以起始经线为零起算，向东、向西各 180°。

地图比例尺不同，表示地理坐标网的形式也略有区别。

在 1:20 万、1:50 万、1:100 万地形图上，绘有地理坐标网。纬度数值注记在东、西内外图廓间，经度数值注记在南、北内外图廓间。

在 1:2.5 万、1:5 万、1:10 万地形图上，只绘平面直角坐标网，不绘地理坐标网。图廓四角注有经纬度数值，内、外图廓间绘有经、纬“分度带”，分度带的每个分划表示一分，将它们对应相同的分度线连接起来，即可构成地理坐标网。

（2）地理坐标的应用

用地理坐标指示目标或确定某点在图上的位置时，一般按先纬度后经度的顺序进行。

在图上量取目标的地理坐标：在 1:2.5 万、1:5 万、1:10 万地形图上量取某点的地理坐标，可先在南、北图廓和东、西图廓间的分度带上，找出接近该点的经、纬度分划，并连成经纬线；再量取该点至所连经纬线的垂直距离，并按分度带估计或计算出秒数；然后分别与所连经纬线的度、分数值相加，即可得出该点的地理坐标。

按地理坐标确定目标的图上位置：如已知“150”高地的地理坐标为北纬 25° 02′12″，东经 102° 32′18″。确定该点的图上位置时，先将东、西图廓纬度分度带上 25° 02′12″处连成直线，再将南、北图廓经度分度带上102° 32′18″处连成直线，两直线的交点，即为该点在图上的位置（见图 9-22）。如所求点较多时，可先按分度带连成地理坐标网，再按各点的经纬度数值来确定各点在图上的位置。

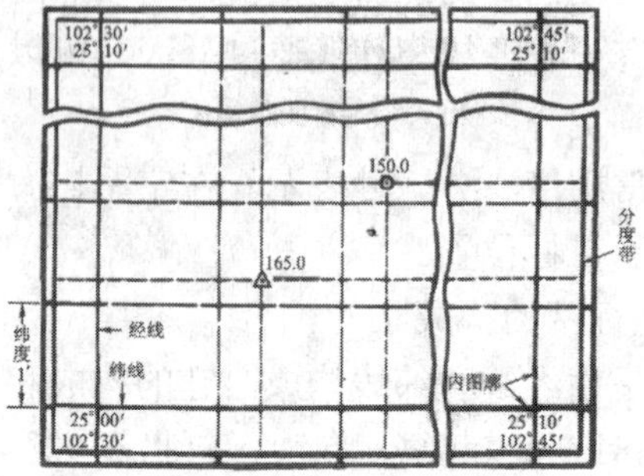

图 9-22 依度分带量读地理坐标

2．平面直角坐标

用平面上的长度值表示地面点位置的直角坐标，叫平面直角坐标。

（1）平面直角坐标的构成及注记

我国地形图上的平面直角坐标网，是按高斯投影绘制的。它以 6°为一投影带，每投影带的中央经线为纵轴（X 轴），赤道为横轴（Y 轴），其交点为坐标原点（O）。这样，每一个投影带便构成一个独立的坐标系（见图 9-23）。

为便于从每幅地形图上量测任意点的坐标，以公里（km）为单位，按相等的距离作平行于纵、横轴的若干直线，而构成平面直角坐标网，也叫方里网。纵坐标以赤道为零起算，向北为正，向南为负。因我国位于北半球，所以纵坐标均为正值。

横坐标如以中央经线为零起算，则向东为正，向西为负，使用时非常方便。

为了避免负值，把中央经线按 500km（大于赤道上经差 3° 相应的实地长）计算。这样，在中央经线以东的横坐标值均大于 500km，以西的小于 500km。

我国各地的平面直角坐标纵横值也由此而均为正值（见图 9-24）。

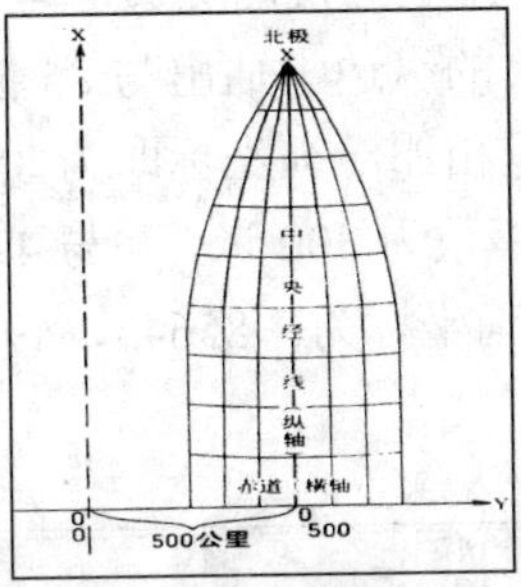

图 9-23　高斯投影带北半球

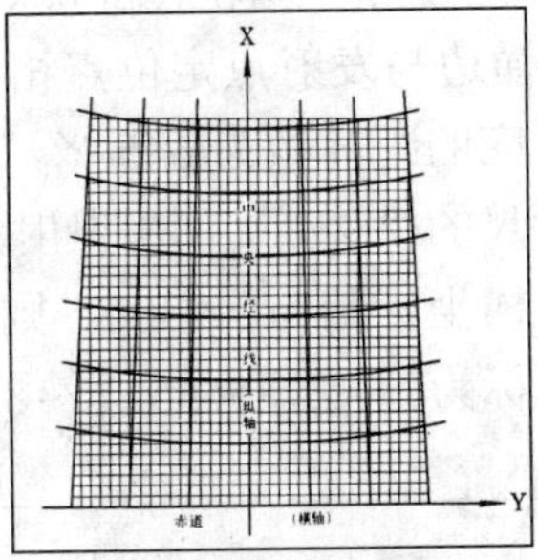

图 9-24　平面直角坐标系

坐标网注记，在东、西图廓横线上注记的为纵坐标值，在南、北图廓纵线旁注记的为横坐标值。在图廓的四角，注有纵、横坐标的全部数值，其他一般只注记末两位数。纵坐标全值注记为四位数；横坐标全值注记为五位数，其中前两位数为带号。

（2）平面直角坐标的应用

平面直角坐标主要用于指示和确定目标在图上的位置，也可根据方格估算距离和面积。指示目标或确定点的位置时，按先纵坐标后横坐标的顺序进行。

用概略坐标指示目标：用概略坐标指示目标的图上位置时，只用该目标所在方格纵、横坐标末两位的公里数值即可。

如图 9-25，要指示 116.6 高地的位置时，可先找出该点下方横线的纵坐标为“67”，后找出左方纵线的横坐标为“45”，则该点的概略坐标即为“67、45”。当需要明确地指示目标在方格中的位置或区分同一方格内的同类目标时，可采用井字格法。即将一个方格分为九小格，并按顺时针编号。指示目标时，在概略坐标后加注小格的编号即可。如图 9-25，木桥的概略坐标为“66、46 9”。

用精确坐标指示目标和确定点在图上的位置：精确坐标，由目标的概略坐标（公里数），加上该点至所在方格下边和左边坐标线的垂直距离（米数）组成，用于精确地指示和确定某点的图上位置。

用精确坐标指示目标。可在概略坐标的基础上，用坐标尺或直尺确定目标的精确坐标。见图 9-26，量取发射点的精确坐标的方法如下：先查出发射点的概略坐标 85、49，然后，使坐标尺的纵边与 49 纵线重合，横边与发射点定位点相切；从坐标尺的纵边上估出与 85 横坐标线所对应的距离数为 645 米，并与 85 公里相加，纵坐标即为 85645；从坐标尺的横边上，估出发射点所切的距离数为 300 米，并与 49 公里相加，横坐标即为 49300。则发射点的精确坐标为：85645、49300，全值坐标为：X2785645、Y18249300。

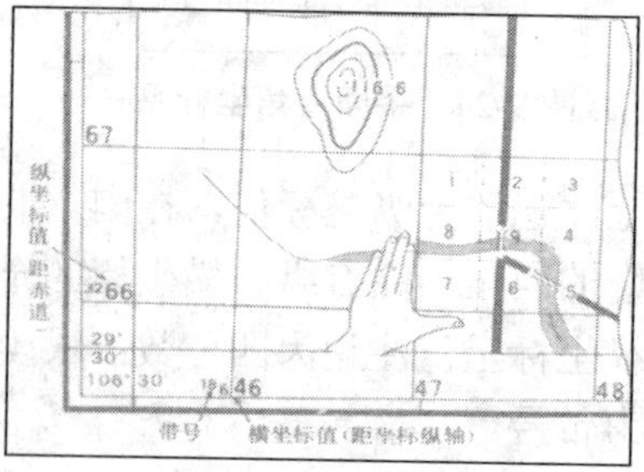

图 9-25　用概略坐标指示目标

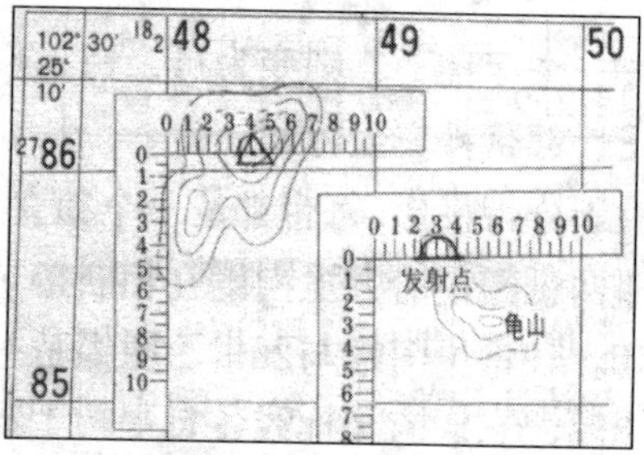

图 9-26　用坐标尺量读精确坐标

也可用直尺分别量出该点至所在方格下方横坐标线和左方纵坐标线的垂直距离，并依比例尺换算成米数，分别加在纵、横坐标的公里数上，即为该点的精确坐标。

用精确坐标确定目标的图上位置。如已知敌观察所的精确坐标为：X86075、Y48410，确定图上位置的方法如下：

见图 9-26，根据精确坐标先找到该点的概略坐标 86、48，使坐标尺纵边与 48 坐标纵线重合，并使 075 米的刻线切于 86 坐标横线上，再沿坐标尺的横边找到 410 的刻线位置，即为该点的图上位置；也可按纵横精确坐标值作平行于坐标纵横线的直线，则两线的交点就是所求点在图上的位置。

（九）方位角与偏角

方位角与偏角是地形图数学要素之一。现地判定方位、标定地图、指示目标、准备射击诸元，以及保持行进方向等，常会用到方位角与偏角。

1．方位角

从某点的指北方向线起，依顺时针方向到目标方向线之间的水平夹角，叫该点方位角（见图 9-27）。站立点到亭子的方位角是 10-00 密位，到纪念塔的方位角是 42-00 密位。

根据现地用图的需要，在地形图上定向，因每一个点都有真北、磁北和坐标纵线北三种不同的指北方向线，所以采用三种不同的方位角，即真方位角、磁方位角、坐标方位角（见图 9-28）。

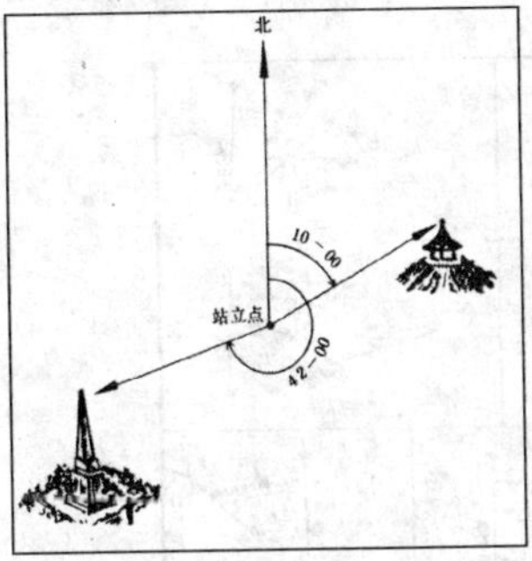

图 9-27　方位角

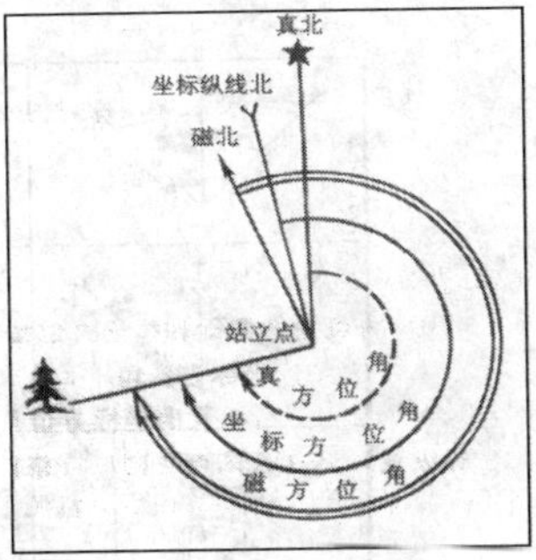

图 9-28　方位角种类

从某点的真北方向线起，依顺时针方向到目标方向线之间的夹角，叫该点的真方位角；从某点的坐标纵线北起，依顺时针方向到目标方向线之间的夹角，叫该点的坐标方位角；从某点的磁北方向线起，顺时针到目标方向线之间的夹角，叫磁方位角。

2．偏角

由于真北、坐标纵线北、磁北方向线三者不一致，所构成的水平夹角，叫偏角（见图 9-29）。

（1）磁偏角

某点的磁子午线与真子午线间的夹角，叫磁偏角。磁子午线在真子午线以东的为东偏，在真子午线以西的为西偏。它随时间和地点的不同而变化。

（2）坐标纵线偏角

某点的坐标纵线与真子午线间的水平夹角，叫坐标纵线偏角，又叫子午线收敛角。坐标纵线在真子午线以东的为东偏，在真子午线以西的为西偏。在同一高斯投影带内，距中央经线和赤道愈近，偏角愈小，反之偏角愈大，但最大的偏角不超过 3°。

（3）磁坐偏角

某点的磁子午线与坐标纵线间的水平夹角，叫磁坐偏角。磁子午线在坐标纵线以东的为东偏，在坐标纵线以西的为西偏。它有时为磁偏角和坐标纵线偏角值之和，有时为两者之差。为便于计算，上述三种偏角，都以东偏为正、西偏为负，地形图南图廓的下方，均绘有偏角图。

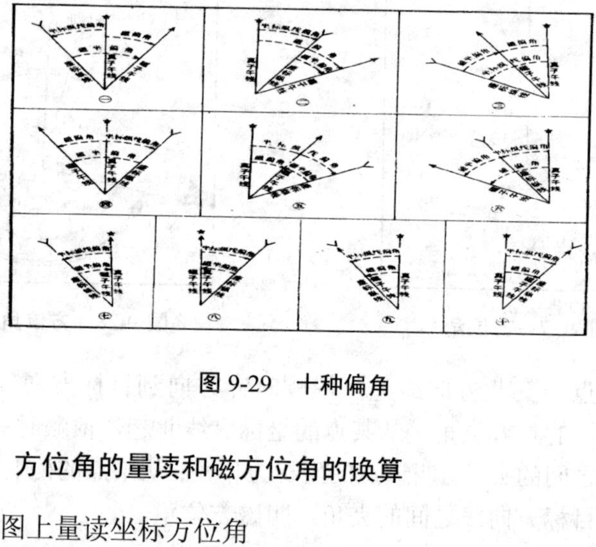

图 9-29　十种偏角

（十）方位角的量读和磁方位角的换算

1．在图上量读坐标方位角

在量取某点至目标点的坐标方位角时，先将该点和目标点连成直线，使其与坐标纵线相交（若两点在同一方格内，可延长直线）。然后，用量角器按方位角的定义量读。见图 9-30，171.4 三角点至 162.6 高程点的坐标方位角为：17-40（即 1740 密位）。

当坐标方位角大于 30-00 时，应将量角器放在坐标纵线的左边，使零分划朝南，再将读出的密位数加上 30-00，即为所求坐标方位角。

2．在图上量读磁方位角

磁方位角通常用指北针量读。见图 9-31 中量读李家至虹山磁方位角，其方法如下：

（1）在地形图上，将出发点（李家）至目标点（虹山）两点之间连一直线。

（2）标定地图。标定时，先将指北针的直尺边切于磁子午线，并使准星端朝向地图上方，然后使指北针与地图一起转动，待磁针北端对准表盘分划“0”位置时，此时地图即已标定。

（3）保持地图不动，将指北针的直尺边切于李家至虹山的连线上，并使准星朝向虹山方向，待磁针静止后，其磁针北端所指的密位数 4-54，即为李家至虹山的磁方位角。

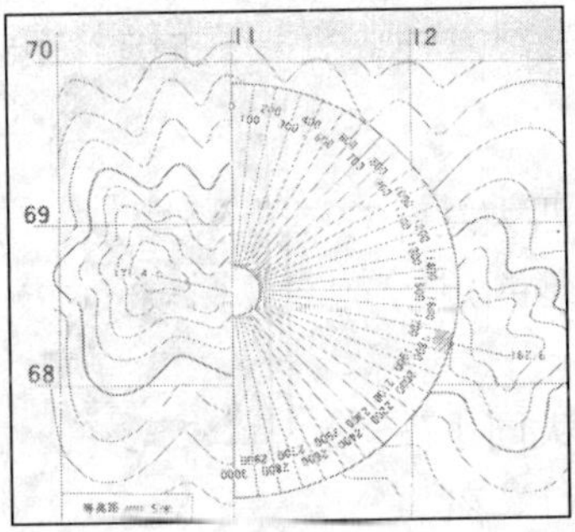

图 9-30　坐标方位角的量读

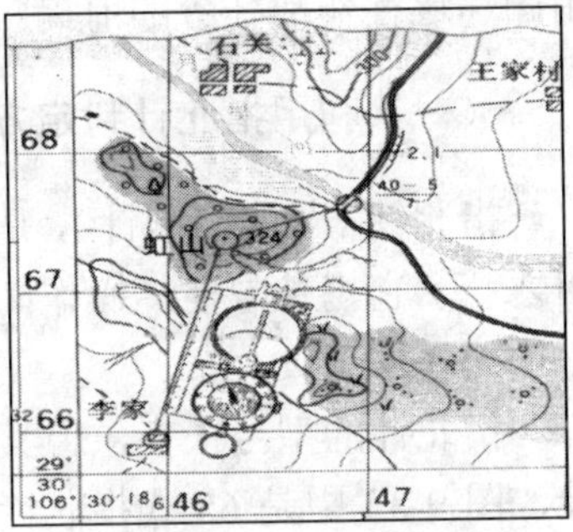

图 9-31　图上磁方位角的量读

3．坐标方位角和磁方位角的换算

（1）求坐标方位角：当磁方位角已知时，可按下式计算：

坐标方位角=磁方位角+（±磁坐偏角）

（2）求磁方位角：当坐标方位角已知时，可按下式计算：

磁方位角=坐标方位角-（±磁坐偏角）

式中的磁坐偏角值，可在地图下方的偏角图中查取。计算中，当两个角度相加大于 60-00 时，应减去 60-00；若小角度减大角度时，应加上 60-00，再与大角度相减。

第三节　现地使用地图

现地使用地形图，主要是通过地形图与现地对照，明确自己所处位置，了解周围地形情况，确定遂行任务的方向、路线、距离和作战目标。

一、现地判定方位

现地判定方位，就是在现地辨明东、西、南、北方向。它是现地用图和遂行作战任务的前提。

（一）利用指北针判定方位

指北针（又叫指南针），是我国古代四大发明之一。它携带方便，操作简单，是现地判定方位的基本工具。

指北针的型号很多，但其基本结构大同小异，图 9-32 中是 65 式指北针，它由磁针、刻度盘、方位玻璃框、角度摆、距离估定器、里程表、直尺和反光镜等部件组成。

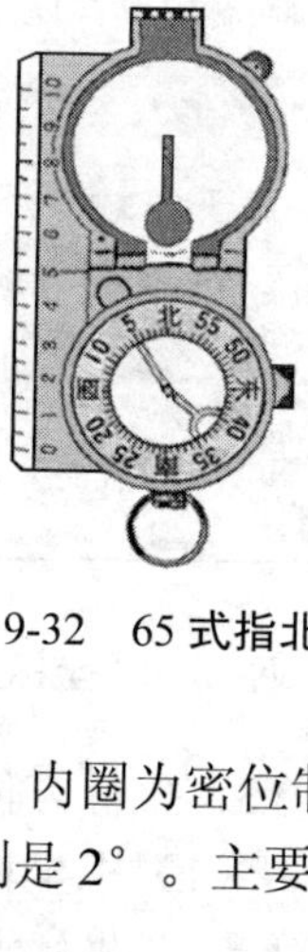

图 9-32　65 式指北针

刻度盘，是固定不动的，上面刻有内外两圈分划，内圈为密位制，每个小分划是 20 密位；外圈为 360° 制，每个小分划是 2° 。主要用来度量方位。

方位玻璃框，位于刻度盘上，可自由转动，上面刻有东、南、西、北字样，用来配合刻度盘指示方位。

角度摆和角度表，用以测定坡度。角度表上分划单位为度，每个小分划是 5°，可测量俯仰角各 60° 。“+”表示仰角，“-”表示俯角。

里程表，可用来量取 1:2.5 万、1:5 万、1:10 万比例尺地形图上的里程。

距离估定器，两尖端间的宽度为 12.3 毫米，恰为照门至准星长度

123 毫米的 1 / 10，相当于对照门的张角 0.1 弧度，用以测定距离。判定方位时，将指北针平放，待磁针静止后，磁针涂有夜光剂的一端（或黑色尖端）所指的方向，即为现地的磁北方向。

注意：使用指北针以前，应检查磁针是否灵敏。其方法是，将指北针放平，以铁器多次吸引磁针，每次铁器撤去后，观察磁针能否迅速静止和各次所指分划是否一致。看磁针转动缓慢，较长时间不能静止，各次所指分划数之差大于 1°，则该指北针应予修理或充磁。

（二）利用星座判定方位

为便于识别星空，天文学家把天空发现的恒星，按其亮度、关系位置分为许多区域，叫做星座。每个星座按恒星的排列形状，人们臆造了许多神话图像，并以此命名。图 9-33 中即是按排列形状而命名的三个对判定方位有着重要意义的星座。

1．利用北极星判定方位

小熊星座尾巴上最亮的一颗星，叫北极星。它因位于北极上空而得名。由于地球绕地轴旋转，故地球上的人观察星空，好像北极星固定不动，而其他星座绕北极星顺时针方向旋转，每天旋转一周。夜间找到了北极星就找到了北方向。我国位于北半球，终年晴空夜间都可以看到北极星。直接寻找北极星较为困难，因为小熊星座除北极星外，其他 6 颗星较暗，看不清楚。故一般通过大熊星座和仙后星座对于北极星的关系位置判定。大熊星座由 7 颗较亮的星组成，像一把勺子，我国俗称北斗七星。顺着勺口外缘的甲（天旋星）、乙（天枢星）两星的方向，延伸勺深的 5 倍距离处，有一颗亮星即为北极星，见图 9-34 所示。

仙后星座由 5 颗亮星组成，按顺序连一直线形如“W”，故又称 W 星座。由它的中间一颗星（策星）起，向垂直缺口方向延伸缺口宽的两倍距离处，有一颗亮星即为北极星。大熊星座与仙后星座位于北极星两侧，遥遥相对并绕北极星顺时针方向旋转，每天转一圈。如果将大熊星座的丙（玉衔星）和仙后座的丁（策星）连一直线，则北极星大致位于该连线的中点（见图 9-34）。

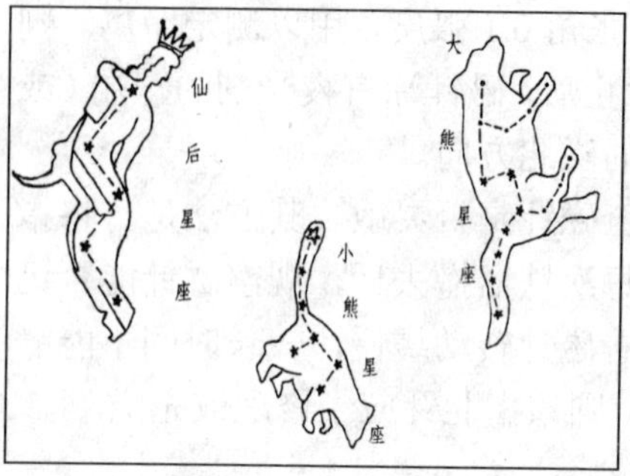

图 9-33　常用星座

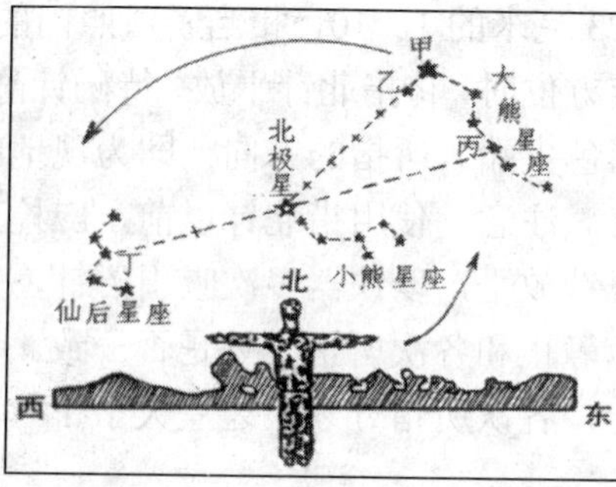

图 9-34　依北极星座判定方位

找到北极星后，面对北极星，前面是正北方，后面是南，左边是东，右边是西。

2．利用南十字星座判定方位

南十字星座位于南极上空附近，由 4 颗较亮的星组成“十”字形。它是南半球判定南方位的主要星座。但在北纬 23° 以南地区，每年上半年的晴空夜间也可以用它判定方位。判定时，将南十字星中距离较长的 γ、α 两星连线并向下延长两星间距的 4 倍处，就是正南方（见图 9-35）。

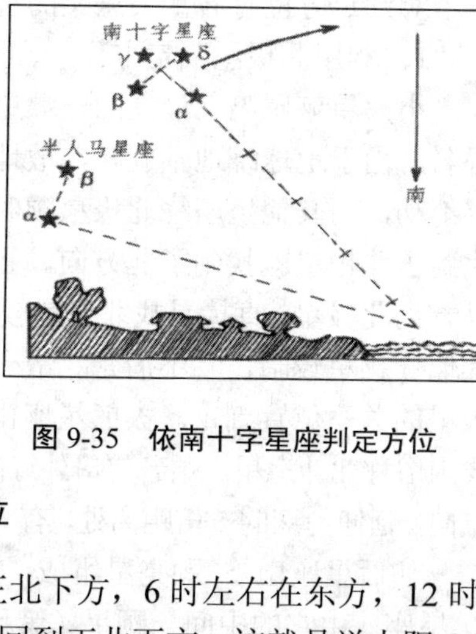

图 9-35　依南十字星座判定方位

（三）利用太阳和时表判定方位

北半球当地时间 0 点，太阳在正北下方，6 时左右在东方，12 时在南方，18 时左右在西方，24 时又回到正北下方。这就是说太阳 24 小时转一圈，而时表的时针转两圈。若将从 0 算起按 24 小时计时的时针运转角速度折半取一“假定时针”，则该假定时针任意时刻所指方向与表盘中心至“12”字方向的夹角，等于该时刻太阳的方位角。若将假定时针指向太阳，则表盘中心至“12”方向即为实地的北方向。如

图 9-36，当地时间是下午 2 时（14 时）40 分，则在表盘圈上找到折半时间数 7 时 20 分的假定时针位置，并于其上竖一细针，将时表放平并转动时表使其表盘中心至 7 时 20 分点的连线指向太阳(即针影通过表的圆心)，则表盘中心至“12”的方向即为北方向。通俗地说，就是“时间折半对太阳，‘12’所指是北方”。

但应指出，该法以地方时为准，而我国采用东经 120° 的地方时作为全国的统一标准时，称为北京时间。故应按下式将标准时间化为地方时间，即：地方时=标准时+（所在地经度-120°）/15°。

对于北纬 23°26′以南地区，夏季中午太阳位于天顶甚至天顶以北照射，故不宜采用上述方法。

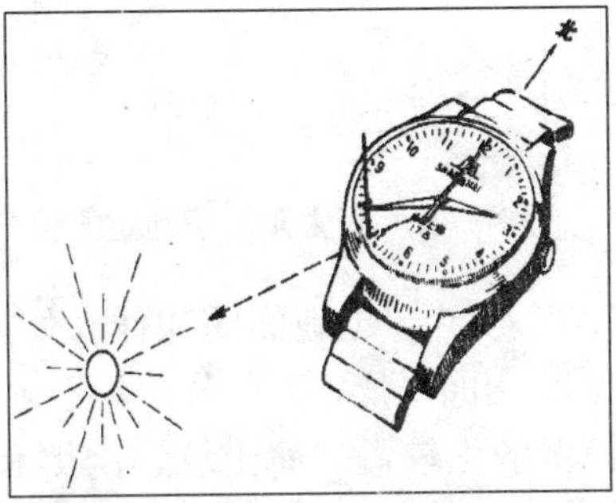

图 9-36　利用太阳和时表判定方位

（四）利用太阳阴影判定方位

如图 9-37，晴朗的白天，在一平整的地面上立一根细直的杆子，在太阳照射下会投下一个影子 OA，将该影子标示在地上；10～20 分钟后，再标出影子的新位置 OB，然后过两个影子的端点 A 和 B 画一直线，此直线就是概略的东西方向线，第一个影子的端头 A 是西，第二个影子 B 是东，而垂直于东西方线的垂线就是南北方向线。

（五）利用自然地物判定方位

有些地物、地貌受阳光、气候等自然条件的影响，形成了某种特征。利用这些特征有时也可概略判定方位。

（1）独立大树，通常是南面向阳的枝叶茂密，树皮光滑；而北面背阳的枝叶稀疏，树皮较粗糙，有时还长着青苔。砍伐后，树桩上的年轮，北面间隔小，南面间隔大（见图 9-38）。

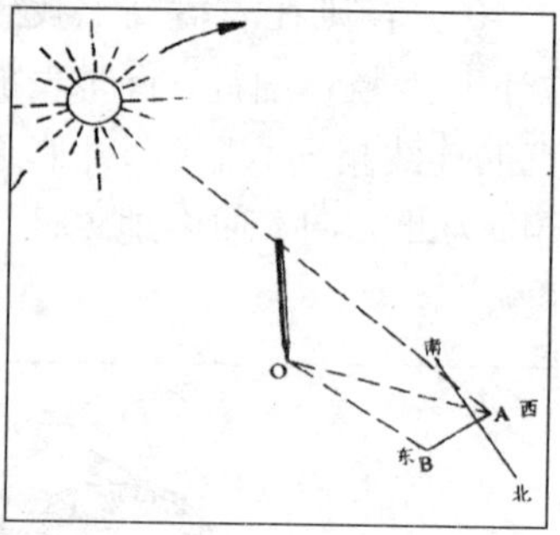

图 9-37 利用太阳影子判定方位

图 9-38 利用自然特征判定方位

（2）突出地面的物体（如土堆、土堤、田埂、独立石与建筑物等），南面干燥，青草茂密，冬季积雪融化较快；北面潮湿，易生青苔，积雪融化较慢。而土坑，沟渠和林中空地等南北方向的上述现象则相反。

（3）我国农村的住房和较大庙宇、古塔的正门，一般多数向南开。

（4）我国北方草原、沙漠等地区，因受西北风的作用，在灌木、草棵附近形成的沙垄，其头部大尾部小，头部指西北方向，尾部指东南方向；在有新月形沙丘的地区，其迎风面坡缓，朝向西北；背风面坡陡，朝向东南。

二、现地对照地图与定位

现地对照地图，确定站立点、目标点在图上的位置，是现地使用地图的主要内容。

（一）标定地图方位

标定地图就是使地图的上北、下南、左西、右东方位与现地方位相一致。这是现地对照地图的重要步骤。

1．利用指北针标定地图方位

使指北针的准星朝向地图上方，直尺边与图上的磁子午线重合，然后转动地图使磁针北端指零，则地图方位即已标定（见图 9-39）。

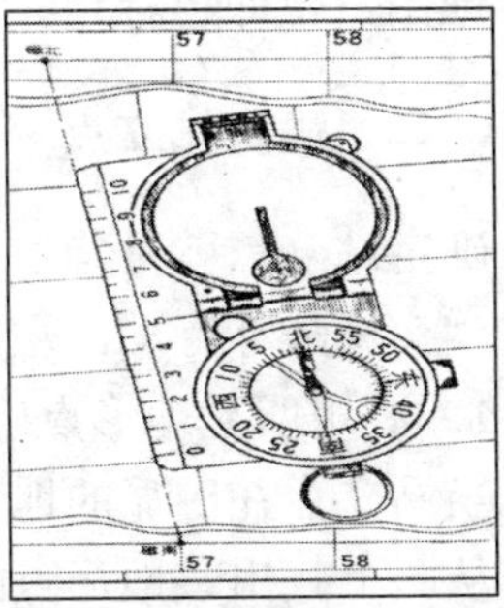

图 9-39　利用指北针标定地图方位

2．利用直长地物标定地图方位

利用直长地物（指道路、河渠、土堤、电线等直长地物）标定地图方位，应先在地图上找到这段直长地物符号，对照两侧地形，使地图和现地的关系位置概略相符；再转动地图，使图上的直长地物符号与现地直长地物方向一致，地图方位即已标定（见图 9-40）。

3．依明显地形点标定地图方位

如现地和图上都有的醒目的突出地形点，叫做明显地形点。如果站立点在图上的位置已经确定，可环顾四周，选择远方一明显的地形点（如山顶、独立树等）作为目标点，然后将指北针直尺（或三棱尺）边切于图上站立点和该目标点上，并转动地图，通过照门、准星瞄向现地目标点，地图方位即已标定（见图 9-41）。

图 9-40　利用直长地物标定地图方位

图 9-41　依明显地形点标定地图方位

4．依北极星标定地图方位

夜间可利用北极星标定地图方位。面向北极星，使地图的上方概略朝北，然后转动地图，使东（西）图廓线（即真子午线）对准北极星，地图方位即已标定。

（二）确定站立点

确定站立点就是确定站立点在地形图上的位置，以达到正确使用地图，实施战斗行动。主要方法如下：

1．利用明显地形点确定站立点

当站立点在明显的地形点（如山顶、鞍部、桥梁、岔路口等）上时，从图上找出该地形点的符号，即是站立点在图上的位置。

当站立点在明显地形点的近旁时，可先标定地图，对照周围明显的地形细部，找出其与站立点的关系位置，即可判定站立点的图上位置（见图 9-42）。

2．截线法

沿直长地物（如直长的路段、土堤、河渠等）行进时，可采用截线法。先标定地图，在直长地物的一侧选定图上和现地都有的明显地形点，将直尺边紧靠地形符号定位点（最好在定位点插一细针），转动直尺向现地明显地形点瞄，并绘方向线。该方向线与直长地物符号的交点，即为站立点在图上的位置（见图 9-43）。

图 9-42　利用明显地形点确定站立点

图 9-43　截线法

3．后方交会法

当站立点附近无明显地形点，而在远方能看到现地与图上都有两个明显地形点时，可采用后方交会法确定站立点的图上位置（见图 9-44）。

其作业步骤是：

（1）标定地图。

图 9-44　后方交会法

（2）选择离站立点较远的图上和现地都有的两个以上明显地形点，如图 9-44 的山顶与小屋。

（3）现地交会：先将直尺边切于图上一个远方地形点（如山顶小圆圈）的定位点上（可插细针），转动直尺向现地相应的地形点瞄准，并在图上绘方向线；不动地图，再用同样方法向另一远方地形点（如小屋）描绘方向线，两条方向线的交点，就是站立点在图上的位置。

4．磁方位角交会法

图 9-45　磁方位角交会法

在丛林地区使用地图，四周不能通视，可采用磁方位角交会法确定站立点的图上位置（见图 9-45）。

（1）先攀登到便于向远方通视的大树上，选定图上和现地都有的远方两个明显地形点，用指北针分别测出至该两个地形点的磁方位角。

（2）在树下近旁标定地图，将指北针的直尺分别切于图上被瞄准的两个地形点符号定位点上，转动指北针，使磁针北端指向所测相应的磁方位角分划，并描绘方向线，两方向线的交点，就是站立点的图上位置。

5．极距法

图 9-46　极距法

便于测量站立点到已知点的距离时，可采用极距法确定站立点的图上位置（见图 9-46）。

其作业要领是：

（1）标定地图。

（2）选择一个距离较近，在图上和现地都有的明显的描画方向线。描画时，先将指北针直尺（或三棱尺）上该地形点符号的定位点相切，向现地明显点瞄准边画方向线（也可测角图解出方向线）。

（3）估测出从站立点到明显地形点的距离，并按比例尺线上定出一点，该点即为站立点在图上的位置。

确定站立点时应注意：

（1）不论采取何种方法确定站立点，均应首先仔细分析研究站立点周围的地形，防止判错点位，用错目标。

（2）选择地形点作已知点时，图上位置要准确。

（3）标定地图后，在定点过程中，地图方位不能变动，并应注意检查。

采用交会法时，为提高交会点的准确性，两方向线的交角，一般不要小于 30° 或大于 150° ，条件允许时，最好再用第三条方向线（或其他方法）进行检查。

（三）地形对照

1．现地对照地形

现地对照地形，就是将地图上的地物、地貌符号和现地的地物、地貌一一对应找到。现地有而图上没有的目标，要能确定图上的位置，图上有而现地没有，应找出原来现地位置。现地对照地形，通常是在标定地图和确定站立点的基础上进行。

2．对照地形的顺序

对照地形的顺序，应先主要方向，后次要方向；先对照大而明显的地形，后对照一般地形；由近及远，有右至左（或由左至右）；先从图上找到现地，再从现地到图上，由点到面，逐段分片地进行对照。

3．对照地形的方法

对照地形的方法，主要根据站立点与目标点的方向、距离、特征、高程及目标附近地形的关系位置，分析比较，反复验证。对照通常采用目估法，必要时可利用观测器材。对地形重叠复杂不便观测时，视情况变换位置或登高观察。

三、按方位角行进

（一）昼间行进

使用指北针，依图上量得的磁方位角和距离而行进的方法，叫按磁方位角行进。它是按图行进的一种辅助方法，常用于缺少方位物的沙漠、草原、山林地等地形上，以及浓雾、风雪和夜间等不良天候条件下的行进。它要求行进路线上各转折点有明显的方位物；转折点间的距离在 1 公里左右（平原地区可远一些，山区和夜间则应近些）；行进前调制“按方位角行进路线图”，其样式（见图 9-47）可直接在地形图上标绘，也可按任意比例尺调制成略图。绘制时，先标绘出作为起点、转折点和终点的明显地形点的符号，并按顺序编号；再将其附近可用作旁证的主要地形和方位物标绘出来；然后注出各段的磁方位角、距离（或换算为复步数）和行进时间。其行进要领是：

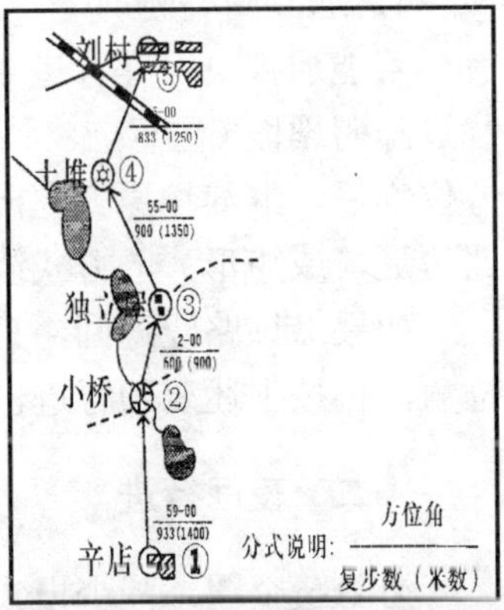

图 9-47　按磁方位角行进略图

1．在出发点上

依行进路线图准确找到出发点位置，查明到达下一点的磁方位角、距离和时间，并记住沿途重要地形和下一点的地形特征；然后手持指北针，转动身体，使磁针北端指向下一转折点的方位角密位数，这时，由照门至准星的方向，就是行进方向。在该方向线上寻找第二点方位物（如看不见时，可在该方向线上选一辅助方位物），然后按此方向行进。一般是越野照直行进，也可记准方向，选择便于通过的道路走到该点。

2．行进中

不断依图或凭记忆对照地形，利用指北针检查行进方向，记清走过的复步数或行进时间。到辅助方位物后，如仍看不到第二点方位物时，则按原磁方位角再选一辅助方位物，继续前进，直至到达第二点为止。若在起伏较大的地段上行进时，要注意调整步幅。

3．在转弯点上

当快到达第二点时，应特别注意附近地形特征，当走完预定距离而未见到第二点方位物时，可在这段距离十分之一为半径的范围内寻找。如仍寻找不到，应仔细分析原因，是地形有了变化，还是方向、距离出了差错，或者利用反磁方位角向前一点瞄准进行检查。到转折点后，再按出发点的要领，继续向下一点前进，直到终点。

4．遇到障碍物时

若能通视，可在行进方向的对面辅助方位物，然后找一迂回路线绕过障碍地段（注意应将该段距离数加到已走过的距离内），到达辅助方位物后，继续按原方向前进；若障碍地段不能通视，可采取走平行四边形（或矩形）的方式绕行。

如果沿该路线返回，只须将每段路程的原磁方位角换算成反磁方位角，再按上述要领行进，便可返回到原出发地点。

（二）夜间行进

为隐蔽企图，减少损失，部队常实施夜间行进。其特点是：视度不良，观察不清，方向难认，远近难分，高低难辨，地图与现地对照困难，容易迷失方向。因此，多采用按图与按方位角相结合的方法行进，并对准备工作提出如下要求：

1．行进路线各转折点间的距离应比白天的短。沿途选择的方位物应尽量高大、突出，数量要多，离行进路线要近，尤其注意选取透空可见的山顶、鞍部。必要时，应按观察方向绘制剖面图；若按折线行进，还应调制“按磁方位角行进略图”。

2．认真分析夜间行进容易发生错判的地方，如岔路口、平行路、居民地进出口，以及某些地形相似的地段等，要在图上标示出位置，绘出放大说明图，标注预防措施。由于夜间严格灯火管制，更要熟记沿路地形特征和方位物特点。

3．夜间行进必需的照明、联络器材（如手电筒、白毛巾等）和联络信号，都应在行进之前做好准备，作好规定。

夜间行进的要领是：

（1）在出发点上，依图准确找到出发点的位置和行进方向，必要时，用指北针确定。如用“62”或“65”式指北针，可将玻璃盖圈上的夜光标志对准下一点的磁方位角密位数；然后平持指北针，转动身体使磁针上的夜光点对准玻璃盖圈上的夜光标志，此时，由照门至准星延伸方向，就是行进方向，然后按此方向照直前进。

（2）行进中，多找点，勤观察，勤对照。由于夜间视度不良，一般高大明显物体易误近，矮小暗淡物体易误远，低凹地形易误高，缓坡易误陡。因此，应采用走近观察、由低处向高处观察、由暗处向明处观察等方法，并互相比较核实。还可根据流水声、灯火、人畜声等，判断相应溪流、居民地的位置，及时确定站立点位置，明确行进方向。

（3）严格按预定路线行进，切不可贪走捷径，以防迷路。凡是经过了的地方，要记下主要特征，以防万一走错路时，按原路返回到发生错误的地方，查明原因，找准正确路线后，再继续前进。

（4）注意掌握行进速度和时间，必要时，也可根据行进速度、时间判断到达的地点。有敌情顾虑时，要注意隐蔽、肃静，防止声响、发光。

（5）居民地进出口处岔路多、变化快，受制图综合影响大，使图上表示与实地有出入。所以，要仔细判读，认真分析，切勿弄错方向走错路。

第四节　定向越野运动

定向运动是利用地图和指北针选择道路、寻找目标的体育运动项目。定向越野是定向运动的重要组成部分，它体现了定向运动的本质，也是定向运动在世界上最为普及的项目。

参加人必须借助指北针和依靠地图上用许多检查点表示的比赛路线，自己在野外选择道路、寻找目标，力争用最短的时间完成比赛。这就叫定向越野运动。

一、定向运动的起源

19 世纪末 20 世纪初，欧洲北部斯堪的纳维亚半岛广阔而崎岖不平的土地上覆盖着一望无际的森林，散布着众多的湖泊，城镇、村庄稀疏散落，人们的交通主要是依靠那些隐现在林中湖畔的弯弯曲曲的小路。在这样的地理环境中生活，理所当然地要比别的地方更需要地图和指北针，否则，要想穿越那莽莽林海是十分困难的。正因为如此，那些最经常地在斯堪的纳维亚半岛山林中行动的人们——军队，便成了开展定向运动的先驱。

他们深知，如果不具备在山林地辨别方向、选择道路和越野行进的能力，就不能完成保家卫国的重任。

开展定向运动的基本器材——地图，原是为保障军队行动而测制的。军人利用它进行体育竞赛的雏形最早在瑞典（1888 年）和挪威（1895 年）出现。

1897 年 10 月 31 日，第一次面向民众的比赛是在挪威组织的（仅有 8 人参加），其后在挪威还举行了一些小规模的比赛。

到了 20 世纪初，定向运动在挪威销声匿迹，但在瑞典却得到逐步重视。1919 年 3 月 5 日，一次影响深远的定向比赛（有 217 人参加）在斯德哥尔摩南部 Nacka 的林中举行。它的组织模式与规格标志着定向运动作为一个独立的体育项目，结束了它的长期探索。因此，时任瑞典斯德哥尔摩体育联合会主席的吉兰特便被人们视作现代“定向运动之父”。

由于这个比赛适应的人群广泛，既能提高野外判定方向的能力，又能促进识别使用地图的学习，培养和锻炼人们的勇敢顽强精神，场地与器材的花费也不多，并且娱乐性与实用性兼备，因此人们对它的兴趣就如星火燎原一样，迅速地传开了。

早期开展定向运动的国家及它们第一次举行定向比赛的时间：

挪威	1897年
瑞典	1901年
丹麦	1906年
芬兰	1923年（滑雪定向于1904年）
匈牙利	1925年
爱沙尼亚	1926年
瑞士	1933年
捷克斯洛克	1933年

［引用自：国际定联地图委员会（MC）网站］

从此以后，这个项目得到了迅速的发展，并很快地传播到了世界各地。定向运动也由初期单一的一种比赛形式逐步演变为包括各样的比赛或娱乐项目在内的综合性群众体育运动。

为使定向运动在全世界得到更好、更健康的发展，1961年5月，十几个国家的定向运动积极分子在丹麦首都哥本哈根成立了国际定向联合会（简称IOF)，科学地划分、确定了全世界统一的正式专业项目、主要赛事、主要比赛项目，并制定了一系列比赛规则与技术规范。国际定向联合会成立时有成员国10个，截至2002年底，已发展到包括中国在内的62个国家和地区。

国际定向运动联合会早在1977年就成为国际奥委会承认的“世界单项体育组织”，并长期得到国际奥委会的精神与物资支持。

国际定向联合会还是“国际世界运动会协会”、“国际单项体育联合会总会”的成员。在2001年，定向运动成为“世界运动会”的比赛项目。

二、定向运动在中国

参照国际标准，在我国作为体育项目开展定向运动的训练和比赛是在1983年3月。在此之前，与定向运动的基本技术相似的“按地图行进”、“按方位角行进”的训练，一直是中国人民解放军的常规军事训练课目之一。上世纪70年代末，我国的体育报刊上陆续刊登了一些介绍国外定向运动情况的文章。同期解放军在边界战争中的经验教训促成了全军上下对“识图用图训练”的空前重视，在提倡“改革、开放”的社会大环境下，借鉴新的训练方法势在必行。国外定向运动特有的锻炼价值和实用性，自然首先引起了这一领域的教研人员的注意。

1983年3月10日，中国人民解放军体育学院首次在广州白云山上组织了一次“定向越野试验比赛”。这次比赛虽然准备时间短暂，也没有前人的组织经验可供借鉴，但由于定向运动自身的特点，比赛举办得很成功并取得了良好成绩：取得第一名的学员王清林仅用了2小时28分11秒，就在大雨中完成了山陡林密的10千米比赛路程，显示了定向运动在我国的适用性和巨大的发展潜力。

从此以后，定向运动在我国从军队院校到作战部队，从测绘行业到体育领域，从专业院校到普通高校，从中学生到大学生，尤如雨后春笋般地开展起来了。

提到定向运动在中国的情况，香港地区的定向运动则是不可遗漏的重要内容。除了因为该地区开展定向运动较早、水平较高之外，最主要的是因为它们曾经为内地定向运动的发展和融入国际定向运动的大家庭做出了重要的贡献。

香港称定向运动为“野外定向”，1979年3月，一批热心定向运动的人士在香港各界的支持下成立了以推广定向运动为宗旨的团体“香港野外定向会（HKOC）”。1981年，香港野外定向会与驻港英军及皇家警察定向会联合发起组织了“香港野外定向总会（OAHK）”。1982年，香港野外定向总会成为国际定联的正式成员，并获得组队参加正式国际比赛的资格。

1984年下半年，在国际定联的指示、香港野外定向总会（OAHK）的安排下，香港野外定向会（HKOC）与中国内地的定向运动爱好者建立了稳定的相互关系。从此以后，香港的定向运动爱好者为祖国内地的定向运动发展做出了多方面的贡献，这对全国范围的定向运动的开展与运动水平的提高帮助极大。

台湾地区定向运动的起步比大陆略早。上世纪70年代中期，有关国际定向运动的报道就已见诸台湾报端。1978年4月，担任台湾“实践家政专科学校”的登山爱好者团体“绿野社”指导老师的林宗圣先生，以其多年对定向研究的心得，在内湖山区首次按定向运动的形式组织了一次学生的“定位运动训练”，这就是台湾地区定向运动的起步。

自20世纪80年代初开始，台湾地区的定向人员与国际定向界人士的接触逐渐增加，同时也获得了包括香港在内的周边定向人的帮助。此期间出现了一间专营户外活动和用品的“健野股份有限公司”，该公司创办人郭宏仁和台湾另一位知名定向人游启义参加了在瑞典、英国等地举办的国际定向运动研讨班，他们的加入使台湾地区的定向运动发展获得了新兴的推动力量。

目前，定向运动已经进入台湾地区的童子军、部分大中专院校、当局支持的社团（如“台北市步道健行协会”），并开始获得越来越多的各界人士的青睐。

1996年成立并以观察员身份加入国际定联的台湾地区“越野追踪协会”，在定向项目之外开展有较多的其他户外活动，但仍能坚持每年举办一次全台的“越野追踪比赛”。

三、常见的定向运动形式

（一）定向越野（即徒步定向）

定向越野是各种定向运动形式中组织方法较为简便、开展最为广泛的一种。由于它最能考验个人的识图用图、野外选择路线和奔跑的能力，因此男人、女人、年幼的孩子甚至超过90岁的长者都可以在同一个场地上享受竞技的快乐，是“适合每个人的运动”。

（二）接力定向

接力定向是展现团体间实力的最佳竞赛形式。其成绩好坏有赖于每个队员个人能力的发挥。在接力比赛中，比赛的路线被分成若干段，各选手只完成其中的一段（使用另一张同地点地图），各段选手的成绩相加为该队的最后成绩。为便于观众欣赏各选手之间的激烈竞争，接力定向在赛场上设有“比赛中心”，各段选手的交接（即“换段”）均在这里以触手方式进行（不使用接力棒）。

（三）滑雪定向

滑雪定向也可以按个人、团体或接力比赛等形式进行。它与徒步定向的区别是选手需要使用滑雪装具（非机动）。供比赛用的滑道，则需要使用摩托雪橇提前开辟。同一比赛路线的滑道通常不止一条，以便选手自行选择更有利于自己的滑行路线。

（四）山地车定向

山地车定向，顾名思义，就是选手们骑在山地自行车上进行的定向运动。它需要的场地比徒步定向略大，区域内的大小道路要能构成网络，以便选手骑行。由于不便频繁看图，山地车定向的选手比徒步定向的选手更需要培养地图默记的能力，同时崎岖地形上熟练地驾驶山地车的技术也是必不可少的。山地车定向是 IOF 承认的最年轻的专业项目，它已经有了自己的世界锦标赛。山地车定向也可以按个人、团体或接力比赛等形式进行。

（五）轮椅定向

这原来是专为伤残人士特别设计的定向运动形式。基本赛法是：在野外道路的两侧设置若干“检查点群”（每处 3～6 个点标），选手们需要按照地图与“检查点说明”的指示，在每个“检查点群”处像做选择题那样，挑选出唯一正确的那个点标。

这种赛法，既可以让乘坐轮椅车的伤残人士加入到定向的活动中来，又可以供新手进行定向基本技术的训练，同样也是一种能让所有参加人都饶有兴趣的专项技能比赛。

（六）夜间定向

这是徒步定向中很刺激的一种比赛形式。由于是在视度不良的夜间进行的，不仅增加了比赛的难度，同时对观众和选手自己更增加了吸引力和紧张感。

夜间定向所用的器材，主要是点标本身或其上附有被动式的反光材料，只要有一点光线投射到它上面即有反光。参加人亦需携带用于查看地图的照明设备，它可以很小，如微型手电筒；也可以很大、很专业，如洞穴险头灯等。也可以自制其他方便携带的照明装置。

（七）公园定向

主要在城市公园、小城镇、民居小区或类似地形上举办的徒步定向比赛。

该项目的出现源于近几十年部分定向人（包括我国的爱好者）对定向运动加入国际奥林匹克运动会的渴望。专门举行这个项目比赛的世界性组织叫做“世界公园定向组织”（简称“PWT”）。PWT 试图用定向运动在公园、城镇举办的方式，改变那个年代的传媒技术较难在山林地中宣传定向比赛的现象。通过电视转播等直观、详尽的技术手段，把定向的魅力展现在人们面前，以此增强定向运动的影响力和商业价值。

该组织于 1995 年在 IOF 注册，1996 年得到瑞典爱立信公司设立的专项基金会的赞助。由于重视赛事的宣传推广，PWT 使定向运动在全世界的影响迅速扩大，对我国部分地区、部分行业，特别是教育战线上世纪 90 年代后期定向运动的起步、开展功不可没。

（八）记分定向

记分定向通常以个人方式进行。它是在比赛区域内预先设置很多的检查点，并根据地形的难易程度、距离远近、点的位置的相互关系不同而赋予每个检查点以不同分值。选手必须在规定时间内自行寻找这些检查点，以积分最高者为优胜。

（九）专线定向

比赛与其他比赛的最大区别是在地图上明确地标出了比赛的路

线，运动员必须按这些规定的路线行进，并将途中遇到的检查点位置标绘到图上。成绩以检查点位置标绘的准确程度和所用时间的长短确定。此方法对于现地用图训练有良好的效果。

（十）瑞典五日定向

这是瑞典独有的一项特别吸引人的大型赛事。该赛事在每年的夏季举行，有非常多的比赛路线、比赛形式供参加者选择。在五至十天的活动中，来自世界各地的爱好者们不仅可以挑选到合自己心意的定向比赛，还可以参加丰富多彩的其他文化娱乐活动。因此，瑞典五日定向现在已发展成世界最大规模（至少有 15000 人参加）的定向运动赛事，若称其为全世界的“定向旅游节”，绝对是名副其实!

四、定向越野的物质条件

定向越野是最自然天成的体育运动。作为参加者，无需花费太多，只要拥有一张地图、一个指北针和一身适当的户外穿着，就可以参加定向越野的比赛活动。当然，参加不同性质、不同等级、不同项目的定向运动，其所需的物质条件也会有所区别。下面介绍的是参加一般的昼间定向越野比赛所需要的物质条件。

（一）服装

定向越野对服装没有特殊的要求。根据经验，对衣裤的选择应该是紧身而又不至影响呼吸及四肢的自如活动。为防止草木的刺碰以及虫蚁的侵袭，最好穿用面料结实的长袖衣（有较高、较紧的领口）、长腿裤。

专业的定向选手普遍选用一种有弹性的轻质化纤服装，它能防止草籽钩粘，减少丛林羁绊，在被浸湿的情况下依然保持身体动作的最大灵活度，并且会很快风干。

（二）鞋

合脚、轻便而又结实，鞋底的材料和造型应能牢靠地“抓住”所有类型的地面，包括湿滑的泥泞地和坎坷坚硬的岩石地面。

（三）指北针

目前国际上已有几款久经考验的定向专用指北针，国产或合作生产的也在陆续上市。它们基本上被分为两类：基板式和拇指式。作为一般判定方向的需要和定向比赛的初级用途，也可使用市面上常见的军用或其他类型的指北针。

（四）地图

定向越野地图是一种专门为在野外进行运动的人们测制的精确、详细的地形图。为了便于参加者比较、辨别地面的障碍程度，同时保持地图在运动中的清晰易读，定向地图在尽可能多地表示出各种地物地貌特征、特别是植被状况的情况下，使用了较多的鲜艳色彩来表现图中的内容。

五、定向越野的基本要求

定向越野的越野跑同其他长跑项目一样，要求一方面能够尽可能地减少人体能量的消耗，维持一定的跑速，另一方面又能根据比赛的情况，具有加速度的能力。因此，下述要求应使参赛者在训练阶段努力掌握，在比赛过程中始终注意：

（一）越野跑的技能

1．姿势

主要采用身体微向前倾或正直的姿势。要尽量使身体的各个部分（头、躯干、臂、臀、腿、足）动作协调配合，并且善于利用跑中产生的支撑反作用力与惯性不断前进，使身体保持平稳，提高跑的效果。

2．呼吸

最好利用鼻子与半张开的嘴（用舌尖轻舔上颚）共同呼吸。除了在跑中出现生理“极点”现象时可以变化呼吸的频率与深度（即用多呼气的方法提高气体的交换率）外，一般情况下应自然、有适当的深度并有节奏地呼吸。

3．体力分配

或者按照选择的路段，或者按照比赛的阶段（起点、途中、终点），或者以自身体能状况的不同确定。通过工作阶段（肌肉的紧张）和休息阶段（肌肉放松）适时交替的方法，达到既跑得快、又省力的目的。

4．速度

一般来讲不宜过快。过快或在途中加速太猛，不仅会影响体力的正常发挥，而且会严重地影响判断力。有人曾做过试验：同样难度的数学题，在奔跑中需要用比在静止时多几倍的时间才能算出来；如果再加速，需要的时间不仅会更长，错误也会更多。但对于一名有经验的参赛者来说，当地形有利（如参照物多、道路平坦）时，则应尽可能的快跑。

5．节奏

根据试验材料表明，人感受的最适宜节奏是每分钟 70～90 次（即每步时值为 0.85～0.67 秒），过快的节奏不易感受，过慢则会起抑制作用。有节奏动作不仅能节省身体能量的消耗，而且能达到最适宜的动作协调。协调而富有节奏的动作，能给人以轻松自如的感觉和美的享受。

6．距离感

在越野跑中保持一定的距离感是必要的，它不仅可以帮助提高找点的速度，也有利于体力的计划与分配。在野外，用同样的步速节奏奔跑，但由于地形的变化，步长（距离）区别却较大。因此，要根据自己的步长，概略确定速度和找点的时间。

7．间歇时的正确方法

除非是出现了迷失，在间歇时采取放松性的慢跑要比走好，走又比站着或坐着好。

（二）越野跑的技术

越野跑时，由于跑的地点和环境在变化，所以跑的技术也要因条件的改变而随之变化。常见的越野跑技术主要有：

1．沿道路

基本上采用与中、长距离跑相同的技术，并尽量注意在道路平坦的地方跑。

2．过草地

用脚掌着地，同时留心向前下方看，以免陷入坑洼或碰在石头上。

3．下坡

上体应稍后倾，并以全脚掌或脚跟着地的方法进行，遇到较陡的下坡或地面很滑的斜坡，可用侧脚掌着地，甚至采用蹲状并用手在体后牵拉（草、树）、撑（地）方式行进。到达下坡的末端（一般8～10米），可顺坡势疾跑至平地。

4．下跳

从稍高的地方（1.50米以下）往下跳时，可用跨步跳的动作：踏在高处的腿（支撑腿）必须弯屈，另一条腿则向前下方伸出，跳下，两脚着地并以深屈膝来缓和冲击的力量。同时，在落地时，两脚应稍微前后分开，以便继续前跑。从很高的地方往下跳时，应设法降低下跳的高差，根据情况采用坐地双手撑跳下或侧身单手撑跳下的方法。落地时要注意两腿深屈。

5．穿树林奔跑

注意不要被树枝、树叶、藤蔓等剐伤，特别要防止被树枝戳伤眼睛。此时一般都用一手或两手随时护住脸部。

6．过障碍物

遇到小的沟渠、土坑、矮的灌木丛或倒伏树木时，要增加跑速，大步跨跳而过；在落地的同时，上体稍向前倾，以便保护腰部与便于继续前跑。在通过较宽的（2.5～4米）沟渠时，需用15～25米的加速跑，采用大跨步跳和跳远的方法越过。应注意做好落地动作，防止后倒。遇到大的倒伏树木、其他矮障碍物，可以用踏过它们的方法越过。遇到较高的障碍物（不超过 2 米），如矮围栏、土墙等，可用正面助跑蹲跳和一手或双手支撑的方法翻越。

通过独木桥等狭窄悬空的障碍物时，应采取使脚面外转成八字的跑法。如果这类障碍物很长，就不应跑，而应平稳地走过。

7．选择最佳路线

最佳路线的标准是省体力，省时间，最稳妥，最能发挥自己的技能和体能优势。

（三）灵活识图用图

1．要掌握按方位角行进的要领。利用指北针快速准确地标定地图，确定站立点，精确测定越野方向。

2．提高在运动中读图的能力。灵活运用地图知识，正确地概括地形情况，熟记各种突出地形地物，要做到“人在途中走，图在心中移”。

3．随时进行地图与现地的对照。始终保持正确的前进方向。

复习题

1．我国山地、平原、丘陵、居民地的主要地形特点是什么？

2．山地、平原、居民地对作战行动的影响有哪些？

3．地物符号的图形特点和分类有哪些？

4．等高线显示地貌的原理是什么？

第十章　综合训练

【教学目标】

了解行军、宿营的基本程序、方法，培养野外生存能力。

综合训练，是对部（分）队人员进行的行、食、住、藏、打，以及对战斗保障、应急情况、卫生救护等各个方面的训练，既是对所学军事知识的运用与检验，也是磨炼官兵意志，培养吃苦耐劳精神和良好的心理素质，锻炼指挥员组织管理能力，全面提高部队野战生存能力的重要途径。

第一节　行　军

行军，是军队徒步或乘车沿指定路线进行的有组织的行动。战时行军通常在夜间或视度不良的条件下实施。

行军的种类，按行动方式分为徒步和乘车行军，按时间分为昼间和夜间行军，按行程速度分为常行军、急行军和强行军，按行进方向分为向敌行军、侧敌行军和背敌行军。

行军的速度，应根据任务、敌情、时间、行军能力、道路状况和气候季节而定。常行军，通常徒步每小时 4～5 千米，日行程 25～35 千米。急行军，是以最快的速度实施的行军，执行紧急任务时采用。强行军，是加快时速和加大每日行程的行军方法，通常徒步每小时 7 千米左右，日行程 50 千米以上。

行军时，应适时组织大、小休息。小休息通常开始行军30分钟后进行，其时间约15分钟，尔后每行进50分钟休息一次，每次约10分钟。休息时，队伍应靠路边，面向路外侧，保持原来队形。督促战士整理鞋袜和装具。大休息通常是在走完当日行程的1/2以上时，进入指定地区休息2～3小时。走完一日行程后，按上级指示进行宿营。

一、行军组织准备

（一）研究情况，拟出行军计划

指挥员在了解任务的基础上，应召集有关人员研究敌情、行军道路及其两侧的地形、本分队的任务；确定分队的行军序列及观察、警戒的组织。

（二）作好思想动员

行军前，指挥员应根据本分队所担负的任务，结合分队的思想情况，进行深入的思想动员，保障分队顺利完成任务。

（三）下达行军命令

下达行军命令时应指出：

1．敌情。

2．本分队的任务，行军路线，里程，出发及到达指定地区的时间以及大休息的地点。

3．分队集合地点，行军序列，乘车时还应区分车辆。

4．着装规定。

5．完成行军准备的时限，明确起床、开饭、集合的时间。

6．行军口令及对口令传递的要求。

（四）组织战斗保障

1．指定1～2名战士为观察员，负责观察地面和天空；指定值班分队及火器，负责对空防御。

2．规定遭敌核、化、生物武器袭击时，各分队行动方法。

3．规定在敌航空兵或炮火袭击时的行军方法。

4．规定伪装方法及伪装纪律。

（五）做好物资装具准备

为了顺利完成行军任务，保持分队战斗力，行军前指挥员须：

1．检查携带的给养、饮水、武器、弹药等情况。

2．检查着装情况，如鞋袜的整理、背包的捆绑、装具的佩带等。

3．妥善安置伤病员。

4．根据季节，进行防暑、防冻的教育和物品的准备。

二、行军管理与指挥

（一）在有可能发生遭遇战的情况下行军时，各排长应随连长在先头行进，以便及时受领任务。分队在公路或乡村路行军时，应沿道路的一侧或两侧行进，乘车时，沿道路的右侧行进。

（二）行军中，应注意保持行进速度和规定的距离，听从调整哨的指挥，未经上级允许，不得超越前面的分队。经过渡口、桥梁、隘路等难以通行的地点时，指挥分队有组织地通过，防止拥挤。通过后，先头分队应适当减低速度，避免后面的人跑步追赶。徒步行军的分队应主动给车辆、执行特殊任务的分队和人员让路。

（三）严格行军纪律，出发前督促战士排除大小便，教育战士在行军中听从指挥，不得擅自离队，不得丢失装具和食物等。

（四）分队按上级的指示组织休息。小休息应靠路边，并保持原队形。在第一次小休息时，应督促战士整理鞋袜、装具等。大休息时应离开道路，进入指定地区。休息时，应派出警戒，必要时，可占领附近有利地形，加强对地、空观察，并保持战斗准备，以防止地面和空中敌人的突然袭击。教育分队在规定地区休息，严格请销假制度。

（五）行军中，应教育分队不要喝冷水，不要随便采食野果。

（六）在山林地行军时，通过山垭口和上下坡时，应适当减速行进，以避免后面跑步追赶和掉队，火炮、车辆应适当加大距离。在严寒地带行军时，小休息时间不要过长，并禁止躺卧，以免发生冻伤。在炎热季节行军时，注意防暑。

（七）遇敌空袭时，应指挥分队迅速向道路一侧或两侧疏散隐蔽，并指定火器射击低飞敌机。如空袭情况不严重或行军任务紧迫时，分队则应疏开队形，增大距离，加快速度前进。

（八）行军中，连级应指定一名干部，带领卫生员和若干体壮战士为收容组，在连队的后尾跟进，负责收容伤病员，组织掉队的人员跟进。

第二节 宿 营

宿营是军队在行军、输送或战斗后的住宿。其目的是为了使部队得到休息和整顿，以便继续行军或做好战斗准备。现代高技术战争条件下，无论采取何种宿营方式，都应制定侦察、防空和防核、化、生、燃烧武器袭击的措施，做好抗袭击准备，保障部队安全休息。

一、宿营方式

宿营方式分为舍营、露营和舍营与露营相结合三种。

（一）舍营

舍营是军队在房舍内宿营。

（二）露营

露营是军队在房舍外宿营。通常在不具备舍营条件时采用，是平时部队训练的重点。野外露营的方式分为利用制式器材露营和利用就便器材露营。利用制式器材露营，通常是指利用帐篷、装配工事等制式器材进行的露营。利用就便器材露营，通常是指利用车辆、坦克、篷布、雨衣、草木等进行的露营。

1．利用帐篷露营

露营时按帐篷架设、撤收方法和要求实施。寒区冬季使用帐篷露营时可在植桩后泼水使之冻结，帐篷的下端要以重物压牢，防止漏风。

2．利用车辆露营

部（分）队都可利用装备的车辆进行夏季野外露营。冬季野外车辆露营时，可在火炮牵引车和运输车上辅以防寒材料，放置取暖设备，这样可有较好的防寒效果。具体办法是用木板将草垫固定于车厢板内侧和底板上，将防寒毡拼接好，与车篷布组合在一起并苫盖于车篷杆上，再以旧棉被分别缝在车篷两端，后面设帘式活门，车厢前部设置活动式2层床，行军时卸下放于车厢内适当位置。车内可供8人住宿，车厢后部留出1米宽的位置，放置训练器材、武器和工具箱等。

3．利用坦克露营

可将两辆坦克炮管向内侧旋转90°，成水平状态，然后用篷布单层横向覆盖，并使之垂直地面，四周用土或石块等压紧。

4．利用装配式工事露营

指挥机关可利用装配式掩蔽部露营。高炮部（分）队可将火炮和装配式工事用牵引车篷布苫盖连接在炮位上露营。

5．构筑猫耳洞（掩体）露营

冬（旱）季可在便于隐蔽、伪装、土质较好的地形上或利用堑壕、交通壕挖地下猫耳洞露营。挖掘时开口应尽量利用沟、壕的切面，也可以直接在地面开口。一般以班为单位构筑，每个班挖2～3个洞为宜，洞内呈方形，顶部铲成拱形。若土质松软或黏结性差，洞内可挖成“人”字形、“丁”字形、“工”字形、“十”字形等以减少顶部单位面积的承受力。构筑猫耳洞露营时应特别注意防塌方和潮湿。有时也可将既设工事和掩体适当改造，构筑“厅洞式”、“坑道式”、“长廊短洞式”等生存露营工事。

6．筑雪洞露营

冬季在冲沟、雨裂、凹地、山谷等积雪深的地方宜构筑雪洞。当积雪在1～4米以上时，可直接开口构筑。洞口大小以一人能进出为宜。开口后可拐1～2个直角弯，使通道尽量成“Z”形并修成向上倾斜的斜坡状。雪洞要比通道高一些，洞顶铲成拱形并留出气孔。

7．构筑雪屋露营

当积雪较少时，可构筑雪屋，一般数人一屋。积雪板结时，直接切成长方形雪砖，尔后按需要堆砌，雪质松软时，可把雪装入木柜里踩实，加工成雪坯。堆砌中应在雪块间隙敷设浮雪，逐层收顶。洞口可根据风向开成“∩”形，顶部为拱形、人字形或圆锥形。视情况也可以用雪堆作围墙，在3～4个角打上木桩，顶部用雨衣或柴草覆盖。

雪屋构筑好后，要在屋底部铺10厘米以上的干草，再铺上雨衣、褥子，用装有软草的麻袋或草捆堵在洞（屋）口，防止冷气侵入。

8．构筑雪壕或雪墙

当积雪较多且没有地形可利用时，可就地挖一条雪壕，上面盖上雪块，底部铺上树枝、干草或雨衣，或将雪块砌成雪墙，人员在背风处露营。

9．搭设树枝（草）棚露营

夏季有树林、蒿草、高棵农作物杆的地方，应充分利用自然条件，搭设各种树枝（草）棚。如利用木杆为支架搭设屋脊型草棚，利用断崖、断面，用木杆搭设斜坡型草棚，利用蒿草、树枝搭设偏厦等。在冬季，棚围应用雨衣、篷布、柴草等围盖，棚顶和周围空隙用草堵实，再加盖一层积雪或草皮，以便保暖和伪装。

10．搭设简易帐篷露营

夏季，使用简易帐篷在野外露营，其样式较多。可用雨衣、塑料薄膜、盖布搭设成屋脊型、一面坡形、长方形、拱形等简易帐篷。简易帐篷的大小和形状可根据装备、就便器材数量和露营人数灵活确定。

11．利用吊床露营

夏季可将雨衣、床单和苫布、伪装网等用绳系住两头，并系在树干上，人员即可躺在上面休息。还可在上面架设蚊帐，防蚊虫叮咬。下雨时可在上面再拉一根绳子，搭上方块雨布，四角用绳予系牢，便形成防水帐篷。

二、宿营地区的选择

宿营地区的选择应根据敌情、地形、任务和行军编成而定。平时组织野营训练以能够达到训练目的为标准，通常应符合下列条件：

1．避开城镇、集市、车站、渡口、大的桥梁附近；

2．避开疫区、传染病流行村落；

3．有适当的地幅，通常师、团、营的宿营面积分别为 600 平方千米、60 平方千米、6 平方千米；

4．有较好的进出道路，便于车辆、人员通行；

5．露营地域，夏季要尽量选在高处，避开谷地、低地、洪水道和易于坍塌的地方；冬季应选在避风向阳处，土质较黏便于搭设简易遮棚或挖掘的地方。

选择露营地区时，通常还要考虑以下因素：

一是要符合战术要求，从具体位置到配置方式，都应以预想的战术背景为基本前提。

二是要着眼于训练课目需要，有利于达到训练目的。

三是要方便生活，尽量靠近水源并有进出道路。

四是要选择在群众基础较好或影响群众利益较小的地区。

露营配置地域通常以班为点，排为块，连为片，团（营）为区，根据地形特点，可成一字形、梯形、三角形、扇形配置，形成野训营地。首长机关通常设在便于观察、指挥的位置，分队与分队之间要按战术要求保持一定间隔。

三、宿营准备

组织部队宿营前要与当地政府、武装部门取得联系，以得到他们的支持和帮助。舍营时，设营人员要与乡、村领导取得联系，征得同意后方可号房设点；应向当地群众了解自然情况、社会情况等，为部队进驻提供资料。

组织部（分）队宿营训练时，准备工作通常有：宿营常识教育、现地勘察和物资器材准备等。

（一）宿营常识教育

宿营实施前，应进行群众纪律、民情风俗教育；在少数民族地区或少数民族集居地进行宿营训练时，还应进行国家的少数民族政策和尊重少数民族生活习惯教育；组织部（分）队学习宿营常识，学会搭设制式、简易帐篷，了解防蚊虫叮咬、防洪、防中暑、防冻伤、防塌方、防煤气中毒、防火灾、预防流行性疾病等基本常识。可以指定连队先行试点，组织观摩示范。也可以先在驻地附近进行昼间的露营尝试训练，掌握露营方法。

（二）现地勘察

野外宿营前，通常以团（营）为单位组织现地勘察，视情况也可以连为单位进行。重点明确宿营地点，各分队的宿营区域，各级指挥所的位置，进出道路，通信联络的方法，各种信（记）号，完成宿营准备的时限，组织检查的时间、内容等。

（三）物资器材准备

宿营前，应认真检查个人的着装（衣服、被褥）。冬季宿营时要重点检查棉（皮）帽、棉（皮）手套、棉（皮）大衣、棉（皮）鞋的携带情况，夏季宿营时应重点检查雨衣（布）、蚊帐的携带情况。每人都应准备一至二套干净的内衣，以备更换。除携带装备的锹、镐外，还应准备必要的大镐、大锹、钢钎、麻袋等工具和物资。为弥补制式露营器材的不足，部（分）队应视情况购买或租借部分露营所需要的材料，如搭设简易帐篷的塑料薄膜、稻草、支撑木、斧、锯、线绳等。

四、宿营地工作

部队到达宿营地后，应立即组织所属指挥员勘察地形，选定紧急集合场，组织部队构筑必要的工事，组织各种保障，以保证部队安全宿营。

（一）组织侦察

为了防敌突然袭击和继续行军，部队到达宿营地域后，应立即向有敌情顾虑和继续行军方向上派出侦察，查明敌情和继续行军路线情况。同时，迅速搜集部（分）队的行军情况和到达宿营地域后的住宿情况，了解有关敌情和社情。

（二）组织警戒

为保障部队安全休息，要周密地组织宿营警戒。宿营警戒的组织应根据敌情、地形和宿营部署确定。通常团（营）向受敌威胁较大的方向上派出连（排）哨，向次要方向派出排（班）哨，连派出班哨、步哨、潜伏哨、游动哨。警戒派出的距离以保障主力不受突然袭击和有时间组织部队投入战斗为宜。一般连哨为 4～6 千米，警戒地带的宽度连哨为 2～3 千米，排哨为 1～1.5 千米，必要时，应组织有重点的环形警戒。

除派出战斗警戒外，各部（分）队还应指定值班分队或火器，并派出直接警戒。

（三）组织对空防御和对核、生、化武器的防护

为防止敌人航空兵和核、生、化武器的袭击，应周密地组织观察警报配系，确定对空值班分队，组织防空火力体系，划分防空疏散地域，规定隐蔽伪装、灯火管制措施，明确遭敌空袭及遭受核、生、化武器袭击时各部（分）队的行动与遭敌袭击后的处置方法。如敌可能在附近地区空降，还应制定反空降作战方案，组织部（分）队构筑必要的防空工事等。

（四）建立通信联络

宿营地域的通信联络，通常以有线电通信和运动通信为主，同时

应充分利用地方既设线路。驻地较远的部（分）队可在短时间使用无线电联络。

（五）严密封锁消息

战时部队到达宿营地域后，要对部队和当地群众进行防奸保密教育，控制人员流动，严密封锁消息。

（六）密切军民关系

平时组织部队训练，部队应与当地党政机关取得联系，得到他们对野营训练的支持。部队可在训练间隙做好群众工作或组织军民共建活动。

部队宿营结束，要认真清理文件和武器装备，避免丢失，消除宿营时所留痕迹，进行群众纪律检查和做好善后工作。

五、生存工事的构筑

生存工事是指用于部队隐蔽、宿营的地下或半地下工事。平时组织部队训练也可构筑营地式生存工事。野训营地构筑包括露营区、训练区、生活保障区、文体娱乐区等。

第三节　野外生存

野外生存即人在食宿无着的山野丛林中求生。

野外生存所包括的知识非常广泛，主要是：判定方位，迷途的处置；猎捕动物和采食野生植物充饥；就地取材，构筑简易的露营遮棚；识别利用草药救治伤病等。概括讲，就是走、吃、住、自救四项。这是侦察兵、特种部队及空勤人员必须掌握的知识，也是每一个军人应当了解的常识。

一、野外判定方位和求救

判定方位，就是现地判明东、西、南、北方向，以便明确周围地形和敌我的关系位置，保持正确的前进方向，尤其是夜间，视度不良，人的视听及各种感觉器官受周围环境的影响较大，容易产生错觉。要保证夜间行动的隐蔽、迅速、准确，保持正确的前进方向是首要条件。

判定方位的方法，例如利用指北针判定方位、利用北极星判定方位、利用太阳判定方位等，在本书第九章“军事地形学”教学中已作介绍，不再赘述。在阴天和没有指北针、地图的情况下，我们还应当学会利用自然界的一些特征和其他方法判定方向。

在自然界，有些地物、地貌由于受阳光、气候等条件的影响形成了某种特征，可以利用这些特征来概略地判定方位。

独立大树通常是南面枝叶茂密，树皮较光滑；北面枝叶较稀少，树皮粗糙，有时还长有青苔。砍伐后，树桩上的年轮北面间隔小，南面间隔大。

突出地面物体，如土堆、土堤、田埂、独立岩石和建筑物等，南面干燥、青草茂密，冬季积雪融化较快；北面潮湿，易生青苔，积雪融化较慢。土坑、沟渠和林中空地则相反。

我国大部分地区，尤其是北方，庙宇、宝塔的正门多朝南方；广大农村住房的正门一般也多朝南开。

由于我国幅员辽阔，各地都有不同的特征，只要留心观察，注意调查、收集和研究，就会找到判定方位的自然特征。如内蒙古地区，冬季大多是西北风，山的西北坡积雪较少，东南坡积雪较多；树干多数略向东南倾斜；蒙古包的门一般朝东南；新月形沙丘朝东南方向伸展，坡度缓的一端朝西北，坡度陡的一端朝东南。再如，辽西丘陵地区气候比较干燥，松柏树一般生长在北坡。

还可利用已知点判定方位。通过已知高地的走向、河流的流向、村庄（街道）的方向与自己站立点的关系位置，来判定概略方位。如，事先在地图或沙盘上知道某高地是西北东南走向，某庄在该高地的东南方向，行进到该高地或某庄后如需判定方位，只要判明该高地与某庄的关系位置，便可知道概略方向。又如，事先在地图或沙盘上知道河流为东西走向，河水由西向东流，到达河边观察河水流向，便知上游是西，下游是东。

在作战和野外训练中，因迷失方向，可能会出现与部队失去联系的现象，为摆脱困境必须学会和掌握求救和联络的方法。夜间可在高处点火堆，白天可燃烟。在火上放青草，就会发出白烟，每隔 6 分钟放一次青草，这是世界通用的救难信号；在易被空中、地面发现的地方用石块摆放成“SOS”的救援标记；在草原可用刀割或手拔出相应的求救标记；适时脱去与周围地物颜色相近的军装，露出白色或其他色彩鲜艳的衬衣；当发现我方救援飞机，可用小镜子或指北针的反光镜照射救援飞机；在森林中，也可击打桦树发出宏大的声音与救援人员联络。

二、野外觅食

可在野外寻觅的食物种类主要有：野生植物、动物、昆虫、鱼类、藻类等。大部分野生植物、动物、昆虫、鱼类都可食用，只有少量有毒不可食用。

我国地域广大，寒、温、热三带气候俱全，而大部分是属于温暖地带，适合于各种植物生长，其中能食用的就有 2000 种左右。野生植物的营养价值很高，含有多种维生素。数千年来，我国劳动人民积累了丰富的采食野生植物的经验。每年从 3 月开始到 9、10 月间，在我国辽阔的国土上，各种可食的野生植物生长旺盛，满山遍野，俯拾皆是。仅革命老区井冈山就有可食野菜 100 多种，其中苦菜、糯饭菜、猪油菜、马玉兰和角仁等 30 多种是当年红军战士的重要食品。

在西南边疆的广西、云南一带，一年四季都有可食的野果、野菜。春季有压车果、毡帽果、鼻涕果、小杨梅等野果，还有刺脑包、苦巴沟、蕨菜等野菜。夏季有木瓜、冷饭果、乌包果、荔枝等野果，野菜有石头菜、飞花菜、马蹄菜、牛舌头菜等。秋季有大树果、算盘果、野石榴、椎梨等野果，还有木耳、白参、齐头菜等野菜。冬季有槟榔、野芭蕉、长蛇果、老熊果等野果，野菜有野山药、芭蕉心等。

不但野菜、野果可食，而且树皮也可应急食用，柳树、松树、白杨树新生的树皮或内皮（硬树皮与树木之间的软皮），都可以食用。战争年代，东北抗日联军，在白山黑水密林中，总结出 3 月吃桦树皮，4 月吃椴树皮，5 月吃松树皮的经验，这些季节里的树皮，不但没毒，而且还有一种微甜的味道。

采食野生植物最大的问题是如何鉴别是否有毒。有人习惯于用有无怪味来判断是否能吃，这样很危险。有毒的植物不见得都有怪味，如马桑果，味甜，但毒性却很大。有毒植物通常有以下几个特点：（1）特殊形态和色彩，如天南星的茎有斑纹；（2）分泌带色的液体，如毛茛、回回蒜和自屈菜在损伤后分泌浓厚黄液体；（3）具有不良的味觉或嗅觉，如苦参、臭梧桐等。但上述这些并不能包括所有有毒植物的特点。在鉴别野生植物是否有毒时，可采取如下方法：首先，用手仔细触摸，无毒的植物通常不会使手上皮肤产生发痒、发红、起风疹块等刺激症状。如折断其枝叶也不会有牛奶样汁液流出，闻之亦无腐败及其他使人感到怪异的气味。尔后，可将少量食物放入嘴里咀嚼几分钟，无毒植物一般不会有烧灼感也无辛辣、苦味或滑腻味。此时，就可以将此类植物采集少量食用。如果食用 8 小时后没有什么特殊感觉，就可适当加大食用量。另外，还可以通过观察哺乳类动物所食用的植物种类，以分辨哪些植物能够被人食用。像老鼠、兔子、猴子、熊等吃过的植物一般可以食用。鸟类可以食用的植物，人不一定能够食用。

食用各种野生食物一般应利用炊具进行制作。

烤，就是将可食用的动物肉和根茎类植物块根用木棍等穿挂，放在火焰上或炭火中烤（烧）熟。鱼（不去鳞片）和块根应用泥土包裹烤熟后剥皮食用，贝壳类动物可放在火堆下烤熟，方法是：先在地上挖个浅坑，坑的四周衬以树叶或湿布，然后将食物放入坑内，再在食物上面盖上树叶或布，上面再压一层 3 厘米厚的沙子，最后在该坑的上面生起火堆，待食物烧熟后取出食用。

石煮，就是先在地上挖个坑，将火堆中烤热的石块先放于坑内，再将食物放在石块上，上面再盖上一层湿树叶、草和一层沙土，靠热石块散发的热气将食物煮熟。

鉴别植物是否有毒，较可靠的方法是根据有关部门编绘的可食野生植物的图谱进行认真鉴别。为了战时或特殊情况下应急食用，特别是执行特种任务的部（分）队，应在平时掌握驻地或预定战区可食野生植物的种类、分布和采食方法。

三、野外觅水

水对于人类的生存是至关重要的。春秋战国时期，齐国出兵远征孤竹国。得胜回师时，正值隆冬季节，河溪干涸，人马饥渴难耐，大军无法行进。大臣隰朋向齐王建议说："听说蚂蚁夏天居山之阴（北），冬天居山之阳（南）。蚁穴附近必定有水，可令兵士分头到山南找蚁穴深掘。"齐王采纳了这个建议，果然找到了水，解救了全军。这个故事告诉我们，在各个地区，草木的生长分布，鸟兽虫等的出没活动，常常可以给寻找浅层地下水提供一些线索。

水是野战生存的重要条件。俗话说"饥能挡、渴难挨"。水在某种程度上说比食物更重要。因此，觅水训练是野战生存训练的重要内容之一。

（一）寻找水源的方法

根据人们的实践经验，寻找水源通常采取观察草木的生长位置和动物的活动范围的方法来判定。

在许多干旱的沙漠、戈壁地区，生长着怪柳、铃档刺等灌木丛的地表下6～7米深就有地下水；有胡杨生长的地方地下水位距地表面不过5～10米；芨芨草指示地下水位只有2米左右；生长茂盛的芦苇，地下水只有1米左右；如果发现金戴戴、马兰花等植物，便可判定下挖1米左右就能找到地下水。

在南方，叶茂的竹丛不仅生长在河流岸边，也常生长在与地下河有关的岩溶大裂隙、落水洞口的地方。在广西许多岩溶谷地、洼地，成串的或独立的竹丛地，常常就是有大落水洞的标志。这些落水洞有的在洞口能直接看到水，有的在洞口看不到水，但只要深入下去往往就能找到地下水。

我们还可以从特殊植物的生长地点，来判定地下水的水质情况，如见到马兰花、拂子茅等植物群，就可断定那里不太深的地方有淡水。

另外在地下水埋藏浅的地方，泥土潮湿，蚂蚁、蜗牛、螃蟹等喜欢在此做窝聚居；冬天青蛙、蛇类动物喜欢在此冬眠；夏天的傍晚，因其潮湿凉爽，蚊虫通常在此成柱状盘旋飞绕。

（二）鉴定水质的方法

由于水在自然界的广泛分布和流动，特别是地面水流经地域很广，一般情况下难以保证水源不受污染。在野外没有检验设备时，我们可以根据水的色、味、温度、水迹概略地鉴别水质的好坏。

1．通过水的颜色鉴定

纯净的水在水层浅时无色透明，深时呈浅蓝色。可以用玻璃杯或白瓷碗盛水观察，通常水越清水质越好，水越浑则所含杂质越多。水色随含污情况不同而变化，如含有腐殖质呈黄色，含低价铁化合物呈淡绿蓝色，含高价铁或锰呈黄棕色，含硫化氢呈浅蓝色。

2．通过水的味道鉴定

一般清洁的水是无味的，而被污染的水带有一些异味。如含硫化氢的水有臭鸡蛋味，含盐的水则带咸味，含铁较高的水带金属锈味，含硫酸镁的水有苦味，含有机物质的水有腐败、臭、霉、腥、药味。为了准确地辨别水的气味，可以用一只干净的瓶装半瓶水，摇荡数下打开瓶塞后，立即用鼻子闻。也可以把盛水的瓶子放在约摄氏 60 度的热水中，闻到水里有怪味就不能饮用。

3．通过水温鉴定

地面水（江河、湖泊）的水温，因气温变化而变化，浅层地下水受气温影响较小，深层地下水，水温低而恒定。如果水温突然升高多是有机物污染所致。工业废水污染水源后也会使水温升高。

4．通过水点斑痕鉴定

用一张白低，将水滴在上面，晾干后观察水迹。清洁的水是无斑迹的，有斑迹则说明水中杂质多、水质差。

（三）改善水质的方法

人员饮用的水必须经过洁治、消毒和改善水质，饮用水里的悬浮物和胶质物质越少越好。

1．饮用水的消毒

水的消毒主要是杀灭有害人体的致病微生物，主要的方法有两种：

物理法：主要是将水煮沸消毒，这是一种既容易又简单而且比较可靠的消毒方法。

化学法：利用化学药品氯、碘、高锰酸钾、漂白粉、明矾、“69—1”型饮水消毒片等。

2．饮用水的洁治

水的洁治就是消除水中的杂质和污物。常用的方法有沉淀、过滤、混凝等三种。在野外，因条件限制，也可以用一些含有黏液质的野生植物净化浑浊的饮用水。如贯众的根和茎，榆树的皮、叶、根，木棉的枝和皮，仙人掌和霸王鞭的全株，水芙蓉的皮和叶，都含有黏液质，都含有糖类高分子化合物。这些植物与钙、铁、铅、镁等二价以上的金属盐溶液化合，形成絮状物，在沉淀过程中能吸附悬浮物质，起到净化浑水的作用。植物净水，虽然絮状物沉淀时能除去部分细菌和微生物，但是没有消毒作用。因此，饮用水最好再加少许漂白粉或煮沸消毒。

在无水源的情况下，也可利用简便方法获取少量的水。如用一个塑料袋套在树枝上将袋口扎紧，每天取水量可达 1 升左右。还可以用塑料布收集露水等等。

另外，山野中有许多植物可用以解渴。如北方的黑桦、白桦的树汁，山葡萄的嫩条，酸浆子的根茎；南方的芭蕉茎、扁担藤等。

四、野外取火

煮烤食物需要火、宿营取暖需要火、发求救信号也需要火。因而，野外生存的能力，在某种程度上说，取决于取火的能力。

火柴或打火机在野外生活中是不可缺少的必需品，当一个人迷失了方向，或来不及在天黑之前到达宿营地时，一盒火柴往往可以帮助人摆脱困境，甚至挽救生命。倘若火柴受潮，还可用其他办法取火。

特殊条件下取火的方法有：

（一）枪弹取火法

取一枚子弹，将弹丸拔出，倒出三分之二的发射药，撒在干燥易燃的枯草或纸上，把弹壳空出的地方塞上纸和干草，然后推弹壳入膛，用枪口贴近撒了发射药的引火物射击，引火物即可燃烧。

（二）透镜取火法

用放大镜，如果没有放大镜可用望远镜或瞄准镜、照相机上的凸透镜代替。冬季可用透明的冰块磨制。透过阳光聚焦照射易燃的引火物（腐木、布中抽出的线、撕成薄片的干树皮、干木屑等）取火。利用放大镜取火最为迅速的是照射汽油、酒精和枪弹的发射药或导火索，可在1～2秒内点燃引火物。

（三）发电机、电池取火法

用手摇发电机、电台照明用的一号“甲电”将正负两极接在削了木皮的铅笔芯的两端。顷刻间，铅笔芯就会烧得通红。用手电筒内电池和电珠也可做成引火工具：用电珠在细石上小心磨破，注意不能伤及钨丝，然后把火药填入电珠内，通电后即能发火。

（四）击石取火法

取一块坚硬的石头（黄铁矿石最好）做“火石”，用小刀的背或小片钢铁向下敲击“火石”，使火花落到引火物上燃烧。

（五）钻木取火法

用强韧的树枝或竹片绑上鞋带、绳子或皮带做成一个弓子。在弓子上缠一根干燥的木棍，用它在一小块硬木上迅速地旋转。最后钻出黑粉末，这些黑粉末冒烟而生出火花点燃引火物；用一根干的树干，一头劈开，并将裂缝撑开，塞上引火物，用一根藤条穿在引火物后面，迅速抽动藤条，使之摩擦发热而引燃引火物；还可以用两块软质的木头或竹片，用力相互摩擦取火，下面垫以棕榈皮或易燃烧物也可引燃取火。

五、常见自然伤害的防治方法

（一）荒野地区特殊病的预防

在森林、草原、河谷、荒漠等偏僻地区常有一些自然疫源性疾病。森林脑炎、新疆出血热、蜱传回归热、恙虫病、北亚蜱传热、野兔热、Q 热、钩端螺旋体、鼠疫等，主要是老鼠、野兔、旱獭和家畜等动物的疾病，这些疾病的流行区一般有一定范围。新疆出血热病，主要是发生在半荒漠的胡杨林地区；森林脑炎，仅发生在森林和草原，而且主要是在东北长白山的松树、杉树、桦树等针阔叶混交林地带，或者新疆天山林区的杉树、灌木丛和杂草很密的山地阴坡；恙虫病主要发生在云南、广西同越南接壤和山岳丛林地区，以及澜沧江、元江、金沙江、怒江及其支流的河谷地带。这些地方性动物传染病的发病都有严格的季节性：新疆出血热于 4 月下旬到 5 月中旬发病较多；蜱传回归热主要发生在 4 月到 8 月；森林脑炎多在 5 月底至 6 月下旬发生；恙虫病多在夏秋季节发生，在云南以 8 月为最多；北亚蜱传热也主要在 5 月到 6 月流行。

这些疾病的传染途径主要是由昆虫传播给人类。昆虫在叮咬发病的动物后，再叮咬人时，就会将病毒注入人的血液而使人发病。钩端螺旋体则主要是由水传播，当人进入到带病菌的老鼠粪便污染的水中时，病原体即通过皮肤进入血液而使人发病。接触带病毒的动物也会被传染。因此部队在进入上述地区时，应采取防蚊虫叮咬和其他防护措施。

（二）蚊虫等有害昆虫的防治

部队在林区及草原行军、宿营时，经常会受到昆虫的叮咬，其中许多昆虫可传播病毒，使人员生病。特别是在热带丛林中，蚂蟥、蚊虫叮咬可能引起伤口感染，甚至引起破伤风、疟疾、回归热等传染病。

热带丛林中传播病毒的昆虫主要有：

蚊虫，是疟疾、乙型脑炎、登革热、黄热病的传播媒介。蚊虫白天大多隐藏在阴暗、潮湿的地方，以黄昏和拂晓最为活跃。

蜱恙虫（马鹿虱）等是森林脑炎、蜱传回归热等疾病的传播媒介。

蠓（小咬）、牛虻、蚋等常是乙型脑炎和丝虫病的传播媒介。

为了防止这些昆虫叮咬，人员应穿长袖衣和长裤，扎紧袖口、领口，皮肤暴露部位涂抹防蚊药。不要在潮湿的树阴和草地上坐卧。宿营时燃烧艾叶、青柏树叶、野菊花等可驱赶蚊虫。被昆虫叮咬后可用氨水、肥皂水、盐水、小苏打水、氧化锌软膏涂抹患处止痒消毒。

蚂蟥也是危害很大的虫类，蚂蟥的种类很多，吸血量很大。由于蚂蟥的唾液有麻醉和抗凝作用，往往吸血时人无感觉，但当其饱食而去，伤口仍流血不止，常会造成感染、发炎和溃烂。遇到蚂蟥叮咬，可用手拍打或用肥皂液、盐水、烟油、酒精滴在其前吸盘处，或者用燃烧着的香烟烫，让其自行脱落，然后压迫伤口止血，并用碘酒涂抹伤口，以防感染。在行进中，应经常注意查看有无蚂蟥爬到脚上，在鞋面上涂些肥皂水、防蚊油可以防止蚂蟥上爬。

（三）蛇伤的处置

毒蛇的种类很多，但是除了眼镜王蛇以外，蛇一般不主动攻击人。蛇的听觉较差，但感觉灵敏，对栖息处的地面或树枝的震动极为敏感，一遇响动便会逃之夭夭。因而部队在丛林地区行进，可手持棍棒“打草惊蛇”。通常，蛇在遇到人而又来不及躲避时，便会曲成一团，并将头弯在中央，警惕地注视着发出声响或敌害晃动的方向。此时，人如果不注意而未发现它或无意踩及或触及它，蛇便会冲过来咬人。因此，在毒蛇出没的地区行动时，应随时注意，以减少被咬的可能。一般被蛇咬的部分有70%以上是在足部，所以必须穿长裤、高腰解放鞋，即使咬伤也不会伤及肉体中毒。在多蛇的热带丛林中活动，还要警惕树上有无毒蛇。野外露营时，在驻地周围适当撒一些六六六粉或石灰粉，并挖一条防蛇沟，以防毒蛇侵入。睡前检查好铺位，压好蚊帐，早晨起来检查鞋子。

人一旦被蛇咬伤，首先应分清是无毒蛇还是有毒蛇，如系无毒蛇咬伤（一般在15分钟没有什么反应），可按一般外伤处理。若无法判断，则应按毒蛇咬伤处理。被毒蛇咬伤后，切不要惊慌失措和奔跑，而应使伤口部位尽量放到最低位置，保持局部相对固定，以减缓蛇毒在人体内的扩散和吸收。应立即用柔软的绳子、布条或者就近拾取适用的植物茎、叶，在伤口上方约2～10厘米处结扎，松紧程度以能阻断淋巴和静脉血的回流，而又不影响动脉血流通为宜。结扎的动作要迅速，最好在受伤后3～5分钟内完成，以后每隔15～20分钟放松，以免被扎肢体因血流受阻而坏死。结扎后可用清水、冷开水加盐或肥皂水冲洗伤口，以洗去周围粘附的毒液，减少吸收。经过清洗处理后，再用锐利的小刀挑破伤口，或挑破两个毒牙痕间的皮肤，同时可在伤口周围的皮肤上，用小刀挑开米粒大小破口数处，这样可使毒液外流，并防止伤口闭塞。但不要刺得太深，以免伤及血管。咬伤的四肢若肿胀严重时，可用刀刺八邪或八风穴进行挤压排毒。还可以直接用嘴吸吮伤口排毒，边吸边吐，每次都要用清水漱口，若口腔内有黏膜破溃、龋齿等情况就绝不能用口吸，以免中毒。在施用有效的蛇药30分钟之后，可去掉结扎。如无蛇药片可就地采用几种清热解毒的草药，如半边莲、芙蓉叶，以及马齿苋、鸭跖草、鱼腥草等，将其洗涤后加少许食盐捣烂外敷。敷时不可封住伤口，以免妨碍毒液流出，并要保持药料新鲜，以防感染。

（四）中暑的救治

中暑是高热环境中发生的一种急性病。在炎热的夏天进行长途行军或长时间体育训练，都可以发生中暑。中暑时患者感到头昏头痛，口渴，恶心呕吐，继而发高烧，有时流鼻血，脉搏快而强，呼吸急促。严重者昏迷不醒，脉搏细弱，血压下降，瞳孔扩大，甚至死亡。

当发现人员中暑时，应马上将其送到阴凉通风处休息，并卸下装备，解开衣扣，让其喝些水，尽快用冷水擦身，以增加散热。对中暑严重者，应设法降温，可把病人浸泡（除头部外）在冷水中，并按摩躯干和四肢，或用冰袋敷头部、颈部两侧、双侧腋下、腹股沟和膝弯等处，给病人注射冬眠灵等降温药物。如病人昏迷，可针刺人中、十宣、涌泉等穴位。待病情稳定后送卫生部门进一步救治。

（五）冻伤的救治

冻伤是因寒冷引起的局部组织损伤，常发生在手、脚、耳廓、鼻尖等处。冬季气温低，人体受到寒冷的刺激后，皮肤毛细血管收缩，组织缺血、缺氧容易造成冻伤。表现为皮肤浅层肿胀发痒、发痛、出现紫色斑块，严重的还会出现水泡溃烂、冻僵甚至死亡。

寒冬，如发现手、脚、脸已有冻伤，不要用热水浸泡和火烤。局部冻伤时可涂抹冻伤膏或用辣椒、艾蒿、茄杆煮沸，温时浸泡，每次10分钟，每日1～2次。如有水泡，消毒后刺破，然后进行包扎。如严重冻伤，要使伤员迅速脱离寒冷环境（如果下肢冻伤要禁止走路），用温水快速融化复温，这是当前治疗冻伤最有效的方法。如无温浴条件，可将伤员安置在室内，室温调至25℃～30℃，脱去湿冷服装，盖好被子，胸部和腋下放上热水袋，随时观察体温，待伤员意识清醒后，饮一些热茶或热糖水,尔后及时送卫生部门救治。

复习题

1．在野外如何获取饮用水？

2．请说出至少三种在野外可以安全获取食用的植物名称？

3．如何选择宿营地?

4．在作战行动或野外训练中，如迷失方向应如何掌握求救和联络方法?

5．如何鉴定水质的好与坏?

6．在特殊情况下有哪些取火方法?

7．在野外如何防止昆虫叮咬?

8．当发现有人中暑、冻伤时，应如何急救?

附 录

一、新中国学生军事训练的起步与发展

新中国的学生军事训练，起步于20世纪50年代。1955年7月，经第一届全国人民代表大会第二次会议通过并颁发的《中华人民共和国兵役法》，第一次从法律上对学生军训作了规定。1955年8月，中央军委根据兵役法的规定和广大大中学生的要求，就高等院校进行学生军事训练，为部队培养预备役军官问题，向毛主席、党中央请示：高等院校的军事训练，除学习一般军事知识，进行军事生活锻炼外，应在普通学科的基础上，增加学习有关的军事专业知识；训练时间，五年制学校为400小时，四年制学校为300小时，并利用假期进行一次野营训练。1955年11月1日，毛主席、党中央批准了上述请示。从1955年冬季起，首先在北京体育学院、北京钢铁学院进行试点。1956年暑期后，经国务院批准，又增加了北京邮电学院等12所高等院校。在两批共14所高等院校中，进行了21种军事专业课的训练，受训学生共10000多人。1956年初，高等教育部根据周恩来总理关于培养经济建设干部要求要多、要快、要好以及高等院校学生军事训练应当减少时间或缓办的指示，经中国人民解放军训练总监部反复研究，提出了关于高等院校学生军事训练时间的意见，并报国务院审批。当年7月28日，国务院常务会议决定，1956年秋在北京邮电学院等12所高等院校的军事训练时间全部为150小时，最多不超过200小时。1955年至1957年间，国家教育部和国防部为了对中等学校学生进行征集前

的军事训练，并为高等院校军事训练打下基础，依据《中华人民共和国兵役法》的规定，先后在全国127所中等学校进行了学生军训试点，训练时间为100小时，受训学生共70000余人。当时，高等院校重点是为中国人民解放军培养预备役技术军官，高级中学重点是进行基础军事训练。实践证明，上述这些军事训练，对于激发学生的爱国主义热情，增强学生的国防观念，以及扩大知识面，促进学校教学，培养祖国需要的合格人才，都起到了积极的作用。20世纪60年代初，经国务院批准，全国53个大、中城市的38所高等院校和70所高级中学或中等专业学校的一年级学生进行了军训试点。1965年，根据党中央有关大专院校学生到部队当一段时间兵的指示精神，全国又有部分大专院校学生到部队下连当兵。“文化大革命”期间，有些学校虽然也组织过一些军事训练或“学军”活动，但由于众所周知的原因，无论是军事训练的指导思想和内容，还是军事训练的组织领导，方向均有所偏离，难以达到理想的效果。

党的十一届三中全会以后，我国的政治、经济和国防建设形势出现了建国以来少有的好局面，恢复学生军事训练的时机渐趋成熟。中共中央在[1981]11号文件中，规定高等院校要把学生军事训练纳入教学计划，从此，部分高等院校又恢复了学生军训的工作。1984年，六届人大二次会议通过并颁布了新的《中华人民共和国兵役法》，把高等院校和高级中学学生的军事训练单列一章，再一次从法律上对学生军训作了明确规定。1985年，我国有52所高等院校、102所高级中学（含中等专业学校）进行了学生军训试点。1986年初，中央领导同志强调，今后对高等院校新生要集中进行军事训练，过一段严格的军事生活。中央军委领导同志也强调指出，学生军训不但要搞，而且要搞好，搞成功，要形成制度。军队要把这项工作作为一件大事来抓，只能办好，不能办坏。这一年，学生军训试点的高等院校增加到69所。1987年，学生军训试点的范围进一步扩大，高等院校增加到105所。其中，到部队训练的40所，在校内训练的65所。为了进一步搞好学生军训试点工作，国家教育委员会，解放军总参谋部、总政治部、总后勤部又于1987年5月联合下发文件，从军事训练的试点范围、训练时间、训练内容、军事教员的配备以及学生军训的经费和物资保障等方面均作了明确规定，有力推动了全国学生军训工作的迅速发展。

2001 年 7 月，国务院办公厅、中央军委办公厅以国办发[2001]48 号文件转发了《教育部、总参谋部、总政治部关于在普通高等学校和高级中学开展学生军事训练工作的意见》。11 月，教育部、总参谋部、总政治部联合在天津召开"全国学生军训工作会议"。文件下发和会议的召开，标志着自 1985 年开始、历经 16 年的学生军训"试点"工作的结束，同时也标志着学生军训进入制度化的轨道和新的发展时期。

2001 年全国学生军训工作会议后，学生军训由部分试点转入全面普及，由一般军训转入课程建设。2004 年 8 月 26 日中共中央、国务院发布《关于进一步加强和改进大学生思想政治教育的意见》第十五条指出："认真组织大学生参加军政训练、社会调查、生产劳动、志愿服务、公益活动、科技发明和勤工助学等实践活动，使大学生在社会实践活动中受教育、长才干、作贡献，增强社会责任感。"2006 年 11 月 13 日国家国防动员委员会公布施行《全民国防教育大纲》，其中第四章专门就"学生的国防教育"作了详细规定。2007 年 1 月 24 日教育部、总参谋部、总政治部印发新修订的《普通高等学校军事课教学大纲》，并于同年 9 月实施。2007 年 3 月 22 日教育部、总参谋部、总政治部印发《学生军事训练工作规定》。这些法规性文件的下发，使得学生军训工作更具规范性、针对性和可操作性。尤其是《学生军事训练工作规定》，是自 1985 年开展学生军训 22 年来颁发的最有分量、最为系统完整的法规性文件。《规定》的颁布具有里程碑意义，对进一步规范各级教育部门、军事机关的组织领导行为，规范各类学校依法开展学生军训行为，规范具体执行者的教学管理行为，规范学生的依法参训行为提供了坚实的依据。

二、我国学生军事训练有关法律法规及重要文件节录

（一）《中华人民共和国宪法》第二章第三十三条规定："任何公民享有宪法和法律规定的权利，同时必须履行宪法和法律规定的义务。"

第五十五条规定："保卫祖国、抵抗侵略是中华人民共和国每一个公民的神圣职责。依照法律服兵役和参加民兵组织是中华人民共和国公民的光荣义务。"

（二）《中华人民共和国兵役法》第八章第四十三条规定："高等院校的学生在就学期间，必须接受基本军事训练。""根据国家建设的需要，对适合担任军官职务的学生，再进行短期集中训练，考核合格的，经军事机关批准，服军官预备役。"

（三）《中华人民共和国国防法》第七章第四十条规定："国家通过开展国防教育，使公民增强国防观念、掌握国防知识、发扬爱国主义精神，自觉履行国防义务。普及和加强国防教育是全社会的共同责任。"

第四十二条规定："学校的国防教育是全民国防教育的基础。"

（四）《中华人民共和国国防教育法》第二章第十三条规定："学校的国防教育是全民国防教育的基础，是实施素质教育的重要内容。"

第十五条规定："高等学校、高级中学和相当于高级中学的学校应当将课堂教学与军事训练相结合，对学生进行国防教育。""高等学校应当设置适当的国防教育课程，并可以在学生中开展形式多样的国防教育活动。""高等学校、高级中学和相当于高级中学的学校学生的军事训练，由学校负责军事训练的机构或者军事教员按照国家有关规定组织实施。"

（五）国务院、中央军委 2001 年 9 月 5 日修订颁发的《征兵工作条例》第五章第二十五条规定："依法可以缓征的正在全日制高等学校就学的学生，本人自愿应征并且符合条件的，可以批准服现役，原就读学校应当按照有关规定保留其学籍，退伍后准其复学。"

（六）《中华人民共和国教育法》第一章第六条规定："国家在受教育者中进行爱国主义、集体主义、社会主义的教育，进行理想、道德、纪律、法制、国防和民族团结的教育。"

（七）中共中央 1985 年 5 月 27 日发布的《关于教育体制改革的决定》第四条指出："为了保证国防的需要，要为人民解放军培养一定数量的毕业生。"

（八）中共中央、国务院 1993 年 2 月 13 日印发的《中国教育改革和发展纲要》第三十四条指出：“重视国防教育，增加国防观念。继续组织高等学校、中等专业学校和高级中学学生参加多种形式的军事训练。各级教育部门、军事部门和学校要统筹安排，认真组织实施。”

（九）中共中央 1994 年 8 月 23 日印发的《爱国主义教育实施纲要》指出：“要进行国防教育和国家安全教育。要根据新时期的特点重视现代国防教育，增强全民的国防意识和国家安全意识，加强军政、军民团结，提高全民抵御外敌入侵、捍卫祖国独立、维护国家主权和领土完整的自觉性。教育全体人民同一切出卖祖国利益、损害祖国尊严、危害国家安全、分裂祖国的言行，进行坚决的斗争。”“中学高年级和大专院校，要组织学生参加适当的生产劳动、社会实践和军事训练等活动，增强他们对工农兵的感情和对国家的责任感。”

（十）中共中央 1994 年 8 月 31 日发布的《关于进一步加强和改进学校德育工作的若干意见》第十四条指出：“高等学校要把社会实践纳入教学、教育计划，组织学生参加社会调查、生产劳动、科技文化服务、军政训练、勤工俭学等活动”。

（十一）中共中央、国务院 1999 年 6 月 13 日发布的《深化教育改革，全面推进素质教育的决定》第三条指出：“加强民族团结教育，规范国防教育，提高学生的国家安全意识，继续搞好军训工作并使之制度化”。

（十二）中共中央、国务院 2004 年 8 月 26 日发布的《关于进一步加强和改进大学生思想政治教育的意见》第十五条指出：“认真组织大学生参加军政训练、社会调查、生产劳动、志愿服务、公益活动、科技发明和勤工助学等实践活动，使大学生在社会实践活动中受教育、长才干、作贡献，增强社会责任感。”

（十三）2006 年 11 月 13 日，国家国防动员委员会公布施行《全民国防教育大纲》，其中第四章专门就“学生的国防教育”作了详细规定。（详见“附录五”）

（十四）2007 年 1 月 24 日，教育部、总参谋部、总政治部印发新修订的《普通高等学校军事课教学大纲》（2007 年 9 月实施）。（详见“附录五”）

（十五）2007年3月22日，教育部、总参谋部、总政治部印发《学生军事训练工作规定》。（详见“附录五”）

三、外国学生国防教育情况简介

当今世界，不论是发达国家还是发展中国家，不论是和平环境相对稳定还是战火不断的国家和地区，无不重视对国民进行国防教育，几乎都把加强国防教育视为一项重要的社会性工程，把国防观念作为最高的社会公德来培养，并以法制措施加以保障。许多国家都建立由国家、社会、军队、学校、家庭组成的五位一体的国防教育体制，目的就是要夯实国防建设的社会根基。特别值得深思的是，很多国家都十分重视对学生的国防教育和军事训练，并成为各国加强国防建设的一项重要举措。

（一）美国学生的国防教育

美国除制定了全民性的《国防教育法》外，还专门针对青壮年制定了《普遍军训与兵役法》，要求公民在规定的年龄内必须参加军训，履行兵役义务。对学校学生的军训，已经形成了一套完善的制度。日常中，美国除了依靠其发达的传媒不间断地向国人灌输“国家至上”、“民族自豪”和“社会责任感”等思想观念外，尤其把重点放在青少年的教育和未来国防人才的培养上。他们在全国350所普通高等院校设有531个后备役军官训练团（简称“后训团”），其中陆军315个，空军153个，海军63个，由国防部统一领导，学生军训由后训团具体组织实施。后训团吸收学生自愿参加，结业后，一部分授予后备役少尉军衔，一部分服现役。军训分两年制和四年制两种。四年制的后备役军官训练，陆军、空军规定：前两年每周3～4小时，学习基础军事科目；后两年每周3～4小时，并参加一次为期6周的军事夏令营，学习高级军事课程。海军规定：四年内每周两小时，并参加暑假军训，总时数为480小时。两年制的后备役军官训练，主要为专科院校（两年制或三年制）或本科院校中未参加前三年军训的学生开设，加入前必须先经过 6 个星期的基础军事训练，然后直接学习高级军事课程。毕业后，如部队需要至少服现役两年。据统计，在美国现役部队中，有 30%的将军和 40%的校尉级军官来自后训团毕业的大学生。因此，后训团享有“大学中的军官学校”的美称。

为鼓励青年学生参加军训，专门设立各种奖励制度。参加后训团训练的大学生，除由军队支付其参训时的学杂费外，还对参训的三、四年级学生实行奖学金和补贴制度，军方向军训成绩优秀、同意在毕业后至少服 4 年以上现役或 6 年以上后备役的学生提供奖学金。享受奖学金的学生，其全部学费、书籍费和实验费（一般大学每年约 6000 至 7000 美元）均由军方支付，此外，每学年还可得到 10 个月（寒暑假除外）每月 100 美元的津贴费和一期夏令营（约 500 美元）的补贴，奖学金分 4 年、3 年和 2 年三种，一个 4 年奖学金获得者，在整个就学期间可从军方得到 2 万至 4 万美元的补贴。

美国重视加强军校建设，毕业生待遇优厚，对广大青少年很有吸引力。美国的西点军校，尽管有其严格的入学考试制度和极高的淘汰率，但报名者仍十倍于录取者。这里的学员，在 4 年中将接受全国一流的军事、政治和文化、科学教育，仅培训费就人均高达 90 万美元。美国制定的“培养美国人迎接 21 世纪计划”，认为其未来取决于青少年的素质尤其是国防素质。他们把眼光投向中小学，不仅开办“候补军官军校”和“候补军官候补生学校”，还在许多中、小学开设了“核战常识”课程，邀请核专家、物理教授和国际问题专家开设“核战争”讲座。各州举办夏令营时，组织儿童过军事生活，学习航海、航空航天知识，使青少年比较系统地了解现代军事科学技术知识。1986 年 1 月 28 日在发射中爆炸的美国“挑战者”号航天飞机，除了承担例行的卫星发射试验任务外，还根据里根总统的建议，精心安排一名女教师从太空向中学生授课。目的就是为了让青少年尽早接受与国防有关的现代科学技术教育，引发他们对现代国防的兴趣。这些都反映了美国在吸引青少年国防兴趣方面的良苦用心。

（二）俄罗斯学生的国防教育

俄罗斯在利用国民教育的优势为军队培养人才方面既保持了前苏联的一些做法，也进行了一些有益的尝试。

一是办少年军校，为俄军培养初级军事人员。少年军校原是苏联卫国战争末期为安置烈士子弟而创建的，后来逐步发展成苏联军官学校的预科学校。苏联解体后，俄罗斯保留了少年军校，有的也称武备中学。截至 1997 年，俄罗斯共有少年军校 18 所。少年军校的招收对象是 14 至 16 岁，读完十年制普通中学的男性青少年。学校以科学文化教育为主，同时按照初级军事教育大纲对学生进行基本军事教育，学制 2 年。学生发统一制服，过军事化生活，毕业考试及格者可免试进入中、高等军事学校和专科军事学院。

二是进行军事登记专业培训，为俄军培养适应士兵专业需要的青年。根据俄罗斯联邦政府的规定，年满 17 岁的男性公民，包括在初级职业和中等职业教育机构中的学生，按照政府确定的军事登记专业一览表选择专业后，接受士兵军事登记专业培训，培训内容列入职业教育大纲，经过士兵军事登记专业培训的学生，应征服役时，有权根据士兵军事专业的实际需求选择俄罗斯武装力量的军兵种以及其他军事单位和机关。

三是在地方高等院校设置军事系，为俄军培训专业技术军官。按照俄罗斯政府确定的办法，在地方院校设置军事系通常适用于军民通用性较强的专业，如在财政学院设军财系，在医学院设军医系等。地方青年自考入军事系后，享受军人待遇，军龄从入学之日算起，毕业后由军队统一分配。

四是在高等职业教育机构设置军事教研室，为俄军培养所需的预备军官。依照有关规定，在国立、市立高等职业教育机构学习的学生，如果健康状况适合服役并符合法律规定的各项要求，可以与国防部签订合同，根据合同约定，进入高等教育机构设置的军事教研室，按照预备役军官训练大纲接受培训，培训结束取得军官军衔后分配到军队工作。学生在培训期间，可享受俄罗斯政府支付的奖学金。

此外，俄罗斯除了对普通学校和各类技校的学生进行军训外，还规定必须对年龄达到 16 周岁以上的男性青年进行军训，即规定所有“尚未为祖国服过兵役的适龄男性青年”都要接受军训。一般是在部队基地内为这些青年设立一个专门的“学校”，男青年每周两次到基地上课或进行军事训练，而且其“成绩”与就业等挂钩。为俄军逐步向职业化军队过渡奠定一流的兵员基础。

（三）英国学生的国防教育

作为古老而发达的老牌资本主义国家，英国政府历来重视国民尤其是学校学生的国防教育。

第二次世界大战结束后，英国政府提出了“防务之事是全民的事”的思想，并把防务教育纳入大中小学的教学内容之中。一是为了强化学生的防务意识，英国政府除在许多大学设有专门的军事学位，办有专门的军事刊物外，还利用大众传媒的舆论优势，采用“点将”方法，开辟《我对防务问题的看法》专栏和专题节目，让学生回答有关防务的基本知识和相关重大问题。二是在许多学校建立各种军事研究团体，广泛吸收学生参加，并且把它作为学生防务教育的重要社会活动。三是英国国防部预备役局在大学设立陆军军官训练团、海军训练中心和空军飞行中队。陆军在 10 余所大学设有大学生训练团 16 个分队，空军在 64 所大专院校建有 16 个训练中队，陆、海、空三个军种都在中学普遍招募学兵。学生可自愿参加陆、海、空军组织的训练活动，训练时间安排每周一、二个晚上或周末，假期集中训练一至二周。参训学生可领取参训费，其中部分参训学生可与国防部签订参军合同，根据合同，学生学习期间由国防部支付学费，并发给生活费，毕业后参军。如违约，学生将如数退还所有学费和生活费。英国部分中学也组织学生进行适量的军训活动，在提高军事基本技能的基础上，丰富军事知识，强化国防意识。

（四）印度学生的国防教育

印度对学生的国防教育的最大特点就是通过建立庞大的国民学

兵团组织，加强对青少年的国防教育。

国民学兵团建立于1943年，它是一个以青少年为重点对象的、进行国防教育和军事训练的组织。国民学兵团活动由国防部国民学兵团总监署（总监为少将衔）领导。全国分为16个国民学兵团区队，每个区队下设若干大队，全国共有大队91个，每个大队下辖分队6～7个。每个大队至少负责1所大学，每个分队负责若干所中学的军事训练。国民学兵团根据年龄和性别分为3个组，即男子高年级组（26岁以下的大学生）、男子低年级组（13～18 岁的中学生）和女子组。女子组又分为高级班和低级班，各组又分为陆军、海军、空军3个队。目前，国民学兵团已遍及全国1万多所大中院校，拥有学员达110余万。国民学兵团的宗旨是：培养青少年的领导能力、良好品德、同志友谊、体育技能和为社会服务的思想；建立一支有组织、有纪律，能在国家危急时为国效力的生力军；对学员进行训练，为担负以后的工作打好基础，并使他们能得到武装部队的委任。现在，印度政府几乎在所有的大、中学校开设了国民学兵团的训练课程，以供学生自由选择。国民学兵团学员一般服役2年，服役期每次可延长1年，高年级组可延至4年，低年级组可延至3年。高年级组学员每年训练120节课，低年级组学员每年训练150节课。训练内容有射击、队列、驾车、登山、滑雪、跳伞、野营及地图判读、军事文书、野战技能等。女子组训练的重点是急救、基本护理、无线和有线通信以及民防知识等。国民学兵团的训练经费由中央政府和联邦政府对半分担。半个多世纪以来，奉行于印度的这种由中央和地方政府出钱、专门机构出力、国民广泛参与、国家受益的国防教育形式，一方面极大地强化了国民的国防观念和国防意识，另一方面为印度的国防建设提供了源源不断的后备力量。

（五）以色列学生的国防教育

以色列是第二次世界大战后诞生和发展起来的国家，仅400多万人口，1万多平方千米的国土。从1948年以色列建国开始，巴以围绕巴勒斯坦问题敌对至今，发生大小战争不计其数。然而它却一次又一次转危为安，甚至敢向任何阿拉伯国家叫板。究其原因，固然离不开美国等一些军事大国的支持，但以色列军民强烈的国防意识和高度的战略观念无疑起着关键性作用。

以色列实行全民义务兵役制。国防在这个国家中具有极为重要的特殊地位。以色列的青年一般在中学毕业时入伍，中学毕业生中只有攻读医药、护理、工程、师范等不适于军方需要的专业者，才可延缓应征，直接报考大学。但入学前必须经过军训，毕业后还要到军队服役3～5年。该国的各类学校都把国防教育列为必修课，由各驻校军士按统一计划组织实施，每个高中学生每年接受为期一周的国防教育。主要内容是犹太复国史、以军战史、以安全环境、军队使命、军队纪律、各军兵种常识、基础军事训练等。教育方式除授课外，还请高级将领作动员报告、讲演，参观博物馆、战史馆、烈士纪念碑及部队陈列室，观摩军兵种部队演习、表演，到部队体验军营生活等。其中有些项目学生家长也被邀参加。每逢寒暑假，另行组织军事训练，为期一周。训练计划内容有40多种，每次都由各驻校军士同校方协商，每个学校从中挑选科目，有队列、步枪射击、投弹、行军及军事体操、徒手格斗等。学生接受军训热情高，效果比较理想，军训结束时进行考核，请家长出席观看并讲评。以色列全民性国防教育的经费由各军政单位自理，不存在师资问题。学校国防教育的经费及师资均由以国防军承担。驻校军士及负责人员均系总参教育与青年部队的现役军人。每年约4万名学生接受国防教育与军训，参观免费，所需交通工具主要由军队提供。总参后勤部免费供应每人两套单军装及一周伙食费。住宿安排在教育与青年部队的训练中心。基础训练外的特选科目由各有关部队临时抽调人员承担。

（六）朝鲜学生的国防教育

朝鲜十分重视对青年学生的国防教育，把军事训练作为大、中学校教学的一项重要内容。朝鲜各大院校均把军训列为一门课程。大学的年级、班是模仿部队的中队和小队编制序列编排的，小队相当一个班，20个左右，设正、副小队长。大学生从2年级开始停课，用6个月时间到部队进行军训，按正规部队要求，参训学生着军服、佩带军衔。训练分两个阶段，第一阶段以学习军事理论和军事常识为主；第二阶段进行实弹射击，检验训练成果。合格者发给朝人武部签发的合格证书，表明该学生已具备了预备役军人资格。中学主要在 5 年级（相当我国高中 2 年级）进行集中训练，时间为 2 周，从部队请教员在校内进行。内容分为军事理论、军事常识和一般军事技能等，使学生学会如何隐蔽、疏散，掌握步枪的性能、射击要领。训练结束前，进行实弹考核。

（七）越南学生的国防教育

越南大中学生的国防教育由国防部国防教育委员会、教育培训部共同负责，军事部门协助。教育培训部设有国防教育司，为国防部派出机构，大专院校设有国防教育教研室，中学配有专职或兼职国防教育教员。此外，全国还设有 6 所国防教育中心，教员均为现役军人。

学校国防教育的基本内容有两项：一是军事和国防知识学习，二是军事训练。关于军事训练，不同对象有不同的军训要求。中学生主要是队列训练和与军事相关的文体活动；大学生除队列训练外，还要掌握轻武器射击要领和枪支保管、维护等知识。越南国防部和教育培训部联合通知要求，国防教育课列为在校大中学生的必修课，考试结果计入学生总成绩。大中学生国防教育的组织方式：一是由各院校自行组织，二是在国防教育中心集中培训。目前，越南已将开办国防教育中心作为今后大中学生进行国防教育的方向和最佳方式。根据越南《国防教育大纲》规定，学生在校学习期间国防教育课的课时，高中为 3 周，中专和职业技术学校为 4 周，大专为 5 周，大学本科为 6 周。按规定，训练结束后，经严格考核合格者，视情授予预备役准尉或少尉军衔，个别授予现役少尉军衔，分配到部队技术兵种任职。

四、我国依托普通高等学校培养军队干部简介

在中国人民解放军人才建设史上，2000 年是具有里程碑意义的一

年。2000 年 5 月 30 日，国务院、中央军委颁布《关于建立依托普通高等教育培养军队干部制度的决定》，标志我军生长干部“由军队自己培养与依托国民教育培养并举”的机制正式确立。目前，与军队签约培养国防生的地方高校已达 117 所,在校国防生近 7 万名,已有 3 万多名毕业国防生补充到军队各条战线。

国防生是指根据部队建设需要，由军队依托地方普通高校从参加全国高校统一招生考试的普通中学应届高中毕业生中（含符合保送条件的保送生）招收的和从在校大学生中选拔培养的后备军官。国防生在校期间享受国防奖学金，完成规定的学业和军政训练任务并达到培养目标，取得毕业资格和相应学位后，按协议办理入伍手续并任命为军队干部。

（一）国务院、中央军委《关于建立依托普通高等教育培养军队干部制度的决定》（摘要）

为了充分发挥普通高等教育在国防和军队现代化建设中的作用，拓宽选拔培养高素质军队建设人才的途径，进一步加强我军干部队伍建设，国务院、中央军委决定，建立依托普通高等教育培养军队干部制度。

1．建立依托普通高等教育培养军队干部制度是加强军队质量建设的重大举措

面对科学技术迅猛发展和高新技术在军事领域广泛运用的新形势，我军要掌握未来军事斗争的主动权，担负起党和人民赋予的历史使命，关键在于培养和造就大批军政兼优、具有现代科学文化知识的新型军事人才。军队恢复干部制度以来，不断深化教育改革，大力加强干部培养，干部队伍的整体素质有了明显提高。但是，随着我军建设由数量规模型、人力密集型向质量效能型、科技密集型的转变，对干部的全面素质提出了更高的要求，主要依靠军队自己培养干部已不能满足部队对高素质人才的需要，为此必须走军队自己培养和依托国民教育培养并举的路子。

国防和军队现代化建设是我国社会主义现代化建设的重要组成部分，为军队培养干部是普通高等教育义不容辞的责任。普通高等教育过去为军队培养输送了一定数量的干部，为军队的建设与发展作出了重要贡献，但还没有形成规模和制度。充分利用普通高等教育的人才资源和知识优势培养军队干部，是加速我军高素质干部队伍建设的必然选择，是实施科教兴国、科技强军的客观要求，对于优化国家人才资源配置，全面加强军队建设，具有重要的现实意义和深远的历史意义。

2．依托普通高等教育培养军队干部的指导思想和总体目标

依托普通高等教育培养军队干部的指导思想是：以邓小平理论和江泽民同志关于军队建设的重要论述为指导，以《国防法》、《兵役法》和《高等教育法》等法律作为依据，以培养高素质军事人才为根本目的，坚持军队的军地通用专业技术人才依托普通高等教育培养的方向，为国防和军队现代化建设提供强大的人才支持和智力支持。

依托普通高等教育培养军队干部的总体目标是：按照统筹规划、稳步推进、确保质量的原则，采取多种措施鼓励和吸引普通高等学校学生毕业后到军队工作，并通过建立制度，制定和完善政策、法规，逐步扩大选拔培养的数量，提高培训质量，保证军队有稳定可靠的高素质人才来源。到2010年，基本实现军队的军地通用性强的专业技术干部主要由普通高等教育培养，并选拔适量普通高等学校毕业生补充到指挥岗位，从根本上改善和提高军队干部队伍的知识结构和科学文化水平，形成符合我国国情、具有我军特色的军事人才培养体系。

3．依托普通高等教育培养军队干部的方式和管理体制

选拔培养的方式主要是：军队从普通高等学校低年级在校生中确定培养对象，保证其在完成大学学业的同时，接受必要的军政训练，毕业后选拔担任军队干部；普通高等学校按照国家和军队有关部门下达的定向招生计划，从普通中学高中毕业生中招收品学兼优的学生，保证其在完成大学学业的同时，进行必要的军政训练，毕业后定向分配到军队工作；军队从普通高等学校、科研单位的应届毕业生和毕业研究生中，择优遴选热爱国防事业、全面素质高的学生，直接接收入

伍担任军队干部。另外，还可以采取军地院校联合培养人才、选送现役干部到普通高等学校学习深造等方式。培养对象数量较多的的普通高等学校，可视情单独为军队开设班次。具体运用何种方式，可根据普通高等教育改革发展的情况和军队建设的需要确定。

依托普通高等教育培养军队干部实行在国务院、中央军委统一领导下分级负责的管理体制。教育部、财政部、人事部和总参谋部、总政治部、总后勤部、总装备部联合成立依托普通高等教育培养军队干部工作领导小组并下设办公室。办公室由有关职能部门组成，主要职责是研究对策、制定计划和任务、检查指导，日常工作由各职能部门分工负责。国务院有关部门和各省、自治区、直辖市人民政府负责指导所属普通高等学校开展为军队培养干部的工作。大军区级单位设立由职能部门组成的后备军官选拔培训工作指导办公室，主要负责组织、指导所属单位开展对普通高等学校学生的选拔培养、军政训练、审定接收工作。在办学条件比较好、向军队输送人才较多的普通高等学校，军队设立后备军官选拔培训工作办公室，普通高等学校派人参加，负责在本校和上级指定的其他普通高等学校开展宣传动员、考核选拔、培养和向军队用人单位推荐输送毕业生工作。普通高等学校要为办公室的工作提供必要的条件。军队各级选拔培训机构的编制，按照《中国人民解放军组织编制管理条例》的有关规定办理。

军队在普通高等学校设立国防奖学金，享受国防奖学金的学生，毕业后要到军队工作。国防奖学金列入国防费预算。国防奖学金、军事训练经费及物资等标准和管理办法，由解放军四总部有关部门研究制定，并抄财政部备案。

4. 依托普通高等教育培养军队干部工作必须确保质量

依托普通高等教育培养军队干部工作必须坚持高标准。为军队培养输送的人才，应当政治合格、成绩优良、品行端正、身心健康，志愿献身国防事业。

普通高等学校在人才培养质量上肩负着主要责任，要高度重视思想政治教育，坚持用科学理论武装学生的头脑，帮助学生坚定共产主义信念，树立正确的世界观、人生观和价值观；要加强国防教育，培养学生热爱国防事业、热爱军队；对培养对象的教育管理，应遵循高等教育规律，着眼军事人才成长的需要，不断完善教学方法，统筹安排军政训练，开设与军事科学相关的选修课程，为他们毕业后到军队任职打下良好的基础。

从普通高等学校选拔培养军队干部，要严格按照规定的条件和程序进行。普通高等学校应把优秀的人才推荐给军队。军地双方要在广泛宣传动员的基础上，共同把关，选准对象，要加强教育管理，搞好跟踪考察，实行全程筛选。直接接收毕业生入伍，必须先考核后接收，做到好中选优。普通高等学校的学生工作部（处）和人民武装部等部门要充分发挥选拔培养的职能作用，积极协助后备军官选拔培训工作办公室开展工作。大学毕业生到部队后，应根据其拟任职务的职责要求，在军队院校安排 3 个月至 1 年的培训，并纳入军队院校训练任务规划。在军队院校培训期间，经考核不适合在军队任职的，按照普通高等学校毕业生就业有关规定处理。军队用人单位根据大学生干部所学专业、特长和部队建设的需要，合理分配使用大学生干部，并做好培养提高工作。

5．切实加强依托高等教育培养军队干部工作的领导

军队各级党委和领导同志要高度重视依托普通高等教育培养军队干部的工作，切实加强领导，要选派事业心强、各方面素质较高的干部从事选拔培养工作。各省、自治区、直辖市人民政府和国务院有关部门要明确所属职能部门的职责，加强对所属普通高等学校开展为军队培养高素质人才工作的指导，促进普通高等学校的全面建设。普通高等学校要切实担负起责任，把为军队选拔培养干部作为一项重要任务列入工作计划，优先保证军队人才需求。依托普通高等教育培养军队干部工作领导小组要统筹规划，加强具体指导。军、地有关部门以及普通高等学校要解放思想，大胆实践，积极探索依托普通高等教育培养军队干部的特点和规律，相互支持，密切配合，不断改进工作。要维护政策和制度的严肃性，加强监督检查，坚决防止和克服工作中的不正之风。各级主管部门应根据本决定制定配套制度，使依托普通高等教育培养军队干部工作走上制度化、规范化的轨道。

（二）国防生招收选拔相关政策

1．报考国防生应具备的基本条件

一是参加全国普通高校招生统一考试的普通中学应届高中毕业生，并达到招生高校在本地区的录取分数线；二是符合《关于军队院校招收普通中学高中毕业生和军队接收普通高等学校毕业生政治条件的规定》，思想品德优良，志愿从事国防事业，毕业后服从组织分配；三是年龄在20周岁以下（截至当年8月31日）；四是身体健康，符合《军队院校招收学员体格检查标准》。

2．如何报考国防生

志愿报考国防生的考生，应在填报高考志愿时，按照本省国防生招生计划，填报招收国防生的普通高校及相关专业。目前，绝大多数省份国防生是提前批次录取，与军队院校同步进行。因此，报考国防生志愿时，应与报考军校志愿统一考虑。

3．填报国防生志愿不影响正常志愿的录取

填报了国防生志愿，但不具备国防生录取条件或因计划限制未能录取的考生，不影响其正常志愿的录取。

4．国防生录取工作有关规定

获地区（市）以上的三好学生、学生干部、党员和特长生，在同等条件下优先录取。对符合国家规定的保送生条件且志愿从事国防事业、综合素质较高的应届高中毕业生，按照国家招收保送生的办法，经政审、面试和体检合格，可免试保送为国防生。

5．考生被录取为国防生后需签订《国防奖学金协议书》

考生被录取为国防生后，高校将《国防奖学金协议书》（一式三份）随录取通知书一并寄送学生本人。入学报到时，学生将本人及家长签名（盖章）的协议书递交驻校选培办，高校和驻校选培办组织复审复查。复审复查合格者，经军队有关部门批准后，正式确认国防生资格。

6．国防生入学后将在15天内进行政治复审和身体复查

国防生新生入校后，高校和选培办将在15天内组织政治复审和身

体复查，主要内容是政治思想表现、献身国防事业志向、身体状况及协议书签订等情况。复审复查合格者，由驻校选培办报军队上级主管部门批准后，确认国防生资格，即可享受国防奖学金。不合格者，取消国防生资格，按高校有关规定处理。

7．国防奖学金标准

国防生在校期间享受军队提供的国防奖学金。国防奖学金标准为每人每年10000元（2008年9月1日前为5000元）。

8．享受国防奖学金不得享受其他义务性奖学金

国防生在享受国防奖学金的同时，也可享受所在高校其他非义务性奖学金，但不得享受其他义务性奖学金。

9．国防生在校学习期间一般利用双休日和寒暑假进行军政训练

国防生在校期间，要接受必要的军政基础训练。军政训练的主要内容包括军事理论、军事基本技能、军事体育等。此外，还要组织到部队参观见习。国防生军政训练一般安排在双休日和寒暑假进行，不影响正常的教学。

10．应届本科毕业国防生报考研究生规定

国防生本科毕业时，经军队有关部门批准，可以报考或推荐免试攻读军队院校或科研机构、签约普通高校的研究生。报考专业应符合军队建设需要。考取地方高校研究生的，保留入学资格，先到部队工作1至2年后返校学习。毕业国防生分配到军队工作后，可按军队有关规定报考研究生继续深造。

11．未被录取为国防生仍有机会成为国防生

军队每年除按计划从普通中学高中毕业生招收国防生外，还从签约普通高校在校大学生中选拔一定数量的国防生。考取了与军队签约高校的学生，可以报名参加国防生选拔，条件符合要求的，仍有机会成为国防生。

12．国防生毕业时定向分配到军队工作

国防生毕业后，定向分配到军队工作。分配岗位和去向，按照专业对口、人尽其才的原则合理确定，在保证军队工作需要的前提下，尽可能兼顾本人的实际情况和意愿。

13．国防生毕业后享受现役军官待遇

毕业国防生到军队后，享受现役军官待遇，在首次确定职级、评授军衔、评任专业技术职务以及住房分配等方面，与同期入军校学习的毕业学员相同。本科毕业生定为副连职（或技术13级）、中尉军衔（或文职8级）。国防生的军龄，夏季毕业的从当年6月30日起算，春季毕业和实行弹性学分制于其他时间毕业的，从到军队报到之日起算。

14．国防生毕业入伍后在高校的学习时间计入住房补贴年限

毕业国防生入伍后，除享受正常的工资待遇外，还享受住房公积金和医疗保险，其在高校的学习时间计入住房补贴年限。符合随军条件的，其家属可办理随军。军队根据需要，定期选送现役干部到军内外相应院校、培训机构进修或出国留学。军队干部到地方高校攻读研究生学位或出国留学，职级待遇和工资福利不受影响，由军队正常保障。

15．国防生毕业后一般5年内个人不得要求退出现役

按照有关规定，毕业国防生一般5年内个人不得要求退出现役。符合退役条件的，经组织批准，可转业地方工作。

（三）国防生的训练及管理

1．国防生在校学习期间，将按照军队的有关要求，接受并完成必要的军政教育训练。毕业时应具备军队干部的基本素质，在经过部队组织的短期培训后，能够较快适应岗位任职的需要。

2．军政训练按总参谋部制定的训练大纲和教学计划实施，主要利用双休日、寒暑假进行，部分教学内容列入大学日常教学计划。训练内容主要是着眼适应部队现代化建设和高技术作战需要，进行军政基础知识和军官基本素质培训，突出军事技能训练、军人作风养成和军官气质培养。

3．国防生的日常管理由大学负责，主要是日常生活管理以及思想、作风、纪律管理教育；军政训练期间的管理由“选培办”和大学共同负责；寒暑假集中培训期间的管理由部队承训单位负责。

（四）国防生的权利和义务

1．热爱祖国，热爱军队，志愿献身国防事业，不参加除中国共产党以外的民主党派和宗教组织。

2．自愿将本人学籍档案及毕业证书、学位证书作为履行义务担保，由学校和军队共同保管。

3．及时向军队驻高校后备军官选拔培训工作办公室汇报个人的思想、学习和生活情况。

4．参加军队组织的军政教育训练活动，达到考核标准；在军政训练期间，接受军队实施的准军事化管理。

5．在学制时间内完成教学大纲规定的全部课程，学习成绩良好以上，毕业时要求达到军队接收普通高校毕业生入伍的相关规定。

6．不得转学和留学、退学、停学、休学。

7．经军队同意，可改学专业、选修第二专业、提前毕业和报考硕士研究生（含推荐研究生）。转学的专业、选修的第二专业应是军区部队紧缺和急需专业。提前毕业者在校学习时间应不低于三年，并取得学位证书。报考硕士研究生者，学习成绩应达到良好以上，取得国家公共英语四级证书；报考院校应是本校、军队院校或与军区签约的其他地方高校；报考的专业应为本专业或军队认可军区部队紧缺的其他专业；学校确定录取后，拟学专业宜补充技术岗位的，可在办理入伍手续后，以军队干部身份直接攻读，毕业后根据部队需要分配到部队相应岗位；拟学专业宜补充指挥岗位的，在征得学校为其保留研究生入学资格的前提下，应到部队工作1至2年补充必要的任职经历后，再继续攻读。

8．毕业时服从军队分配，到师以下部队指挥或技术岗位工作；在部队工作年限执行《中华人民共和国现役军官法》有关规定。

9．享受国防奖学金的同时，可享受其他非义务性奖学金、助学金。

五、国家关于组织学生军事训练的有关文件

（一）《全民国防教育大纲》

第一章 总则

第一条 为规范和加强全民国防教育，弘扬爱国主义精神，促进国防和军队现代化建设，促进社会主义精神文明建设，根据国防教育法，制定本大纲。

第二条 全民国防教育坚持以马克思列宁主义、毛泽东思想、邓小平理论和“三个代表”重要思想为指导，全面贯彻落实科学发展观，以爱国主义为核心，着眼于维护国家的安全、统一和发展利益，促进国防建设与经济建设协调发展，营造全社会关心国防、支持国防、建设国防的浓厚氛围，为国防和军队建设服务，为构建社会主义和谐社会、全面建设小康社会服务。

第三条 全民国防教育的基本任务是：普及国防知识，培训军事技能，培育国防后备人才，激发爱国热情，强化国防观念，增强民族自尊心、自信心、自豪感和凝聚力、向心力，提高公民履行国防义务的自觉性。

第四条 国防教育贯彻全民参与、长期坚持、讲求实效的方针，坚持以下原则：

（一）经常教育与集中教育相结合。通过媒体宣传、活动培养、典型推动、环境熏陶、文学艺术感染等途径，进行长期不懈、形式多样、生动活泼的国防教育，将教育融入公民日常的工作、学习、生活之中；利用全民国防教育日和其他重大节日、纪念日，征兵、民兵和预备役人员集训、学生军训，以及国际国内重大事件等时机，有组织、有计划地开展专题、系统的国防教育。

（二）普及教育与重点教育相结合。坚持面向社会，面向全体公民，着眼国防建设现实需要与未来发展，突出领导干部、青少年和民兵预备役人员，有所侧重地进行教育，使国防教育既覆盖全民，又重

点推进。

（三）理论教育与行为教育相结合。通过普及国防知识，学习国防理论，引导公民认清国防建设的重要性，树立牢固的国防观念，为履行国防义务提供思想保证；通过组织军事技能培训，体验军事生活，参与国防建设实践，开展拥军优属、拥政爱民等活动，增强公民履行国防义务的意识和能力，把国防观念转化为保卫祖国、建设祖国的实际行动。

第五条　国防教育的对象根据公民不同职业、社会分工，分为国家机关工作人员，中国人民解放军、中国人民武装警察部队官兵，学生，民兵预备役人员，以及工人、农民、其他社会人员等类别。应当针对公民不同情况，分类施教，保证国防教育效果。

第二章　国防教育的内容

第六条　国防教育的内容，突出爱国主义主旋律，着眼维护国家安全统一和保障国家发展利益的需要，依据国防和军队现代化建设的理论和方针原则确定。

第七条　国防教育的基本内容是：

（一）国防理论。学习马克思列宁主义军事理论、毛泽东军事思想、邓小平新时期军队建设思想、江泽民国防和军队建设思想、胡锦涛同志关于国防和军队建设的重要论述；学习我国国防政策和军事战略，了解国防建设、国防斗争特别是信息化战争的理论，提高国防理论素养和组织、参加国防建设的能力。

（二）国防知识。学习国家领土、领海、领空和海洋权益知识，学习信息化战争知识、军事高科技知识、国防经济知识，了解人民军队的性质、宗旨和任务，了解我国的国防领导体制、武装力量体制、兵役制度和国防动员体制，掌握基本的国防常识。

（三）国防历史。学习我国古代、近代和现代国防与战争历史，进行爱国主义、集体主义、革命英雄主义教育，着重使公民了解中华民族为国家统一、独立、富强而浴血奋战的历程，了解中国共产党领导全国人民和人民军队在中国革命各个历史阶段建立的功勋，了解革命先烈、民族英雄和仁人志士的高尚品格和光辉事迹，激发爱国之心、报国之志。

（四）国防法规。学习宪法的有关条款，学习国防法、兵役法、国防教育法、军事设施保护法等国防法律法规，使公民明确国防义务与权利，增强履行国防职责、关心支持国防和军队建设的自觉性。

（五）国防形势与任务。针对国际国内形势，进行反对分裂、维护祖国统一的教育，讲清国家安全面临的战略环境，明确国防建设与国防斗争的任务，增强公民的忧患意识。

（六）国防技能。组织开展学生军训和群众性的国防体育活动，使公民了解掌握防空袭、核生化武器防护、战场救护、轻武器使用、单兵和分队战术技术等军事技能，强健体魄，磨炼意志，不断提高身体素质和国防技能。

第八条　各地区、各部门可以根据形势任务的发展变化，结合国际国内重大事件和当地历史、人文、地域特点，区分不同教育对象，灵活设置教育内容，努力增强国防教育的主动性、针对性和实效性。

第三章　国家机关工作人员的国防教育

第一节　领导干部的国防教育

第九条　各级领导干部是本地区、本部门国防教育的组织者、领导者，也是国防教育的重点对象，必须带头接受国防教育，积极参加国防教育活动。

第十条　领导干部应当具备与履行国防职责相适应的理论素养，熟悉有关国防法律法规，掌握国防建设的方针政策，树立马克思主义战争观；具备很强的国防意识，自觉履行国防义务，坚持国防建设与经济建设协调发展，积极关心支持国防和军队建设；具备必需的国防知识，了解国防历史与现状，认清国家安全形势，牢固树立国家主权和安全意识；具备一定的军事素养和相应的组织动员能力，在战时或者平时处置突发事件中能够组织领导人民群众参战支前、维护稳定、开展自救互救。

第十一条　领导干部国防教育的内容重点是：马克思主义国防与战争理论，党和国家关于国防建设的方针政策，信息化战争知识、新军事变革知识、国防经济知识和现代国防科学技术知识，国家主权、国防历史和国防法律法规知识，国防形势与任务，基本军事技能。

第十二条　对领导干部的国防教育，采取以下措施进行：

（一）各级党校、行政学院和干部院校，应当将领导干部的国防教育纳入教学和培训计划，开设国防教育课程。内容和时间安排，由有关部门结合实际做出规定。

（二）各地区、各部门应当按照国家的统一安排，选送领导干部到有关军事院校接受培训。

（三）各地区、各部门党委（组）中心组理论学习，应当有计划地安排国防教育的内容。

（四）各地区、各部门应当采取举办国防知识讲座、形势报告、组织过“军事日”等多种形式，对领导干部进行经常性的国防教育。

第二节　一般工作人员的国防教育

第十三条　国家机关一般工作人员应当具备基本的国防知识，有一定的军事技能；积极支持国防建设，自觉维护国防利益，有较强的国防观念和国家安全意识。

第十四条　国家机关一般工作人员国防教育的内容重点是：马克思主义国防与战争理论，信息化战争知识和国防科普知识，国防法律法规知识，国家主权常识，国防历史与现状，国家安全形势，基本军事技能。

从事征兵、国防科研生产、国民经济动员、人民防空、国防交通、国防教育、军事设施保护等国防建设事业的国家机关工作人员，还应当学习和掌握履行职责所必需的专门国防知识和技能。

第十五条　对国家机关一般工作人员的国防教育，应当根据各自的工作性质和特点，结合在职理论学习与业务培训，采取形势报告、理论授课和经常性教育活动等多种形式进行。国家机关公务员考核，应当设置国防教育方面的内容。

第四章　学生的国防教育

第一节　小学和初级中学学生的国防教育

第十六条　小学和初级中学应当对学生进行基本的国防教育，使其掌握必要的国防常识，初步形成国防观念，树立爱国主义精神。

第十七条　小学学生国防教育的内容重点是：国家领土及主权知识；国旗、国徽、国歌知识，党旗、军旗知识；人民军队的光辉战斗历程；民族英雄、革命先烈的光辉事迹。

初中学生国防教育的基本内容是：国防与战争常识；中国国防简史；人民军队的性质、宗旨和优良传统；近代以来我国反侵略斗争的历史；国防科普知识；防空袭和核生化武器防护知识。

第十八条　对小学和初级中学学生的国防教育，应当采取课堂教学与课外活动相结合的方法，做到内容通俗易懂、形式活泼直观。

（一）小学和初级中学应当将国防教育的有关内容，渗透到语文、历史、体育、思想品德等课程之中。

（二）小学和初级中学可以利用课余时间，组织学生开展以国防教育为主题的少年军校、军事夏令营以及读书演讲、知识竞赛等形式多样、寓教于乐的活动。

（三）小学和初级中学可以根据需要聘请校外辅导员，协助学校开展多种形式的国防教育。驻地部队和军事机关应当根据实际，对中小学开展国防教育给予必要的支持。

第二节　高级中学（含相当于高级中学的学校）学生的国防教育

第十九条　高级中学应当对学生进行比较系统的国防教育，使其掌握必需的国防知识与技能，增强国防观念和国家安全意识，强化爱国主义、集体主义和革命英雄主义精神。

第二十条　高级中学应当开设国防教育教学课，内容主要包括：马克思主义军事思想；我国国防建设成就、国防方针政策和国防领导体制；人民军队的发展历程，性质、宗旨和职能任务；国防法律法规；武装力量知识；近现代国防历史；国防科技知识；信息化战争基本常识；国际战略环境与国家安全形势。学生接受国防教育情况，应进行考勤登记。

第二十一条　高级中学应当开展学生军事训练，军训成绩应当记入学生本人学籍档案。具体内容要求，按照教育部、总参谋部和总政治部联合颁发的《高级中学学生军事训练教学大纲》执行。

第二十二条　高级中学应当针对学生的特点和需求，经常性地开展丰富多彩、形式活泼的国防教育活动。

第三节　高等学校学生的国防教育

第二十三条　高等学校应当对学生进行全面系统的国防教育，使其掌握基本的国防知识与技能，树立国防观念和国家安全意识，强化民族自信心、自尊心和自豪感，进一步激发爱国主义、集体主义和革命英雄主义精神，以适应国家人才培养战略目标和加强国防后备力量建设的需要。

第二十四条　高等学校应当设置国防教育课程，内容主要包括：马克思主义战争观；毛泽东军事思想、邓小平新时期军队建设思想、江泽民国防和军队建设思想、胡锦涛同志关于国防和军队建设的重要论述；中国国防概况；世界新军事变革与军事高科技知识；信息化战争知识；国际战略格局与我国安全形势。时间不少于 35 个学时。学生学习情况，应当进行严格的考勤考核，成绩记入档案。

在高等学校学习的国防生，国防教育课程应当作为其学位必修课，并计入学分，学时、内容由所在高等学校与军队有关部门商定，一般不少于 120 个学时。

高等学校在完成规定的学时之外，应当积极开设国防教育选修课和举办国防知识讲座。

第二十五条　高等学校应当开展学生军事训练，实际训练时间为二至三周，训练成绩记入学生学籍档案。具体组织实施，按照教育部、总参谋部和总政治部联合颁发的《高等学校学生军事训练大纲》执行。

高等学校国防生的军事训练，按照教育部、总参谋部和总政治部的有关规定执行。所在高等学校、当地军事机关和国防教育工作机构应当给予必要的支持和保障。

第二十六条　高等学校应当经常在学生中开展主题鲜明、形式多样的国防教育活动。

第二十七条　高等学校应当在核定的教师总编制内，按照国防教育课程教学任务，配备相应数量的国防教育教师。军事机关派出派遣军官，协助开展国防教育教学和活动。

第五章 民兵预备役人员的国防教育

第二十八条 军区、省军区（卫戍区、警备区）、军分区（警备区）和县、自治县、市、市辖区的人民武装部，应当按照国家和军队的有关规定，对民兵预备役人员进行国防教育，筑牢国防观念，培育战斗精神，掌握现代国防知识和军事技能，积极参加和支持国防建设，自觉履行保卫祖国的义务。

第二十九条 民兵预备役人员国防教育的内容重点是：马克思主义国防与战争理论；人民战争思想；国防法律法规；我国国防方针政策和国防领导体制；后备力量建设知识；军事高技术知识；信息化战争知识；国家安全形势；民兵预备役部队职能任务。

第三十条 民兵预备役人员的国防教育，利用政治教育和组织整顿、军事训练、执行勤务、征兵教育以及重要节日、纪念日，采取集中教育与个人自学、理论灌输与活动渗透相结合的方式进行。对基干民兵，预编到现役部队、编入预备役部队的预备役人员，每年至少安排四次国防教育课，普通民兵和其他预备役人员每年安排二次国防教育课；参加年度军事训练的民兵预备役人员，利用训练中政治教育时间安排国防教育。

第三十一条 民兵预备役人员的国防技能训练，按照国家有关民兵预备役人员参加军事训练的规定组织实施。

第六章 其他人员的国防教育

第三十二条 工人、农民和其他社会人员，应当自觉接受国防教育，掌握国防常识，明确国防义务，关心支持国防建设，树立国防观念和国家安全意识。

第三十三条 工人、农民和其他社会人员国防教育的内容重点是：爱国主义精神，我国国防方针政策，国防法律法规，国防科普知识，防空袭和核生化武器防护知识，基本的军事技能常识。

第三十四条 城市居民委员会、农村村民委员会应当将国防教育纳入社区、农村社会主义精神文明建设的内容，利用全民国防教育日，结合征兵教育、拥军优属以及重大节日、纪念日活动，对居民、村民进行国防教育。

城市居民委员会、农村村民委员会可以聘请退役军人协助开展国防教育活动，向居民和村民普及基本的国防知识和必要的军事技能。

第三十五条　企业事业组织应当将国防教育列入职工教育计划，结合政治教育、业务培训、文化体育等活动，对职工进行国防教育。

承担国防科研生产、国防设施建设、国防交通保障等任务的企业事业组织，应当根据所担负的任务，制定相应的国防教育计划，有针对性地对职工进行国防教育。

第三十六条　社会团体应当根据各自的活动特点，对所属工作人员和所联系的公民群体进行国防教育。

第七章　保障措施

第一节　国防教育教员

第三十七条　国防教育教员根据工作性质，分为专职教员和兼职教员。专职教员主要承担高等学校、高级中学和相当于高级中学的学校国防教育教学和学生军事训练。兼职教员主要协助机关、学校、社区、农村和企业事业组织开展国防教育教学和活动。

第三十八条　国防教育教员应当从热爱国防教育事业，具有较高的思想政治素质、系统的国防知识和必要的军事技能、较强的组织和任教能力的人员中选拔。专职教员应当具备教师任职资格或者是军队派遣军官。

第三十九条　非军队派遣军官担任国防教育专职教员，应当经过专门培训。

第四十条　各级国防教育工作机构可以根据需要，聘用军地有关专家、学者，组建国防教育讲师团，为普及和加强国防教育提供师资保障。

第二节　国防教育教材

第四十一条　国防教育教材分为基本理论、基础知识、应用教材等。基本理论教材主要适用于国防教育学科建设，由国家国防教育办公室组织编写。基础知识教材主要适用于面向社会普及国防知识，由国家和省、自治区、直辖市国防教育工作机构组织编写。应用教材主要适用于不同地区、不同类别教育对象开展国防教育，由国家有关部门或地方有关部门依据本大纲并结合本系统、本地区的特点组织编写。

第四十二条　国防教育教材未经审查不得出版发行。基本理论和基础知识教材，由国家国防教育办公室组织专门委员会审查把关；应用教材由国家有关部门或省、自治区、直辖市国防教育工作机构会同军地有关部门审查把关。

第四十三条　各地区、各部门可以根据需要，组织编写国防知识读本，用于辅助和补充国防教育教材。

第三节　检查考评

第四十四条　各级人民政府有关部门和国防教育工作机构，应当对本行政区域内的机关、基层组织、社会团体、企业事业组织以及其他社会组织开展国防教育情况，适时组织检查，定期进行考核评估，发现和解决问题，促进全民国防教育的落实。

考核评估的具体办法和标准，由省、自治区、直辖市国防教育工作机构会同有关部门，依据国防教育法和本大纲的规定，结合本地区实际制定。

第八章　附则

第四十五条　中国人民解放军、中国人民武装警察部队官兵的国防教育，按照中央军事委员会的有关规定执行。

第四十六条　本大纲由国家国防教育办公室负责解释。

第四十七条　本大纲自公布之日起施行。

（二）《普通高等学校军事课教学大纲》

依据《中华人民共和国国防法》、《中华人民共和国兵役法》、《中华人民共和国国防教育法》以及国务院、中央军委有关文件精神，结合我国高等教育和普通高等学校的实际，制定本《大纲》。

一、课程性质

第一条　军事课程是普通高等学校本、专科学生的必修课。军事课程以马列主义、毛泽东思想、邓小平理论和“三个代表”重要思想为指导，贯彻和落实科学发展观，按照教育要面向现代化、面向世界、面向未来的要求，适应我国人才培养战略目标和加强国防后备力量建设的需要，为培养高素质的社会主义事业的建设者和保卫者服务。

二、课程目标

第二条 军事课程以国防教育为主线，以军事理论教学为重点，通过军事教学，使学生掌握基本军事理论与军事技能，增强国防观念和国家安全意识，强化爱国主义、集体主义观念，加强组织纪律性，促进综合素质的提高，为中国人民解放军训练储备合格后备兵员和培养预备役军官打下坚实基础。

三、课程要求

第三条 军事课（含军事理论教学和军事技能训练）列入普通高等学校的教学计划，考试成绩记入学生档案，学校应当按照本《大纲》组织实施军事课教学，严格考勤考核制度。

第四条 军事理论教学时数为 36 学时。学校在完成规定的学时外，应积极开设与军事课相关的选修课和举办讲座。在军事课教学中，要注重理论联系实际，掌握好深度和广度，不断改进教学方法和手段，确保教学质量。

第五条 军事技能训练时间为 2～3 周，实际训练时间不得少于 14 天。在组织军事技能训练时，要以中国人民解放军的条令条例为依据，严格训练，严格要求，培养学生良好的军事素质。

四、课程内容

第六条 军事理论教学内容和教学目标

军事理论课教学内容		教学目标
中国国防	一、国防概述 国防要素；国防历史；主要启示 二、国防法规 国防法规体系；公民国防权利和义务 三、国防建设 国防领导体制；国防建设成就；国防建设目标和国防政策；武装力量建设	了解我国国防历史和国防建设的现状及其发展趋势，熟悉国防法规和国防政策的基本内容，明确我军的性质、任务和军队建设指导思想，掌握国防建设和国防动员的主要内容，增强依法建设国防的观念。

续表

军事理论课教学内容		教学目标
	四、国防动员 人民武装动员；国民经济动员； 人民防空动员；交通战备动员； 国防教育	
军事思想	一、军事思想概述 形成与发展；体系与内容 二、毛泽东军事思想 科学含义；主要内容；历史地位和现实意义 三、邓小平新时期军队建设思想 主要内容；地位作用 四、江泽民论国防和军队建设思想 主要内容；地位作用 五、胡锦涛关于国防和军队建设重要论述 主要内容；地位作用	了解军事思想的形成与发展过程，熟悉我国现代军事思想的主要内容、地位作用及科学含义，树立科学的战争观和方法论。
国际战略环境	一、战略环境概述 基本要素；战略与战略环境 二、国际战略格局 现状和特点；发展趋势 三、我国周边安全环境 演变与现状；发展趋势；国家安全政策	了解国际战略格局的现状、特点和发展趋势，正确认识我国的周边安全环境现状和安全策略，增强国家安全意识。
军事高技术	一、军事高技术概述 概念与分类；发展趋势；对现代作战的影响 二、高技术在军事上的应用 精确制导技术；隐身伪装技术；侦察监视技术；电子对抗技术；航天技术；指挥控制技术；新概念武器 三、高技术与新军事变革	了解军事高技术的内涵、分类、发展趋势及对现代战争的影响，熟悉高技术在军事上的应用范围，掌握高技术与新军事变革的关系，激发学习科学技术的热情。

续表

军事理论课教学内容		教学目标
信息化战争	一、信息化战争概述 二、信息化战争的特征与发展趋势 三、信息化战争与国防建设	了解信息化战争的形成、发展趋势和与国防建设的关系，熟悉信息化战争的特征，树立打赢信息化战争的信心。

第七条　军事技能训练内容和教学目标

军事技能训练内容		教学目标
条令条例教育与训练	一、《内务条令》教育 二、《纪律条令》教育 三、《队列条令》教育 1. 单个军人队列动作训练 2. 分队队列动作训练	了解中国人民解放军三大条令的主要内容，掌握队列动作的基本要领，养成良好的军人作风，增强组织纪律观念、培养集体主义的精神。
轻武器射击	一、武器常识 二、简易射击学理 三、射击动作和方法 四、实弹射击	了解轻武器的战斗性能和基本射击理论，掌握半自动步枪射击的动作要领，完成第一练习实弹射击。
战术	一、战斗类型和战斗样式 二、战术基本原则 三、单兵战术动作	了解战斗的基本类型和基本样式，掌握战术基本原则的主要内容，学会单兵战术的基本动作要领。
军事地形学	一、地形对军队战斗行动的影响 二、地形图基本知识 三、现地使用地形图	了解地形对作战行动的影响，掌握地形图的基本知识，学会现地使用地形图的方法。
综合训练	一、行军 二、宿营 三、野外生存	了解行军、宿营的基本程序、方法，培养野外生存能力。

五、课程建设

第八条　军事教师是完成军事课程目标的具体执行者和组织者。学校应当在教育行政部门核定的教师总编制内，按照军事课程教学任务配备相应数量的合格军事教师。

第九条　军事教师要努力提高自身思想素质和业务能力，积极参加教学改革和学术研究，不断提高教学质量，开创教学科研工作新局面。

第十条　各级教育行政部门、军事部门和普通高等学校，应当有计划地安排军事教师接受继续教育和培训，不断改善知识结构，提高军事理论水平和学历、学位层次，以适应教学科研工作需要。

第十一条　普通高等学校应当建立健全军事课教学规章制度和教师聘任制度，建立军事课教学档案并实行规范化管理。

第十二条　军事课程教材建设与管理，由国家教育部会同总参谋部统一规划，并建立和完善教材编写、评审制度。军事课教材具有特殊性，普通高等学校军事教学指导委员会将通过定期评审的形式推出优秀教材。各高等学校要严格把关，选用优秀军事课教材开展教学。

六、课程评价

第十三条　军事课程评价包括课程建设和课程定位、教师教学状况、学生学习效果等方面。课程建设评价应包含课程结构体系、课程内容、教材建设、教学管理、师资配备与培训、经费保障以及课程目标的完成情况等。课程定位应包含课程指导思想、课程管理、机构建制、保障措施等。军事教师教学状况应包含教师专业素质、教学能力、科研能力、教学工作量和课堂教学效果等，通过教师自评、学生评价和专家评议进行。学生学习效果应包含学生的学习态度、学习过程和学习效果评价，通过学生自评、互评和教师评定进行。

第十四条　军事课程建设的评价由教育部会同总参谋部、总政治部组织实施。各省级教育行政部门和军事部门应制订本地区的评价方案，定期组织军事课建设评价检查，充分发挥教育评价的导向和激励作用。

七、附则

第十五条　本《大纲》是普通高等学校组织实施军事课程教学的基本依据，也是军事课教材建设和开展课程评价的重要依据。

第十六条　各普通高等学校可根据实际情况和专业特点，对教学内容作适当调整。

第十七条　本《大纲》自2007年9月起在全国普通高等学校施行。

（三）《学生军事训练工作规定》

第一章　总则

第一条　为加强学生军事训练工作，保障军事技能训练和军事理论课教学任务的完成，依据《中华人民共和国兵役法》、《中华人民共和国国防教育法》制定本规定。

第二条　本规定适用于各级教育行政部门、各级军事机关和普通高等学校、高中阶段学校（含普通高中、中等专业学校、技工学校、职业高中，下同）。

第三条　学生军事训练是指普通高等学校、高中阶段学校组织的学生军事技能训练和军事理论课教学，以及与学生军事训练有关的其他活动。

第四条　学生军事训练工作，必须围绕服务国家人才培养、服务国防后备力量建设开展，坚持着眼时代特征、遵循教育规律、注重实际效果、实施分类指导的方针。通过军事训练，使学生掌握基本军事技能和军事理论，增强国防观念、国家安全意识，加强组织性、纪律性，弘扬爱国主义、集体主义和革命英雄主义精神，磨练意志品质，激发战胜困难的信心和勇气，培养艰苦奋斗、吃苦耐劳的作风，树立正确的世界观、人生观和价值观，提高综合素质。

第五条　开展学生军事训练工作，是国家人才培养和国防后备力量建设的重要措施，是学校教育和教学的一项重要内容。

第六条　普通高等学校、高中阶段学校具有中国大陆户籍的学生应当依法接受学校统一安排的军事训练；具有香港、澳门、台湾户籍的学生，本人自愿参加军事训练的，经学校批准后可以参加。

有严重生理缺陷、残疾或者疾病的学生，经本人申请和学校批准，可以减免不适宜参加的军事技能训练科目。

第二章　组织领导与实施

第七条　学生军事训练工作在国务院、中央军委领导下，由教育部、总参谋部、总政治部共同负责。

军区负责本区域的学生军事训练工作。省（自治区、直辖市，下同）、市（地区，下同）、县（市、区，下同）教育行政部门、军事机关，负责本区域的学生军事训练工作。

学生军事训练工作实行属地化管理。

第八条　各级教育行政部门和军事机关要加强对学生军事训练工作的组织领导，明确分工，各负其责，密切协作，加强指导和监督。

第九条　教育行政部门负责组织普通高等学校和高中阶段学校具体实施学生军事训练。军事机关负责向普通高等学校派出派遣军官，安排承训部队和帮训官兵，提供学生军事训练所需武器弹药的保障。

第十条　教育行政部门和军事机关应当建立联席会议制度或联合办公制度，定期分析情况，研究问题，提出做好学生军事训练工作的指导性意见。

第十一条　普通高等学校、高中阶段学校应当把学生军事训练工作纳入学校教育、教学计划，统筹安排。

第十二条　普通高等学校军事教学机构与人民武装部共同负责军事技能训练、军事理论课教学的计划安排和具体组织实施。

第十三条　高中阶段学校应当明确一名学校领导分管学生军事训练工作，指定具体部门和人员负责学生军事训练的计划安排和组织实施。

第十四条　根据国防和军队建设的需要，对适合担任预备役军官职务的普通高等学校学生，经军事训练考核和政治审查合格的，按照有关规定，办理预备役军官登记，服军官预备役。

第三章　军事技能训练和军事理论教学

第十五条　教育部、总参谋部、总政治部共同负责制定普通高等学校、高中阶段学校的学生军事训练大纲。

学生军事训练大纲是学校组织实施军事技能训练和军事理论课教学、进行教学质量评估和督导的依据。

第十六条 普通高等学校军事技能训练和军事理论课教学是在校学生的必修课程，学校应当统一规划、实施和管理。

高中阶段学校的学生军事训练纳入社会实践活动中组织实施。

第十七条 普通高等学校、高中阶段学校学生军事技能训练主要在学生军事训练基地或者在学校内组织实施，也可到军队院校和民兵、预备役部队军事训练基地驻训。

第十八条 普通高等学校组织实施学生军事技能训练所需的帮训官兵，由省教育行政部门提出计划，由省军区协调驻军部队、军队院校和武警部队、院校派出，或者报军区统一安排。高中阶段学校组织实施学生军事技能训练所需的帮训人员，由军分区或者县人民武装部协调驻军部队、武警部队和预备役部队帮助解决。

第十九条 普通高等学校应当加强军事理论课程建设，提高军事理论课教师的教学水平和科研能力，实施规范化课程管理。

第二十条 教育行政部门应当将普通高等学校军事技能训练和军事理论课教学作为学校办学水平评估的重要内容。

第二十一条 普通高等学校学生军事技能训练和军事理论课考试成绩、高中阶段学校学生军事技能训练和军事知识讲座考核成绩载入本人学籍档案。

第四章 军事教师和派遣军官

第二十二条 普通高等学校军事理论课教学由学校配备的专职军事教师、聘任的兼职军事教师和军队派遣军官共同承担。

第二十三条 普通高等学校应当根据军事理论课教学任务的需要，配备和聘任相应数量的专职军事教师。

普通高等学校专职军事教师的专业技术职务评聘纳入学校教师正常的管理渠道。

第二十四条 普通高等学校专职军事教师配发基层人民武装干部工作证和制式服装，佩戴基层人民武装干部领章、帽徽和肩章。普通高等学校专职军事教师在组织实施军事理论课教学时应当着制式服装。

第二十五条 普通高等学校专职军事教师和军队派遣军官应当具备普通高等学校教师的基本条件，具有良好的军事素质，掌握军事教育理论，熟悉军事理论课教学方法。

第二十六条 军队派遣军官，按照有关规定由派出单位进行管理，享受在职军官的同等待遇。军队派遣军官在普通高等学校任教期间，其课时补助费参照学校相同专业技术职务教师的补助标准执行，由所在学校发给。所在普通高等学校应当为军队派遣军官提供必要的工作、生活和交通保障。

第二十七条 高中阶段学校军事教师可采取兼职与聘任办法配备，选择热爱学生军事训练工作和具备良好军政素质的人员担任。

第二十八条 具备条件的普通高等学校、军队院校，应当承担普通高等学校、高中阶段学校军事教师的继续教育和培训任务。

第二十九条 各级教育行政部门和军事机关应当有计划地对高中阶段学校的兼职军事教师进行培训，培训时间每三年不得少于一个月。

第五章 学生军事训练保障

第三十条 普通高等学校和高中阶段学校组织实施学生军事训练所需的经费，按照现行财政管理体制，纳入学校主管部门预算管理，合理确定人均经费标准，实行综合定额拨款。

第三十一条 各级教育行政部门和军事机关开展学生军事训练工作所需的业务经费，商请本级财政列入经费预算，予以保障。

承担普通高等学校军事理论课教学任务的军队院校，所需的教学和工作经费，由省军区协调省财政解决。

第三十二条 全国每五年举办一次学生军事训练大型活动，所需的经费由教育部、总参谋部、总政治部向中央财政申请专项经费予以保障。

各省每三至五年举办一次学生军事训练大型活动，所需的经费由省级教育行政部门和军事机关向省财政申请专项经费予以保障。

第三十三条 各省可根据学生军事训练任务，在普通高等学校集中的大、中城市建立学生军事训练基地，为学校实施规范化的军事技能训练提供条件。

民兵、预备役部队军事训练基地应当为普通高等学校、高中阶段学校实施军事技能训练提供保障。

第三十四条　教育行政部门和军事机关应当会同物价、卫生等部门对学生军事训练基地的基础设施、保障条件、日常管理等进行定期监督、检查，加强管理。严禁不具备条件的学生军事训练基地承担学生军事训练任务。

第三十五条　学生军事训练基地和民兵、预备役部队军事训练基地承担学生军事训练任务，不得以赢利为目的。向普通高等学校、高中阶段学校收取经费的项目、标准应由省教育行政部门会同省物价部门制定；收取的经费主要用于学生军事训练及基地的维护和管理。

第三十六条　学生军事训练枪支属民兵武器装备，由军分区或者县人民武装部根据总参谋部的统一规划，予以保障。训练枪支在配发普通高等学校前，必须经过技术处理，使其不能用于实弹射击。

第三十七条　经军事机关批准，学生军事训练枪支可由普通高等学校负责保管。暂不具备保管条件的学校，训练枪支由军分区或者县人民武装部代管。

第三十八条　保管学生军事训练枪支的普通高等学校，应当建设合格的训练枪支存放库室，配备专门的看管人员，实行昼夜值班制度。普通高等学校应当按照国家和军队的有关规定对训练枪支看管人员进行政审。

第三十九条　军分区或者县人民武装部应当按照民兵武器装备管理的有关规定，对普通高等学校学生军事训练枪支存放库室的建设质量、安全管理、看管人员编配和设施配备情况进行验收和定期检查。

第四十条　普通高等学校学生军事训练所需的实弹射击枪支、弹药，由军分区或者县人民武装部负责保障和管理。

第四十一条　普通高等学校、高中阶段学校在学生军事训练期间必须进行安全教育，完善各项安全制度，制定安全计划和突发事件应急处置预案，严防在军事技能训练、实弹射击、交通运输、饮食卫生等方面发生事故。

各级教育行政部门和军事机关应当高度重视学生军事训练期间的各类事故预防工作，定期分析安全形势，适时进行督促检查，及时发现和处理不安全隐患。

第四十二条　普通高等学校、高中阶段学校应当建立健全学生军事训练意外事故报告制度。学校和承训部队在军训中发生各类安全事故后，应当及时向所在地教育行政部门、军事机关及相关部门报告，并按照《学生伤害事故处理办法》及有关法律法规的规定妥善处理。事故处理完毕，要将处理结果及改进措施报告上级教育行政部门、军事机关。

第六章　奖励和惩处

第四十三条　对在学生军事训练中成绩显著的单位和个人，各级教育行政部门、军事机关和普通高等学校、高中阶段学校应当给予表彰、奖励。

第四十四条　对违反本规定，有下列行为之一的单位或者个人，由教育行政部门和军事机关责令其限期改正，并视情节轻重对直接责任人员给以批评教育或者行政处分：

（一）随意取消和压缩学生军事训练时间的；

（二）未按《普通高等学校军事课教学大纲》和《高中阶段学校学生军事训练教学大纲》规定完成军事技能训练科目和军事理论课教学内容的；

（三）在军事技能训练和军事理论课考试中违反纪律、弄虚作假的；

（四）挤占、挪用和不按财务规定使用学生军事训练经费的；

（五）违反规定向学校收取承训费或者向学生收取军事训练费用的；

（六）发生枪支丢失、人身伤害或者其他重大安全责任事故的；

（七）打骂或者体罚学生的。

有第（六）、（七）项行为，情节严重、构成犯罪的，应当移送司法机关依法追究刑事责任。

第四十五条　对没有正当理由拒不接受军事训练的学生，按国家发布的学籍管理办法和学校有关规定处理。

第四十六条　对违反本规定，侵占、破坏学校军事训练场所、设施的单位或者个人，由教育行政部门、军事机关责令其限期改正、依法赔偿损失。

第七章　附则

第四十七条　各省级教育行政部门和军事机关可根据本规定制定实施细则。

第四十八条　本规定自发布之日起施行。

主要参考文献

1. 张文达、维民. 中国历代军事人物传略. 黑龙江：黑龙江人民出版社，1982

2. 宋时轮. 毛泽东军事思想初探. 北京：军事科学出版社，1983

3. 王显臣、许保林. 中国古代兵书杂谈. 北京：战士出版社，1983

4. 吴如嵩. 孙子兵法浅说. 北京：战士出版社，1983

5. 中国人民解放军总参谋部军训部. 射击教材. 北京：战士出版社，1983

6. 尚金锁. 马克思恩格斯列宁斯大林军事思想简论. 北京：解放军出版社，1985

7. M. A. 米尔施泰因等. 论资产阶级军事科学. 北京：军事科学出版社，1985

8. 张德良. 毛泽东军事思想概论. 辽宁：辽宁人民出版社，1986

9. 鲁胡春. 资产阶级军事思想研究. 北京：国防大学出版社，1987

10. 郭树枋. 中南半岛军事地理. 北京：军事科学出版社，1989

11. 杨志华，海湾战争初探. 天津：天津社会科学院出版社，1991

12. 刘庆. 外国重要军事著作导读. 北京：军事科学出版社，1992

13. 刘春志、刘思起. 《孙子兵法》教本. 北京：国防大学出版社，1995

14. 赵捷、罗雪山. 军队指挥自动化. 北京：军事谊文出版社，1997

15. 宋时轮等. 中国军事百科全书. 北京：军事科学出版社，1997
16. 赵捷. 指挥自动化教程. 北京：军事科学出版社，1998
17. 潘金海. 军事教材. 北京：海潮出版社，1998
18. 乔良、王湘穗. 超限战. 北京：解放军文艺出版社，1999
19. 王安、万宁. 军队条令条例教材. 北京：军事科学出版社，1999
20. 武国禄. 21世纪公民国防观. 北京：军事科学出版社，1999
21. 朱建新. 军事高科技知识教程. 北京：军事科学出版社，2000
22. 小月、任俊、周耀明. 军事情报与侦察武器. 北京：军事谊文出版社，2001
23. 任振杰. 通信技术与指挥自动化. 北京：军事谊文出版社，2001
24. 吴温暖、匡壁民. 军事理论教程. 北京：高等教育出版社，2002
25. 奚纪荣. 中国国防教育. 北京：军事科学出版社，2002
26. 沈伟光等. 21世纪战争趋势. 北京：新华出版社，2002
27. 齐建新、翟兆魁. 新编大学军事教程. 北京：军事科学出版社，2003
28. 余高达、杜景山. 军事理论教程. 北京：国防大学出版社，2003
29. 解放军报社资料室. 学生军训知识手册. 北京：长征出版社，2003
30. 王小健、张伊宁、李力钢. 大学军事. 北京：中国社会科学出版社，2003
31. 军事科学院军制研究部. 军队条令条例教程. 北京：军事科学出版社，2003
32. 杨成绪等. 中国周边安全环境透视. 北京：中国青年出版社，2003
33. 张晓威. 定向越野. 北京：星球地图出版社，2003
34. 吕登明. 信息化战争与信息化军队. 北京：解放军出版社，

2004

35. 张召忠. 打赢信息化战争. 北京：世界知识出版社，2004

36. 军事科学院编. 世界军事年鉴（2005）. 北京：解放军出版社，2005

37. 安东尼·H. 科德斯曼. 伊拉克战争：战略、战术及军事上的经验教训. 北京：军事科学出版社，2005

38. 翟兆魁、艾跃进等. 大学军事课基础教程. 天津：南开大学出版社，2005

39. 翟兆魁、曲志广、张宝帆. 大学军事教程. 北京：军事谊文出版社，2007

40. 纪明葵等. 普通高等学校军事理论教程. 北京：国防大学出版社，2007

41. 中国人民解放军队列条令

42. 中国人民解放军纪律条令

43. 中国人民解放军内务条令

44. 中国人民解放军陆军步兵分队战术教材

45. 中国人民解放军野营训练教材

46. 中国人民解放军总参谋部.军事地形学

47. 2008 年中国的国防白皮书